中国人民大学研究报告系列

中国对外贸易环境与贸易摩擦研究报告

2020

REPORT ON FOREIGN TRADE ENVIRONMENT
AND TRADE FRICTIONS OF CHINA

王孝松　谢申祥　著

中国人民大学出版社
· 北京 ·

总 序

陈雨露

  当前中国的各类研究报告层出不穷，种类繁多，写法各异，成百舸争流、各领风骚之势。中国人民大学经过精心组织、整合设计，隆重推出由人大学者协同编撰的"研究报告系列"。这一系列主要是应用对策型研究报告，集中推出的本意在于，直面重大社会现实问题，开展动态分析和评估预测，建言献策于咨政与学术。

  "学术领先、内容原创、关注时事、咨政助企"是中国人民大学"研究报告系列"的基本定位与功能。研究报告是一种科研成果载体，它承载了人大学者立足创新，致力于建设学术高地和咨询智库的学术责任和社会关怀；研究报告是一种研究模式，它以相关领域指标和统计数据为基础，评估现状，预测未来，推动人文社会科学研究成果的转化应用；研究报告还是一种学术品牌，它持续聚焦经济社会发展中的热点、焦点和重大战略问题，以扎实有力的研究成果服务于党和政府以及企业的计划、决策，服务于专门领域的研究，并以其专题性、周期性和翔实性赢得读者的识别与关注。

  中国人民大学推出"研究报告系列"，有自己的学术积淀和学术思考。我校素以人文社会科学见长，注重学术研究咨政育人、服务社会的作用，曾陆续推出若干有影响力的研究报告。譬如自 2002 年始，我们组织跨学科课题组研究编写的《中国经济发展研究报告》《中国社会发展研究报告》《中国人文社会科学发展研究报告》，紧密联系和真实反映我国经济、社会和人文社会科学发展领域的重大现实问题，十年不辍，近年又推出《中国法律发展报告》等，与前三种合称为"四大报告"。此外，一些散在的不同学科的专题研究报告也连续多年出版，在学界和社会上形成了一定的影响。这些研究报告都是观察分析、评估预测政治经济、社会文化等领域重大问题的专题研究，其中既有客观数据和事例，又有深度分析和战略预测，兼具实证性、前瞻性和学术性。我们把这些研究报告整合起来，与中国人民大学的出版资源相结合，再进行新的策划、征集、遴选，形成了这个"研究报告系列"，以期放大规模效应，扩展社会服务功能。这个系列是开放的，未来会依情势有所增减，使其动态成长。

  中国人民大学推出"研究报告系列"，还具有关注学科建设、强化育人功能、推进协同创新等多重意义。作为连续性出版物，研究报告可以成为本学科学者展示、交流学术成果的平台。编写一部好的研究报告，通常需要集结力量，精诚携手，合作者随报告之连续而成为稳定团队，亦可增益学科实力。研究报告立足于丰富的素材，常常动员学生参与，可使他们在系统研究中得到学术训练，增长才干。此外，面向社会实践的研究报告必然要与政府、企业保持密切联系，关注社会的状况与需要，从而带动高校与行业企业、政府、学界以及国外科研机构之间的深度合作，收"协同创新"之效。

为适应信息化、数字化、网络化的发展趋势，中国人民大学的"研究报告系列"在出版纸质版本的同时将开发相应的文献数据库，形成丰富的数字资源，借助知识管理工具实现信息关联和知识挖掘，方便网络查询和跨专题检索，为广大读者提供方便适用的增值服务。

中国人民大学的"研究报告系列"是我们在整合科研力量、促进成果转化方面的新探索，我们将紧紧把握时代脉搏，敏锐捕捉经济社会发展的重点、热点、焦点问题，力争使每一种研究报告和整个系列都成为精品，都适应读者需要，从而打造高质量的学术品牌，形成核心学术价值，更好地承担学术服务社会的职责。

前　言

　　2008 年爆发的全球金融危机对世界经济造成重创，世界各国都陷入了严重的经济衰退，且危机之后，多年来各国在复苏的道路上艰难前行，世界经济至今未出现显著的复苏动力。更为重要的是，近年来逆全球化动向盛行，严重阻碍了世界经济一体化的进程，国际经济联系受到严重的负面冲击。在此背景下，作为经济全球化的重要参与者，中国首当其冲，受到了逆全球化的冲击和挑战，在长期分享全球化红利之后，不得不重新思考如何配置国内外两种资源、如何面对国内外两个市场。在中美贸易摩擦悬而未决之际，突如其来的新冠肺炎疫情又给中国对外贸易的发展蒙上了一层阴影，世界各国对人流、物流的限制使得本已遭遇割裂风险的全球市场雪上加霜，中国不仅面临来自美国等发达国家的贸易保护主义威胁，而且面临疫情结束之后如何恢复正常国际经济关系的重大挑战。

　　由于不同经济体同中国之间的贸易关系存在显著差异，分国家、分区域、分板块考察中国对外贸易环境便十分必要。基于此，本报告突破以往类似研究的框架，旨在从国别和区域视角考察 2008 年全球金融危机以来中国对外贸易环境与贸易摩擦的基本特征、演进规律和发展趋势，从而为中国同主要贸易伙伴更好地开展贸易提供有针对性的决策依据和政策支持，为推动中国应对各方面冲击和挑战、促进中国对外贸易健康发展提供有益启示。

　　本报告共有七章。第一章概述全球金融危机之后世界经济运行的整体状况，揭示出中国对外贸易发展的宏观背景和约束条件。第二至六章选取美国、欧盟、东亚、拉美和非洲五个板块，分别考察其经济运行状况、贸易壁垒使用状况，并考察各板块同中国之间的贸易潜力、竞争互补关系，特别揭示出各个板块的经济运行及各国同中国的贸易摩擦对中国贸易发展的影响与效应。最后一章为结论性评述，对中国对外贸易环境的演进趋势进行预测，构建优化中国对外贸易环境的策略体系。全书由王孝松进行统纂，设定写作框架，王孝松和谢申祥进行主体内容撰写。以下同学直接参与了部分内容的写作，包括：中国人民大学经济学院博士研究生田思远、周钰丁，硕士研究生李洁瑶、张玲、吕一凡、连艺博，中国人民大学商学院硕士研究生陈科鸿。中国人民大学出版社为本报告的出版提供了大力支持，在此深表感谢。

　　本报告的重要特点在于，从国别和区域视角考察中国对外贸易环境与贸易摩擦，将国别分析与贸易发展分析有机结合，形成新的研究范式，并精准地识别主要贸易伙伴同中国开展贸易的潜力，以及中国同各贸易伙伴的发展障碍与应对方案。

　　本册报告（2020 年版）为《中国对外贸易环境与贸易摩擦研究报告》的第六本成果，

前五本成果问世之后，获得了各界的广泛关注，在一些争论和建议中，我们逐步调整写作风格、重新组织内容，希望不断提高质量，使每一册报告都成为学术精品。同样地，本年度的报告也是从国别和区域视角展开研究的探索，我们仍然期待得到各界的意见，使后续报告不断改进、更好地服务于中国对外贸易发展。

目 录 ▶

第一章 世界经济运行与贸易发展

第二章 美国经济运行与中美贸易发展

第三章 欧盟经济运行与中欧贸易发展

第四章　东亚经济运行与中国-东亚贸易发展

第五章　拉美经济运行与中拉贸易发展

第六章　非洲经济运行与中非贸易发展

第七章　中国对外贸易发展环境前瞻

第一章　世界经济运行与贸易发展

第一节　世界经济运行概况

一、2008 年金融危机以来全球经济运行

2007 年 8 月，美国次贷危机爆发，逐渐席卷欧盟、日本等主要金融市场，股市剧烈震荡，极大地冲击了国际金融秩序，投资者对市场失去信心，并引发流动性危机。即使多个国家的中央银行采取多种手段救市，仍未能阻止这场次贷危机的恶性演变。2008 年 9 月，危机彻底失控，多个大型的金融机构倒闭或被政府接管，危机逐渐从金融市场蔓延到实体经济，经济出现萧条。直到现在，全球经济尚未完全从这场金融危机中恢复过来，经济增长仍显乏力。国际货币基金组织（IMF）的调查数据显示，经济危机时期全球经济增长率出现大幅下滑，2009 年全球 GDP 实际增速仅为 0.01%，其中发达经济体出现了 −3.41% 的负增长，而新兴市场和发展中经济体（EMDE）增长率也仅为 3.08%。可以说，当前全球经济仍处于危机后的调整和恢复阶段，即仍处于后危机时代，全球经济发展存在很大的不确定性。

（一）经济总量

从图 1-1 可以看到，无论是全球还是高收入国家、中等收入国家、低收入国家，经济

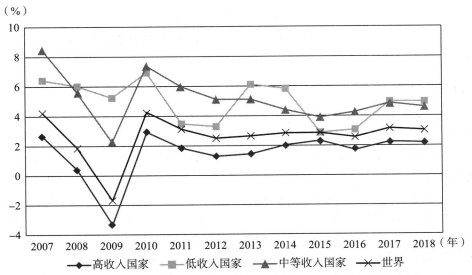

图 1-1　2007—2018 年全球及不同收入水平国家 GDP 增长幅度变化

资料来源：世界银行数据库。

增速均在 2008 年之后出现滑坡式下降，直到 2010 年经济增速才有所提升，但仍都低于危机前的水平。平均而言，从 2011 年到 2018 年，全球经济大概处于 2.84% 的增长速度，中等收入国家增速较高，约为 4.78%；其次是低收入国家，增长速度为 4.32%；高收入国家经济增速低于世界水平，增幅约为 1.89%。从图 1-2 的 GDP 总额来看，不同收入水平国家之间的收入存在显著差距。2018 年，高收入国家 GDP 总额为 541 080.61 亿美元，中等收入国家 GDP 总额为 311 409.59 亿美元，而低收入国家 GDP 总额仅为 5 722.19 亿美元，高收入、中等收入国家 GDP 总额约为低收入国家的 95 倍、54 倍，高收入国家 GDP 比中等收入国家多了近一倍。此外，低收入国家 GDP 与中高等收入国家间的差距还存在扩大的趋势。在全球经济增速放缓的情况下，加之全球严重的贫富两极分化，增加了全球经济运行的不稳定因素，全球经济运行将面临众多严峻挑战。

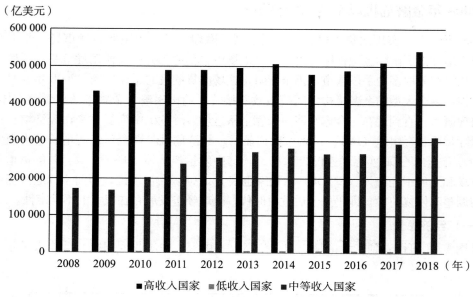

图 1-2 2008—2018 年高、中、低收入国家 GDP 总额变化

资料来源：世界银行数据库。

（二）国际贸易

贸易增长是经济增长的一大主要动力。受经济危机影响，全球对外贸易也出现了大幅的波动。如图 1-3 所示，在 2009 年之前，货物和服务进出口占 GDP 的百分比呈现稳定持续上升的趋势，而在金融危机爆发之后，货物和服务进出口占 GDP 的百分比严重缩水，出口占比由 2008 年的 30.67% 下降到 2009 年的 26.47%，进口占比由 30.06% 下降到 25.77%。据世界银行的报告，2009 年的贸易总量缩水幅度超过 20%，而随后几年的出口增长率则出现了较大幅度的波动。从 2010 年开始，全球货物和服务进出口处于慢慢复苏的阶段。对于新兴市场和发展中经济体来说，由于其已经成为全球贸易的重要出口方，因此由发达国家经济危机导致的需求缩水将对实体经济中的出口部门造成较大的冲击，危机过后的全球贸易结构面临调整。危机过后，许多国家纷纷竖起贸易保护主义的旗帜，通过各种关税、非关税壁垒如绿色壁垒、技术壁垒等保护本国贸易，近两年中美两个贸易大国贸易摩擦频发，更是拖慢了全球贸易增长的步伐。

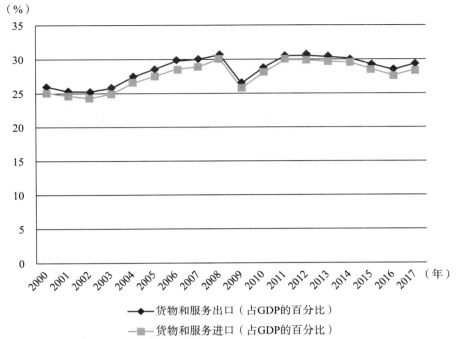

图 1－3 2000—2017 年全球货物和服务出口、进口占 GDP 的百分比变化

资料来源：世界银行数据库。

（三）国际直接投资活动

观察图 1－4，对比危机前和危机后外国直接投资活动，可以明显看出，危机后的外国直接投资净流入波动不定，危机后的增长幅度显著下降，并在多个年份出现负增长。2008 年外国直接投资净流入下降了 44.18％，2012 年下降了 7.06％，2014 年下降了 13.88％，2017 年下降了 15.93％。尤其在 2018 年，国际投资活动持续低迷，出现连续三年的下滑，外国直接投资净流入下降了近一半，规模跌至金融危机后的最低水平。金融危机的爆发使得经济运行出现巨大波动，当前经济增长仍然笼罩在危机的阴影当中，经济运行存在诸多不确定性，投资者对市场信心大幅下降。联合国贸易和发展会议（UNCTAD）指出，外国直接投资流入下跌主要集中在发达市场，整体下跌了四成，规模为 4 510 亿美元，主要原因是美国税改导致美国跨国公司将累积海外收入转移回国，这也导致 2017 年流入欧洲的直接投资下跌 73％，仅为 1 000 亿美元，相当于 20 世纪 90 年代的水平。与此同时，流入发展中国家的外国直接投资仍然强劲，2018 年的总规模增长 3％，至 6 940 亿美元。不过，UNCTAD 认为，外国直接投资活动仍面临包括保护主义趋势、数字经济的影响和过去五年以来显著下跌的直接投资回报等多种中期结构挑战。

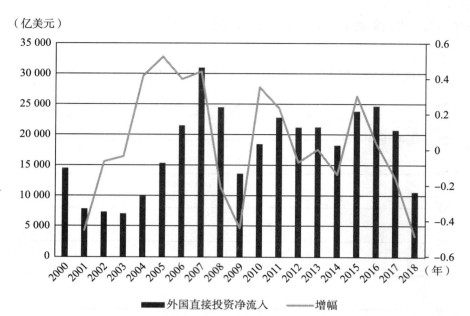

图1-4 2000—2018年全球外国直接投资净流入及增幅变化

资料来源：世界银行数据库。

（四）失业率

通过失业率（总失业人数占劳动力总数的比例），可以判断经济体在一定时期内的就业情况。失业率是判断经济运行状况的一个重要指标，一般而言，失业率下降意味着整体经济运行情况较为健康，失业率上升则意味着经济运行放缓衰退。从图1-5可以看出，从2004年开始到2008年，失业率不断下降。进入21世纪以来，全球失业率在2007年处于最低的水平，仅为4.94%左右。全球金融危机之后，失业率在2009年达到最高，处于5.6%的水平。从2010年开始，全球失业率不断下降，在2018年达到金融危机以来的最低点，为4.95%。这也反映出，即使全球经济增速仍未恢复到危机前的水平，但并未进一步衰退而是在逐渐回暖。2018年，除了少数经济形势严重恶化的新兴市场国家之外，全球大多数经济体劳动力市场均处于逐渐改善的状态。如美国失业率从2017年的4.36%降低到2018年的3.93%，欧盟则从7.61%降低到6.82%，日本从2.80%降低到2.44%，而阿根廷失业率从2017年的8.35%升高到9.48%，南非失业率有所下降，但仍处于26.96%的高位。

（五）通货膨胀率

根据图1-6，按消费者价格指数衡量的通货膨胀率来看，进入21世纪以来，全球通货膨胀率在2008年直线式上升，达到历史高点8.76%。从2010年开始大幅度回落，除了在2012年通货膨胀率有所上升外，基本上呈现下降趋势。但到了近两三年，通货膨胀率又有所提升，2018年全球通货膨胀率水平为2.51%。通货膨胀率反映了消费者价格指数的上升率，反映了整体物价水平，通货膨胀率变化是同时受到多种因素影响的。如欧洲总体物价水平稍有上升，其主要是由能源和食品价格上升引起的；个别新兴市场国家的通过膨胀率上升比较严重，如阿根廷和土耳其，这两个经济体主要是受到货币大幅度贬值的影响。

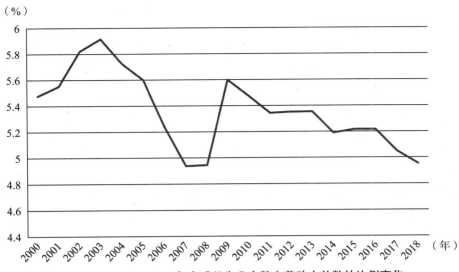

图 1-5 2000—2018 年全球总失业人数占劳动力总数的比例变化

资料来源：世界银行数据库。

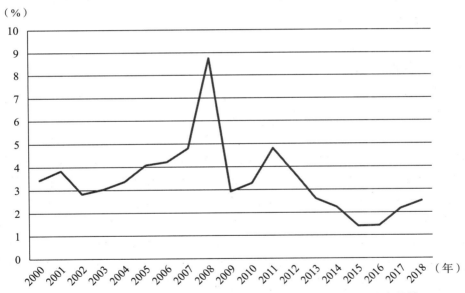

图 1-6 2000—2018 年全球按消费者价格指数衡量的通货膨胀率变化情况

资料来源：世界银行数据库。

此外，2018 年全球的债务水平仍不容乐观。2018 年全球政府债务仍处于较高水平。发达经济体政府总债务与 GDP 之比从 2017 年的 104.5％轻微下降至 2018 的 103.8％，政府净债务与 GDP 之比从 2017 年的 75.1％下降至 2018 年的 74.4％。新兴市场与中等收入经济体总债务占 GDP 比重从 2017 年的 48.7％上升到 2018 年的 50.7％。低收入发展中国家的政府总债务占 GDP 比重从 2017 年的 42.8％上升到 2018 年的 44.1％。包括安哥拉、阿根廷、巴西等在内的新兴市场与中等收入经济体的政府总债务占 GDP 比重超过 60％国际警戒线且比例继续上升，隐藏了巨大的债务风险。

在美国联邦储备系统（简称美联储）多次加息、经济增长放缓、全球贸易冲突的大背景下，2018 年国际金融市场也出现比较大的动荡，全球股市震荡，多国股市创金融危机以来最差表现。2018 全年，标普累跌 6.24%，道指累跌 5.63%，纳指累跌 3.88%，均创 2008 年以来最大的年度跌幅百分比。上证综指 2018 年累计跌幅达到 24.59%，是金融危机以来的最大年度跌幅，创历史第二差表现。2018 年美联储四次加息，但是欧洲中央银行和日本银行仍然维持负利率环境，美元大幅升值。美元升值导致世界其他主要货币相对于美元均有不同程度的贬值，新兴经济体货币出现了更大幅度的贬值，包括中国人民币、巴西雷亚尔、印度卢比、南非兰特、俄罗斯卢布等。2018 年的金融市场基本上可以总结为动荡的一年。

总体来看，2008 全球金融危机对世界各国造成了巨大的冲击，打破了原有世界经济的平衡格局，加速了世界经济秩序的调整，经济增速放缓；同时，部分经济体由于深陷危机，为求快速振兴国内产业，民粹主义兴起，贸易保护主义重燃，对全球贸易往来以及世界经济的整体复苏构成了障碍；此外，经济运行不稳定使投资者对市场失去信心，外国直接投资活动较为低迷；全球整体处于失业率相对较低的阶段，同时也表明全球经济处于繁荣顶峰刚刚出现回落迹象的阶段；通货膨胀率受大宗商品价格、货币升值/贬值等影响也不断波动；全球债务水平较高意味着全球债务风险较大；金融市场也有较大的动荡。这些方面都表明了未来经济运行存在很大的不确定性，也将面临很多风险与挑战，未来的经济结构、贸易格局将出现比较大的调整。

二、2019 年经济运行展望

根据联合国发布的《2019 年中期世界经济形势与展望》报告，全球宏观经济未来趋势大致如下：

全球经济增长普遍放缓。该报告预计世界总产值增长率将从 2018 年的 3% 小幅下降，2019 年预计为 2.7%，2020 年预计为 2.9%。外部因素之一，是世界贸易活动放缓拖累全球经济增长。持续紧张的贸易关系以及关税的提高对许多发达国家和发展中国家的贸易状况造成影响。不断上升的贸易壁垒不仅直接影响全球贸易流动，而且还增加了不确定性，影响了企业和消费者的信心，进一步影响了投资增长。2018 年下半年，固定资本形成总额增速放缓，投资将可能再度疲软。外部因素之二，是全球初级商品价格持续波动使局面更加困难。随着全球石油需求预计放缓以及美国原油产量不断增长，石油输出国组织（欧佩克）主导的生产协定能否得到有效延长是决定 2019 年原油价格的一个关键因素。在其他初级商品价格方面，农产品价格在短期内普遍预计将保持低位。国内因素之一，是主要发达经济体 2019 年增长预测下调。如美国，由于贸易政策造成的阻力加剧，加之财政刺激效应减弱，因此增长势头预计将放缓。又如日本，外部需求疲软拖累了制造业部门投资，且家庭消费依然低迷。国内因素之二，是发展中经济体的增长前景也在减弱。如南非，由于气旋"伊代"造成破坏，加之南非经济严重受制于电力短缺而前景黯淡。如西亚的沙特阿拉伯，其经济增长预计将随着石油减产而放缓。

货币政策将向宽松方向转变。图 1-7 展示了 2016—2019 年全球货币政策转变情况的统计。这一转变是在全球通货膨胀受到抑制、需求疲软、全球初级商品价格前景平稳的背景下发生的。2019 年 3 月，美国联邦储备系统（美联储）将 2019 年预期加息次数从两次下调为零次，同时将联邦基金目标利率区间维持在 2.25％至 2.5％不变。为了促进信贷增长，欧洲中央银行推出了一系列新的、针对性的长期再融资操作，并决定将加息时间至少推迟至 2020 年。与此同时，中国在 2019 年初进一步降低了银行存款准备金率，以改善国内流动性状况。货币政策宽松转向有助于稳定全球金融环境，推高资产价格。货币政策放宽可能降低了一些短期风险，但在家庭和企业部门杠杆率高的国家仍不太可能大幅推动国内需求。

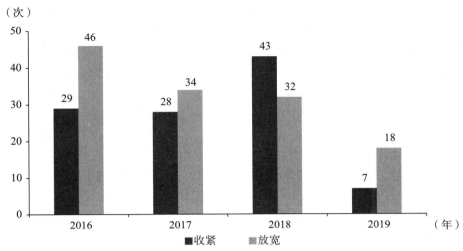

图 1－7　2016—2019 年全球货币政策转变

资料来源：联合国/经社部，基于"中央银行新闻网"（Central Bank News），截至 2019 年 4 月 25 日。

高负债将进一步加剧经济脆弱性。高负债已成为全球经济的一个显著特征。目前的全球债务存量比 2008 年高出近 1/3，超过全球国内生产总值的 3 倍。如果全球经济放缓变得更加严重，企业和家庭可能难以进行债务展期，从而可能触发无序的去杠杆化过程、资产价格大幅调整、避险情绪飙升。全球杠杆贷款市场规模已增长至 1.3 万亿美元左右，是 10 年前的 2 倍以上。投资者对此类贷款的需求不断上升，再加上企业愿意承担更多债务，已导致这些贷款的承销标准和信用质量下降。若是金融和贷款条件长期宽松，包括对中期联邦基金利率有较低预期，将助长"追逐收益率"行为，从而进一步推高债务。

气候风险对全球经济构成的威胁不断增加。2018 年是 1880 年以来全球平均气温第四高的年份。2019 年由于预计会出现厄尔尼诺现象，气温可能会更暖，大气中的二氧化碳水平预计将出现 62 年测量记录中幅度最大的一次上升，其中很大一部分将在大气中停留数千年。长期全球变暖的影响正日益显现。据 3 家保险和再保险公司（怡安保险、慕尼黑再保险、瑞士再保险）估计，2018 年自然灾害造成的经济损失为 1 550 亿至 2 250 亿美元，其中有投保损失仅为 790 亿至 900 亿美元。

第二节　全球贸易发展

一、2018 年全球贸易发展状况

（一）货物贸易

按年来看，2018 年全球货物贸易总量增长 3％，略高于同期全球 GDP 2.9％的增幅，远低于2017年4.6%的增速。2018年全球货物贸易总值达19.67万亿美元，相较于去年增长了10%。但分季度来看，世界商品贸易额同比增长从2018年上半年的3.9%下降到下半年的2.7%。随着第三季度相对强劲的环比增长1.2%，紧接着是第四季度0.3%的下滑，这种增长放缓在接近年底时变得更为明显。贸易增长放缓的同时，主要经济体的产出增长也在放缓。例如：2018年下半年，20国集团（G20）成员国的总体GDP同比平均增长3.5%，低于上半年的3.9%。贸易和GDP失去增长动力，其部分原因是货币政策收紧、金融动荡加剧，以及主要经济体更加频繁地对商品加征关税。其中，贸易紧张是经济增长放缓的重要原因，世界贸易面临新的阻力。贸易紧张局势加剧虽然不可能是2018年经济增长放缓的唯一原因，但它们无疑发挥了重要作用，因为贸易增长放缓与各国政府宣布或预期的贸易行动（如提高关税）基本同时发生。贸易和产出也受到暂时性冲击的影响，比如美国联邦政府关门，以及德国汽车行业在年底前的生产问题。这些事件可能会产生暂时的影响，导致消费者推迟购买和企业推迟生产的决定，但不会直接取消这些决定。

2018年货物贸易量增长放缓产生了广泛影响，反映了全球进出口发货量的疲软，尽管一些国家的增长放缓比其他国家受到的影响更大。贸易增长放缓在2018年第四季度最为明显，出口额下降0.1%，进口额下降0.5%。在出口方面，增长放缓主要是因为发达国家的发货量减少，2018年的三、四季度，发达国家的发货量呈同比收缩。在进口方面，发达国家全年增长缓慢，特别是在2018年上半年。与此同时，尽管2018年早些时候增长强劲，但发展中经济体和独立国家联合体（简称独联体）在2018年第四季度进口下降2.1%。

2018年贸易整体减速主要是由欧洲和亚洲造成的，原因是它们在全球进口中所占比重较大（分别为37%和35%）。在2018年第三季度取得相对强劲的增长之后，亚洲第四季度进口同比下降1.9%。与此同时，欧洲的进口下降较为缓慢，第四季度同比下降1.3%。在北美，美国经济蓬勃发展促进了进口的强劲增长，第四季度进口同比增长4%。包括非洲、中东和独联体在内的其他地区的进口增长缓慢但稳定。截至2018年第三季度，南美进口继续复苏，但受到第四季度不确定性的冲击影响，增速有所放缓。2018年第四季度，所有地区的出口增速都弱于第三季度，北美和欧洲的出口环比分别下降0.8%和0.4%。与此同时，在第三季度增长1.8%之后，第四季度来自亚洲的出货量仅环比增长0.3%。

即使贸易整体减速，但2018年名义贸易总额仍显著上升，背后的原因是什么呢？这在一定程度上是由于油价上涨。2018年全年，油价上涨了约20%。然而，由于负面的经济消息和经济的不确定性降低了短期对能源的预期需求，油价在10月至12月期间下跌了25%。在2018年，以美元计算，汇率对名义贸易价值的影响几乎微乎其微。2017年至2018年，美元汇率虽有波动，但变化不大。美元兑一篮子货币的名义有效汇率仅同比下降1%，欧元名义有效汇率上升4.3%，人民币和英镑分别上涨1.4%和1.5%。2018年，日元名义有效汇率基本持平，平均升值0.2%。

2018年，所有地区的出口量和以美元计算的出口总额都出现了增长，进口方面也是如此。唯一的例外是中东，其进口量下降3.3%，但以当前美元计算增长0.9%。北美和亚洲的进口额都增长了5%。以北美为例，这一比例较前一年的4%有所上升，而以亚洲为例，这一比例较2017年的8.3%有所下降。欧洲进口额增长缓慢，从2017年的2.9%放缓至2018年的1%。2014年至2016年，美国南部和中部的进口额大幅下滑，但仍在继续复苏，2018 年的进口额增长了 5.2％。其他地区的进口增长总体疲弱，仅为 0.5％。出口量增幅最高的地区是独联体为 4.9％，其次是北美 4.3％。亚洲的出口额增速从 2017 年的 6.8％降低到 2018 年的 3.8％，增长放缓，而南美洲和中美洲停滞增长，仅为 0.6％。其他地区综合而言，出口温和增长 2.7％。

由于欧洲和亚洲在世界商品进出口中占据较大的比例，因此这些地区对全球贸易增长具有巨大的影响。2018 年，欧洲商品进出口总额为 7.15 万亿美元，占世界商品进出口总额的 37％，其中出口 3.61 万亿美元，进口 3.54 万亿美元。亚洲出口总额达 6.91 万亿美元，占全球份额达 34％。在 2018 年，中国进口总额 6.76 万亿美元，占世界进口总额的 33％。北美出口总额 2.56 万亿美元，进口总额 3.56 万亿美元，分别在全球出口和进口中占据 14％、18％的份额。尽管石油储量丰富的非洲、中东和独联体的出口量增长疲弱，但它们的出口收入在 2018 年大幅增长，以美元计价的出口额分别增长 13％、21％和 24％。2018 年至 2019 年，中国、美国、欧盟、日本、韩国等主要经济体以美元计算的贸易总额同比大幅下降。贸易增长的复苏可能取决于全球贸易紧张局势的缓解。

（二）服务贸易

2018 年全球服务贸易总值达 5.63 万亿美元，服务贸易连续第二年强劲增长，增长幅度达 7.7％。信息和通信技术是服务部门出口增长速度最快的行业，2018 年增长了 15％，且主要来源于计算机服务。2018 年全球计算机服务出口增长了 17％。美国是全球服务贸易的第一大贸易国。在独联体国家中，商业服务行业出口增长速度最快，涨幅达 12％，部分原因是俄罗斯在 2018 年举办了国际足联世界杯。增长最弱的是运输业，但仍增长 7.1％。在发展中国家中，中国是商业服务出口值额最高的国家，2018 年出口增长了 17％。欠发达国家的服务贸易出口增长了 17％。2018 年全球前十大商业服务贸易国家和地区占全球贸易总额的 53％，发展中经济体在全球商业服务贸易中占 34％的份额。

各个国家服务贸易的季度发展趋势不尽相同，尤其是在 2018 年下半年。在 2018 年第四季度，中国和印度出口总值持续强劲增长，同比增长分别为 12.9％和 12.5％，而其他经济体出口停滞不前（如欧盟与欧盟以外的贸易伙伴贸易同比增长与上年同期持平）或减少（日本增速为 −4.5％，巴西增速为 −2.4％）。进口也出现了类似的情况，中国和印度保持强劲增长，而其他国家则在走弱。美元、欧元和日元等货币在此期间保持相对稳定，因此进出口的这些变化反映的是经济活动的实际变化，而不是价格的变化。包括金融服务和其他商业服务的类别对服务贸易增长的贡献微乎其微。2018 年第四季度，欧盟与欧盟以外贸易伙伴的其他商业服务出口同比增长与上年同期持平，而 2018 早些时候，出口增幅达到两位数（第一季度为 15％，第二季度为 10％）。2018 年美国其他商业服务出口的放缓幅度较小，从第一季度的 7％降至第四季度的 3％。2018 年第四季度，日本其他商业服务出口萎缩 4％，而中国的商业服务出口在 2017 年第四季度增长 19％。大多数服务贸易不直接受到以商品为目标的贸易措施的影响，但这些措施所产生的经济不确定性却可能对其产生影响，因为它们会阻碍企业与新客户建立联系，阻碍企业将资金用于服务。贸易紧张局势的缓解可能有助于服务贸易的增长。

商业性服务贸易可以大致分为交通运输服务贸易、旅游服务贸易和其他商业性服务贸易三大类。2018 年，全球运输服务贸易总额超过 1 万亿美元，增长 7％，非洲、亚洲、北美洲、中东等各地区均有增长。其中，独联体的增长率最高，增幅达 11％；其次是欧洲，增幅达 9％。2018 年，欧洲占全球运输出口的近一半。由于中东地区空中和海上运输增长均趋于平稳，因此其运输服务贸易总体增幅低于全球平均水平。南美洲、中美洲和加勒比地区运输服务贸易也有所放缓，其增幅低于全球平均水平，这反映出了关键区域经济体的 GDP 增长放缓及大西洋飓风特别活跃的影响。2018 年航空运输出口继续增长，航空货运量增长 4.1％。航空货运量增速高于 2017 年，但 2018 年下半年航空货运量增长有所放缓。2018 年，国际航空客运量大幅增长，大约增长 7％。航空公司运力增速放缓，从而将飞机载客率（每趟航班的座位数所占比例）提高至创纪录高位，并为航空公司盈利做出了贡献。2018 年，全球海运出口增长 5％，低于 2017 年 12％的增幅，这部分是由全球贸易不确定性造成的。

2017—2018 年，包括游客在国外逗留期间的商品和服务支出在内的全球旅游出口继续呈上升趋势，2018 年增长 7％。与往年一样，这主要是因为国际旅游业的增长，2018 年国际游客达到 14 亿人次，比原先预测的提前了 2 年。入境游客人数的增加和旅行开支的增加使世界所有区域受益，特别是独联体和非洲，这两个区域的旅游出口分别增长了 16％和 12.5％。2018 年，只有少数几个非洲国家的旅游收入下降，其主要原因是地区局势不稳定以及安全问题困扰。南非是撒哈拉以南非洲游客最多的旅游目的地，由于货币走强及开普敦严重干旱，2018 年南非旅游出口增长有限。所有主要的旅游服务出口经济体数据都显示，2018 年旅游收入和国际游客人数均有所增长。欧洲是全球最大的旅游服务出口国，2018 年是其连续第三年实现增长。受有利的汇率政策的推动，土耳其的游客人数迅速增长，希腊的游客人数随着淡季航班的增加而增加。据联合国世界旅游组织（UNWTO）曾预计，继 2018 年旅游增长超过预期一年之后，2019 年旅游业发展将放缓。受北非经济增长带动，非洲旅游出口（增长 12.5％）和游客入境（增长 12.1％）连续第二年大幅增长。在亚洲，中国游客增加了各地区的旅游收入，尤其是在东南亚。2018 年，美国的旅游收入增长缓慢。

2018 年，包括金融服务、商业服务和知识产权使用费在内的其他商业服务贸易增速加快，超过 3.1 万亿美元。世界上几乎每个地区都出现了这类增长，延续了 2017 年以来的趋势。独联体和中东地区的增长都受到保险、电信、计算机和信息服务收入上升的推动。由于巴西和阿根廷等主要经济体的 GDP 增速放缓，南美和中美洲其他商业服务收入略有下降。

二、2008—2018 年全球贸易发展趋势

（一）货物贸易

如图 1-8 所示，过去 10 年，全球货物贸易总量和以市场价格计算的实际 GDP 变化率呈现出基本一致的变化趋势，两者同步增长，自 2008 年以来两者均增长了 26％左右。可以看出，经济发展状况与贸易存在很大的相关性，好的经济发展环境能为贸易的发展提供一片沃土，而贸易的增长同时又能促进经济的发展。2008—2016 年，全球贸易总量的增长速度略低于 GDP 增速，从 2017 年开始，全球 GDP 增速有所放缓，并略低于全球贸易总量增速。

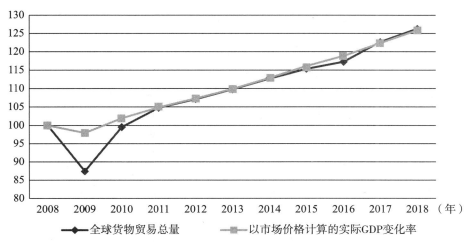

图 1-8 2008—2018 年全球货物贸易总量及以市场价格计算的实际 GDP 变化率（指数，2008＝100）

资料来源：WTO estimates，IMF World Economic Outlook.

图 1-9 为 2008—2018 年不同商品类别全球货物贸易出口变化。相较于 2008 年，2018 年全球货物贸易出口额增长了 20%，平均每年增长 1.8%。基本上从 2008 年金融危机之后，货物贸易出口增速明显下降，直到 2017 年开始，增速才有所提高。制成品在出口中占据最多的份额，平均占比为 70%，占全球货物贸易的比重从 2008 年的 66% 升至 2018 年的 68%。制成品出口年均增长 2.3%，与 2008 年相比，2018 年出口增加了 26%。药品出口增幅居制成品之首，2008 年至 2018 年 10 年间年均增长 4.2%。2008 年至 2018 年，钢铁出口同比下降 2.3%。燃料和矿产品占据的份额次之，平均占比 20% 左右，燃料和矿产品出口平均每年下降 0.9%，出口所占比重从 2008 年的 22% 降至 2018 的 19%。2018 年，由于需求疲软和供应增加共同导致燃油价格下跌，进而导致全球燃料和矿产品出口下降。2018 年，燃油价格较 2008 年水平下跌 33%，同期全球燃料和矿产品出口仅占

（十亿美元）

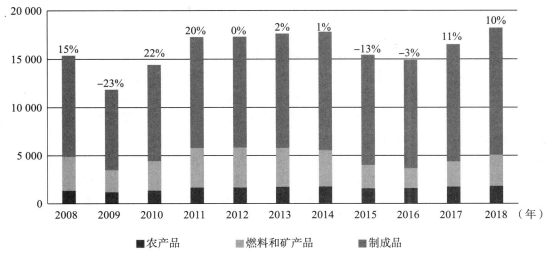

图 1-9 2008—2018 年不同商品类别全球货物贸易出口变化

资料来源：WTO estimates.

2008 年出口额的 91％。农产品出口占据最小的份额，平均占比 10％左右，所占比重从 2008 年的 8％升至 2018 年的 10％。农产品出口增幅最大，自 2008 年以来平均每年增长 3.1％，相对于 2008 年，农产品出口增幅达到 36％。2016 年以来，全球所有主要类别产品的出口均呈现增长趋势，燃料和矿产品出口自 2017 年以来增长 23％，制成品出口增长 8％，农产品出口增长 5％。2017 年以来，货物出口总额增长 10％。整体来看，全球商品出口结构相对稳定，制成品是最主要的出口商品类别。

（二）服务贸易

图 1－10 为 2008—2018 年不同行业全球商业服务出口变化。自 2008 年以来，全球商业服务出口总值增长了 46％，且增长速度呈现明显的上升趋势。其他商业服务出口平均占比超过一半，出口年均增长 5.4％。旅游平均出口占比为 24.9％，出口年均增长 4.3％。运输平均出口占比为 20％不到，出口年均增长 1.2％。货物相关的服务在出口中仅占据很小的比例，出口年均增长 5.9％。2008—2018 年，全球商业服务贸易结构并未出现明显变化。2008 年至 2018 年，在服务贸易中变化最大的行业，是全球海上运输服务，出口年均下降 1％，同时，全球专业和管理咨询服务贸易年均增长 6.5％。

（十亿美元）

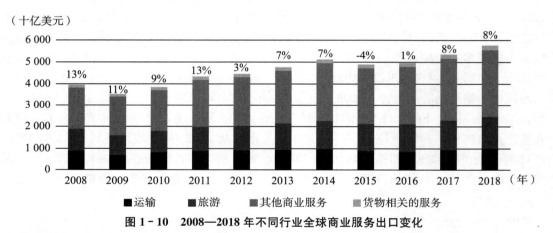

图 1－10　2008—2018 年不同行业全球商业服务出口变化

资料来源：WTO-UNCTAD-ITC estimates.

非常值得一提的是，其他商业服务的增长主要是由 ICT 带动的。电信、计算机和信息服务（也称为信息和通信技术，ICT）在 2018 年恢复了其作为最具活力的服务行业的地位，增长了 15％。保险和养老服务行业的增长率位居第二，为 8％。除 2009 年和 2010 年外，2008 年至 2018 年，ICT 及保险和养老服务行业出口每年都有增长。从 2008 年到 2018 年，ICT 在其他商业服务中所占的份额从 16.1％上升到 19.5％。过去 10 年，中国服务业平均增长 8％，在其他商业服务涵盖的所有行业中位居首位。2018 年，欧盟是 ICT 的主要出口国，爱尔兰是欧盟和世界上最大的 ICT 出口国。印度是第二大出口国，中国超过美国成为第三大出口国。ICT 一直由计算机服务主导，在过去 10 年中，随着电信出口份额的下降，计算机服务的份额有所增加。这种下降的部分原因是电信传输成本的下降——自 2008 年以来，电信传输成本下降了 40％。这导致全球电信收入在 ICT 出口中所占份额下降。电信收入包括移动通信和互联网服务支出，这些支出在 2008 年至 2018 年期间没有显著增长。尽管电信服务的份额有所下降，但计算机服务的收入却增长了 1 倍以上，在

ICT 贸易中所占份额从 2008 年的 65％升至 2018 年的 78％。包括数据库开发、数据处理和软件设计在内的计算机服务，已从技术变革中受益，例如越来越多的企业将 IT 业务转移到云计算。同样可以看到，目前计算机服务贸易以可下载格式提供的软件越来越多，并定期更新，而不是在诸如 DVD 之类的物理媒介上进行软件贸易。例如：全球最大的计算机服务出口国爱尔兰，从 2012 年到 2016 年，其软件作为一种服务的出口有所增加，而实物出口有所下降。另一方面，从 2010 年到 2017 年，以色列的服务和实物出口都有所增长，它的服务增长速度是实体软件出口的 11 倍多。

三、不同经济体的表现

如图 1-11 所示，过去 10 年，中国香港、印度、墨西哥和爱尔兰在全球前 20 大货物和服务贸易国家和地区排名中上升最快，俄罗斯、西班牙和加拿大的排名下降最快。全球前七大贸易国地位稳定，分别是美国、中国、德国、日本、法国、英国和荷兰，其中中国

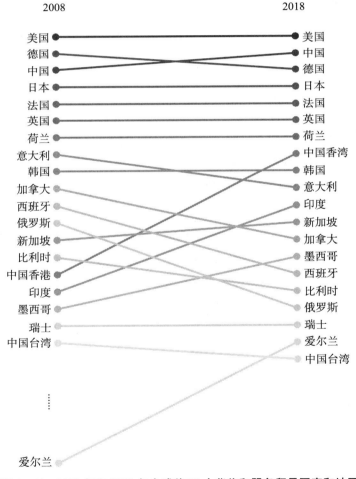

图 1-11　2008 年和 2018 年全球前 20 大货物和服务贸易国家和地区

资料来源：WTO-UNCTAD-ITC estimates.

由全球第三大贸易国上升为第二大贸易国，德国贸易排名由第二名下降为第三名。在全球前 20 大货物和服务贸易国家和地区中，发达经济体在其中占据重要比重，其中仅有中国、印度、墨西哥和俄罗斯四大发展中经济体。

再来看看图 1－12 展示的发展中经济体的表现。在过去 10 年的大部分时间里，发展中经济体在全球贸易中的表现超过或与发达经济体持平，发展中经济体的发展增速与发达经济体的差距呈现下降趋势。两种经济体的贸易发展速度呈现出基本一致的发展速度，均分别在 2009 年、2015 年和 2016 年出现负增长或零增长。从 2012 年开始，两种经济体的贸易发展增速基本上从两位数降为一位数，直到 2017 年开始，发展速度才出现明显上升。

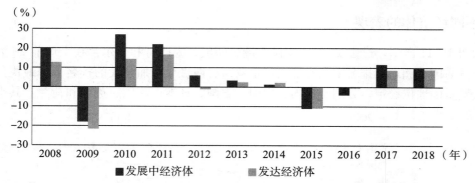

图 1－12　2008—2018 年发展中、发达经济体货物和服务贸易

资料来源：WTO-UNCTAD-ITC estimates.

从货物贸易来看，根据图 1－13，货物出口贸易表现尤为突出的发展中经济体分别是越南、孟加拉国、中国、印度和墨西哥，年均增幅分别为 14.6％、9.8％、5.7％、5.3％和 4.5％，尼日利亚的货物出口贸易出现明显下滑趋势，年均变化－3.5％。图1-14所示的商业服务出口增长最快的发展中经济体分别是缅甸、卡塔尔、中国澳门、菲律宾、巴拿马和泰国，年均增幅分别为 40.9％、29.3％、14.5％、14.1％、13％和 12.4％。从具体贸易产品类

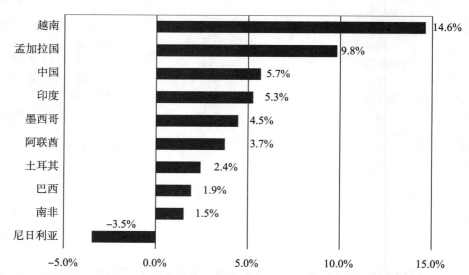

图 1－13　2008—2018 年部分发展中经济体货物出口变化（年均变化百分比）

资料来源：WTO-UNCTAD estimates.

别来看表现亮点，从 2008 年到 2018 年，越南的电机出口增长了近 30 倍，孟加拉国的服装出口增长了 2 倍多，缅甸的旅游出口增长了 29 倍，卡塔尔的交通服务出口增长了 5 倍。

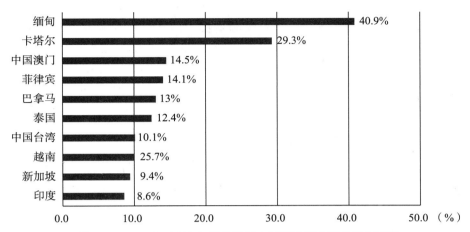

图 1-14 2008—2018 年部分发展中经济体商业服务出口变化

资料来源：WTO-UNCTAD-ITC estimates.

紧接着探讨发展中经济体间的贸易。如图 1-15 所示，从 2011 年起，发展中经济体对其他发展中经济体的出口超过了对发达经济体的出口。2011 年至 2018 年，发展中经济体间的贸易平均占到 51.8%，发展中经济体与发达经济体的贸易平均占比为 48.2%。2018 年，"南南"贸易额估计为 4.28 万亿美元，占发展中经济体出口总额的 52%，同时，"南北"贸易额估计为 3.94 万亿美元。

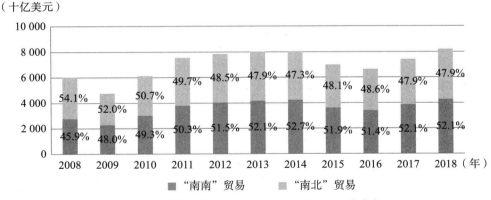

图 1-15 2008—2018 年发展中经济体贸易伙伴变化

资料来源：WTO estimates.

注：初步估计，2017 年的比例适用于 2018 年。

而最不发达经济体的货物贸易和服务贸易发展情况如何呢？从 2008 年到 2018 年，在货物贸易方面，只有安哥拉、孟加拉国和缅甸仍在最不发达国家的贸易排名中位列前五名，苏丹、也门和乍得的货物贸易明显减少，老挝、莫桑比克和几内亚的货物出口贸易显著增长，成功跻身最不发达国家前十大货物贸易出口国。虽然安哥拉在最不发达国家的贸易排名中均位列第一，但其货物贸易出口总值却由 2008 年的 639 亿美元下降为 2018 年的

421 亿美元。2018 年第一大货物贸易出口国中国的出口总额达 24 870 亿美元，是孟加拉国的 59 倍，存在显著差距。在商业服务方面，只有坦桑尼亚、柬埔寨和埃塞俄比亚仍然排在最不发达国家的前五名，阿富汗、也门和赞比亚的商业服务贸易出口总额下降，缅甸、苏丹和塞内加尔的商业服务贸易出口大幅增长，2018 年商业服务贸易出口在最不发达国家中位列前十。2008 年，坦桑尼亚商业服务贸易出口在最不发达国家中为列第一，到了 2018 年，下降为第四名，柬埔寨由第三名上升为第一名，商业服务出口贸易总额为52 亿美元，仅占美国的 0.6％左右。

四、2005—2015 年全球价值链发展

世界商品和服务贸易的一半以上由中间产品组成，这些中间产品主要在全球价值链（GVC）内进行交换，即全球生产商品和服务的网络。最新数据显示，2015 年全球价值链占全球贸易的 57％。成为这些生产链的一部分是发展中国家利用其自然资源和生产性促进经济增长的机会。经合组织增加值贸易数据库（TiVA）涵盖 64 个经济体，其中包括 26个发展中经济体。2015 年，发达国家和发展中国家的全球价值链参与率相同，估计占其出口总额的 41.4％。这反映了依赖若干经济体参与的生产网络的全球性质。

就对全球价值链的贡献而言，亚洲经济体的增长率最高，这意味着它们正日益与国际工业伙伴开展贸易。越南、菲律宾、中国和印度轻松超过 6.5％的平均水平，其中越南在2005 年至 2015 年期间实现了 16.5％的最高年增长率。TiVA 的数据显示，越南工业在纺织、服装和农工业供应链中发挥着越来越重要的作用。例如：越南出口的国外增值内容的25.7％来自纺织品和服装部门。哥伦比亚、墨西哥、巴西、秘鲁和哥斯达黎加等拉美经济体也越来越多地参与全球价值链。

经济体以两种方式参与全球价值链。一种，它们进口中间品来生产它们出口的商品和服务（称为向后的全球价值链参与）；另一种，它们向参与后期阶段生产的伙伴出口国内生产的投入（称为向前的全球价值链参与）。沙特阿拉伯和文莱达鲁萨兰国的向前全球价值链参与率很高，反映了它们作为全球价值链核心石油供应国的角色，其出口对全球价值链的贡献率分别为 37％和 41％。其他初级产品出口国，如秘鲁和智利，则处于供应链的起点，因此具有较高的向前的全球价值链参与率。所有这些经济体的生产过程所需投入都很少。

中国在全球价值链中的角色已经发生了重大变化。中国经济提高了国内生产工业品的能力，从而降低了向后的全球价值链参与水平。与此同时，中国增加了对东南亚伙伴的工业产品出口，促进其对全球价值链的积极参与。2015 年，中国的垂直专业化（即向后的全球价值链参与水平）比 2005 年降低了 17.3％，为 26.3％。然而，这大幅下降可能是由于 TiVA 修改了统计数据的方式，减少了对垂直专业化的评估。与此同时，中国向前的全球价值链参与水平提高了 2％，2015 年达到 17.5％。

墨西哥在全球价值链中主要扮演"买家"的角色，因此，向后的全球价值链参与率很高，2015 年为 36％。该经济体主要从美国和中国进口原材料来生产出口产品。2015 年，墨西哥垂直专业化水平达到 36％。在南美经济体中，阿根廷对全球价值链的参与度相对较低，2015 年，阿根廷出口中只有不到 24％与全球价值链活动相关（无论是向后还是向

前）。巴西的参与率相对较高，为33%。

TiVA中可获得的3个非洲经济体——摩洛哥、南非和突尼斯，在全球价值链的参与方面，向后参与而非向前参与的情况更为突出。南非，作为一个关键的矿产供应国，向世界各地的行业生产提供相关中间品（矿产品贡献了南非2015年20%的GVC增值），同时，由于矿业也需要进口大量的中间品，因此南非向后和向前的全球价值链参与水平都比较高。2015年，突尼斯和摩洛哥出口的中间品占比分别为29%和26%。这两个经济体为各自的服装业进口纺织品。此外，突尼斯进口电气设备，摩洛哥进口用于生产出口品的化学中间品。

新加坡、中国台湾和马来西亚等东南亚经济体的全球价值链参与率最高，无论是向前参与还是向后参与，它们逾55%的贸易发生在国际生产网络中。2015年，新加坡贸易总额的62%与全球价值链活动有关，在TiVA数据库中是所有经济体中最高的。

五、2019年全球贸易整体发展趋势

一些领先的经济指标和贸易统计数据显示，2019年上半年贸易和产出继续疲软。商品进出口环比增长至3月为止仍受抑制。2019年3月，美国、欧盟和日本的出口额分别下降1%、7%和7%。中国出口同比增长14%，但增长主要归因于2018年3月的疲弱表现。美国进口也停滞不前，出现零增长，欧盟、日本和中国分别下降2%、4%和8%。下降的部分原因可能是2019年的油价低于2018年。

IHS-Market和JPMorgan编制的全球制造业采购经理人指数（PMI）在2019年4月降至50.3，略高于50的临界值，表示制造业在扩张。这表明，到2019年第二季度，经济增长仍将疲弱。美国采购经理人指数（PMI）相对强劲（52.6），但欧元区采购经理人指数（PMI）（47.9）疲弱，显示经济收缩。中国采购经理人指数（PMI）为50.2，表明经济增长虽然有些缓慢，但仍保持稳定。总体而言，这些指数反映的是全球经济形势喜忧参半，一些国家的增长速度快于其他国家。全球采购经理人指数（PMI）的新出口订单是衡量商品贸易量的可靠领先指标。该指数继续显示2019年4月份（49.0）收缩，但较3月份（48.9）放缓。这可能是世界贸易好转的早期迹象，但任何重大改善都将取决于贸易紧张局势的缓解。

根据媒体报道中与不确定性相关的短语出现频率，经济政策不确定性指数当时为203.8（截至2019年4月），低于2019年1月的341.3峰值。其中，基线值为100表示1997年至2015年的不确定性平均水平。而2019年1月341.3的峰值与美国政府关门以及美国与中国的贸易谈判同时出现。由于经济不确定性阻碍投资，它可能对贸易产生负面影响，因为投资支出往往依赖进口。相反，预计贸易紧张局势的缓解将同时刺激投资和贸易。

2018年年中，经济增长放缓幅度超过预期，促使各国政府和央行采取更具扩张性的财政和货币政策。这似乎为了提振2019年第一季度主要经济体的GDP，但这种提振能否持续还有待观察。2019年的贸易预测取决于截至2018年年底的持续GDP增长。中国继续以比大多数其他制造业经济体更快的速度扩张，而美国在2019年第一季度实现了产出的健康增长。贸易紧张局势的进一步升级可能会破坏贸易和GDP增长。

第三节　世界贸易摩擦概况

虽然全球经济危机已经过去 13 年之久，但是世界的整体经济发展形势仍然不容乐观。各国为了保护产业发展，纷纷采取了具有针对性的贸易保护手段。例如：在传统的贸易救济领域，反倾销与反补贴合并调查频繁使用，而知识产权、技术性贸易壁垒等具有相对更高技术含量的手段近年来也在国际贸易领域频繁出现。但是，由于其对配套的法律和技术层面的要求比较高，目前运用这种手段的主要是发达国家。此外，货币汇率、投资措施、服务贸易等领域也是纠纷不断。随着中国在全球经济与贸易中的地位不断提高，中国出口产品在国际市场上遭遇贸易摩擦的形势也越来越严峻。主要贸易伙伴除了在上述领域运用法律手段之外，还从机构、制度设置上加强了有针对性的监控检查，例如美国设立跨部门贸易执法中心等等。因此，持续的关注、分析全球贸易摩擦的趋势和特点对我国有效应对贸易摩擦具有重大的现实意义。

全球经济形势的发展是影响贸易救济立案数的重要因素之一：在全球经济上升时期，各国之间的贸易保护措施相对减少，反之则增多。据统计，全球 GDP 的增速与全球贸易救济立案数基本呈现相背的发展趋势，也就是说，全球经济处于繁荣期时，贸易救济立案数减少，各国之间的贸易流量较大，全球的贸易自由化程度较高，而当全球经济增长疲软时，全球的贸易救济立案数量会增加，各国之间的贸易摩擦不断扩大，贸易保护主义开始抬头。

目前最常用的贸易保护措施主要有反倾销（AD）、反补贴（CVD）以及保障措施（SG）三种手段。从表 1-1 的统计数据来看，就全球而言，反倾销一直都是主要的贸易保护手段。1995—2018 年，全球一共发起了 5 725 起反倾销调查，其中有 3 805 起最终得到立案实施，立案比重高达 66.46%，为三大贸易保护措施中立案比重最高的一个。其次是反补贴手段，1995—2018 年，全球一共启动了 541 起反补贴调查，其中有 285 起最终得到了立案实施，立案比重达到了 52.68%。相比于前两种贸易保护手段，保障措施使用得相对较少，在 1995 年至 2018 年间，全球一共发起了 347 起保障措施调查，其中有 172 起最终得到了实施，实施措施数比重也达到了 49.57%。在 2008 年全球金融危机之后，反倾销、反补贴以及保障措施的调查数和实施数均有比较明显的上升趋势，尤其是反补贴调查的增长速度更快。

表 1-1　　　　　　　全球主要贸易保护手段（1995—2018 年）

年份	AD 调查数（起）	AD 实施措施数（起）	CVD 调查数（起）	CVD 实施措施数（起）	SG 调查数（起）	SG 实施措施数（起）	AD 实施措施比重	CVD 实施措施比重	SG 实施措施比重
1995	157	120	10	19	2	0	76.43%	190.00%	0.00%
1996	226	92	7	4	5	1	40.71%	57.14%	20.00%
1997	247	127	16	3	3	3	51.42%	18.75%	100.00%
1998	264	185	25	6	10	5	70.08%	24.00%	50.00%
1999	357	190	41	14	15	5	53.22%	34.15%	33.33%

续前表

年份	AD 调查数（起）	AD 实施措施数（起）	CVD 调查数（起）	CVD 实施措施数（起）	SG 调查数（起）	SG 实施措施数（起）	AD 实施措施比重	CVD 实施措施比重	SG 实施措施比重
2000	296	236	18	21	25	7	79.73%	116.67%	28.00%
2001	372	169	27	14	12	9	45.43%	51.85%	75.00%
2002	311	218	9	14	34	14	70.10%	155.56%	41.18%
2003	234	224	15	6	15	15	95.73%	40.00%	100.00%
2004	221	154	8	8	14	6	69.68%	100.00%	42.86%
2005	198	138	6	4	7	6	69.70%	66.67%	85.71%
2006	203	142	8	3	13	7	69.95%	37.50%	53.85%
2007	165	105	11	2	8	5	63.64%	18.18%	62.50%
2008	218	143	16	11	10	6	65.60%	68.75%	60.00%
2009	217	143	28	9	25	10	65.90%	32.14%	40.00%
2010	173	134	9	19	20	4	77.46%	211.11%	20.00%
2011	165	99	25	9	12	11	60.00%	36.00%	91.67%
2012	208	121	23	10	24	6	58.17%	43.48%	25.00%
2013	287	161	33	13	18	8	56.10%	39.39%	44.44%
2014	236	157	45	11	23	11	66.53%	24.44%	47.83%
2015	229	181	31	15	17	11	79.04%	48.39%	64.71%
2016	298	171	34	24	11	6	57.38%	70.59%	54.55%
2017	249	192	41	18	8	9	77.11%	43.90%	112.50%
2018	194	203	55	28	16	7	104.64%	50.91%	43.75%
总计	5 725	3 805	541	285	347	172	66.46%	52.68%	49.57%

资料来源：https://www.wto.org/english/tratop_e/tratop_e.htm.

一、反倾销

反倾销是全球贸易壁垒的最主要形式，1995年至2018年，WTO成员一共启动了6 613起贸易救济调查。其中，启动了5 725起反倾销调查，占全球贸易救济案件总数的86.57%；541起反补贴调查，占比8.18%；347起保障措施调查，占比5.25%。

表1-2列出了1995—2018年全球发起反倾销调查累计次数排名前十的经济体，从表中可以看出美国和欧盟一直是全球发起反倾销调查数最多的两大经济体。在2000年左右，印度发起的反倾销调查数突然出现了较为快速的增长，并在近十多年来，逐步超越了美国和欧盟，成为全球发起反倾销调查数最多的经济体。1995—2018年，印度发起反倾销调查次数占全球16.05%的比重；美国位居第二，占比12.12%；欧盟位居第三，占比8.91%。而中国作为一个大国，发起的反倾销调查数相对美国、欧盟及印度等则很少，且

在全球金融危机期间，这种差异更为明显。1995—2018 年，中国发起反倾销调查累计次数占全球比例约为 4.79%。金融危机过后，各经济体发起的反倾销调查次数普遍呈现上升趋势。

表 1 - 2　　　　WTO 主要成员发起反倾销调查情况（1995—2018 年）　　　　单位：起

年份	印度	美国	欧盟	巴西	阿根廷	澳大利亚	中国	加拿大	南非	土耳其
1995	6	14	33	5	27	5		11	16	
1996	21	22	25	18	22	17		5	34	
1997	13	15	41	11	15	44		14	23	4
1998	28	36	22	18	6	13	3	8	41	1
1999	64	47	65	16	22	24	2	18	16	8
2000	41	47	32	11	41	15	11	21	21	7
2001	79	77	28	17	28	24	14	25	6	15
2002	81	35	20	8	10	16	30	5	4	18
2003	46	37	7	4	1	8	22	15	8	11
2004	21	26	30	8	12	9	27	11	6	25
2005	28	11	24	6	9	7	24	1	23	12
2006	31	8	35	12	10	11	10	7	3	8
2007	47	28	9	13	7	2	4	1	5	6
2008	55	16	19	24	19	6	14	3	3	23
2009	31	20	15	9	28	9	17	6	3	6
2010	41	3	15	37	14	7	8	2		2
2011	19	15	17	16	7	18	5	2	4	2
2012	21	11	13	47	12	12	9	11	1	14
2013	29	39	4	54	19	20	11	17	10	6
2014	38	19	14	35	6	22	7	13	2	12
2015	30	42	11	23	6	10	11	3		16
2016	69	37	14	11	23	17	5	14		17
2017	49	55	9	7	8	16		24	14	8
2018	31	34	8	7	16	12	16	14	2	6
总计	919	694	510	417	368	344	274	241	231	227

资料来源：https://www.wto.org/english/tratop_e/adp_e/adp_e.htm.

表 1 - 3 列出了 1995—2018 年全球遭受反倾销调查累计次数排名前十的经济体。1995—2018 年，中国（不包括港澳台地区）是遭受反倾销调查累计次数最多的经济体，达 1 327 起，在全球中占据 23.18% 的比重。且在金融危机期间，中国遭遇的反倾销调查数出现了明显的增多，在 2008 年及 2009 年都是 78 起。相较而言，其他经济体遭遇反倾销调查数每年都比较平稳，仅有中国出现了较大的波动。此外，除中国之外的其他新兴经

济体同样遭受着较多的贸易摩擦与争端，例如印度一共遭受了236 反倾销调查，印度尼西亚遭受了211 反倾销调查，巴西遭受了156 起反倾销调查。新兴经济体凭借其低廉的生产成本在世界市场中占据重要地位，因而其遭遇的贸易壁垒越来越多。在发达国家中，韩国累计遭遇的反倾销调查次数最多，达428 起，但仍仅为中国的1/3 不到。美国凭借其强大的生产力向外输出大量产品，同样也遭受到了比较多的反倾销调查。金融危机之前美国每年遭受反倾销次数也维持在两位数，金融危机爆发，美国经济受挫，出口减少，从而遭受的反倾销调查随之减少，但同时对其他经济体发起了更多的反倾销调查。

表 1 - 3　　　　　　　WTO 主要成员遭受反倾销调查情况（1995—2018 年）　　　　　单位：起

年份	中国（不包括港澳台地区）	韩国	中国台湾	美国	印度	泰国	日本	印度尼西亚	俄罗斯	巴西	马来西亚	欧盟
1995	20	14	4	12	3	8	5	7	2	8	2	
1996	43	11	9	21	11	9	6	7	7	10	3	1
1997	33	15	16	15	8	5	14	9	7	5	5	2
1998	27	27	10	16	13	2	14	5	13	6	4	4
1999	42	35	21	14	13	19	22	20	18	13	7	7
2000	43	23	14	13	10	12	12	13	12	9	9	9
2001	55	23	19	15	12	17	14	18	9	13	6	9
2002	50	23	16	11	16	12	13	12	20	3	4	10
2003	53	17	13	21	14	7	16	8	2	3	8	10
2004	49	24	21	14	8	9	9	8	8	10	6	3
2005	53	12	13	12	14	12	7	14	4	4	14	5
2006	73	10	13	11	6	8	9	9	5	7	5	3
2007	61	13	6	7	4	9	4	5	6	2	7	2
2008	78	9	11	8	6	13	3	11	2	3	10	4
2009	78	8	12	14	7	8	5	10	4	12	7	6
2010	44	9	5	19	4	5	5	4	2	3	4	9
2011	51	11	9	10	7	8	5	5	3	3	2	3
2012	60	22	22	9	10	10	6	6	3	2	6	3
2013	76	25	17	13	11	14	11	7	5	6	9	8
2014	63	18	13	11	15	9	7	5	4		10	6
2015	70	17	10	5	13	3	8	6	7	7	3	3
2016	93	32	10	5	12	10	12	9	12	13	10	7
2017	55	19	12	7	10	12	8	10	7	6	10	5
2018	57	11	6	7	9	9	6	3	5	8	4	5
总计	1 327	428	302	290	236	230	221	211	167	156	152	128

资料来源：https://www.wto.org/english/tratop_e/adp_e/adp_e.htm.

　　表1-4是全球发起反倾销调查的行业分布，从中可以看出，全球反倾销调查主要集中在贱金属及其制品、化工及相关行业产品、树脂、塑料及其制品和橡胶及其制品、机电设备、纺织品及其制品，反倾销调查次数分别为1 774起、1 145起、755起、445起、404起，占比分别达到30.99％、20.00％、13.19％、7.77％、7.06％。这些产品也是中国进出口贸易中的主要类别产品。金融危机发生没有太大影响全球反倾销调查行业分布状况，相对危机期间，针对贱金属及其制品、化工及相关行业产品、树脂、塑料及其制品和橡胶及其制品这三种类别产品，在金融危机之后，发起的反倾销调查次数呈现比较明显的上升趋势。

表1-4　　　　　　　　　　1995—2018年全球发起反倾销调查行业分布情况　　　　　　　　　单位：起

年份	IV 调制食品、饮料、烈酒、醋及烟草	V 矿物产品	VI 化工及相关行业产品	VII 树脂、塑料及其制品和橡胶及其制品	IX 木材、软木及其制品；篮具	X 纸、纸板及其制品	XI 纺织品及其制品	XII 鞋类；头饰；羽毛，手工艺品，花，扇子	XIII 石膏制品、陶瓷棒及玻璃制品	XV 贱金属及其制品	XVI 机电设备	XVII 车辆、飞机和船只	XVIII 仪器、时钟、录音机和复印机	XX 杂项制品
1995	13	1	31	20	1	3	1	6	3	43	24	3	1	6
1996	6	4	42	26	4	14	23	1	11	39	33	3	5	5
1997	4		21	36	11	36	8		12	64	34	1	9	4
1998	8	4	24	33	3		28	4	12	111	10		5	5
1999	2	9	74	40	1	18	36	2	8	109	30	4	2	13
2000	3	9	63	24	5	5	17	3	6	109	30	5		7
2001	2	15	67	56	4	7	27		6	138	24		3	6
2002	3	8	96	40		7	7	3	11	96	9	2	3	11
2003		5	73	27	11	20	11		11	53	12	2	2	2
2004	1	1	49	44	11		21		8	39	16	2	1	3
2005	2		37	37	3	6	26	4	10	38	16	4	1	7
2006	7	2	39	24	2	17	17		12	31	30	2	5	6
2007		2	56	16	1	19	12			23	28	1		2
2008		2	34	21	9	2	39	1	4	70	16	3	6	5
2009	2	1	47	31	7	8	20	3	11	52	22	3	3	3
2010	1	4	44	24	5	21	6		12	43	10	1	1	
2011	5	2	29	13	13	11	2		14	58	8	6	1	
2012		2	34	40	1	6	12		13	76	18	4		1
2013	6		48	41	5	12	21		23	97	22		1	5

续前表

年份	IV 调制食品、饮料、烈酒、醋及烟草	V 矿物产品	VI 化工及相关行业产品	VII 树脂、塑料及其制品和橡胶及其制品	IX 木材、软木及其制品；篮具	X 纸、纸板及其制品	XI 纺织品及其制品	XII 鞋类，头饰；羽毛，手工艺品，花，扇子	XIII 石膏制品、陶瓷棒及玻璃制品	XV 贱金属及其制品	XVI 机电设备	XVII 车辆、飞机和船只	XVIII 仪器、时钟、录音机和复印机	XX 杂项制品
2014	1	1	53	45	1	3	7		5	89	17	5	2	1
2015	6	2	38	23	3	8	9	3	12	105	7	2	7	2
2016	3	8	51	37	2	18	16		16	129	14	2		2
2017	5	3	64	28	4	11	26		6	81	7	2	4	6
2018		4	31	29		12	12		5	81	8	7	2	1
总计	80	92	1145	755	107	279	404	35	234	1774	445	64	64	103

资料来源：https://www.wto.org/english/tratop_e/adp_e/adp_e.htm.

二、反补贴

1995—2018 年，WTO 成员共发起了 541 起反补贴调查（见表 1-5）。其中，美国高居榜首，1995 年至 2014 年共发起 243 起反补贴调查，占全球反补贴案件的 44.92%；其次是欧盟，共有 81 起，占全球的 14.97%；加拿大位居第三，共计 69 起，占全球的 12.75%；澳大利亚位居第四，共有 31 起，占全球比重为 5.73%；南非和印度并列位居第五，均为 13 起，占全球比重为 2.4%。上述 6 个 WTO 成员启动的反补贴调查数占全球反补贴调查案件总数的 83.18%，而其余 16 个成员启动的反补贴调查案件数仅占全球反补贴案件数的 16.82%。在发起反补贴调查的经济体中，除了印度在 2018 年发起的反补贴调查次数突然增多为 10 起，美国、欧盟、加拿大等发达经济体一直占据了主导地位，发展中国家几乎很少对其他国家发起反补贴调查。在 2008 年金融危机之后，美国对其他国家发起的反补贴调查次数显著上升，最高历史纪录在 2017 年和 2018 年，均达到 24 起，加拿大、澳大利亚和印度发起的反补贴调查次数也有所增加。

表 1-5　　　　　WTO 主要成员发起反补贴调查情况（1995—2018 年）　　　　单位：起

年份	美国	欧盟	加拿大	澳大利亚	印度	南非	巴西	中国
1995	3		3					
1996	1	1						
1997	6	4		1		1		
1998	12	8				1		
1999	11	19	3	1		2		

续前表

年份	美国	欧盟	加拿大	澳大利亚	印度	南非	巴西	中国
2000	7		4			6		
2001	18	6	1			1	1	
2002	4	3		1				
2003	5	1	1	3			1	
2004	3		4					
2005	2	3	1					
2006	3	1	2	1				
2007	7		1				1	
2008	6	2	3	2		2		
2009	14	6	1	1	1			3
2010	3	3	1	1				1
2011	9	4	2	2			3	
2012	5	6	6	2			1	2
2013	19	5	4	1			2	1
2014	18	2	12	2	1		1	
2015	23	2	3	2				
2016	16	1	2	8	1		1	1
2017	24	2	11				1	1
2018	24	2	4	3	10			3
总计	243	81	69	31	13	13	12	12

资料来源：https://www.wto.org/english/tratop_e/scm_e/scm_e.htm.

与反倾销调查类似，遭受反补贴调查的仍主要是发展中经济体（见表 1-6）。其中，中国已经连续 13 年成为全球遭受反补贴调查数最多的经济体，1995 年至 2018 年已有 160 起，占全球比重超过一半，多达 56.14%；其次是印度，共计 86 起，占比 30.18%；韩国位居第三，共 30 起，占比 10.53%；印尼位居第四，共计 24 起，占比 8.42%。与其他经济体相比，中国和印度在 2008 年金融危机之后，遭受的反补贴调查次数明显增多。尤其是中国，遭受的反补贴调查次数从个位数增长到基本稳定在两位数，2018 年遭受的反补贴调查达到历史最高峰，共计 30 起。

表 1-6　　　　　WTO 主要成员遭受反补贴调查情况（1995—2018 年）　　　　单位：起

年份	中国	印度	朝鲜	印度尼西亚	泰国	美国	土耳其	欧盟
1995		1			1	1	1	3
1996								1

续前表

年份	中国	印度	朝鲜	印度尼西亚	泰国	美国	土耳其	欧盟
1997		3						2
1998		6	5	1				1
1999		5	4	5	5	1		1
2000		7	1	1	1	1		
2001		8	1	2			1	
2002		2	2					1
2003		8						2
2004	3	1	1		1			
2005		1	1	1	1	1		
2006	2	1	1	1				
2007	8	1				1		
2008	11	2				2		
2009	13	1	1	1	1	4		1
2010	6	1				1		1
2011	9	5	1	2	2	1		
2012	10	2	1	2		2		1
2013	14	6	1	2	1		2	1
2014	14	4	4	1	1		5	
2015	9	6	3	1			3	
2016	19	4	1	1		1	2	
2017	12	7		1	2	1	2	
2018	30	4	2	2	3	2	2	
总计	160	86	30	24	19	19	18	15

资料来源：https://www.wto.org/english/tratop_e/scm_e/scm_e.htm.

在全球发起反补贴调查的行业分布中，与反倾销调查主要行业分布类似，全球反补贴调查主要集中在贱金属及其制品、树脂、塑料及其制品和橡胶及其制品、化工及相关行业产品、调制食品、饮料、烈酒、醋及烟草、机电设备、纺织品及其制品，反补贴调查次数分别为 237 起、59 起、57 起、37 起、29 起、27 起，占比分别达到 43.81%、10.91%、10.54%、6.84%、5.36%、4.99%。金融危机之后反补贴调查更加密集，尤其是贱金属及其制品、化工及相关行业产品、树脂、塑料及其制品和橡胶及其制品这三种类别产品。

三、保障措施

《1994 年关税与贸易总协定》（GATT 1994）第 19 条第 1 款规定："如因意外情况的发生或因一成员承担本协定义务（包括关税减让在内）而产生的影响，使某一产品输入到该成员领土的数量大为增加，对这一领土内的同类产品或与其直接竞争产品的国内生产者造成严重损害或产生严重损害威胁时，该成员在防止或纠正这种损害所必需的限度和时间内，可以对上述产品的全部或部分暂停实施其所承担的义务，或者撤销或修改减让。"《保障措施协议》第 2 条第 1 款进一步明确指出："一成员只有根据下列规定才能对一项产品采取保障措施，即该成员已确定该产品正以急剧增加的数量（较之国内生产的绝对增加或相对增加）输入其领土，并在此情况下对生产同类或直接竞争产品的国内产业造成严重损害或严重损害威胁。"

1995—2018 年，WTO 成员一共发起了 347 起保障措施调查（见表 1-7）。其中，由印度启动的案件数位居首位，共计 43 起，占全球保障措施案件总数的 12.39%；其次是印度尼西亚，共计 29 起，占全球比重为 8.36%；位居第三的是土耳其，共计 25 起，占全球比重为 7.20%；位列第四的是智利，共计 20 起，占全球比重为 5.76%；位列第五的是约旦，共计 18 起，占全球比重为 5.19%。上述 5 个成员共启动了 135 起保障措施调查，占全球保障措施案件总数的 38.90%。在金融危机之前，WTO 成员大多只会在个别年份发起保障措施调查，但在危机之后，保障措施调查发起次数激增，在多数年份均会发起保障措施调查。

表 1-7　　　　WTO 主要成员发起保障措施调查情况（1995—2018 年）　　　　单位：起

年份	印度	印度尼西亚	土耳其	智利	约旦	埃及	菲律宾	乌克兰	美国
1995	0	0	0	0	0	0	0	0	1
1996	0	0	0	0	0	0	0	0	2
1997	1	0	0	0	0	0	0	0	1
1998	5	0	0	0	0	1	0	0	1
1999	3	0	0	2	0	1	0	0	2
2000	2	0	0	3	1	1	0	0	2
2001	0	0	0	2	0	0	3	0	1
2002	2	0	0	2	8	0	0	0	0
2003	1	0	0	0	0	0	3	0	0
2004	1	1	5	1	0	0	0	0	0
2005	0	1	0	0	1	0	0	0	0
2006	0	1	5	1	1	0	1	0	0
2007	0	0	3	0	1	0	0	0	0
2008	1	2	1	0	2	1	1	1	0
2009	10	0	1	0	1	0	1	2	0

续前表

年份	印度	印度尼西亚	土耳其	智利	约旦	埃及	菲律宾	乌克兰	美国
2010	1	7	0	0	1	0	0	3	0
2011	1	4	1	0	0	1	0	2	0
2012	1	7	0	1	1	4	0	0	0
2013	3	0	1	2	0	0	2	1	0
2014	7	3	3	0	1	2	0	0	0
2015	2	1	1	4	0	2	0	1	0
2016	1	0	0	0	1	0	0	0	0
2017	1	0	2	0	0	0	0	1	2
2018	0	2	2	1	0	0	2	0	0
总计	43	29	25	20	18	13	13	13	12

资料来源：https://www.wto.org/english/tratop_e/safeg_e/safeg_e.htm.

从行业分布上来看，全球保障措施调查主要集中在贱金属及其制品，化工及相关行业产品，石膏制品、陶瓷棒及玻璃制品，调制食品、饮料、烈酒、醋及烟草，保障措施调查次数分别为 83 起、53 起、30 起、27 起，占比分别达到 23.92%、15.27%、8.65%、7.78%。经济危机之后针对贱金属及其制品、纺织品及其制品这两种种类别产品的保障措施调查次数增加。

第四节 中国贸易发展与面临贸易摩擦现状

一、中国贸易发展

自 2001 年 12 月 11 日正式加入世界贸易组织（WTO）以来，中国对外开放进入了一个崭新的历史阶段。入世为中国融入全球经济并促进对外贸易发展带来了前所未有的发展机遇，但同时也面临来自全球的各种冲击与挑战。受 2008 年全球金融危机的影响，世界经济持续低迷，国际贸易摩擦与争端频发，贸易保护主义抬头，全球化未来发展走势尚不明朗，中国对外贸易的进一步发展面临诸多难题。尽管如此，中国仍努力采取各种措施破解外部难题，中国对外贸易的发展机遇与挑战并存。

如图 1-16 至图 1-18 所示，中国货物进出口整体仍呈现增长趋势，但增长速度有所放缓，中间品进出口扮演重要角色。2008—2018 年，中国货物出口总额从 14 306.93 亿美元增长至 24 874.01 亿美元，增长了 73.86%，货物进口总额从 2008 年的 11 325.62 亿美元增长至 21 356.37 亿美元，增长了 88.57%。中国货物进出口仍存在顺差，但从 2016 年开始，顺差总额显著下降。2015 年货物贸易顺差达 5 939.04 亿美元，2018 年下降至 3 517.63 亿美元，下降幅度达 41% 左右。从绝对值来看，中国货物出口总额从 2008 年的 25 632.55 亿美元增长至 2018 年的 46 230.38 亿美元，增长了 80.36%。但从增长幅度来看，中国货物进出口总额增长速度显著下降，甚至分别在 2009 年、2015 年和 2016 年出现负增长。从图 1-18 可以看到，中间品贸易在货物贸易中占据较大的比重，平均而言，中

间品进口占比 50％左右，中间品出口约占 41％。中间品进出口贸易总额显著增加，相较
2008 年，2017 年中间品进口额增长 72.84％，出口额增长 61.6％，表明了中国日益深入
地加入全球价值链的生产。

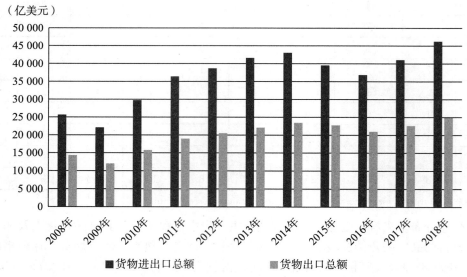

图 1－16　2008—2018 年中国货物进出口总额

资料来源：国家统计局和商务数据中心。

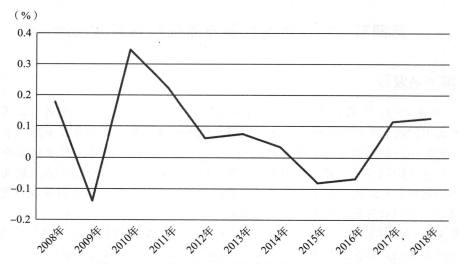

图 1－17　2008—2018 年中国货物进出口总额增幅

资料来源：根据国家统计局和商务数据中心数据整理。

　　如图 1－19 和图 1－20 所示，中国服务贸易总额呈现翻倍式增长，但从 2015 年开始增
长速度明显下降。中国服务贸易的增长主要体现在进口方面，进口总额从 2008 年的 1 589
亿美元增长至 2017 年的 4 676 亿美元，增长了近 2 倍。中国服务出口总额增长幅度较小，
但仍增长了 40％左右。从 2008 年至 2017 年，中国服务进出口总额从 3 223 亿美元增长至
6 957 亿美元，增长了 1.2 倍左右。可以看到，中国服务贸易存在较大逆差，且从 2009 年

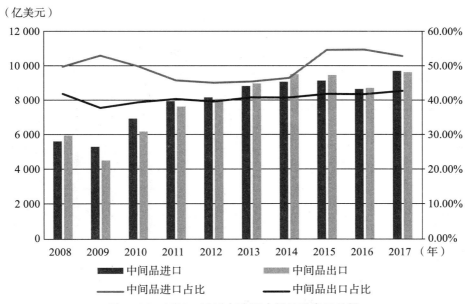

图 1-18　2008—2018 年中国中间品进出口总额

资料来源：根据 UN Comtrade database 整理。

开始，逆差逐渐扩大，2017 年服务贸易逆差达 2 395 亿美元，增长了近 15 倍。虽然服务贸易进出口总额的绝对值显著上升，但增长幅度明显下降，2015 年开始增幅百分比从两位数的增长降至一位数。我国服务贸易结构不断优化，传统服务贸易额比重下降，新兴服务贸易部门出口增速加快，高附加值服务出口增长迅速，服务的快速发展是我们深度融入全球价值链的标志之一，但也必须注意到中国服务贸易的大量逆差已经在快速下降的增长速度。

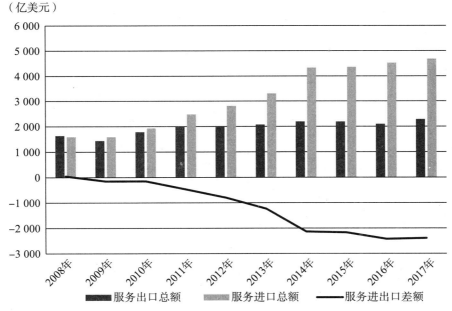

图 1-19　2008—2017 年中国服务进出口情况

资料来源：商务数据中心。

（亿美元）

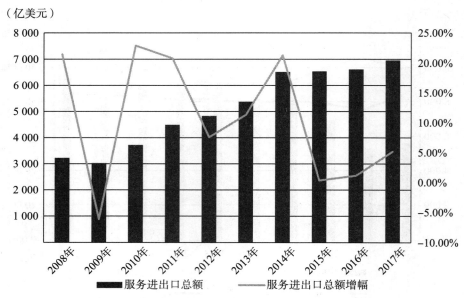

图 1 - 20　2008—2017 年中国服务进出口总额及增幅

资料来源：根据商务数据中心数据整理。

　　图 1 - 21 为 2008—2018 年中国吸收外国直接投资（FDI）和对外直接投资情况。中国的双向 FDI 增长式发展，使对外直接投资进一步加大步伐。随着中国经济迅速崛起，市场广阔，贸易规则向国际化迈进，政府不断采取吸引投资措施，加大了外国企业对于中国的信心，中国吸引外资规模不断扩大。中国实际利用外资金额从 2008 年的 952.53 亿美元增长至 2018 年的 1 349.66 亿美元，增长了 42％左右。同时，中国对外投资增长速度更快，

（亿美元）

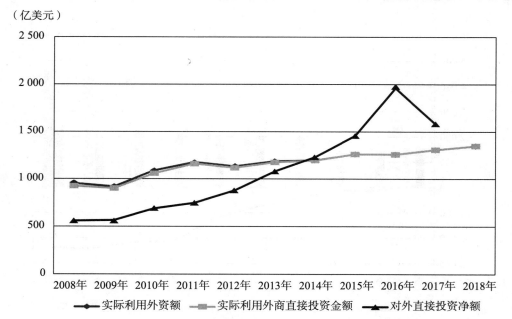

图 1 - 21　2008—2018 年中国吸收 FDI 和对外直接投资情况

资料来源：国家统计局。

相较 2008 年，2017 年中国对外投资增长了近 2 倍，增长至 1 582.88 亿美元。而且，从 2014 年开始，中国对外投资规模超过外商来华投资规模，对外直接投资覆盖了国民经济所有行业类别，包括制造业、金融业、信息传输/软件和信息服务业等，带动了中国装备、技术、标准和服务"走出去"，这在很大程度上是由于中国"一带一路"倡议的实施，中国政府持续简政放权，不断释放企业活力，进而引领中国对外直接投资迈向新台阶。

图 1－22 为 2008—2018 年中国一般贸易、加工贸易占外贸进出口比例变化。中国的贸易方式发生改变，加工贸易占比明显下降。中国在转变经济发展方式，优化生产结构的同时，中国的贸易方式也发生了显著变化。长期以来加工贸易方式占据了中国总贸易额约 70％～90％的比重。近年来，由于贸易企业自身资金规模和经验的积累、资源与劳动力成本上升、技术密集程度提高等内生和外在因素，全国加工贸易比重开始由升转降，从 2008 年的约 41％持续下降至 2018 年的 27％。一般贸易占外贸进出口比重从 2008 年开始超过加工贸易并持续上升，从 2008 年的约 48％持续上升至 2018 年的 57％。贸易方式的转变也折射出了中国贸易结构的优化。据世界银行数据统计，中国高科技出口由 2008 年的 3 401 亿美元增长至 2017 年的 5 043 亿美元，增长了 50％左右。

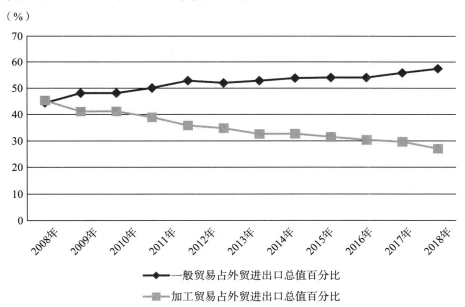

（％）

一般贸易占外贸进出口总值百分比
加工贸易占外贸进出口总值百分比

图 1－22　2008—2018 年中国一般贸易、加工贸易占外贸进出口比例变化
资料来源：根据商务数据中心数据统计。

如表 1－8 所示，根据 SITC 分类法，2008—2018 年，中国主要出口工业制品、机械及运输设备、杂项制品和按原料分类的制成品，平均分别占据 95％、48％、25％和 17％的比重。主要进口工业制品，机械及运输设备，初级产品，矿物燃料、润滑油及有关原料，非食用原料（燃料除外），平均分别占据 69％、39％、31％、14％和 14％的比重。中国进出口结构尚未发生根本性变化。但根据表 1－9，与之前的进出口商品结构相比，作为最上游中间投入品的初级产品进口份额明显上升，而工业制品包括化学成品、原料、机械、杂项等的进口份额均下降；同期，初级产品的出口份额下降，而工业制品中的机械及运输设备的出口份额上升。这表明，中国出口商品的技术密集度和资本密集度在提高，在全球价值链中的地位有所提升。

表1-8 2008—2018年中国出口商品结构

年份	(SITC一)初级产品	(SITC0类)食品及活动物	(SITC1类)饮料及烟类	(SITC2类)非食用原料(燃料除外)	(SITC3类)矿物燃料、润滑油及有关原料	(SITC4类)动植物油、脂及蜡	(SITC二)工业制品	(SITC5类)化学成品及有关产品	(SITC6类)按原料分类的制成品	(SITC7类)机械及运输设备	(SITC8类)杂项制品	(SITC9类)未分类的产品
2007	5.04%	2.52%	0.11%	0.75%	1.64%	0.02%	94.77%	4.94%	18.02%	47.30%	24.33%	0.18%
2008	5.45%	2.29%	0.11%	0.79%	2.22%	0.04%	94.55%	5.55%	18.34%	47.06%	23.48%	0.12%
2009	5.25%	2.72%	0.14%	0.68%	1.70%	0.03%	94.75%	5.16%	15.38%	49.12%	24.95%	0.14%
2010	5.18%	2.61%	0.12%	0.74%	1.69%	0.02%	94.83%	5.55%	15.79%	49.45%	23.94%	0.09%
2011	5.30%	2.66%	0.12%	0.79%	1.70%	0.03%	94.70%	6.05%	16.83%	47.50%	24.20%	0.12%
2012	4.91%	2.54%	0.13%	0.70%	1.51%	0.03%	95.09%	5.54%	16.26%	47.07%	26.15%	0.07%
2013	4.86%	2.52%	0.12%	0.66%	1.53%	0.03%	95.14%	5.42%	16.32%	47.01%	26.31%	0.08%
2014	4.81%	2.52%	0.12%	0.68%	1.47%	0.03%	95.19%	5.74%	17.09%	45.70%	26.56%	0.10%
2015	4.57%	2.56%	0.15%	0.61%	1.23%	0.03%	95.43%	5.70%	17.20%	46.59%	25.84%	0.10%
2016	5.01%	2.91%	0.17%	0.62%	1.28%	0.03%	94.99%	5.81%	16.74%	46.92%	25.24%	0.27%
2017	5.20%	2.77%	0.15%	0.68%	1.56%	0.04%	94.80%	6.24%	16.28%	47.82%	24.20%	0.25%
2018	5.43%	2.63%	0.15%	0.72%	1.88%	0.04%	94.56%	6.73%	16.27%	48.57%	22.75%	0.24%

资料来源:根据中经网经济统计数据库数据整理。

表1-9 2008—2018年中国进口商品结构

年份	(SITC一)初级产品	(SITC0类)食品及活动物	(SITC1类)饮料及烟类	(SITC2类)非食用原料(燃料除外)	(SITC3类)矿物燃料、润滑油及有关原料	(SITC4类)动植物油、脂及蜡	(SITC二)工业制品	(SITC5类)化学成品及有关产品	(SITC6类)按原料分类的制成品	(SITC7类)机械及运输设备	(SITC8类)杂项制品	(SITC9类)未分类的产品
2007	25.42%	1.20%	0.15%	12.33%	10.97%	0.77%	74.56%	11.25%	10.76%	43.14%	9.15%	0.26%
2008	32.00%	1.24%	0.17%	14.72%	14.94%	0.93%	68.00%	10.52%	9.46%	39.01%	8.62%	0.39%
2009	28.81%	1.47%	0.19%	14.05%	12.33%	0.76%	71.19%	11.14%	10.71%	40.54%	8.47%	0.33%
2010	30.98%	1.54%	0.17%	15.19%	13.54%	0.63%	68.92%	10.72%	9.40%	39.35%	8.13%	1.32%
2011	34.66%	1.65%	0.21%	16.34%	15.82%	0.64%	65.34%	10.39%	8.62%	36.17%	7.33%	2.84%
2012	34.92%	1.94%	0.24%	14.83%	17.22%	0.69%	65.08%	9.86%	8.03%	35.91%	7.51%	3.78%
2013	33.75%	2.14%	0.23%	14.69%	16.16%	0.53%	66.25%	9.76%	7.58%	36.42%	7.12%	5.37%
2014	33.02%	2.39%	0.27%	13.76%	16.17%	0.43%	66.98%	9.86%	8.80%	36.96%	7.13%	4.22%
2015	28.11%	3.01%	0.34%	12.49%	11.82%	0.45%	71.89%	10.20%	7.92%	40.63%	8.02%	5.13%

续前表

年份	(SITC一)初级产品	(SITC0类)食品及活动物	(SITC1类)饮料及烟类	(SITC2类)非食用原料(燃料除外)	(SITC3类)矿物燃料、润滑油及有关原料	(SITC4类)动植物油、脂及蜡	(SITC二)工业制品	(SITC5类)化学成品及有关产品	(SITC6类)按原料分类的制成品	(SITC7类)机械及运输设备	(SITC8类)杂项制品	(SITC9类)未分类的产品
2016	27.78%	3.10%	0.38%	12.76%	11.12%	0.42%	72.22%	10.34%	7.68%	41.43%	7.94%	4.84%
2017	31.44%	2.95%	0.38%	14.16%	13.54%	0.42%	68.56%	10.51%	7.33%	39.86%	7.29%	3.58%
2018	32.85%	3.03%	0.36%	12.75%	16.35%	0.36%	67.15%	10.47%	7.09%	39.31%	6.73%	3.54%

资料来源：根据中经网经济统计数据库数据整理。

中国国际地位提升，并积极参与全球治理。2013 年，中国提出了建设"丝绸之路经济带"和"21 世纪海上丝绸之路"（合称"一带一路"）的设想和倡议，其以"和平发展、互利共赢"为宗旨，以加强亚洲国家之间的互联互通为切入点，主动发展与沿线国家的经济合作伙伴关系，从而实现"共同打造政治互信、经济融合、文化包容的利益共同体、命运共同体和责任共同体"这一目标。在具体实施措施上，基础设施投资和相应的融资平台建设居于重要地位，中国先后在 2013 年和 2014 年提议成立亚洲基础设施投资银行和丝路基金，为"一带一路"倡议落实提供金融支持。另外，中国自 2009 年启动跨境贸易人民币结算试点以来，跨境贸易结算量迅速发展。中国的人民币国际化进程正在取得重大进展，标志性事件便是人民币于 2016 年 10 月 1 日正式被纳入国际货币基金组织（IMF）特别提款权（SDR），人民币成为自美元、欧元、英镑和日元之后的第五种 SDR 储备货币，可以用于成员国之间的支付清算、借贷和还本付息，这将有利于企业在更大范围内参与国际市场竞争。这些举措都将有助于中国在国际贸易和国际投资方面取得更大的成就。

二、中国面临贸易摩擦现状

（一）反倾销

自 2001 年加入 WTO 以来，中国出口实现了持续高速增长，出口额年均增速在 20% 以上，2009 年中国超过德国成为世界第一出口大国。但与中国出口奇迹相伴随的一个重要特征是，中国面临的反倾销诉讼也呈现快速上升趋势。

从表 1-10 中国遭遇反倾销调查和实施反倾销措施的案件数量来看，中国面临的反倾销调查案件数呈现波动上升趋势。在 1980 年至 1995 年间，中国面临的反倾销调查案件数，从个位数至 1989 年进入两位数阶段，直到 1995 年即 WTO 成立，中国面临的反倾销诉讼一直呈现上升趋势，但每年案件总数低于 40。在 1996 年至 2018 年间，随着 WTO 的成立，传统的关税壁垒已经逐渐丧失了其重要地位，各国进行贸易保护主要依赖于非关税壁垒，加之反倾销成为 WTO 规则所允许的一种贸易保护措施，在这期间对华反倾销案件呈现快速增长趋势，绝大多数年份均维持在 40 件以上。这也充分说明，在中国出口奇迹实现的过程中，中国面临的反倾销调查也呈现急速上升趋势，这无疑对中国贸易的可持续增长形成了极大的冲击与阻碍。尤其在 2008 年经济危机之后,中国遭受的反倾销调查数以更加快的速度呈现上升趋势,最高在 2016 年达到 93 件,创下历史新高。

与此同时,对华实施反倾销措施的案件数与反倾销调查的总体变化趋势相一致,最高在 2015 年和 2018 年达到了 61 件。实施反倾销措施的案件数量越高,无疑对中国贸易增长的阻碍越大,抑制效应越强。观察国外对华反倾销调查的实施率变化,整体实施率高达74.3%。以 2008 年为界,2000—2007 年,反倾销调查平均实施率为 71.33%,2009—2018 年,平均实施率为 81.34%。可以看到,反倾销调查对中国贸易造成的实际损害总体较大,在金融危机之后,损害程度更加提高。

表 1－10　　　　　中国遭遇反倾销调查和实施反倾销措施案件数（1995—2018 年）

年份	对华所有发起数量	对华所有实施数量	实施率
1995	20	27	135.00%
1996	43	16	37.21%
1997	33	33	100.00%
1998	27	24	88.89%
1999	42	21	50.00%
2000	43	30	69.77%
2001	55	31	56.36%
2002	50	36	72.00%
2003	53	41	77.36%
2004	49	44	89.80%
2005	53	42	79.25%
2006	73	37	50.68%
2007	61	46	75.41%
2008	78	54	69.23%
2009	78	57	73.08%
2010	44	56	127.27%
2011	51	37	72.55%
2012	60	36	60.00%
2013	76	52	68.42%
2014	63	40	63.49%
2015	70	61	87.14%
2016	93	46	49.46%
2017	55	58	105.45%
2018	57	61	107.02%
总计	1 327	986	74.30%

　　资料来源:https://www.wto.org/english/tratop_e/adp_e/adp_e.htm.
　　注:由于反倾销裁定需要一定周期,所以当年裁定施加措施的案件可能是以往年份发起的,从而造成某一年实施案件数量超过发起调查数量。

国外对华反倾销调查和实施反倾销措施的产品数量呈现迅速增长态势，同样其变化趋势与对华反倾销案件数密切相关，在 2009 年反倾销调查和实施反倾销措施的产品数量最多，对华反倾销的产品分布范围变得越来越广泛，也进一步凸显了中国出口企业遭遇反倾销调查的严酷性。从具体产品来看，通过表 1-11 的统计分析发现，对华反倾销调查和实施反倾销措施的产品数量呈现部分产品显著集聚的态势。具体来看，被调查产品数量和被实施措施产品数量排名前五位的主要产品为：贱金属及其制品，化工及相关行业产品，机电设备，树脂、塑料及其制品和橡胶及其制品，纺织品及其制品。从上述产品分布来看，主要为劳动密集型产品以及资源型加工制成品，这一定程度上反映出处于全球价值链低端环节的中国出口贸易品，在国际市场上遭受反倾销产品较多，即对华反倾销趋势的日趋严峻与中国出口贸易中产品类型多为劳动密集型加工制成品的贸易结构紧密相关。中国应努力实现出口贸易的结构转型升级，从根本上应对国外对华反倾销。

表 1-11　　　对华反倾销调查和实施反倾销措施的产品分布（1995—2018 年）

产品	被调查次数（起）	被实施措施次数（起）	实施率
Ⅰ 活动物及其产品	2	3	150.00%
Ⅱ 蔬菜产品	9	10	111.11%
Ⅲ 动植物脂肪、油和蜡			
Ⅳ 调制食品、饮料、烈酒、醋及烟草	6	5	83.33%
Ⅴ 矿物产品	17	9	52.94%
Ⅵ 化工及相关行业产品	241	202	83.82%
Ⅶ 树脂、塑料及其制品和橡胶及其制品	108	74	68.52%
Ⅷ 皮革及其制品；鞍具和旅行用品	5	2	40.00%
Ⅸ 木材、软木及其制品；篮具	23	18	78.26%
Ⅹ 纸、纸板及其制品	34	20	58.82%
Ⅺ 纺织品及其制品	106	80	75.47%
Ⅻ 鞋类，头饰；羽毛，手工艺品，花，扇子	22	16	72.73%
ⅩⅢ 石膏制品、陶瓷棒及玻璃制品	89	64	71.91%
ⅩⅣ 珍珠、宝石和金属；硬币			
ⅩⅤ 贱金属及其制品	399	296	74.19%
ⅩⅥ 机电设备	150	107	71.33%
ⅩⅦ 车辆、飞机和船只	36	20	55.56%
ⅩⅧ 仪器、时钟、录音机和复印机	19	13	68.42%
ⅩⅩ 杂项制品	61	47	77.05%
总计	1 327	986	74.30%

资料来源：https://www.wto.org/english/tratop_e/adp_e/adp_e.htm.

在世界范围内，中国是遭受反倾销调查最多的国家，1980 年至 2018 年，中国共遭受 1 327 起反倾销调查，一共有 37 个经济体对中国发起了反倾销调查，中国成了反倾销调查的重点国家。表 1-12 显示了 1995—2018 年各国对华反倾销调查和实施反倾销措施案件的数目，其中对中国发起反倾销调查的前七个经济体分别为印度、美国、欧盟、阿根廷、巴西、土耳其、墨西哥。墨西哥和俄罗斯成了中国反倾销调查的新增主要来源，印度对华反倾销调查近年来变得更加频繁，甚至超过美国，成为对中国发起累计次数最多的经济体。在实施反倾销措施案件方面，总体实施率在74％左右，这说明各经济体对中国的反倾销调查在很大程度均得到了反倾销制裁和实施，这无疑对中国的相关出口贸易造成了显著的负向效应。具体来看，印度对华反倾销调查实施率高达82.51％，美国实施率也在80％左右。可以看出对华发起较高反倾销调查的经济体，同时保持了较高比例的实施反倾销措施，加重了其对中国贸易的负面效应。

表 1-12 　　　　　　　对华反倾销调查和实施反倾销措施经济体（1995—2018 年）

发起经济体	发起数量（起）	发起数量占比	实施数量（起）	实施率
印度	223	16.80％	184	82.51％
美国	165	12.43％	129	78.18％
欧盟	133	10.02％	98	73.68％
阿根廷	112	8.44％	82	73.21％
巴西	98	7.39％	72	73.47％
土耳其	82	6.18％	77	93.90％
墨西哥	57	4.30％	42	73.68％
澳大利亚	56	4.22％	26	46.43％
哥伦比亚	52	3.92％	28	53.85％
加拿大	43	3.24％	32	74.42％
南非	39	2.94％	21	53.85％
韩国	32	2.41％	26	81.25％
巴基斯坦	28	2.11％	22	78.57％
印度尼西亚	27	2.03％	14	51.85％
埃及	25	1.88％	16	64.00％
合计	1 172	88.32％	869	74.15％

资料来源：https://www.wto.org/english/tratop_e/adp_e/adp_e.htm.

（二）反补贴

如表 1-13 所示，从 2004 年中国遭遇第一起被确认损害的反补贴案件开始，到 2018 年，世界各经济体已对中国发 160 起反补贴案件，中国基本上是各大经济体发起反补贴调查的重点目标国。从 2004 年至 2018 年，美国、加拿大、澳大利亚和欧盟是对中国发起反补贴调查和实施反补贴措施累计次数最多的四大经济体，发起数量占全球的比重分别为 51.25％、16.25％、10.63％ 和 7.5％，同时被确认损害的案件比例也比较高，分别为 65.85％、84.62％％、58.82％ 和 58.33％。

从整体裁决结果看，确认实施反补贴措施的案件比例为 60.63％，即有约 3/5 的中国涉案产品均被认定为存在损害。全球对中国的反补贴调查力度远高于其他经济体，而且不仅来自发达国家，还来自包括印度在内的发展中国家。

表 1 - 13　　　　　　对华反补贴调查和实施反补贴措施经济体（2004—2018 年）

发起经济体	发起数量（起）	发起数量占比	实施数量（起）	实施率
澳大利亚	17	10.63%	10	58.82%
巴西	1	0.63%	1	100.00%
加拿大	26	16.25%	22	84.62%
埃及	2	1.25%	0	0.00%
欧盟	12	7.50%	7	58.33%
印度	8	5.00%	2	25.00%
墨西哥	1	0.63%	1	100.00%
新西兰	3	1.88%	0	0.00%
南非	1	0.63%	0	0.00%
中国台湾	5	3.13%	0	0.00%
土耳其	2	1.25%	0	0.00%
美国	82	51.25%	54	65.85%
总计	160	100.00%	97	60.63%

资料来源：https://www.wto.org/english/tratop_e/scm_e/scm_e.htm.

表 1 - 14 显示了 2004—2018 年，中国遭遇反补贴调查和实施反补贴措施案件数的总体变化情况，可以概括为：全球对中国反补贴案件数量多且在波动中呈现明显的上升趋势。各经济体对华发起的反补贴调查在金融危机期间骤增，且在危机之后变得更加频繁，尤其是在近几年，反补贴调查数显著增加，最高纪录在 2018 年达到 30 起。确认损害比例是反补贴统计中的一项重要内容，它直接反映了反补贴的严厉程度，是反补贴"杀伤"力度的重要体现。整体来看，超过一半的反补贴案件调查最后均采取了切实的措施，实施率达 60.63%，这无疑对中国的出口贸易带来了很大的负面影响。可以看出，我国面临的反补贴形势越来越严峻。

表 1 - 14　　　　中国遭遇反补贴调查和实施反补贴措施案件数（2004—2018 年）

年份	对华所有发起数量	对华所有实施数量	实施率
2004	3		0.00%
2005		2	
2006	2		0.00%
2007	8	1	12.50%
2008	11	10	90.91%
2009	13	6	46.15%
2010	6	10	166.67%
2011	9	5	55.56%
2012	10	8	80.00%
2013	14	10	71.43%
2014	14	4	28.57%
2015	9	10	111.11%

续前表

年份	对华所有发起数量	对华所有实施数量	实施率
2016	19	8	42.11%
2017	12	10	83.33%
2018	30	13	43.33%
总计	160	97	60.63%

资料来源：https://www.wto.org/english/tratop_e/scm_e/scm_e.htm.

根据表 1-15 观察各经济体对华反补贴案件的行业分布特征，可以看出涉案行业分布比较集中，针对贱金属及其制品的反补贴调查占到总案件数的 1/2，另外在化工及相关行业产品，机电设备，树脂、塑料及其制品和橡胶及其制品这三个行业的反补贴调查也比较频繁，占比分别为 11.25%、9.38%、8.75%，仅这三个行业就占据了总体的 80%。而且可以看到这三个行业最终确认损害的比例也比较高，平均实施率达 62%。对石膏制品、陶瓷棒及玻璃制品的反补贴调查次数虽然较少，但终裁认定损害比例高达 100%。可以发现，目前所有公布终裁结果的反补贴案件，无论属于什么行业，大部分都被认定为"存在损害"，这对我国的对外贸易发展造成了比较大的打击。

表 1-15　　对华反补贴调查和实施反补贴措施的产品分布（2004—2018 年）

产品	被调查次数（起）	被实施措施次数（起）	实施率
Ⅰ 活动物及其产品			
Ⅱ 蔬菜产品			
Ⅲ 动植物脂肪、油和蜡			
Ⅳ 调制食品、饮料、烈酒、醋及烟草	1		0.00%
Ⅴ 矿物产品	1		0.00%
Ⅵ 化工及相关行业产品	18	12	66.67%
Ⅶ 树脂、塑料及其制品和橡胶及其制品	14	6	42.86%
Ⅷ 皮革及其制品；鞍具和旅行用品			
Ⅸ 木材、软木及其制品；篮具	4	3	75.00%
Ⅹ 纸、纸板及其制品	7	5	71.43%
Ⅺ 纺织品及其制品	5	2	40.00%
Ⅻ 鞋类，头饰；羽毛，手工艺品，花，扇子			
ⅩⅢ 石膏制品、陶瓷棒及玻璃制品	3	3	100.00%
ⅩⅣ 珍珠、宝石和金属；硬币			
ⅩⅤ 贱金属及其制品	81	53	65.43%
ⅩⅥ 机电设备	15	11	73.33%
ⅩⅦ 车辆、飞机和船只	8	1	12.50%
ⅩⅧ 仪器、时钟、录音机和复印机			
ⅩⅩ 杂项制品	3	1	33.33%
总计	160	97	60.63%

资料来源：https://www.wto.org/english/tratop_e/scm_e/scm_e.htm.

（三）日落复审

日落复审（Sunset Review）又称期满复审或期终复审。根据WTO《反倾销协议》的规定，任何最终反倾销税，均应自征收之日起，或自涉及对反倾销和损害同时复审的最近一次行政复审之日起5年内终止；调查机关在5年有效期之内可以自行复审，或在该日期之前一段合理时间内，在国内产业或国内产业代表提出请求下进行复审；在日落复审的结果产生之前，可继续维持原来裁定的征税措施。同样，关于反补贴日落复审，WTO也有类似的规定。

自1997年起，中国已连续20年左右成为世界上遭遇反倾销最多的国家，长年的反倾销案件积累也使中国遭遇频繁的日落复审。从2002年开始，中国每年都要被世界各国在各个行业实施日落复审，且结果一般都是"继续征收"。而自2004年遭遇第一例"存在损害"的反补贴开始，中国就始终稳居反补贴案件数前列。因此，随着大量反倾销、反补贴案件的到期，近年来中国迎来日落复审的高潮。

从1995年至2018年，中国一共遭遇了1719起日落复审，据图1-23，1995—2018年中国遭遇的日落复审案件数呈现曲折上升的趋势，在2004—2010年处于上升阶段，从24起增长至106起，增长了3.5倍左右，在2011年案件数有所下降，但从2012年开始到2014年又显著增多，2014年上升至历史高峰达182起。2016—2017年有所下降后，到了2018年，中国遭遇的反倾销和反补贴日落复审案件数量又增加，从129起增加至149起。可以看到，2010年过后，整体的日落复审案件数明显多于从前。对华日落复审的发起者不仅有发达经济体，发展中经济体也占据了一席之地；其中，前者以美国、加拿大和欧盟为代表，而后者则以印度、土耳其、南非以及拉美各国为代表。这说明世界越来越多的经济体对华贸易壁垒更为严厉，中国面临的外贸形势变得更加严峻。

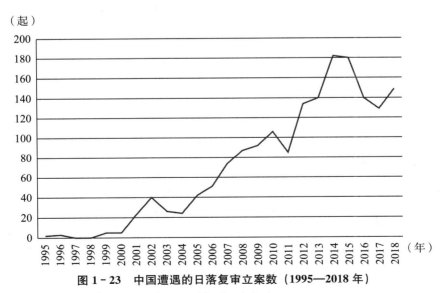

图1-23 中国遭遇的日落复审立案数（1995—2018年）

资料来源：http://cacs.mofcom.gov.cn/cacscms/view/statistics/.

从表1-16中可以看出，各经济体对华日落复审主要集中在煤炭工业、金属制品工业、化学原料和制品工业、非金属制品工业、纺织工业和钢铁工业。1995—2018年，对这几个行业的日落复审累计次数分别为 863 起、167 起、154 起、71 起、66 起和 55 起，分别占比 50.2%、9.71%、8.96%、4.13%、8.34%和 3.2%。同时，各行业日落复审后销案件的撤销率都不高。煤炭工业是最主要的涉案行业，累计涉案次数超过一半，尤其是在 2008 年之后遭受日落复审的次数就一直处于波动上升的态势，最高在 2014 年达到 95 起。观察各行业涉案次数情况，在金融危机之前，多数行业仅在个别年份遭遇日落复审，除了煤炭工业之外，其他单个行业在一年内甚至最多不超过 5 起，但在金融危机之后，有越来越多的行业更加密集地遭受到日落复审，涉案件数高峰期大多处于危机之后。金融危机爆发使得全球经济形势变得不明朗，中国对外贸易发展面临更多的风险与挑战。

表 1 - 16　　　　　　　　对华日落复审的主要行业分布（1995—2018 年）　　　　　　单位：起

年份	煤炭工业	金属制品工业	化学原料和制品工业	非金属制品工业	纺织工业	钢铁工业	电气工业	文体、工美和娱乐用品	橡胶制品工业	有色金属工业
1995	1									
1996	1	1								1
1997	0									
1998	0									
1999	2	1						1		1
2000	3									
2001	11	1	3		2		2			1
2002	21	3	2			4	1	3	1	
2003	13	5	2					3		
2004	12	2	1	3	1		1	1		
2005	20	3	2			1	2		5	1
2006	26	1	5	2	1	2	3	2	2	1
2007	37	5	10	4	5	4		3		
2008	44	6	10	6	3	3		4	4	1
2009	46	6	9	5	4		3	3	1	1
2010	53	7	16	6	5	1	1		1	2
2011	42	6	5	2	7		2	3	1	1
2012	69	12	13	3	4	5	4	3	2	2
2013	71	15	14	3	6	3	3	2	5	2
2014	91	25	17	9	8	5	2	3	3	2
2015	90	19	13	6	9	4	4	4	1	3
2016	70	18	13	9	5	2	3	2		4
2017	65	11	8	6	3	12	3	2		2
2018	75	20	11	7	3	9	6	1	4	2
总计	863	167	154	71	66	55	40	40	30	27

资料来源：http://cacs. mofcom. gov. cn/cacscms/view/statistics/.

第二章 美国经济运行与中美贸易发展

第一节 美国经济运行状况

本章考察自 2008 年金融危机以来美国经济的运行情况，侧重于自特朗普执政以来美国经济运行情况，从以下几个方面，如实际 GDP 增长情况、物价变动情况、就业情况、个人消费情况、投资变动情况、对外贸易发展情况以及财政收支变动情况等角度加以考察。

一、实际 GDP 增长情况

图 2-1 中展示了自 2014 年第三季度以来美国实际 GDP 增长率，根据图中数据可以看出，自 2014 年以来美国 GDP 始终保持低速较为稳定的增长，年平均增长率达 2.5％，但自 2018 年第二季度实际增长率达到 4.2％这一近年以来最高水平之后，2018 年第三季度起，实际 GDP 增长率总体呈下降趋势。实际上，2018 年 1 月，特朗普政府实行了规模高达 1.5 万亿美元的减税计划以提振企业支出以及就业增长，同时配合大规模的政府支出项目。具体表现为：永久降低企业税率并创设单一税率为 21％；2018—2025 年之间暂时降低个人税率[①]。如此大规模的财政政策刺激的确取得了立竿见影的效果。根据美国商务部报告，美国在 2018 年取得的经济增长主要体现在非住宅固定投资（增长 7％）、联邦政府支出、出口和个人消费支出（增长 2.6％）的加速，以及州和地方政府支出的增长。但在后续阶段，根据全美商业经济协会（NABE）2019 年 1 月公布的季度企业状况调查显示，其政策并未对于企业的资本投资或招聘计划产生根本性的影响，因而特朗普政府所实施的刺激性财政政策并未对于美国经济增长产生持续动力，反而使得政府面临严重的财政赤字。根据美国国会预算办公室（CBO）2018 年 4 月报告显示，美国政府激增的政府债务很大部分源于减税政策，同时 CBO 指出，减税政策对于经济增长的刺激程度相当有限，将使政府损失 2.3 万亿美元的财政收入，但在经济增长方面仅能贡献约 4 610 亿美元。

此外，受特朗普自执政以来频频引发的贸易摩擦的影响，使得美国与包括欧盟、中国、日本、韩国等在内的贸易伙伴的贸易关系趋于紧张，由于各贸易伙伴对于特朗普政府贸易保护主义措施的积极应对，使得保护措施不仅未能取得理想预期，反而使得美国自身深受其害。贸易摩擦使得各方难以形成对于未来的明朗预期，导致企业大量囤积进口商品以及消费者支出放缓，部分进口商品最终流入了仓库，加快了库存积累的速度。而库存增

---

① 最高税率从 39.6％下降至 37％，33％档税率下降至 32％，28％档税率下降至 24％，25％档税率下降至 22％，15％档税率下降至 12％，而 35％档、10％档税率保持不变。

加对于 2019 年第一季度的经济增长无疑会产生不利影响。据测算，贸易摩擦令美国 2019 年第四季度 GDP 增幅减少 0.22%。就 2018 年第三、四季度而言，增速分别为 3.4% 和 2.2%，第四季度出现了明显的增速下滑，而下滑原因主要体现在私人库存投资、住房投资、消费者消费水平疲软以及进口规模的上升。私人库存投资领域，放缓主要体现在制造业和批发贸易业。消费者支出的放缓在服务和商品均有体现。在服务范围内，主要表现在食品服务和住宿方面。而商品方面，减速体现在非耐用品商品方面。最终特朗普政府在 2018 年整年达成的经济增速水平为 2.9%，不及自身的 3% 预期，与之前奥巴马政府在 2015 年达成的经济增速一致。在贸易摩擦加剧、全球增长放缓和财政刺激影响减弱的大背景下，美国在 2019 年经济增长速度大概率会放缓。

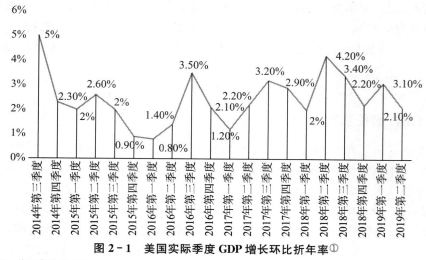

图 2-1　美国实际季度 GDP 增长环比折年率①

资料来源：美国商务部网站。

　　而根据美国商务部数据显示，2019 年第一季度实际 GDP 增速主要归因于消费支出、私人库存投资、出口的增加，而进口水平在第一季度出现下降，私营产品生产部门增长了 2.8%，私营服务生产部门增长了 1.3%，政府部门增长了 0.3%。消费支出主要体现在金融和保险、零售贸易、医疗保健和社会援助方面。根据美国国家经济研究局（BEA）发布的行业统计数据，22 个行业群体中的 16 个对第一季度实际 GDP 增长 3.1% 做出了贡献。对于金融保险业集团来说，第一季度的实际增加值增长了 9.5%，而 2018 年第四季度下降了 6.2%；就零售业增长而言，第一季度增速达 11.9%，而 2018 年第四季度下降 2.5%，增加主要源于包括加油站、药品等其他零售业的增长。医疗保健和社会援助方面取得了自 2008 年第四季度以来最快速的增长，增速达 6.2%。在 2018 年第四季度增长 8.9% 之后，信息服务业第一季度增长了 4.5%。增长点主要体现在数据处理、互联网出版和其他信息服务以及出版行业方面。负向影响主要体现在由于贸易摩擦导致的汽车和零部件的减少的冲击。私人库存投资的增加主要体现在制造业存货尤其是非持久性货物的增加，例如第一季度非耐用品制造业增长 8.4%，而 2018 年第四季度增速为 1.1%。第一季度的增长还反映出石油和煤炭产品的增长。政府支出的增加反映了州和地方政府支出结构的好转。

---

　　①　截至发文时，未公布 2019 年第二季度季节调整后增速。

而美国在 2019 年第二季度的实际 GDP 增速为 2.1%,相较于第一季度 3.1% 的增速有所下降,第二季度的增长主要来源于消费者支出、联邦政府支出的增长,而州以及地方政府支出的增长部分被私人库存投资以及出口水平的减少所抵消。在消费者支出方面,商品和服务的支出均加速增长。根据美国商务部数据,美国第二季度实际最终销售额增加了 3.2%,商品方面主要体现在汽车、食品和饮料以及服装和鞋类消费的上涨。服务支出增长主要体现在餐饮与住宿方面,联邦支出的增加主要体现在非国防支出领域。受到 2018 年第四季度和 2019 年第一季度部分政府关闭的影响,在非国防部门,对联邦雇员的补偿以及对中间产品和服务的购买都出现了增长。第二季度实际 GDP 的增长放缓主要源于私人库存投资、出口和非住宅固定投资的下滑,例如非耐用品制造业的低迷以及零售和批发贸易的大幅下滑,对于非住宅固定投资,则主要体现在研发与软件投资等知识产权产品(IPP)的增长减速。受贸易摩擦影响,在出口方面,商品和服务出口均出现下降。在商品方面,下降主要体现在非机动车资本品以及汽车、发动机和零部件。在服务业方面,下降最为明显的方面是旅游业。

图 2-2 展示了 2017 年以来美国季度 GDP 分项贡献率,根据分项贡献率可以看出,个人消费支出自 2017 年以来始终对 GDP 增长起正向促进作用,而在 2018 年初实施的大规模减税政策对于私人部门投资的促进影响程度逐渐减弱。商品与服务净出口对于 GDP增长的贡献程度与方向极大程度受到贸易往来情况的影响,在特朗普政府贸易政策不具有连续性的情况下,难以形成各方对于贸易前景的稳定预期,因而商品与服务净出口对于美国GDP 的贡献情况在未来也存有很大的不确定性。就政府购买与政府投资而言,迫于减税政策带来的财政压力,在未来对于 GDP 的增长促进具有相应的局限性。

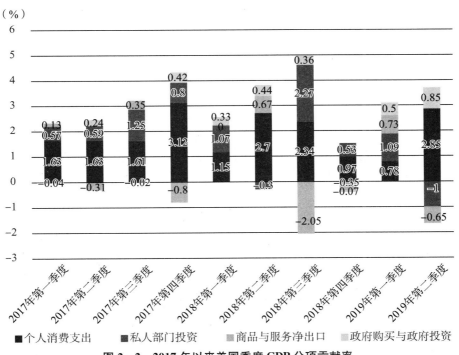

图 2-2 2017 年以来美国季度 GDP 分项贡献率

资料来源:美国商务部网站。

二、物价变动情况

就价格方面而言，2018年第四季度美国国内采购价格指数上升1.6％，与第三季度保持一致。2018年第四季度个人消费支出物价指数（PCE）增加了1.5％，而在剔除食品和能源项目以后增加了1.7％。就整年而言，2018年美国国内采购指数增长了2.2％，而2017年则增长了1.9％。PCE价格指数上涨2.0％，而2017年上涨1.8％。在不计食品和能源项目的情况下，2018年PCE价格指数上涨1.9％，而2017年增幅为1.6％。在2019年第一季度，美国国内采购价格指数上升0.8％，PCE价格指数上涨0.6％，由于食品价格上涨3.0％，而能源价格在第一季度下降16.7％，在剔除食品以及能源项目以后，PCE价格指数上升1.3％。第二季度国内采购总价格指数上涨2.2％。剔除食品和能源项目，国内采购总价格增长1.2％。PCE价格指数在第二季度增长了2.3％。剔除食品和能源项目以后，PCE价格指数上涨1.8％。

可以看出，自进入2019年以来，美国内通货膨胀压力呈现上升趋势，主要体现在能源、食品以及医疗服务领域的价格上涨。第一季度PCE价格指数显著低于调控的2％目标，但在第二季度略高出调控目标。此外就CPI而言，在2019年6月之前的一年内，美国的整体CPI上升1.6％，低于美联储设置的2％水平，但核心CPI增加了2.1％。由于能源价格出现下降趋势，降幅达到3.4％，阻碍了物价水平的进一步上涨，指数并未影响美联储对于美国未来经济发展的预期，最终在2019年8月1日，美联储选择将联邦基金利率下调25个基点至2％～2.5％。图2-3展示了2017年以来美国CPI环比增幅。

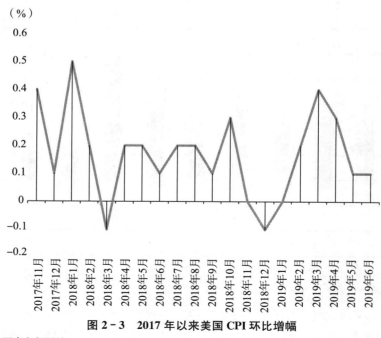

图2-3 2017年以来美国CPI环比增幅

资料来源：美国商务部网站。

三、就业情况

就就业情况而言，根据美国劳工部数据，2019年4月美国失业率仅为3.6%，为1969年12月以来最低水平，主要来自医疗领域以及商业服务领域就业条件的改善，在当月非农部门约增加就业岗位26万个，但在当月劳动参与率出现下滑至62.8%，约有49万人退出就业市场，与此同时，薪资水平上升有限，当月员工平均时薪仅由3月的27.71美元增加至27.77美元，同比增幅3.2%，与3月一致但低于2月的3.4%。就5月而言，失业率仍然维持在3.6%，当月非农业部门新增就业岗位仅为7.5万个，修正后为6.2万个，不及预期的17.5万个，相较于4月也出现大幅度下滑，5月的劳动参与率与4月保持一致，员工平均时薪为27.83美元，同比涨幅3.1%。就5月的下降而言，劳动力的短缺是一个重要原因，尤其对于小型企业而言，从企业规模来看，5月小企业的工作岗位环比下降5.2万，中型企业与大型企业分别增加1.1万与6.8万个就业岗位。就6月而言，失业率环比上升0.1个百分点至3.7%，但非农业部门新增就业岗位22.4万个，修正后为19.3万个。具体表现在专业和商业服务行业新增就业岗位5.1万个；医疗卫生行业新增岗位3.5万个；运输和仓储行业新增岗位2.4万个。但平均时薪水平环比涨幅仅为0.2%，较为有限。7月失业率仍维持在3.7%，非农业部门新增就业岗位为16.4万个，相较于6月出现下滑，同时美国劳工部指出，制造业自2019年以来新增岗位数较为有限，7月仅增加1.6万个。自2018年1月以来约有40万个制造业岗位处于空缺，同时经济基本处于充分就业水平，使得制造业企业招工较为困难，制造业前景黯淡也是美国近来就业增长放缓的重要原因。在美国对外贸易环境日益紧张、原材料成本上涨以及全球经济增长放缓的大背景下，未来美国制造业的发展将有较大程度的阴影，美国就业趋势日益放缓也是美联储选择8月降息的重要原因。具体情况如图2-4、图2-5所示。

图 2-4　2017 年 12 月—2019 年 7 月美国国内失业率

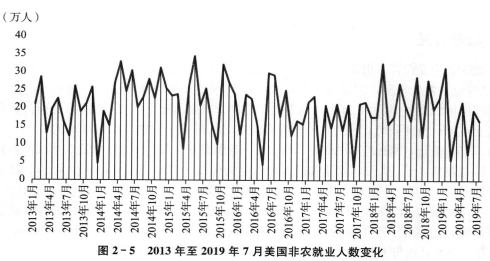

图 2－5　2013 年至 2019 年 7 月美国非农就业人数变化

资料来源：美国劳工部。

四、个人消费情况

　　根据图 2－6 的美国密歇根消费者信心指数可以看出，消费者信心水平大体上处于稳定高位。但值得注意的是，在 2019 年 8 月 1 日美联储宣布降息的消息放出后，增加了消费者对于未来经济衰退的担忧，贸易、货币政策增加了消费者对于金融领域的不确定性，在这种背景下，消费者倾向于减少当下的消费支出以应对未来可能的衰退。数据表明，8 月密歇根消费者信心指数从 7 月的 98.2 下降至 92.1，创 7 个月来最低水平。个人消费目前是美国经济增长最主要的推动力，在个人消费支出放缓的条件下，美国未来经济增长可能面临较大的下行风险。

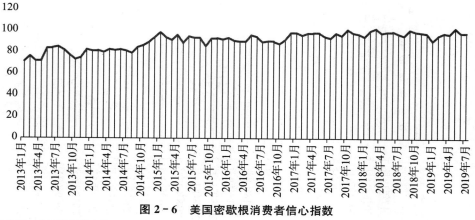

图 2－6　美国密歇根消费者信心指数

资料来源：美国密歇根大学。

五、投资变动情况

就投资而言，具体分为非住宅固定投资、住宅固定投资以及私人库存投资。具体来看，就 2019 年第二季度而言，非住宅固定投资与住宅固定投资表现均较为疲软，分别环比下降 0.6％与 1.5％，非住宅固定投资为 2016 年第二季度以来首次出现下滑，而住宅固定投资则连续下滑 6 个季度。一直以来，非住宅固定投资受到整体消费水平、信贷规模、企业经营能力等因素的影响，减税政策对非住宅固定投资起到了一定的促进作用，但由于特朗普政府所实施的贸易政策具有很强程度的非连续性以及不确定性，对于投资者的投资信心具有一定的负向影响，主要体现在未来商品跨境成本的不可控以及规模大小影响企业工厂以及设备的利用率。而就住宅固定投资而言，美国房地产市场出现一定程度的疲软，新建私人住宅数量上升但房屋销量走低，更为主要的是住宅固定投资对于经济增长的影响程度已经低于 2008 年对于经济的影响，房地产市场在小范围的波动并不足以对经济运行产生较大影响。

就私人库存投资而言，其与经济运行之间具有较高的相关性。从制造业 PMI 指数出发，根据美国权威行业研究机构供应管理协会（ISM）数据，图 2-7 考察 2017 年以来美国制造业与非制造业 PMI 指数。2019 年 4 月制造业 PMI 指数下降为 52.8％，为 2016 年 10 月后首次达到该低值；非制造业 PMI 下降至 55.5％，为 2017 年 8 月后以来首次达到该低值。5 月制造业 PMI 指数进一步下降至 52.1％，而非制造业 PMI 指数上升至 56.9％，在 17 个调查的非制造业行业中，16 个行业的业务处于扩张状态。6 月制造业 PMI 指数进一步下降，至 51.7％。作为美国制造业综合发展的重要参考，PMI 指数以 50％为荣枯分水线，在 50％以上表明制造业处于扩张状态。虽然就目前而言，制造业与非制造业的 PMI

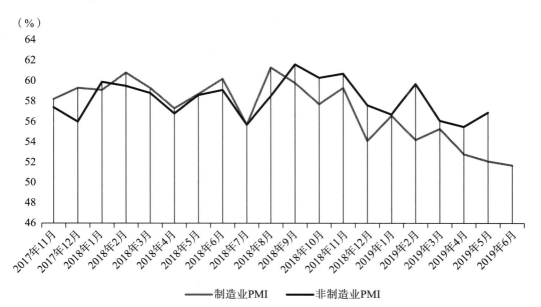

图 2-7　2017 年以来美国制造业与非制造业 PMI 指数

资料来源：美国供应管理协会（ISM）。

指数均处于50%以上，但其内部发展趋势处于分歧状态，制造业扩张相较于非制造业速度明显放缓，以耐用品的库存水平来看，订单量的下滑使得制造业企业不得不被动补充库存。特朗普贸易政策使得美国制造业公司不得不调整自身产品产业链以适应成本最小化。同时受到贸易摩擦不断升级以及劳动力短缺的影响，未来非制造业的发展前景仍然存在一定担忧。制造业对于经济运行的影响程度有限，但对于就业等方面的影响却尤为深远。

六、对外贸易发展情况

图2-8～图2-10分别报告了2017年以来美国进出口贸易总水平以及商品贸易、服务贸易水平。根据数据可以看出，自2017年以来美国商品贸易一直处于贸易逆差水平，而服务贸易始终处于贸易顺差水平，整体而言处于贸易逆差地位。值得注意的是，特朗普政府所实施的诸多贸易保护政策以解决贸易逆差并未取得预期效果，美国贸易逆差自2017年以来始终处于稳定水平，在2018年以后略有扩大的趋势。具体来看，2019年3月，商品与服务贸易出口水平上升1‰，总量达2 114亿美元，其中商品出口增加约19亿美元，服务出口增加约1亿美元；商品与服务贸易进口水平上升1.1‰，总量达2 633亿美元，其中商品进口增加约27亿美元，服务进口增加约1亿美元。出口的增长主要体现在工业用品和材料（17亿美元），例如天然气、燃料油、冶金级煤炭以及其他石油产品；以及食品、饲料和饮料（8亿美元）的增长，例如大豆。资本类货物，例如民用飞机出口水平减少了5亿美元。服务出口的增长主要体现在维修服务（1亿美元）。商品进口的增加主要反映在工业用品和材料（24亿美元），例如原油、有机化学品、其他石油产品；以及食品，饲料和饮料（10亿美元），例如鱼类、贝类以及其他类食品的增长。消费品例如手机以及

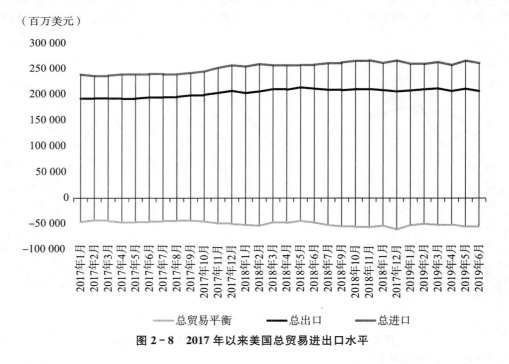

图 2-8 2017 年以来美国总贸易进出口水平

（百万美元）

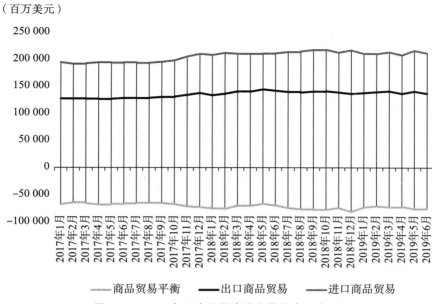

图 2 - 9　2017 年以来美国商品贸易进出口水平

（百万美元）

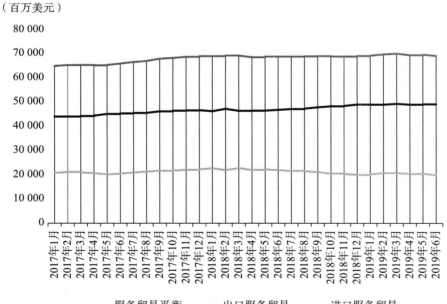

图 2 - 10　2017 年以来美国服务贸易进出口水平

资料来源：美国商务部网站。

其他家用品出现下降（7 亿美元）。服务贸易进口的增加主要反映出旅行①（1 亿美元）和维修服务（1 亿美元）的增加。保险服务出现了一定程度的减少（1 亿美元）。

———————

① 此处的旅行服务包含教育类旅行在内。

2019 年 4 月，商品和服务出口减少 46 亿美元，降至 2 068 亿美元。其中商品出口减少 44 亿美元，服务出口减少 2 亿美元。商品出口减少主要体现在汽车、零部件和发动机（8 亿美元）；以及消费品，如药物制剂（6 亿美元）；和资本类商品，如民用飞机（27 亿美元）减少。服务出口的减少主要反映出旅行（1 亿美元）和维修服务（1 亿美元）的减少。商品和服务进口减少 57 亿美元，至 2 576 亿美元。其中商品进口减少 54 亿美元，服务进口减少 3 亿美元。商品进口减少主要体现在资本类商品（17 亿美元），如半导体产品和民用飞机、消费品（11 亿美元），宝石类商品、汽车、零部件和发动机（10 亿美元），其他商品（8 亿美元）和工业用品及材料的减少（6 亿美元）。服务进口减少主要体现在运输服务的减少（3 亿美元）。

2019 年 5 月商品和服务出口增加 42 亿美元，达到 2 110 亿美元。其中商品出口增加 39 亿美元，服务出口增加 3 亿美元。商品出口的增长主要体现在资本类商品（14 亿美元），例如民用飞机和电信设备；消费品（8 亿美元），例如宝石类；食品，饲料和饮料（7 亿美元），例如大豆；其他商品（6 亿美元）以及汽车，零件和发动机（6 亿美元）。服务出口的增加主要体现在维修服务（1 亿美元）、旅行（1 亿美元）和运输服务（1 亿美元）的增加。商品和服务进口增加了 85 亿美元，达到 2 661 亿美元。其中商品进口增加 83 亿美元，服务进口增加 2 亿美元。商品进口增加主要体现在汽车、零件和发动机（23 亿美元），工业用品和材料（18 亿美元），例如原油、资本类商品（16 亿美元），半导体、电脑以及配件，消费品（14 亿美元）以及其他商品（10 亿美元）。服务进口的增加主要反映在运输服务的增加（2 亿美元）。旅行出现一定程度的减少（1 亿美元）。

2019 年 6 月商品和服务出口减少 44 亿美元，降至 2 066 亿美元。其中商品出口减少 39 亿美元，服务出口减少 5 亿美元。商品出口减少主要反映在消费品（19 亿美元），例如宝石和药物制剂；资本类商品（12 亿美元），例如电脑配件、其他工业机械、电信设备；以及汽车，零部件和发动机（5 亿美元）的减少。服务出口的减少主要反映在旅行（4 亿美元）和运输服务（1 亿美元）的减少。商品和服务进口减少 46 亿美元，降至 2 615 亿美元。其中商品进口减少 47 亿美元，服务进口增加 1 亿美元。商品进口减少主要体现在工业用品和材料（32 亿美元），例如原油、燃油以及其他石油产品；和消费品（9 亿美元），例如手机、其他家用电器和医药制剂的减少。服务进口的增加表现在所有主要服务类别的微小增加。

表 2—1～表 2—3 报告了 2017 年第三季度以来美国与世界主要国家以及地区之间的贸易水平。根据数据可以看出，一直以来美国对巴西、新加坡、沙特阿拉伯、英国等国家处于贸易顺差地位，而与中国、韩国、日本等亚洲国家以及德国、法国等欧洲国家处于贸易逆差地位。就规模而言，中美之间的贸易逆差始终处于最高水平，自 2018 年第四季度以来，受到双边贸易摩擦的影响，美国对中国以及美国对欧盟的贸易逆差略有收窄，但并未得到根本性的改善，"美国优先"政策并未能解决美国与其他地区贸易的内在结构矛盾，反而使得美国逐步脱离全球贸易市场。

具体从商品以及服务贸易来看，美国与除印度、意大利等地在内的其他国家与地区，在服务贸易上始终处于贸易顺差水平。但受到贸易摩擦的影响，近期美国对中国、欧盟等地区的服务贸易顺差呈现下降趋势，而在商品贸易领域，美国与中国、德国、日本、墨西哥等地的单季度贸易逆差均超过百亿美元，与加拿大、法国、日本、墨西哥、欧盟等地区的商品贸易逆差呈现上升趋势，而与中国、德国的商品贸易逆差并未出现显著改善。

表 2-1　　　　　　　　　　　美国与世界主要地区总贸易平衡　　　　　　　　单位：百万美元

时间 地区	2017 年 第三季度	2017 年 第四季度	2018 年 第一季度	2018 年 第二季度	2018 年 第三季度	2018 年 第四季度	2019 年 第一季度
巴西	7 417	8 500	8 609	8 224	7 601	7 307	8 144
加拿大	2 800	583	3 581	−53	−1 604	1 715	3 954
中国	−83 153	−89 658	−92 188	−87 931	−96 977	−10 370	−80 789
法国	−3 048	−4 275	−3 703	−2 865	−3 718	−3 135	−4 561
德国	−16 544	−17 010	−17 603	−16 341	−16 951	−16 477	−16 710
中国香港	8 484	7 855	9 327	8 512	7 829	8 093	7 406
印度	−6 791	−7 000	−6 205	−6 401	−6 329	−6 345	−7 095
意大利	−8 664	−9 763	−8 976	−8 573	−8 663	−9 242	−9 440
日本	−14 698	−14 528	−14 504	−15 109	−13 569	−14 798	−15 575
韩国	−2 684	−2 593	−839	−1 810	−2 423	−2 349	−4 126
墨西哥	−16 226	−17 453	−17 769	−17 447	−21 798	−21 567	−23 013
沙特阿拉伯	2 844	1 316	847	134	−1 570	−2 495	1 491
新加坡	4 781	6 105	4 424	5 122	4 014	4 756	4 168
中国台湾	−4 239	−3 520	−3 840	−2 983	−2 087	−3 844	−4 997
英国	3 682	4 501	5 749	4 669	3 698	4 512	5 048
所有其他国家	−7 565	−9 841	−14 665	−10 632	−12 039	−14 279	−14 616
欧盟	−24 544	−29 784	−27 018	−25 765	−30 518	−31 323	−28 427
欧佩克	4 504	1 681	556	28	−499	1 169	6 623
南美洲/中美洲	19 825	22 615	20 470	22 370	20 506	21 081	22 363

资料来源：美国商务部。

表 2-2　　　　　　　　　　　美国与世界主要地区商品贸易平衡　　　　　　　　单位：百万美元

时间 地区	2018 年 第一季度	2018 年 第二季度	2018 年 第三季度	2018 年 第四季度	2019 年 第一季度	2019 年 第二季度
巴西	2 225	2 191	1 734	2 183	2 627	2 653
加拿大	−1 266	−6 530	−8 372	−3 585	−236	−8 603
中国	−104 503	−95 719	−106 413	−112 527	−91 612	−89 650
法国	−4 513	−3 498	−4 224	−3 961	−5 152	−6 028
德国	−17 663	−16 892	−16 678	−17 016	−17 225	−16 431
中国香港	9 072	7 593	7 229	7 254	7 037	7 193
印度	−5 209	−5 677	−5 275	−5 127	−5 838	−4 872
意大利	−8 099	−7 297	−7 746	−8 426	−8 477	−8 362
日本	−17 706	−17 610	−15 596	−16 717	−18 093	−18 659

续前表

时间 地区	2018年 第一季度	2018年 第二季度	2018年 第三季度	2018年 第四季度	2019年 第一季度	2019年 第二季度
韩国	−3 579	−3 968	−5 044	−5 355	−6 559	−4 330
墨西哥	−18 524	−18 475	−22 549	−21 969	−23 547	−26 204
沙特阿拉伯	−840	−1 621	−3 563	−4 441	−61	−426
新加坡	1 631	1 611	850	1 793	588	1 066
中国台湾	−4 562	−3 905	−2 600	−4 452	−5 915	−5 285
英国	2 152	1 807	39	1 418	2 720	−253
所有其他国家	−43 910	−37 924	−38 966	−39 356	−40 711	−42 953
欧盟	−42 866	−38 046	−43 701	−44 683	−41 287	−47 928
欧佩克	−5 417	−6 017	−7 182	−5 481	700	−422
南美洲/中美洲	8 594	10 997	9 982	11 920	12 410	13 164

资料来源：美国商务部。

表2−3　　　　　　　　　　　**美国与世界主要地区服务贸易平衡**　　　　　　　　单位：百万美元

时间 地区	2017年 第四季度	2018年 第一季度	2018年 第二季度	2018年 第三季度	2018年 第四季度	2019年 第一季度
巴西	5 141	5 419	5 088	5 047	5 026	5 363
加拿大	6 402	7 054	6 574	6 566	6 523	6 739
中国	10 265	10 632	9 729	10 260	9 911	9 344
法国	586	598	728	812	993	532
德国	−575	−108	864	323	799	398
中国香港	560	919	644	397	706	550
印度	−758	−930	−949	−457	−625	−1 139
意大利	−881	−896	−901	−806	−951	−905
日本	2 884	3 041	2 710	2 380	2 741	2 603
韩国	3 925	3 139	2 826	2 905	3 313	2 611
墨西哥	1 912	1 985	2 527	2 355	1 923	1 861
沙特阿拉伯	1 869	1 776	1 732	1 901	1 762	1 850
新加坡	2 774	2 671	3 483	3 169	3 039	3 506
中国台湾	436	365	468	437	339	527
英国	3 174	3 805	3 368	3 696	3 608	2 872
所有其他国家	27 450	29 261	27 142	28 167	28 194	25 076
欧盟	12 516	14 560	14 288	14 677	16 357	12 082
欧佩克	5 338	5 716	5 407	5 566	5 569	6 044
南美洲/中美洲	11 363	10 449	10 260	10 073	9 331	9 399

资料来源：美国商务部。

七、财政收支变动情况

从财政收支角度来看，2019 年 5 月、6 月、7 月美国的财政赤字水平依次为 2 070 亿美元、80 亿美元、1 197 亿美元。财政收入上涨主要来源于个人所得税以及工资税收入增加，而相较而言财政支出规模上升更为显著，主要体现在医疗、国防、社会保障以及债务利息等领域。以 2019 年 7 月为例，7 月份财政收入同比上升 11.6%，财政支出同比上升 22.8%，其中医疗保险支出增长 11% 达 660 亿美元，国防开支同比增加 100 亿美元，达 530 亿美元。根据美国商务部数据，美国 2019 财年前 10 个月财政赤字规模达到 8 668 亿美元，同比增长 27%，已经超出去年全年财政赤字规模。根据美国财政部预测，2019 财年美国的财政赤字规模或将达 1 万亿美元，在未来十年中，联邦政府公共债务占 GDP 比例将会从 2019 财年的 79% 上升到 2029 财年的 95%，虽然理论上减税政策也可以通过刺激经济拉动税基增长以弥补税收收入减少，但在短时间内并没有取得相应的效果。巨额的贸易赤字使得美国在未来借助政府购买以及财政政策刺激美国经济的空间不断缩小，同时不排除美国借助宽松或者类似政策将赤字转移至其他国家的可能，而我国作为目前最大的美国国债持有国家，受到此类政策的影响更为深远，需要提早防范。

除此之外，在其他经济基本面方面，2019 年 8 月 1 日，美联储宣布下降联邦基金利率 25 个基点，将目标区间下降至 2.00%～2.25%，这是自 2008 年 12 月以来美国首次采取降息措施，此次措施预示美国可能结束自 2015 年以来的加息周期，货币政策紧缩正逐步得到释放，在降息消息宣布以后，美股、金价以及国债收益率全面走低。实际上，自 1980 年以来，美国共计经历了 7 轮加息周期以及 6 轮降息周期，具体如表 2-4 和表 2-5 所示，可以看出在时间抉择以及持续时间上处于相机抉择的状况，并没有具体的规律。而自 1981 年以来，美联储的降息时期内往往伴随经济衰退，表现为失业率上升以及通货膨胀。自 2019 年以来，包含澳大利亚、新西兰、印度、乌克兰、韩国、阿联酋、泰国等在内的 28 个国家和地区纷纷采取了降息的宽松政策，已初步呈现出全球降息潮（见表 2-6）。美联储此次降息更多出于预防式降息，在全球经济尤其是制造业增长放缓以及贸易冲突加剧的背景下，加之国债规模上升以及国债收益率倒挂，而稳定低位的通货膨胀率可以为降息提供空间，美联储此举更多是出于对未来经济减速乃至衰退的防范。

表 2-4　　　　　　　　　　美国历轮加息周期

轮数	时间区间	加息次数	开始利率	结束利率	增加幅度
第一轮	1980.08—1980.12	7	9.50%	20.00%	10.50%
第二轮	1983.05—1984.08	5	8.50%	11.75%	3.25%
第三轮	1988.03—1989.02	12	6.50%	9.75%	3.25%
第四轮	1994.02—1995.02	7	3.00%	6.00%	3.00%
第五轮	1999.06—2000.05	6	4.75%	6.50%	1.75%
第六轮	2004.06—2006.06	17	1.00%	5.25%	4.25%
第七轮	2015.12—2018.12	9	0.25%	2.50%	2.25%

表 2 - 5　　　　　　　　　　　　　　　　美国历轮降息周期

轮数	时间区间	降息次数	开始利率	结束利率	下降幅度
第一轮	1981.06—1982.12	12	20.00%	8.50%	-11.50%
第二轮	1984.10—1986.08	13	11.75%	5.88%	-5.87%
第三轮	1989.07—1992.12	22	9.75%	3.00%	-6.75%
第四轮	1995.07—1996.01	3	6.00%	5.25%	-0.75%
第五轮	2001.01—2003.06	13	6.50%	1.00%	-5.50%
第六轮	2007.09—2008.12	10	5.25%	0.25%	-5.00%

表 2 - 6　　　　　　　　　　　　　2019 年部分国家与地区降息措施

时间	国家/地区	措施
2 月 7 日	印度	下调基准利率 25 个基点至 6.25%
2 月 14 日	埃及	自 2018 年 3 月以来首次降息，幅度 100 个基点，存款、贷款利率分别降至 15.75% 和 16.75%
2 月 26 日	吉尔吉斯斯坦	为刺激通货膨胀以及经济增长降息 25 个基点至 4.50%
3 月 13 日	格鲁吉亚	下调 25 个基点至 6.50%
3 月 15 日	阿塞拜疆	再融资利率下调 25 个基点至 9.00%
3 月 19 日	牙买加	下调 25 个基点至 1.25%
3 月 22 日	巴拉圭	政策利率下调 25 个基点
3 月 26 日	尼日利亚	下调基准利率 50 个基点至 13.5%
4 月 4 日	印度	年内第二次降息，下降基准利率 25 个基点至 6.00%
4 月 25 日	乌克兰	下调 50 个基点至 17.50%
4 月 26 日	阿塞拜疆	下调 25 个基点至 8.75%
5 月 7 日	马来西亚	为保持货币宽松程度，下调隔夜政策利率 25 个基点至 3.00%
5 月 8 日	新西兰	首个降息的发达国家，降息 25 个基点至 1.5%
5 月 9 日	菲律宾	下调关键利率 25 个基点至 4.5%，系 2016 年以来首次降息
6 月 4 日	澳大利亚	降息 25 个基点至 1.25%，系近三年来首次降息
6 月 6 日	印度	下调基准利率 25 个基点至 5.75%
6 月 7 日	智利	下调 50 个基点
6 月 14 日	俄罗斯	下调关键利率 25 个基点至 7.50%
7 月 2 日	澳大利亚	下调 25 个基点
7 月 18 日	印度尼西亚	下调 25 个基点至 5.75%
7 月 18 日	韩国	下调 25 个基点至 1.50%
7 月 18 日	乌克兰	下调主要利率 50 个基点至 17%
7 月 18 日	南非	下调 25 个基点至 6.50%
7 月 25 日	土耳其	一周回购利率下调 425 个基点至 19.75%

续前表

时间	国家/地区	措施
7月29日	俄罗斯	下调利率25个基点至7.25%
8月1日	美国	下调联邦基准利率25个基点
8月1日	巴西	下调50个基点
8月7日	泰国	下调25个基点
8月7日	新西兰	下调50个基点至1%
8月7日	印度	下调35个基点至5.4%
8月8日	菲律宾	下调25个基点至4.25%
8月9日	秘鲁	下调25个基点

资料来源：Wind以及公开新闻资料整理所得。

总体来看，第一，个人消费仍是未来美国经济发展最主要的动力，但受到贸易摩擦以及对未来经济前景的担忧，美国近期个人消费水平有所放缓；第二，在私人部门投资领域，特朗普政府于2018年初实行的减税政策的后继影响有限，在经历了2018年高速增长后在2019年促进作用并不显著，同时受到贸易政策不稳定的影响，投资者信心下降，制造业与非制造业的投资与扩张均出现放缓，但私人部门投资已经不是增长的主要动力；第三，特朗普的减税政策为美国政府带来了巨大的财政债务压力，巨额的财政赤字很可能深远影响未来的全球经济格局，同时压缩了通过政府购买刺激经济的空间；第四，美国当下与多数主要经济体在服务贸易领域处于贸易顺差地位，但在商品贸易领域处于程度更深的贸易逆差地位，值得注意的是，随着新兴经济体经济实力的提升，特朗普执政以来的诸多贸易保护措施以及招致的贸易摩擦并未取得预期的效果，并未能显著改善与部分主要经济体之间的贸易逆差地位。但在就业方面，2019年美国就业表现仍然强势，使得贸易争端持续时间进一步拉长。在物价水平方面，通货膨胀率维持在低位。在上述背景下，美国整体经济增长在下一阶段会出现一定程度的放缓，而在贸易争端方面仍然难以乐观。

第二节 美国贸易壁垒的使用情况

就贸易壁垒而言，可分为关税壁垒以及非关税壁垒，从这两类出发，分别考察美国近年，尤其自特朗普执政以来所采取的贸易壁垒。美方对于贸易的干预主要基于美国国内法律，所涉及方面主要包含国家安全、国家贸易补贴、反倾销以及不平等贸易、出口限额以及市场准入等等。而根据特朗普政府愈演愈烈的贸易壁垒使用情况可以看出，特朗普政府始终认为，相较于自由贸易，贸易保护措施可以更为明显地使得国家的某些部门或者企业获利，这种直觉很可能来源于特朗普本身商人出身的经商经验以及其重商主义思想。此外，特朗普政府实施贸易壁垒的重要原因还在于，相对其他国家而言，对外贸易占美国GDP的比重处于较低水平，而服务业是美国经济的最重要的支柱，在上述背景下，采取贸易壁垒手段进行贸易保护的直接成本较低，但从长远角度来看，贸易政策以及争端使得各经济主体对于美国未来经济发展缺乏信心。图2-11展示了2017年主要经济体贸易水平占GDP的比重。

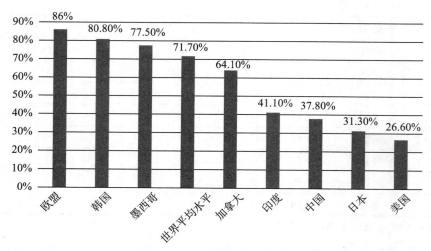

图 2-11　2017 年主要经济体贸易水平占 GDP 比重

资料来源：世界银行。

一、关税壁垒措施

　　就关税壁垒而言，在 2018 年中，特朗普政府实行了 5 轮加征关税，即除贸易协定谈判产生的对进口产品征收的正常关税外的关税，主要针对来自中国的产品以及其他钢铝制品，总量达 3 040 亿美元，约占美国 2017 年进口总量的 12.6%，考虑已经存在的惩罚性关税，这一比例将升至 14.9%。具体来看，2018 年 2 月 7 日，特朗普政府根据 1974 年《贸易法》中第 201 条对太阳能电池板实施了 30% 的关税；对洗衣机征收 20% 的关税；在 3 月 23 日和 6 月 1 日，特朗普政府根据 1962 年《贸易扩张法》第 232 条对钢铁制品征收 25% 的关税；在 3 月 23 日和 6 月 1 日，根据 1962 年《贸易扩张法》第 232 条对铝制品征收 10% 的关税；在 7 月 6 日、8 月 23 日和 9 月 24 日，根据 1974 年《贸易法》第 301 条进行反补贴和反倾销调查后，对从中国进口的货物分别征收 25%、25% 和 10% 的关税。表 2-7 汇总了 1983—2019 年美国政府实施的主要关税措施。

表 2-7　　　　　　　　　　　**1983—2019 年美国政府实施的主要关税措施**

具体内容	发布时间	短期内标普 500 指数变化	当期政府	终止时间
美方宣布对来自中国的约 3 000 亿美元的进口商品加征 10% 关税，分别从 2019 年 9 月 1 日以及 12 月 15 日实施	2019 年 8 月 15 日	下降 0.9%	特朗普	未终止
美方宣布对从中国进口的 2 000 亿美元商品加征关税税率由 10% 上升至 25%	2019 年 5 月 10 日	下降 2.17%	特朗普	未终止
美方宣布对来自中国约 2 000 亿美元进口商品加征关税，自 2018 年 9 月 24 日起加征税率为 10%，2019 年 1 月 1 日起税率为 25%	2018 年 9 月 18 日	上升 0.54%	特朗普	未终止

续前表

具体内容	发布时间	短期内标普500 指数变化	当期政府	终止时间
美方宣布对于来自中国的 500 亿美元进口商品加征 25% 关税，其中 340 亿美元自 2018 年 7 月 6 日加征	2018 年 6 月 15 日	下降 0.3%	特朗普	未终止
从国家安全角度考虑，根据 1962 年《贸易扩张法》第 232 条规定，美方宣布计划对进口钢铁和铝分别征收 25% 及 10% 的关税，2018 年 3 月 23 日开始生效，加拿大和墨西哥获得临时豁免	2018 年 3 月 1 日	下降 3.7%	特朗普	未终止
美国商务部长罗斯宣布，对加拿大 100～150 座大型民用客机征收 292% 的反倾销和反补贴税	2017 年 12 月 20 日	上升 4.8%	特朗普	未终止
美国商务部长罗斯宣布，对进口自阿根廷的豆制生物燃料反倾销初裁决定征收 54.36%～70.05% 的关税，对来自印尼的棕榈油制生物燃料反倾销初裁决定征收 50.71% 的关税	2017 年 10 月 23 日	上升 0.8%	特朗普	未终止
美国商务部长罗斯宣布，对来自加拿大的 100～150 座大型民用客机反倾销初裁决定征收 79.82% 的关税	2017 年 10 月 6 日	上升 1.4%	特朗普	未终止
美国商务部长罗斯宣布，对来自澳大利亚、巴西和挪威的硅金属的反补贴初裁决定分别征收 20.79%、56.78% 以及 134.92% 的关税	2017 年 10 月 5 日	上升 2.0%	特朗普	未终止
美国商务部长罗斯宣布，对来自加拿大的 100～150 座大型民用客机反倾销初裁决定征收 200% 的关税	2017 年 9 月 26 日	上升 2.6%	特朗普	未终止
美国宣布决定对加拿大软木征收 20% 进口关税	2017 年 4 月 24 日	上升 2.4%	特朗普	未终止
美国对中国冷轧扁钢征收关税	2016 年 5 月 17 日	上升 0.5%	奥巴马	未终止
美国提高中国钢铁进口关税，对部分产品施加 266% 税率	2016 年 3 月 1 日	上升 6.6%	奥巴马	未终止
美国宣布提高对中国钢铁进口关税	2015 年 12 月 22 日	下降 7.5%	奥巴马	未终止
美国提高对中国太阳能产品进口关税	2014 年 12 月 16 日	上升 0.2%	奥巴马	未终止
美国宣布将中国轮胎进口关税上调至 17.7%～81.3% 之间	2014 年 11 月 24 日	上升 0.9%	奥巴马	2016 年
美国上调对来自韩国和其他 8 个国家的钢铁进口关税，最高税率达 118%	2014 年 7 月 11 日	下降 1.7%	奥巴马	未终止
美国提高中国太阳能面板进口关税至 18.56%～35.21%	2014 年 6 月 3 日	上升 3.1%	奥巴马	未终止

续前表

具体内容	发布时间	短期内标普500指数变化	当期政府	终止时间
美国提高中国太阳能面板进口关税至31%	2012年5月17日	上升1.4%	奥巴马	未终止
美国提高中国太阳能面板进口关税至2.9%~4.73%	2012年3月20日	下降2.3%	奥巴马	未终止
美国提高中国轮胎进口关税至35%，同时决定第二年税率降至30%，第三年降至25%	2009年9月11日	上升2.6%	奥巴马	2012年下半年
美国对加拿大部分省份软木征收10%进口关税	2009年4月7日	上升8.6%	奥巴马	未终止
美国对法国奶酪征收300%进口关税（在奥巴马就任后，双方达成妥协，将税率调整至100%）	2009年1月15日	下降1.9%	小布什	未终止
美国对加拿大软木征收29%进口关税	2002年3月22日	下降2.5%	小布什	2006年4月
美国宣布征收最高达30%的全球性关税（包括加拿大、墨西哥等国在内的北美自贸协定成员豁免）	2002年3月5日	下降2.4%	小布什	2003年12月
美国宣布对欧洲奢侈品征收100%进口关税	1999年3月4日	上升5.4%	克林顿	2001年7月
美国对13款日本豪华轿车征收100%进口关税	1995年5月16日	上升1.8%	克林顿	1995年6月
美国对欧洲食品征收100%进口关税	1988年12月27日	上升5.0%	里根	1996年5月
美国对日本滚珠轴承征收77.44%~163%进口关税	1987年8月13日	下降3.1%	里根	未终止
美国将特种钢铁进口配额及关税延长2年	1987年7月16日	上升7.6%	里根	1989年9月
美国对日本电脑、电视机和电力设备征收100%进口关税	1986年10月16日	上升2.4%	里根	1987年11月
美国对大量外国生产的特种钢铁产品提高关税以及进口配额	1983年7月	下降4.0%	里根	1987年7月
美国主要针对日本厂商，对重型摩托车上调进口关税	1983年4月	上升7.5%	里根	1987年10月

资料来源：Wind、美银美林以及公开报道整理所得。

从表2-7中数据可以看出，自特朗普执政以来，对加征关税可谓"情有独钟"，频频借助对贸易伙伴尤其是中国、欧盟等经济体设置贸易壁垒。实际上，就2018年而言，特朗普政府范围最大、程度最深的贸易壁垒措施是针对中国所发起的"301"调查，并根据结果对中国一系列商品加征关税，总计占美国进口总量的 10.4%。图 2-12 报告了美国 2018 年加征关税主要涉及的领域及比重，图 2-13 报告了主要贸易伙伴在加征关税措施中所占比重以及出口美国加征关税商品占本国出口比重。

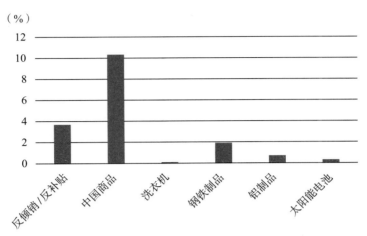

图 2-12 美国 2018 年加征关税主要涉及领域及比重

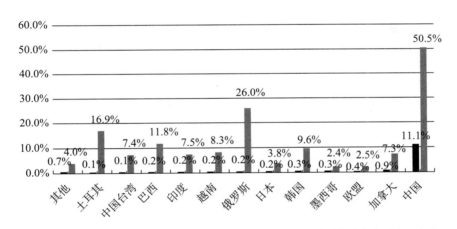

图 2-13 主要贸易伙伴占加征关税措施以及出口美国加征关税商品占本国出口比重（单位：%）
资料来源：WTO 网站。

根据表中数据可以看出，2018 年生效的美国加征关税措施涵盖了从中国进口的比重超过 50% 的商品。这也是中国采取报复性关税措施的重要原因，除中国以外，加拿大、欧盟、墨西哥、俄罗斯和土耳其等国家和地区对美国的商品出口也采取了严厉的报复措施。这些贸易伙伴被加征关税的比例目前在其对美国的出口总额中占有很大的份额。巴西、土耳其和俄罗斯也分别面临比重超过 10% 的出口到美国的加征关税，而韩国、越南、加拿大、印度也一定程度受到加征关税措施的深远影响。

整体来看，自 2018 年以来特朗普政府所实施的关税壁垒，对于中国有着尤为明显的针对，下文将就中美非关税壁垒问题进一步详细深入分析。

二、非关税壁垒措施

就非关税贸易壁垒而言，特朗普政府所采取的措施主要包含技术性贸易壁垒、贸易救济措施、出口配额限制、市场准入限制等。

（一）技术性贸易壁垒

就技术性贸易壁垒而言，是指政府为实现公共政策目标（如人类健康与安全、环境保护、消费者信息或质量）而制定产品要求所采取的措施，一般适用于国内生产和进口货物。图 2-14 展示了 2018 年技术性贸易壁垒变动前十位国家/地区。根据 WTO 统计数据，2018 年，技术性贸易壁垒委员会记录的一年内提交的新措施或变更措施总数达到高峰，共 3 065 个，同时技术法规和合格评定程序的新通知数量创历史新高，达 2 085 个，此外还有对现有措施的 841 份补遗、87 份更正以及 52 份修订。与 2017 年相比，总数增长了 19%，保持了自 2004 年以来的稳步增长趋势。自《技术性贸易壁垒协定》生效之日起至 2018 年 12 月 31 日，137 名 WTO 成员（占全部成员的 84%）均至少提交了 1 份通知，共计 33 312 份通知。就美国而言，自 1995 年以来共提交了 3 468 份关于技术性贸易壁垒的通知，占据总量的首位，其中于 2018 年新提交了 109 份，补遗更正了 154 份，修订了 13 份，约占 2018 年总数的 9%。

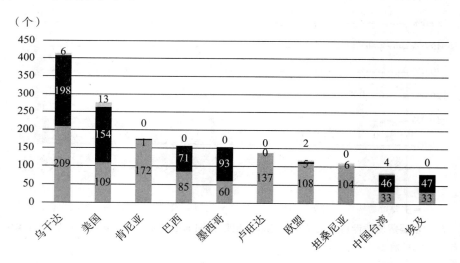

图 2-14　2018 年技术性贸易壁垒变动前十位国家/地区

资料来源：WTO 网站。

自特朗普执政以来，对包含中国在内的多个贸易伙伴均采取了技术性贸易壁垒措施。具体来看，在特朗普执政后所签订的《美墨加三国协议》中表明，汽车零部件如果想要受到免关税优惠待遇，则要求按照净成本法计算，2020 年 1 月 1 日之前北美地区价值含量不低于 66%，2021 年 1 月 1 日不低于 69%，此后逐年递增至 2023 年的 75%。此外，协议对于汽车生产原料也做了进一步的规定，例如：原产于北美地区的乘用车、卡车等，其所使用的钢、铝结构至少 70% 原产于北美地区；对于劳工价值含量方面也做出了进一步规定，例如汽车零部件的 40%～45% 必须由时薪在 16 美元以上的工人生产才能享受免税待遇。协议中对于数字贸易的技术标准也有着更高的要求。在 2018 年 9 月美韩修订贸易协议中，美方要求韩国对美出口汽车放弃原本使用的韩国安全标准，改用美国安全标准。

表 2-8 为 2018 年主要国家/地区国家安全措施使用情况。国家安全措施是特朗普设置技术性贸易壁垒的重要依靠之一，除直接加征关税，特朗普政府以国家安全为名实施技术性贸易壁垒，保护部分工业部门免受进口竞争的影响。例如在从阿根廷、巴西和韩国进口钢铁方面和从阿根廷进口铝方面，凭借国家安全为由加征关税，但又通过出口配额取消关税加征。此外，美国商务部于 2019 年 1 月完成调查，并于 2019 年 2 月 17 日向特朗普提交了一份涉及美国第 232 条，关于机动车部门进口对于国家安全影响的案件结果报告。早在 2018 年，特朗普曾表示，希望对部分或全部美国汽车进口产品征收高达 25% 的关税，并于 2018 年 5 月，指示美国商务部对进口汽车及零配件展开"232 调查"，以确定相关进口是否对美国国家安全造成威胁。特朗普试图借助国家安全设置技术性贸易壁垒，为未来与欧盟计划的谈判提供谈判筹码，以解决诸如美国农业和汽车产品的市场准入等问题。

就美国对中国实施的技术性贸易壁垒而言，较为典型的是美国对于以华为代表的中国技术型企业的出口限制。2018 年 1 月初，特朗普政府对华为和 AT&T 签约合作表示坚决反对，并禁止华为系列产品进入美国市场。2018 年 8 月特朗普签署了"国防授权法"，禁止美国政府机构和承包商使用华为和其他中国公司的某些技术。2019 年 5 月 16 日，美国商务部以国家安全为由，将华为及其 70 家附属公司列入管制"实体名单"，禁止美企向华为出售相关技术和产品。2019 年 5 月 20 日，谷歌暂停与华为的业务合作，不再向华为授权提供谷歌的各种移动应用，其后，英特尔、高通、赛灵思和博通等芯片设计商和供应商也停止向华为提供零部件产品。

表 2-8　　　　　　　　　　2018 年主要国家/地区国家安全措施使用情况

国家/地区 ＼ 情况	2018.01.01—2018.12.31		截至 2018.12.31	
	发起调查	最终实施	措施总数	涉及产品类别（HS 6-digit）
加拿大	1	0	0	0
智利	1	0	0	0
中国	0	0	1	5
哥斯达黎加	1	0	1	2
欧亚经济联盟	1	0	0	0
欧盟	1	0	0	0
印度	0	1	2	30
印度尼西亚	2	1	3	2
约旦	0	0	1	3
马达加斯加	3	0	0	0

续前表

国家/地区＼情况	2018.01.01—2018.12.31		截至 2018.12.31	
	发起调查	最终实施	措施总数	涉及产品类别（HS 6-digit）
马来西亚	0	0	2	15
摩洛哥	1	0	3	51
菲律宾	2	0	2	4
南非	1	0	1	21
泰国	0	0	3	12
土耳其	2	0	3	4
乌克兰	0	1	2	2
美国	0	2	2	7
越南	0	1	4	21

资料来源：根据 WTO 网站数据整理所得。

就美国所推行的技术性贸易壁垒而言，一方面旨在通过技术标准、认证制度等方面限制其他贸易伙伴对美出口水平，另一方面希望借助技术性贸易壁垒在全球范围内推广以美国为代表的发达国家的生产、制造贸易标准，以凭借新兴经济体并不完善的生产标准限制新兴经济体的增长速度。

（二）贸易救济措施

美国近年来还注重增加贸易救济措施的使用，例如反倾销调查以及反倾销税，以保护特定产品的美国生产商免受某些违反特定贸易规则的进口供应商的影响，即以低于生产成本的价格在美国倾销进口产品。根据美国 1930 年修订的《贸易法案》，美国政府最常用的贸易救济行动包括反倾销税（AD）以及反补贴税（CVD）以抵消低于生产成本的价格销售产品和商品补贴的影响。截至 2019 年 3 月中旬，美国商务部已启动了 149 例 AD-CVD 案例，相比之前美国同期增加了 263％，此外美国还执行了约 471 项反倾销和反补贴委员会的命令，对发现不公平交易的进口产品征收关税（在某些情况下还有数量限制）。

对于反倾销和进口激增等不平等贸易，特朗普政府还颁布了一系列其他法律文书来实施贸易救济措施，其中受美国贸易救济措施影响的最大贸易伙伴是中国，特朗普政府借助 1974 年《贸易法》第 301 条，也即"301 条款"，遏制美方所认为的贸易伙伴的不公平贸易行为。在 2018 年完成"301 调查"后，特朗普决定对从中国进口的约 2 500 亿美元商品加征关税，其中 500 亿美元的进口产品需要缴纳 25％的额外关税，2 000 亿美元的进口产品将增加 10％的进口关税。

根据表 2-9、表 2-10 中的数据可以看出，美国作为进口国，无论是措施总数还是 2018 年措施数，在反倾销和反补贴方面所采取的措施数均处于最高水平，且远超其他主要经济体；而中国作为出口国，在措施总数和 2018 年措施数上，所面临的在反倾销和反补贴方面措施数均处于最高水平，也同样远超其他主要经济体。

表 2 – 9 **2018 年主要国家/地区反倾销措施使用情况**

情况 国家/ 地区	作为进口国采取措施数					作为出口国面临措施数				
	2018.01.01—2018.12.31			截至 2018.12.31		2018.01.01—2018.12.31			截至 2018.12.31	
	发起 调查	最终 实施	撤回/ 取消	措施 总数	涉及产 品类别 (HS 6- digit)	发起 调查	最终 实施	撤回/ 取消	措施 总数	涉及产 品类别 (HS 6- digit)
澳大利亚	12	5	6	64	51	1	0	0	4	39
巴西	7	9	10	168	142	8	4	1	36	104
加拿大	14	7	0	83	98	1	1	1	8	15
中国	16	23	4	106	59	58	61	35	629	1 080
欧盟	8	3	0	113	195	5	3	4	37	176
印度	31	37	31	274	537	3	3	1	16	63
韩国	5	7	1	37	35	11	17	8	132	249
日本	0	2	0	9	5	6	8	5	62	148
墨西哥	3	7	3	70	90	3	1	1	27	53
南非	2	0	1	30	21	1	4	0	22	69
美国	34	41	4	361	425	7	6	4	75	107

资料来源：根据 WTO 网站数据整理所得。

表 2 – 10 **2018 年主要国家/地区反补贴措施使用情况**

情况 国家/ 地区	作为进口国采取措施数					作为出口国面临措施数				
	2018.01.01—2018.12.31			截至 2018.12.31		2018.01.01—2018.12.31			截至 2018.12.31	
	发起 调查	最终 实施	撤回/ 取消	措施 总数	涉及产 品类别 (HS 6- digit)	发起 调查	最终 实施	撤回/ 取消	措施 总数	涉及产 品类别 (HS 6- digit)
澳大利亚	3	0	2	10	20	1	0	0	0	0
巴西	0	1	0	2	17	0	0	0	4	63
加拿大	4	6	0	28	86	0	1	1	2	9
中国	3	1	2	4	14	30	13	3	90	297
欧盟	2	1	2	15	49	0	0	1	2	4
印度	10	0	0	2	19	4	4	1	31	137
韩国	0	0	0	0	0	2	1	0	8	86
墨西哥	0	0	0	3	2	0	0	0	1	13
南非	0	0	0	0	0	0	0	0	1	8
美国	24	18	2	109	397	2	1	1	5	18

资料来源：根据 WTO 网站数据整理所得。

对于进口水平激增，在 2018 年，特朗普政府重新采取了一项极少使用的法律条文，即 1974 年《贸易法》第 201 条。根据 201 条款规定，美国国际贸易委员会（USITC）可以对进口至美国的产品进行全球保障措施调查，对产品进口增加是否对美国国内产业造成严重损害或严重损害威胁做出裁定，并在 120 天（存在案件特别复杂的情形为 150 天）向总统提交报告和建议，旨在保护美国市场免受进口激增造成的破坏。201 条款自 2001 年以来没有得以使用，但经过 2017 年 5 月 USITC 对进口晶体硅太阳能电池及组件以及家用大型洗衣机调查后，2018 年美国根据 201 条款授权对某些类型的太阳能电池和大型家用洗衣机加征关税。

（三）出口配额限制与市场准入限制

在非关税贸易壁垒方面，特朗普政府还凭借自身的政治、经济地位，在与其他贸易伙伴的贸易协议中，通过对其施加出口配额限制以及市场准入限制来缓解美国贸易逆差较大的问题。例如在 2018 年 9 月的美韩修订贸易协议中，美国对韩国出口到美国的钢铁采取永久关税豁免，但韩国对美出口钢铁被限制为 270 万吨，仅为 2015—2017 年平均出口水平的 70％，同时韩国政府扩大对于美国在药品以及农产品市场的市场准入；此外在《美墨加三国协议》中，通过协议美国成功获得了价值 5.6 亿美元，约占加拿大市场份额 3.5％ 的乳产品市场。

第三节 中美贸易发展状况

图 2-15 为 2001—2017 年中国进出口水平。中国自 2001 年成功加入世界贸易组织以来，对外贸易水平呈现出高速上升的趋势，进出口总额从 2001 年的 5 096.51 亿美元增长为 2017 年的 41 071.63 亿美元，对外贸易早已成为拉动中国经济增长的马车。根据海关总署数据，2018 年中美双边贸易进出口总值 6 335.2 亿美元，同比增长 8.5％，中国出口美国 4 784.2 亿美元，同比上升 11.3％；进口 1 551 亿美元，增长 0.7％，贸易顺差3 233.2

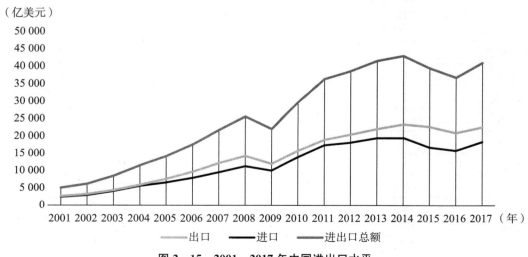

图 2-15 2001—2017 年中国进出口水平

资料来源：Comtrade 数据库。

亿美元，同比增长 17.2%。在贸易水平不断上升的同时，中国的经济实力与国际影响力也在不断上升。作为传统的经济霸主，目前最大的发达国家美国，面对中国在政治、经济领域的快速进步，必然会有着相应的反应，尤其自特朗普执政以来，秉持"美国优先"的执政理念，使得两国在经贸方面的摩擦、谈判日益频繁。

在经济全球化不断加深的背景下，中美在经济合作、双边贸易领域早已相互交融。数据表明，自中国加入 WTO 以来，中国对美出口总量约占中国对外出口总量的 20%，从美进口总量约占进口总量的 8%；就美方而言，自中国进口商品总量约占进口总量的 22%，对中国出口规模约占总出口规模的 8%。图 2－16 展示了自中国加入世界贸易组织以来中美双方进出口占比变化情况。

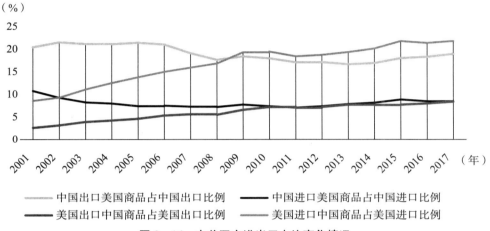

图 2－16　中美双方进出口占比变化情况

资料来源：Comtrade 数据库。

从图 2－16 的结果中可以看出，美国消费者对于中国输美商品需求强烈。实际上美国也是中国一直以来最大的产品出口市场，图 2－17 展示了 2017 年中国商品、服务业出口

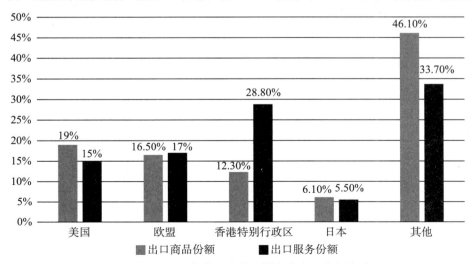

图 2－17　2017 年中国商品、服务业出口市场比重

资料来源：WTO 网站。

市场比重，表 2－11、表 2－12 分别展示了中国以及美国在 HS 2-digit 编码下 2017 年出口量前十的商品、出口额以及对应地区。从表中可以看出，美国在我国出口份额前十类商品中，处于第一位的有 8 类。不可否认我国对于美国商品的依赖程度仍然较高，而其他地区，例如出口香港特别行政区的诸多商品，最终也会出口美国。受其他区销售额的影响，短时间之内我国难以找到其他的代替市场，或者替代市场的对应成本较高。

表 2－11　　　　　　　　　　　　　　中国 2017 年出口前十位商品

商品名称	出口额（亿美元）	出口份额第一国家/地区	占比	出口份额第二国家/地区	占比	出口份额第三国家/地区	占比
电机、设备及其部件；录音机和复制机；电视图像和声音录音机、复制机以及此类物品的部件和附件	5 983.2	中国香港	23.6%	美国	17.8%	韩国	5.96%
核反应堆、锅炉、机械设备及部件	3 832.4	美国	18.7%	中国香港	11.4%	日本	5.82%
家具；床上用品、床垫、床垫支架、靠垫及类似填充家具；灯具及照明配件；发光招牌、发光铭牌等；预制建筑	889.73	美国	32.9%	日本	5.27%	英国	4.83%
服装及服装辅料（非针织或钩编）	734.09	美国	19.2%	日本	9.92%	英国	5.56%
服装及服装辅料（针织或钩针编织的）	718.24	美国	22.3%	日本	11.12%	英国	5.59%
光学、摄影、电影、测量、检验、医疗、外科仪器、器械以及零部件和配件	706.16	中国香港	20.4%	美国	13.74%	日本	6.43%
塑料及其制品	700.00	美国	21.9%	中国香港	6.28%	日本	6.14%
车辆；铁路、电车车辆及其配件	672.63	美国	22.5%	日本	6.22%	伊朗	4.49%
钢铁制品	567.28	美国	18.0%	日本	5.50%	韩国	4.56%
玩具、游戏及运动用品及其配件及附件	545.93	美国	34.1%	荷兰	6.48%	日本	6.19%

资料来源：Comtrade 数据库。

表 2 - 12　　　　　　　　　　　　美国 2017 年出口前十位商品

商品名称	出口额（亿美元）	出口份额第一国家/地区	占比	出口份额第二国家/地区	占比	出口份额第三国家/地区	占比
核反应堆、锅炉、机械设备及部件	2 020.3	墨西哥	21.2%	加拿大	21.0%	中国	6.38%
电机、设备及其部件；录音机和复制机；电视图像和声音录音机、复制机以及此类物品的部件和附件	1 744.2	墨西哥	23.7%	加拿大	14.6%	中国	6.96%
矿物燃料、矿物油及其蒸馏产品；沥青物质；矿物蜡	1 390.2	墨西哥	19.1%	加拿大	14.1%	巴西	6.26%
航空器、飞行器及其部件	1 311.4	中国	12.4%	法国	9.85%	英国	7.16%
车辆；铁路、电车车辆及其配件	1 301.8	加拿大	39.6%	墨西哥	16.2%	中国	9.87%
光学、摄影、电影、测量、检验、医疗、外科仪器、器械及其零部件和配件	836.38	中国	10.5%	加拿大	10.2%	日本	8.32%
塑料及其制品	618.93	墨西哥	26.9%	加拿大	21.3%	中国	9.15%
自然、养殖珍珠；宝石，半宝石；贵重金属，包有贵重金属的金属及其制品；人造珠宝；硬币	595.90	中国香港	19.5%	瑞士	17.8%	印度	11.7%
药品	449.36	比利时	8.41%	荷兰	8.21%	日本	8.14%
未按品种规定的商品	424.37	加拿大	17.2%	墨西哥	16.6%	英国	6.00%

资料来源：Comtrade 数据库。

　　图 2 - 18 为 2018 年中国出口美国商品分布。根据中国输美商品数据可以看出，机电产品、家具玩具、纺织品及原料分别占我国对美出口商品的第一、二、三位，同比增长 4.7%、7.3% 和 3.9%。实际上，在家具玩具、轻工产品、机电产品、纺织品及原料、塑料橡胶制品、纤维纸张以及贱金属制品等方面我国出口美国数量均超出美国进口总量的 20%，在家具玩具、轻工产品方面在 2018 年达 61% 和 56%，在美国进口市场具有极高的市场占有率和竞争力，我国也是机电产品、纺织品及原料、塑料橡胶制品、贱金属制品的对美最大出口国。

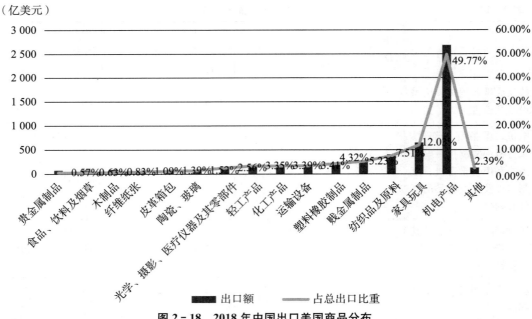

图 2 - 18　2018 年中国出口美国商品分布

资料来源：美国商务部网站。

根据美国商品出口水平前十位的产地可以看出，在航空器、飞行器及其部件以及光学、摄影、电影、测量、检验、医疗、外科仪器、器械及其零部件和配件的商品种类方面，中国是美方的最大出口国，在大豆商品上美国对于中国的出口份额超出美国大豆出口额的 50%。一直以来，中国是美国商品出口水平增速最大的国家，自 2009—2018 年十年均增速达 6.3%，累计出口总量增量达到 73%，远超出对世界出口总量的平均增速。在飞行器、汽车、大豆、集成电路方面中国更是美国最重要的出口市场，在这十年间，美国对中国的出口贸易支撑了美国超过 10 万个就业岗位。值得注意的是，美国对华出口，在高新技术产品领域持封锁态度，在十大类 3 100 个种商品上美国均采取出口封锁，从美国进口的高新技术产品数量从刚加入世界贸易组织时的 16.7% 下降为 2018 年的 8.1%。在汽车出口方面，中国被迫加征关税使得美国出口中国汽车的竞争力不断下降，但中国转嫁汽车进口市场的成本相较而言较低。

总体来看，中美双方彼此在商品出口方面存在较强的相互依赖，在这种条件下，双方的摩擦冲突不宜无限制地扩大，否则中美两国均会深受其害。

第四节　中美贸易摩擦及对中美贸易影响

一、中美贸易摩擦背景

自关税与贸易总协定（GATT）签订以及其后继的世界贸易组织（WTO）建立以来，经济全球化趋势和经济贸易秩序在 WTO 框架下逐步建立并且取得了长足的进展，但实际上，在各国经济水平、政治地位等因素的制约下，各国在国际舞台以及具体问题方面的话语权有较大差异。就传统而言，作为世界上最大的发达国家，美国在国际贸易和经济等问题的决策上占有主导地位，因此在制定经济和贸易规则方面具有强大的优势。然而，根据中国加入 WTO 以来的数据，美国似乎没有从在其领导下的 WTO 框架制定的经济贸易规则中，使得其经济效益最大化。相反，以中国为代表的新兴经济体实现了高速经济增长，在一定程度上动摇了美国的经济霸权地位。

在国际贸易收支平衡方面，虽然目前中国对美国仍存在贸易顺差，但从图 2-19 可以看出，自 2008 年金融危机之后，贸易顺差规模、特征发生了相当大的变化。如图 2-20 所示，对美贸易顺差占中国 GDP 比重呈不断下降趋势，从 2006 年的 5.2% 逐步下降到 2017 年的 2.2%，美国自身的贸易逆差占 GDP 的比重在 2001—2017 年之间出现了增长—下降—再增长的趋势，相对而言一直处于较高水平，而我国对美国贸易逆差占美国 GDP 的比例一直处于较低水平。事实上，自 20 世纪 70 年代以来，美国对外贸易逆差一直处于较高水平。主要原因是美元作为国际通用货币，是其他国家外汇储备中的主导货币，也是国际融资过程中的主导货币。除此之外，从图 2-21 中可以看出，中国对美国服务贸易逆差呈高速增长趋势。在此背景下，特朗普政府忽视了中美之间的国际贸易是基于贸易过程中的双方产业发展水平和比较优势产业的基本原则，同时不考虑美国对外贸易逆差的深层次原因，单一地举例与中国商品贸易过程中，中方出现的贸易顺差，并以此为理由对中国进行相应的加征关税与经济制裁以达成国际贸易的收支平衡。表 2-13 梳理了自 2017 年以来中美贸易争端的始末。

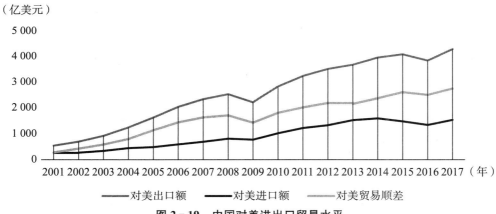

图 2-19　中国对美进出口贸易水平

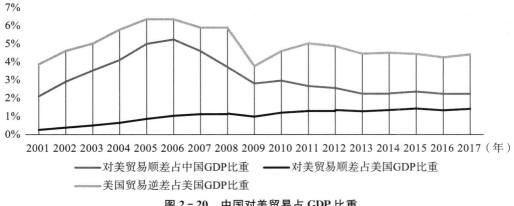

图 2-20　中国对美贸易占 GDP 比重

图 2 - 21 中国对美历年服务贸易逆差

资料来源：Comtrade 数据库、世界银行数据库。

表 2 - 13　　　　　　　　　　中美贸易争端梳理

时间	国家	事件
2017 年 8 月 14 日	美国	特朗普签署备忘录，授意 USTR 对中国知识产权等领域展开调查
2017 年 8 月 18 日	美国	美国贸易代表办公室宣布对中国展开"301 调查"
2018 年 3 月 8 日	美国	特朗普签署命令，对进口钢铁、铝产品加征 25％、10％的关税
2018 年 3 月 22 日	美国	特朗普政府计划对中国 600 亿美元商品加征关税，并限制中国对于美国企业的投资并购
2018 年 3 月 23 日	美国	美国贸易代表办公室就技术许可要求将中国诉诸 WTO，同时提出在 WTO 机制下的磋商请求
2018 年 3 月 23 日	中国	中国商务部宣布对来自美国 30 亿美元的进口商品加征关税
2018 年 4 月 1 日	中国	中国对来自美国的共计 128 类进口商品加征 15％或 25％的关税
2018 年 4 月 3 日	美国	美国贸易代表办公室发布针对中国的 500 亿美元关税清单
2018 年 4 月 4 日	中国	中国公布对美加征 25％关税 500 亿美元的包含大豆、汽车、飞机等商品清单
2018 年 4 月 5 日	美国	特朗普宣布对中国额外 1 000 亿美元商品征收关税，美国贸易代表莱特希泽表示支持特朗普的相关决定
2018 年 4 月 16 日	美国	美方禁止中兴从美国购买特定产品
2018 年 4 月 17 日	美国	美国商务部宣布对中国的钢制轮毂进行反补贴和反倾销调查
2018 年 4 月 19 日	中国	中国商务部表示随时准备采取必要措施，维护中国企业合法权益
2018 年 4 月 19 日	中国	商务部发布公告，公布对于原产于美国等地的卤化丁基橡胶反撒销调查的初裁裁定
2018 年 4 月 27 日	美国	USTR 发布"301 特别报告"，涉及 36 个国家和地区
2018 年 5 月 3 日	美国	中美双方就贸易不均衡、知识产权、合资技术和合资企业等领域进行了磋商，部分问题达成共识，双方一致同意建立工作机制保持密切沟通

续前表

时间	国家	事件
2018 年 5 月 14 日	美国	美国贸易代表办公室宣布对 2018 年 4 月 3 日公布的 500 亿美元关税清单举行公众听证会
2018 年 5 月 16—19 日	中美	习近平主席特使、国务院副总理刘鹤等中方代表赴美国，就贸易问题与美国财政部长姆努钦、商务部长罗斯和贸易代表莱特泽等美方代表进行磋商，并于 5 月 19 日发表联合声明，称将采取有效措施实质性减少美对华货物贸易逆差，双方将在知识产权保护、能源、农产品、高科技产品方面加强合作，努力创造公平竞争营商环境等，并放弃对中国 500 亿美元商品加征 25％的关税
2018 年 5 月 29 日	美国	特朗普宣布将继续对含有"重要工业技术"的 500 亿美元中国商品加征 25％的关税
2018 年 5 月 29 日	中国	中方发表声明，捍卫者中国人民利益与国家核心利益，督促美国按照联合声明精神相向而行
2018 年 5 月 30—6 月 4 日	中美	美国商务部长罗斯等美方代表与国务院副总理刘鹤等中方代表在中国就两国经贸问题进行磋商。6 月 3 日，中方发表声明称一切磋商成果生效均以美国取消加征 500 亿美元商品 25％关税为前提
2018 年 6 月 15 日	美国	美国贸易代表办公室公布 500 亿美元关税清单，表示加征关税行业主要涉及含有"重要工业技术"的"中国制造 2025"相关行业，并宣布其中 340 亿美元产品的关税将于 2018 年 7 月 6 日生效，160 亿美元关税清单开始征求公众意见
2018 年 6 月 16 日	中国	中国宣布对原产于美国的 659 项约 500 亿美元加征关税，其中涉及农产品、汽车、水产品商品中的 340 亿美元将于 2018 年 7 月 6 日征收关税
2018 年 6 月 18 日	美国	特朗普宣布将对价值 2 000 亿美元的中国商品加征 10％的关税，美国贸易代表莱特希泽发表声明支持特朗普的决定
2018 年 6 月 19 日	中国	中国商务部表示将对于美国加征关税的行为提出质量与数量上的反制措施
2018 年 7 月 6 日	中美	该日北京时间 12：00，美方第一批清单上价值 340 亿美元 25％关税生效，同时中国对于美方等量商品加征 25％关税
2018 年 7 月 6 日	中国	中国就美国对中国 301 调查项下的征税措施将美国诉诸 WTO
2018 年 7 月 10 日	美国	美国公布了对中国包含海产品、农产品、水果、日用品在内的 2 000 亿美元关税清单，税率由 10％提升至 25％，并于 8 月 20—23 日举办听证会讨论该项政策的实施
2018 年 7 月 12 日	美国	美国参议院以维护国家安全为由，以 88∶11 的压倒性票数投票通过限制特朗普关税权利
2018 年 7 月 16 日	中国	中国就美国"301 调查"项下对中国 2 000 亿美元产品征税建议措施诉诸 WTO
2018 年 7 月 23 日	美国	美国贸易代表办公室宣布将在 7 月 24—25 日对中国的 160 亿美元关税清单举行公众听证会

续前表

时间	国家	事件
2018 年 7 月 24 日	美国	美国农业部宣布将向农民提供 120 亿美元补贴，以弥补贸易战所遭受的亏损
2018 年 8 月 1 日	美国	特朗普政府宣布 2 000 亿美元加征关税从 10％提升到 25％；美国商务部发布公告，宣布将 44 家中国企业列入出口管制"实体清单"，其中包括多家电子、航空研究机构
2018 年 8 月 3 日	中国	中国国务院关税税则委员决定对于对原产于美国 5 207 个税目约 600 亿美元商品，加征 25％、20％、10％、5％等不等的关税，是否执行取决于美方是否执行相应的关税政策
2018 年 8 月 7 日	美国	美国贸易代表办公室宣布对中国 160 亿美元加征 25％关税清单将于 8 月 23 日生效，包含摩托车、蒸汽轮机等 6 月 15 日公布的 284 个项目中的 279 个
2018 年 8 月 8 日	中国	中国宣布对美国 160 亿美元加征 25％关税清单将于 8 月 23 日生效
2018 年 8 月 16 日	中美	中国商务部发布消息，应美方邀请，商务部副部长兼国际贸易谈判副代表王受文于 8 月下旬率团访美，就中美经贸问题与美方进行磋商
2018 年 8 月 17 日	美国	美国贸易代表办公室宣布将在 8 月 20—24 日及 8 月 27 日对 2 000 亿美元关税清单举行公众听证会
2018 年 8 月 22—8 月 23 日	中美	应美方邀请，商务部副部长兼国际贸易谈判副代表王受文率中方代表团赴华盛顿与美国财政部副部长 Malpass 率领的美方代表团就双方经贸问题进行了交流。之后，双方各自发表了声明，谈判未有明显进展
2018 年 8 月 23 日	中美	中美双方对对方的 160 亿美元加征关税清单生效；中国在 WTO 起诉美国 "301 调查" 项下对华 160 亿美元输美产品实施的征税措施
2018 年 8 月 20—24 日	美国	美国贸易代表办公室举行了对中国 2 000 亿美元商品加征关税的听证会，其中 90％的代表表示反对加征关税
2018 年 9 月 7 日	美国	特朗普宣称对于 2 670 亿美元的中国商品加征关税
2018 年 9 月 17 日	美国	美国贸易代表办公室宣布对中国 2 000 亿美元商品加征关税清单将于 2018 年 9 月 24 日生效，最初加征 10％，在 2019 年 1 月 1 日后加征 25％
2018 年 9 月 18 日	中国	中国宣布对美 600 亿美元关税清单将于 2018 年 9 月 24 日生效，加征关税为 5％或 10％
2018 年 12 月 1 日	中美	双方就停止互加关税达成一致，并提出 90 天的休整期，特朗普将原定于 2019 年 1 月 1 日实施的加征关税政策推迟至 2019 年 3 月 1 日
2018 年 12 月 1 日	中国	中方愿意为扭转美中贸易逆差而大量采购美国农业、能源工业产品、具体数量待定
2018 年 12 月 19 日	中美	双方进行经贸问题副部级通话
2019 年 1 月 4 日	中美	双方进行经贸问题副部级通话，并就 1 月 7—8 日中美双方进行经贸磋商达成一致

续前表

时间	国家	事件
2019 年 1 月 7—8 日	中美	中美双方进行经贸问题的副部级磋商，就中美元首在阿根廷会议达成的共识进行讨论
2019 年 1 月 30—31 日	中美	国务院副总理刘鹤带领中方团队与美国贸易代表莱特希泽带领的美方团队就贸易平衡、技术转让、知识产权保护等方面进行讨论，并取得阶段性进展
2019 年 2 月 14—15 日	中美	国务院副总理刘鹤与美国贸易代表莱特希泽、财政部部长姆努钦就技术转让、非关税壁垒、贸易平衡等相关问题达成共识
2019 年 2 月 21—24 日	中美	国务院副总理刘鹤与美国贸易代表莱特希泽、财政部部长姆努钦就技术转让、非关税壁垒、贸易平衡、农业、汇率等相关问题进行讨论并取得实质进展
2019 年 2 月 24 日	美国	特朗普宣布推迟中国商品进口关税的上调日期
2019 年 3 月 28—29 日	中美	国务院副总理刘鹤与美国贸易代表莱特希泽、财政部部长姆努钦进行中美经贸第八轮高级别磋商，并取得新进展
2019 年 4 月 3—5 日	中美	国务院副总理刘鹤与美国贸易代表莱特希泽、财政部部长姆努钦进行中美经贸第九轮高级别磋商，决定就遗留问题通过有效方式进一步磋商
2019 年 5 月 5 日	美国	特朗普宣布计划在 5 月 10 日将 2 000 亿美元中国进口商品的关税税率上升至 25%
2019 年 5 月 9—10 日	中美	中美进行第十一轮中美经贸高级别磋商
2019 年 5 月 10 日	美国	美方对于 2 000 亿美元来自中国的进口商品正式将关税从 10% 上升至 25%
2019 年 5 月 13 日	中国	国务院关税税则委员会决定对原产于美国的 5 140 项进口商品加征关税，关税水平 25%～5% 不等
2019 年 5 月 13 日	美国	美国贸易代表办公室公布对中国约 3 000 亿美元加征关税清单
2019 年 6 月 1 日	中国	中方宣布自 2019 年 6 月 1 日起，对于原产于美国约 600 亿美元的商品分别实加征 25%、20%、10% 的关税，保留原加征 5% 关税商品的 5% 关税
2019 年 8 月 15 日	美国	美方宣布，对来自中国的 3 000 亿美元商品加征 10% 的关税，分两批分别从 2019 年 9 月 1 日以及 2019 年 12 月 15 日实施
2019 年 8 月 23 日	中国	中方宣布对来自美国的约 750 亿美元进口商品加征 10% 或 5% 的关税，分两批分别从 2019 年 9 月 1 日 12:01 以及 2019 年 12 月 15 日 12:01 实施

资料来源：根据公开新闻资料整理所得。

美国认为，WTO 现行的经济贸易规则存在许多漏洞。例如：在 WTO 的基本原则中，考虑发展中国家的经济状况，在无差别待遇的基础上，例外地存在对发展中国家和最不发达国家实行优惠待遇的原则。在这一原则中，认为发展中国家在实施 WTO 协定的过程中，需要相应的时间和物质准备，因而享受到一定的过渡期优惠待遇。美国一直认为，中国和其他新兴发展中国家"滥用"了这一原则。同时，美国认为，WTO 决策机制①使得 WTO 在决策制定过程中受到诸多小型经济体对于大型经济体所主导决策的限制。除此之外，美国还对于以中国为代表的新兴经济体在国有企业垄断、知识产权以及国家干预宏观经济力度等方面加以指责，原因是损害了以美国为代表的发达经济体的经济利益，特别是在经济增长和国际贸易收支平衡方面。由于长期以来中国对美国在商品贸易领域存在大额顺差，这正是特朗普政府一再加征关税的重要理由。

然而事实上，深入考察美国提出的 WTO 框架中存在漏洞的原因，应当看出，这些理由并不充足，有些甚至违背较为基本的经济学理论。首先，受到起步时间、发展阶段、经济结构和国际分工的影响，中国需要相应的时间逐步完善对外贸易的基础设施、经济环境和体制等方面，强行进行特朗普政府所希望的"绝对公平"贸易，将双方贸易条件置于完全相同的水平，对于我国的贸易发展而言，会因为上述方面的不完善而受到诸多的限制，美国单方面追求公平贸易实际上是利用先行优势绑架发展中国家。在中国对美国的商品贸易顺差中，约有 53% 来自商品加工，这是借助正逐步消失的人口红利取得的，而美方在其上游与下游行业，如零部件提供、产品设计领域取得了更为丰厚的利润。在经济增长方面，根据传统的经济增长理论，因为美国自身经济体量已经达到较大规模，在后续的经济增长过程中不可避免地会放缓增长速度。而中国由于本身经济体量规模较小，在经济增长过程中会有追赶效应，所以可以实现中高速增长。

中国和美国分别作为目前世界上最大的发展中国家以及发达国家，两国的贸易摩擦为两国乃至全球未来经济的发展增加了不确定性。根据中国海关总署的统计数据，受中美贸易摩擦的打击，2019 年 4 月中国与美国的进出口贸易规模同比下降 9.7%；除此之外，WTO 在于 2019 年 4 月 2 日发布的贸易预测报告中指出，全球贸易增速在 2017 年与 2018 年分别为 4.6% 和 3%，但 2019 年的预测值仅为 2.6%，虽然一定程度受到未来全球经济整体低迷的影响，但 WTO 同样指出，美国所实施的单边保护主义贸易措施以及日益激化的贸易摩擦无疑是阻碍未来全球贸易增长的最主要原因。

考察美国在和中国一直以来的贸易谈判以及贸易摩擦过程中表现出的行为，可以总结出特朗普政府表现的特点有以下 4 点。

（一）在忽视了中国当下经济实力的基础上维护美国的经济地位

在与中国进行双边贸易谈判的过程中，美国对中国实施加征关税、贸易调查和其他方面限制，以限制中国对美国的出口规模和经济增长，从而维护美国等发达经济体在传统国际贸易中的领先地位。但实际上不同于韩国、欧洲、北美的墨西哥和加拿大对美国表现出的强烈的经济依赖或政治依赖。近年来，随着加入 WTO，中国综合国力显著增强。作为世界第二大经济体和最大的发展中国家，中国在国际贸易和经济领域也具有一定的发言权，在美国的诸多贸易威胁下，完全有能力给予相同程度上的可置信威胁，在双边贸易谈判之前和期间，这一点均得以充分体现，但显然，美国没有将中国与其他经济体在政治、经济实力上的差异以及由于贸易摩擦在双边经贸领域所造成的福利损失纳入考量范围。

---

① 包含协商一致规则、简单多数规则、2/3 多数通过规则以及 3/4 多数通过规则。

事实上，双边贸易使得美国自身也支付了高昂的成本。根据美国零售联合会（American Retail Federation）的数据，仅对行李箱等旅行用具加征的关税每年就给消费者造成 12 亿美元的损失。纽约联邦储备委员会的研究表明，截至 2018 年 11 月，美国的关税成本几乎完全转移在美国国内商品价格上，即所有关税基本由进口商和国内消费者承担，并没有起到计划时抑制中方出口美国商品的供应价格的目的，美国国内生产商在加征关税的同时提高了价格。根据克鲁格曼的估计，贸易争端将使贸易总额减少 70%，而保守估计美国 GDP 将减少 2%～3%，还将伴随着美国服务业工人的大量失业。根据德意志银行的测算，特朗普政府引发的多线贸易争端增加了美国股票市场的诸多不确定性，其总额保守估计高达 5 万亿美元。美国商会的预测结果表明，即使取消了对 2 600 亿美元商品加征贸易关税的条款，但在中美贸易争端的背景下美国的 GDP 仍将低于 2019 年的预期值 500 亿美元（约 0.3%）。更为深远的是，在全球价值链方面，中美贸易争端将对全球科学技术行业，尤其是通信技术产业已经形成的生态系统造成巨大破坏。例如：美国的许多智能手机品牌和通信设备的原始部件需要在中国生产，即使可以通过政策促使制造业回流，使得美国工人生产这些部件，但对美国制造商来说，制造业回流则对应于额外的固定成本投入和更高的制造成本，对全球产品供应链产生了巨大的影响。特朗普政府试图通过贸易争端抑制中国等新兴经济体的发展，重振美国的制造业以及经济核心地位。然而，由于生产、制造全球化已经深刻地渗入全球贸易当中，特朗普政府表面是与中国进行贸易摩擦，实则将自身剔除出全球化生产、制造的大背景。

（二）从追求贸易平等、自由到追求贸易"平衡""等量"

考察特朗普政府和中国在双边贸易谈判和贸易摩擦中的关注的重点，体现在从解决双边贸易领域存在的分歧与问题以促进双边贸易蓬勃发展，转变为限制中国等新兴经济体的与美国之间商品贸易顺差，进而实现美国的国际收支平衡。事实上，通过强行干预市场和征收关税来追求国际收支绝对平衡，违背了 WTO 框架下的自由贸易准则，而且没有充足的经济理论证据证明，在双边贸易中，一个国家必须保证进口额和出口额等量的必然性。在 WTO 建立自由贸易框架的背景下，近年来各国贸易实现了持续增长，主要是由于最惠国政策，以及针对发展中国家和最不发达国家的优惠待遇原则和非歧视性政策。然而，特朗普政府借助加征关税和其他相关措施，破坏了 WTO 最初建立的自由贸易框架，并在实质上已逐步转变为贸易保护主义。

（三）美方推出的谈判威胁筹码逐渐加重

从中美双边贸易谈判的曲折过程中可以看出，为了实现美国所追求的贸易谈判成果，美国的贸易威胁筹码逐渐加重，所涉范围、规模均在不断上升。2017 年 8 月起美国贸易代表办公室对中国进行了"301 调查"，并于 2018 年 4 月对中兴通讯实施了多项禁令。2018 年 6 月，美国决定对贸易额 500 亿美元的"中国制造 2025"相关产业和"重要工业技术"的产品加征关税。最后，在 2019 年 5 月，对来自中国 2 000 亿美元进口商品的关税正式从 10% 提高到 25%，特朗普不惜通过"损人损己"的贸易壁垒措施威胁、减少双方的贸易往来以促成其所追求的国际收支平衡。同时，通过反补贴和反倾销调查、国家安全措施、出口配额与市场准入等措施为双边贸易谈判加码。可以预计，在未来的双边贸易谈判的一段时间内，美方的威胁力度仍会保持较高水平。

（四）强行扭转比较劣势的力度日益强烈

随着以我国为代表的新兴经济体在经济规模上日渐崛起，对于传统的以美国为首的典型发达国家的经济地位产生影响。相较于传统的发达经济体，新兴经济体的比较优势主要体现在丰富的劳动力以及生产资源，同时其虽然在某些技术领域，尤其是某些核心技术领域处于弱势地位，但可以通过借鉴其他发达国家技术以及通过抢占次级市场的方式弥补在技术方面的差异。相反，美国等发达经济体所具有的比较优势主要体现在较为先进的生产技术、完善的基础设施建设、良好的知识产权制度以及经济体制上，但在近年来发达经济体这些比较优势对于对外贸易的促进程度相较于新兴经济体的比较优势并不明显。从国际贸易角度考虑，传统发达经济体为了维护其已有的经济地位，可以凭借其在制定国际经贸规则中的话语权，将自身的比较优势加入其中，同时成为新兴经济体的比较劣势，进而抑制新兴经济体的进一步发展，例如在美方与我国自 2017 年以来的贸易磋商过程中，在知识产权、国有企业定位以及经济体制方面始终存在较大分歧，并加以强烈抨击。但正如前文所说，目前我国处于经济发展的转型期，对外贸易方面仍然以制造业为主，服务业以及其他相关产业仍存在较大的上升空间，在这种产业结构与经济发展模式的背景下，难以在短时间内达成发达经济体所提出的用以放大自身比较优势的经贸规则。在与我国进行双边贸易的同时，美国同时积极推行其与其他地区的双边贸易谈判以及区域贸易谈判，例如《美墨加三国协议》等，凭借其在区域贸易所内达成的包含劳动力、知识产权以及经贸环境在内的高标准新型经贸规则辐射全球，进而影响新兴经济的谈判能力与决策。

二、中美贸易摩擦对我国的影响

（一）商品贸易出口以及服务贸易逆差缩小

本章考察在中美贸易摩擦日益加剧的背景下我国的对美商品贸易情况。虽然近年来我国保持对美的贸易顺差，但随着中美双方贸易争端的加剧以及我国为终结贸易争端的而做出的进口让步，对美商品贸易的顺差能否得以继续维持具有明显的不确定性。实际上根据海关总署的统计数据表明，我国对于美国的商品出口额自进入 2019 年以来，已连续下降 6 个月[①]，而一直以来美国是我国的最大贸易伙伴国以及最大出口国，中美双方当下的贸易现状无疑是对于未来中美双方贸易摩擦存在加剧可能的双方商品贸易状况的预演。

在服务贸易方面，美国对于我国一直处于贸易顺差的地位，然而自中美争端以来，我国在服务行业的贸易逆差得到缓解。以旅游业为例，根据美国国家旅游办公室的数据，2016 年我国赴美旅游人数为 297 万人，2017 年我国赴美旅游人数为 320 万人，而在 2018 年这一数字为 300 万人，2017 年旅游业为美国航空、酒店，以及旅游运营商带来了约 320 亿美元的收入，随着中国赴美旅游人数的下降，这些服务业领域也会受到巨大打击。正如芝加哥保罗研究所的研究表明，中国公民在旅行、金融服务与咨询业务遭到限制的条件下，美国服务业会比中国的对外贸易受到更快速的打击。

---

① 自 2019 年 2 月至 7 月的环比下降额分别为 9.9%、3.7%、4.8%、3.2%、2.6%、2.1%。

（二）在金融、投资领域影响深远

在金融领域方面，由于目前而言，我国金融市场相对不完全开放，在外汇管理领域有许多管制措施，进而避免出现大量资本外流的现象，同时在汇率稳定方面一直具有较强的稳定能力，从而在系统性金融风险方面具有一定的防范能力。除此之外，近年来，许多新出台的金融法规使我国金融领域抵御风险以及冲击的能力得到了大大增强。值得注意的是，在经济、金融一体化的背景下，中美两国在贸易领域不断加剧的贸易冲突以及未来并不明朗的经贸发展趋势，必将为我国金融行业带来巨大的风险和冲击。

在外贸顺差逐步减少的背景下，我国的外汇储备和市场上的外汇供应将同时下降，这将迫使美元汇率水平上升和人民币币值相对下降。在尝试出售外汇以平衡汇率的过程中，会导致国内本币供应量下降，进而迫使利率上升，导致中小企业的融资出现困难。因而我国有必要采取更为宽松的货币政策，以释放更多的流动性。同时，在美联储未来存在加息可能的背景下，为了保持利率水平稳定，防止大量资本外流，我国也需要采取公开市场操作、提高存款准备金率以及再贴现等相对而言紧缩的货币政策收紧货币。这两个方面意味着我国需要在货币宽松和货币紧缩之间找到一个适当的平衡点，但实际上，这种平衡点往往需要多次尝试才能获得，这为我国货币政策乃至整个金融领域增加了不确定性。而在经济前景和宏观政策方面的不确定性将使投资者对的国内市场的投资信心下降。此外，在未来以美方为主导推动的新型国际经贸规则的框架下，不排除美国将在金融领域引入争端。例如：特朗普政府通过的《外国投资风险审查现代化法案》使中国企业在美国投资难度陡然上升。未来，中国对美国的正常商业投资可能会受到许多政治因素的限制，这无疑增加了中国金融业的风险。

除此之外，在目前以及未来的对美出口贸易紧张的环境下，会直接影响我国的出口导向型企业的生产能力与盈利能力，同时还会影响其产业链上下游企业的营运状况，这使得一些负债水平较高的企业的偿还贷款能力受到怀疑，其生产规模受到融资限制会进一步萎缩。除此之外，银行业的不良信贷资产也会同期上升，对于银行业的盈利水平同样会造成一定程度的打击。

实际上，在大阪 G20 峰会中美双方达成停止互加关税的一致意见[①]后，我国的股票市场出现明显的反弹，2019 年 7 月第一个交易日，沪指、深指以及创业板分别上升 2.22%、3.84%、3.72%。在中美双方稳定的贸易关系的背景下，能明显增加投资者的投资信心，有利于扩大上市企业的经营规模，为民族企业做大做强打下良好基础。

（三）在经济增长方面，初期可控，后期阻碍较为严重

美国在世界经济秩序重构过程中对于我国造成了影响。首先，就中美双方自 2017 年以来的贸易争端而言，已经对我国的经济增长起到一定的负向影响，由于出口贸易一直以来是我国经济增长的"三驾马车"之一，而美国作为我国目前最大的商品出口市场，增加关税对于我国对美国出口产生较大冲击。根据摩根士丹利 2018 年所发布的测算报告显示，在美国对我国 340 亿美元的出口商品加征 25% 的关税后，会使得我国的 GDP 下降约 0.1%；而在美国对于价值 2 000 亿美元的商品加征关税后，对于我国 GDP 的直接影响会

---

① 2019 年 7 月特朗普政府又单方面违背达成的意见，重启加征关税。

达到 0.3％；除此之外，受到贸易全球化的影响，中美贸易争端会为我国的 GDP 带来约 0.2％～0.3％下降的间接效应，随着双方贸易争端的扩大，会使得影响程度逐渐上升，甚至会对于我国所预测的 2019 年 GDP 的 6.4％的增速带来明显的下行压力。

值得注意的是，根据海关总署的近期的贸易数据显示，自贸易摩擦以来，中美的双边贸易增速呈下降趋势，但我国的进口美国商品水平下降程度相较于出口下降程度更为明显。这是由于一方面我国在美方加征关税以后，将商品进口转向其他国家，但仍存在包含转移成本、商品品种等方面的限制；另一方面中国进口美国商品的需求弹性相对较高，价格上升使得我国的商品进口水平出现下降，但考虑对某些技术性产品的需求程度，这种下降难以长期维持在较高水平。

除此之外，如果美方在短时间内通过强硬的政治、经济手段，成功地推行新型的国际经济秩序，对我国未来的经济增长会带来显著的打击，在我国与发达经济体的高标准经贸要求还有一定差距的情况下，我国在新型贸易秩序下的国际贸易活动必然受到诸多在 WTO 框架下原本不存在的限制。例如在原本 WTO 框架下的最惠国待遇政策以及贸易自由化政策，根据特朗普执政以来的表现，不难推测其所构建的贸易秩序以及所执行的贸易政策会向其同盟国家大幅度倾斜，最为明显的就是在关税水平方面，通过互免关税等维持其同盟内部的对外贸易水平而对同盟以外的经济体实施强硬的贸易保护壁垒，这使得我国下一步在其他与美国同盟的国家之间的贸易往来同样受挫。除此之外，在贸易争端的背景下，特朗普政府必然通过多种贸易政策促使制造业重新回流美国，而对于仍以制造业为主的我国而言，在就业、消费等方面，必然受到一定的抑制，进而影响我国下一阶段的经济增长。

就中美双方的双边贸易谈判而言，2019 年 6 月 29 日，在大阪 G20 峰会举办期间，习近平主席与特朗普总统达成了包含停止互征关税、恢复美方企业对华为的供货等方面的一致意见，这是在近 6 周的紧张贸易局势以来，双方的又一次降温，使得贸易谈判"又回到了正轨"。在中美双方达成暂时稳定的一致意见的情况下，我国因为外需而带来的经济增长压力得到一定程度的缓解，避免了我国在短期内经济增长明显降速的风险，为我国下一步的经济体制改革赢得了时间。在解除美国对华为的出口限制以后，除了为华为下一步的发展提供了稳定环境与机遇，进而带动相关技术产业的发展，为整体经济增长注入活力，更重要的是美方对待华为"无力遏制"的信号为民营企业与科技企业的下一步发展提供了信心，也再一次说明我国已经具有强大的经济实力与国际影响力，这为我国下一步与其他国家的贸易谈判增加了一定筹码。

（四）冲击之余，更是机遇

在中美贸易摩擦的背景下，为我国带来的影响也并非单纯地体现在经济增长、对外贸易以及金融等相关行业的冲击。对于我国而言，提前面对中美就未来双方在贸易方面的摩擦有利于我国提前制定更为充分的应对措施，更为重要的是，这同样是促进经济转型、技术进步、基础设施完善的重要机遇。不可否认，在过去的 20 世纪 80—90 年代的发展过程中，我国更多的是凭借在劳动力、自然资源方面的优势实现了全球瞩目的经济增长，而这种粗放式的经济增长模式所对应的问题主要体现在自然资源的过度利用、环境污染以及后续发展缺乏动力等方面。然而实际上，技术进步才是一国经济增长的真正源泉，就目前而言，我国在一些核心技术领域仍处于相对落后地位，这就使得我国在高端技术产品领域的生产成本无形中提高，这种困境在美国等发达国家经济体近期采取日渐严密的技术封锁以后就显得更为明显。随着 WTO 的诸多贸易规则的不断发展完善，未来在生产、知识产权、技术等方面也必然趋向于更高水平的标准。在过去的发展过程中，受发展模式的限制，在知识产权及保护方面我国的重视力度明显不足，这种环境也不利于我国在生产技术方面取得诸多创新。

在产业结构领域，我国的服务业发展仍然有待进一步完善。中美贸易摩擦使得我国在服务业领域贸易逆差出现了一定的改善，但这种改善更多的来自我国对美国服务业消费的减少，而并非美国对我国服务业消费的增加，这样的改善是否能够持续本身存在较大的不确定性，因而在服务业领域的当务之急是借鉴其他国家的发展经验，尽快壮大我国的服务业规模。

在金融领域方面，信贷规模的缩小对于市场来说，同样起到了一定的选择作用，对于一些大规模举债经营、资不抵债、缺乏核心竞争力的经营状况差的企业来说，面临的贷款困境会使得这些企业寻找更为合适的营运方向，进而达成资源的配置优化，使得市场环境也得以改善。

除上述领域以外，在国有企业方面，由于定位模糊、垄断力量较强而监管力度较为薄弱，我国的国有企业制度频频遭到诟病。借鉴美国在区域协议以及与我国的双边谈判过程中所展现的未来国有企业制度，对于我国下一步国有企业改革，例如如何明确国有企业的职能、如何解决一些情况下国有企业与民营企业市场竞争过程中地位不平等的问题、如何实现对国有企业进行有效监管也具有一定的借鉴意义。

第三章 欧盟经济运行与中欧贸易发展

欧盟作为中国的第一大贸易伙伴，近年来与中国的经贸往来十分密切，中欧贸易发展在中国的对外贸易中扮演着极其重要的角色。随着双方贸易的不断加深，中国与欧盟的贸易摩擦也层出不穷，对中欧双方都产生了多重影响。本章将首先对欧盟的经济运行状况进行概要介绍，接着对欧盟贸易壁垒使用情况进行梳理，之后对中欧贸易发展状况进行阐述，最后对中欧贸易摩擦及对中欧贸易的影响进行分析，从而引出我国应对中欧贸易摩擦的政策建议。

第一节 欧盟经济运行状况

一、宏观经济简要概述

（一）国内生产总值

如图 3-1、图 3-2 所示，在 2000 年至 2018 年期间，欧盟的 GDP 增长非常不稳定。从 2000 年到 2008 年，欧盟的 GDP 呈上升趋势，从 8.923 5 万亿美元上涨到 19.257 9 万亿美元，经济以每年 0.7%～4% 的速度增长。从 2008 年到 2013 年，欧盟经济受到金融危机的强烈影响，其中 2009 年国内生产总值下降超过 4%，之后有所回升，但在 2012 年再次下降。随后，欧盟经济逐步复苏，年增长率保持在 2% 的水平上下浮动。2014 年后，欧盟 GDP 略微下降。2015 年后开始逐年增长。到 2018 年，欧盟 GDP 达到 18.705 万亿美元。

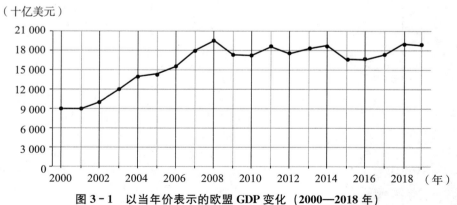

（十亿美元）

图 3-1 以当年价表示的欧盟 GDP 变化（2000—2018 年）

资料来源：世界宏观经济数据库。

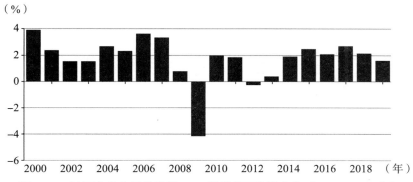

图 3-2　以不变价表示的欧盟 GDP 增长的百分比变化（2000—2018 年）

资料来源：世界宏观经济数据库。

总体而言，欧元区和欧盟成员国的 GDP 变动情况大致类似。但是，并非所有欧盟成员国都经历了相同程度的波动。2008 年的金融危机对希腊、克罗地亚、西班牙、葡萄牙和塞浦路斯 GDP 的影响尤为严重，这些国家的 GDP 连续几年出现负增长。

（二）通货膨胀

欧盟的通货膨胀是由调和消费者价格指数（Harmonized Indices of Consumer Prices, HICPs）的变化来衡量的（见图 3-3）。2001 年至 2007 年期间，欧盟的年通货膨胀率约为 2％。2008 年受金融危机的影响，欧盟的年通货膨胀率达到历史最高值 3.7％。之后开始回落，2009 年到 2011 年间，年通货膨胀率逐年增加，在 2011 年达到 3.1％后开始持续下降，到 2015 年的 0.1％后开始反弹。2018 年欧盟的年通货膨胀率增长到 1.9％。欧元区和大多数欧盟成员国的通货膨胀情况都遵循这一模式。2018 年，罗马尼亚（4.1％）、爱沙尼亚（3.4％）、匈牙利（2.9％）的通货膨胀率最高，爱尔兰、冰岛和丹麦（均为 0.7％）的通货膨胀率最低。

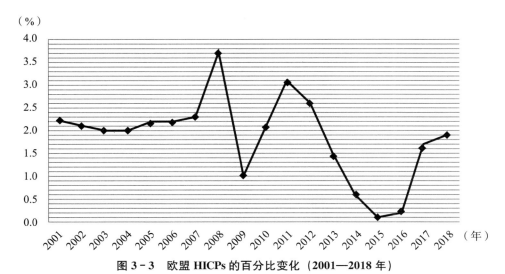

图 3-3　欧盟 HICPs 的百分比变化（2001—2018 年）

资料来源：根据 Eurostat 数据整理。

(三) 劳动力与失业

欧盟从 2010 年以来，15～64 岁人口的劳动力参与率在不断增长，从 2010 年的 71.03％增长到 2018 年的 73.44％。其中，15～64 岁女性人口劳动力参与率从 2010 年的 64.4％增长到 2018 年的 67.95％；15～64 岁男性人口劳动力参与率从 2010 年的 77.63％ 增加到 2018 年的 78.9％，上涨了 1.27 个百分点（见图 3-4）。数据表明，自 2010 年以来，欧盟女性的劳动力参与率增长幅度大于男性的劳动力参与率增长幅度，有越来越多的女性加入了劳动队伍。

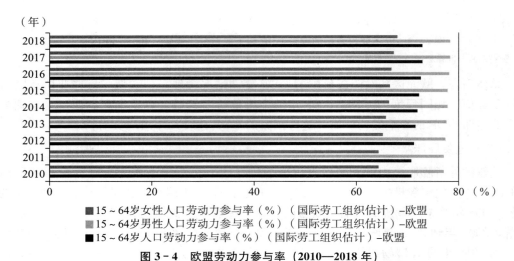

图 3-4　欧盟劳动力参与率（2010—2018 年）

资料来源：世界宏观经济数据库。

此外，由 2017 年欧盟劳动力受教育程度分布（见图 3-5）可知，欧盟的总劳动力中接受过高等教育的劳动力占比最大，为 42.94％；其次为接受过中学教育的劳动力，占比为 36.07％；最少的是接受过小学教育的劳动力，占比仅为 20.99％。

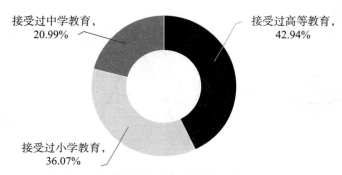

图 3-5　欧盟劳动力受教育程度（2010—2018 年）

资料来源：世界宏观经济数据库。

如图 3-6 所示，欧盟失业率在 2000 年至 2005 年相对稳定在 9％左右之后，2008 年降至 7.0％。此后，失业率持续上升，在 2013 年达到 10.9％的峰值。随着经济复苏，欧盟失业率逐年降低，在 2018 年回到 6.8％。长期失业率也出现了类似趋势，从 2000 年的 41.97％降至 2008 年的 33.42％，之后在 2014 年上涨到 45％。从数值上可发现，欧盟长期失业者占总失业者的比重较大，从 2000 年到 2014 年的长期失业率平均为 40％左右。近年来，欧元区和欧盟成员国的失业率也有所下降，但各国之间失业率的变化存在巨大差异，国家间分布很不平衡。例如：2018 年意大利失业率为 10.6％，西班牙为 15.3％，希腊为 19.3％，均超过了 10％；而捷克失业率为 2.2％，冰岛为 2.7％，德国为 3.4％，均不足 4％。

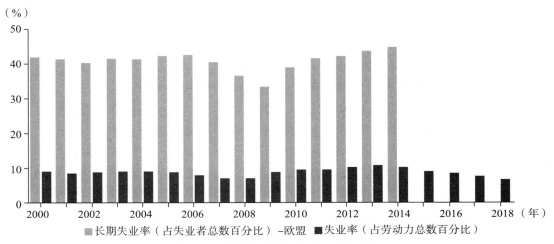

图 3-6　欧盟失业率（2010—2018 年）

资料来源：世界宏观经济数据库。

（四）对外贸易

欧盟是世界上最大的国际贸易参与国之一，也是世界第二大商品出口国和进口国。同时，欧盟还是世界上最大的服务贸易交易国。2017 年，欧盟与美国的货物和服务贸易额占欧盟贸易总额 20％，与中国贸易额占比为 12％，与瑞士贸易额占比为 8％。这 3 个国家均为欧盟的主要贸易伙伴。从 2008 年到 2017 年，欧盟与中国的贸易额占欧盟贸易总额的比重从 9％增加到 12％，欧盟与美国的贸易额占欧盟贸易总额的比重从 18％增加到 20％。同期，欧盟与俄罗斯的贸易额占欧盟贸易总额的比重几乎减少了一半，从 8％下降到了 5％。

2017 年，欧盟货物贸易额占货物和服务贸易总额的 70％。具体来看欧盟货物贸易与服务贸易额的发展情况，可以发现两者的增长趋势较为类似，均在 2000 年至 2017 年价值增长了 1 倍以上。在金融危机之后，2009 年也出现了下降。

在欧盟的货物贸易差额方面，从图 3-7 可以观察到两个阶段：2000 年至 2012 年间持续逆差（进口大于出口）；2013 年后，开始保持贸易顺差（出口大于进口），并在 2017 年贸易顺差达到 1 396 亿欧元。2017 年，欧盟货物贸易顺差额最大的成员国分别为德国（2 660 亿欧元）、爱尔兰（1 070 亿欧元）、荷兰（900 亿欧元）、意大利（560 亿欧元）和丹麦（170 亿欧元），货物贸易逆差额最大的成员国分别为英国（1 550 亿欧元）、法国（460 亿欧元）、西班牙（220 亿欧元）和希腊（180 亿欧元）。

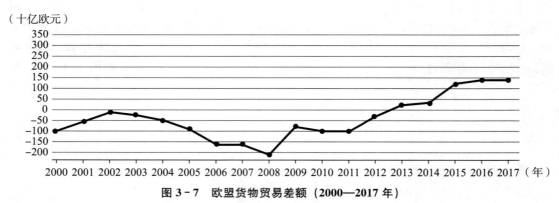

图 3 - 7　欧盟货物贸易差额（2000—2017 年）

资料来源：Eurostat。

在欧盟的服务贸易差额方面，则与货物贸易差额发展情况有所不同。从图 3 - 8 可发现，欧盟在 2000 年至 2017 年期间的服务贸易中持续保持顺差，并且顺差额从 2000 年的 140 亿欧元大幅增加到了 2017 年的 1 810 亿欧元，增长了接近 12 倍。2017 年，欧盟服务贸易出现顺差的成员国分别为英国（1 220 亿欧元）、西班牙（560 亿欧元）、卢森堡（230 亿欧元）、波兰（190 亿欧元）和法国（180 亿欧元），服务贸易出现逆差的成员国分别为德国（160 亿欧元）、爱尔兰（120 亿欧元）、荷兰（50 亿欧元）、意大利（40 亿欧元）和芬兰（10 亿欧元）。

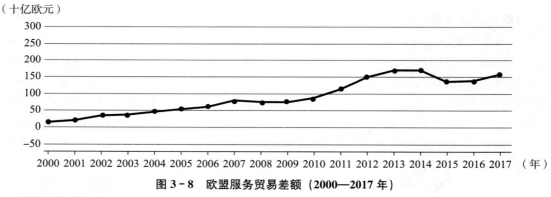

图 3 - 8　欧盟服务贸易差额（2000—2017 年）

资料来源：Eurostat。

二、家庭可支配收入与支出

（一）家庭可支配收入

欧盟家庭购买力的演变通过调整通货膨胀的家庭可支配收入的变化来衡量。图3 - 9 为 2001—2018 年欧盟家庭的实际可支配收入（与上一年相比的百分比变化）。从 2001 年到 2012 年间，欧盟家庭的实际可支配收入增长率波动下降，从 2001 年的 3.04％下降到了 2010 年的－0.53％，实际可支配收入首次出现负增长，12 年间变动了 3.57 个百分点。此后继续下降，到 2012 年达到谷底－1.07％，之后开始持续上涨。2016 年达到 1.96％后有所下降，但 2018 年又上涨到 1.73%。总体而言，从 2001 年到 2018 年，欧盟家庭的实际可支配收入增长了 20.16%，平均年增长率达到 1.12% 左右。

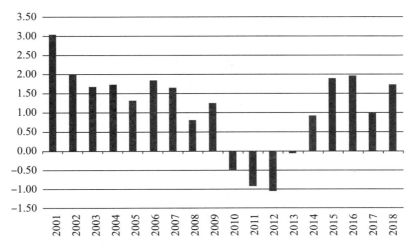

图 3 - 9　2001—2018 年欧盟家庭的实际可支配收入（与上一年相比的百分比变化）

资料来源：对 Eurostat 的数据进行的整理。

在养老金方面，欧盟养老金的社会保障支出如图 3 - 10 所示，可以看出，在 2008 年到 2013 年间，欧盟养老金的社会保障支出占 GDP 的比重持续上涨。其中，2008 年到 2009 年的增长率最大，增长了 1 个百分点，从 11.6% 上涨到 12.6%。此后，继续上升，在 2013 年达到 13% 的最高点后开始下降，到 2016 年下降为 12.6%。欧元区和绝大多数欧盟成员国养老金的社会保障支出变化模式与此类似，但在部分成员国之间仍存在巨大差异：2016 年，希腊（占 GDP 的 17.5%）、意大利（16.1%）和法国（15.1%）的养老金社会福利份额最高，爱尔兰（5.7%）、立陶宛（6.8%）和马耳他（7.4%）最低。

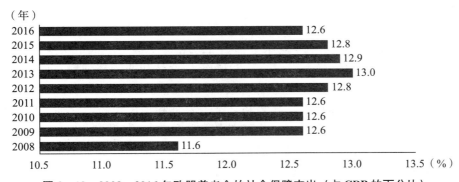

图 3 - 10　2008—2016 年欧盟养老金的社会保障支出（占 GDP 的百分比）

资料来源：对 Eurostat 的数据进行的整理。

经济波动会对贫困风险或社会排斥的人口产生强烈影响。如图 3 - 11 所示，2010 至 2012 年间，人口中处于贫困或严重物质贫困或生活在工作强度极低的家庭中的比例从 23.8% 上升到 24.8%。此后，这一比例开始逐年下降，到 2017 年，贫困风险或社会排斥的人口占总人口的比例降至 22.4%。欧盟成员国之间贫困风险或社会排斥的人口占总人口的比例存在巨大差异。2017 年，保加利亚（38.9%）、罗马尼亚（35.7%）、希腊（34.8%）和立陶宛（29.6%）的贫困风险或社会排斥的人口比例最高，而捷克（12.2%）、芬兰（15.7%）和斯洛伐克（16.3%）最低。

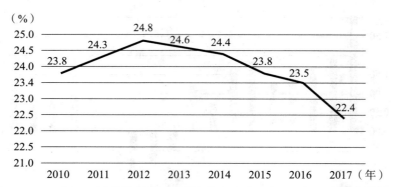

图 3 - 11 2010—2017 年欧盟贫困风险或社会排斥的人口（占总人口的百分比）

资料来源：根据 Eurostat 数据整理。

（二）家庭支出

由于收入水平、文化习惯或地理位置的不同，家庭的消费模式也可能有所不同。从图 3 - 12 所示的欧盟家庭不同类别的支出占家庭总支出的比重可以看出，2017 年平均而言，住房、水、电、煤气等燃料支出在家庭总支出中的占比最高，达到 24.2%；其次是交通占 13%；随后是食品和非酒精饮料占 12.3%。2017 年欧盟家庭总支出中占比最低的则是教育、通信及酒精饮料、烟草和麻醉品，分别为 1.1%、2.5% 和 3.8%。数据表明，住房、交通以及食物是欧盟家庭支出中的重要项目，总额超过家庭总支出的一半。

欧洲国家的价格水平差异很大，价格水平也会对家庭支出会产生重要影响。图 3 - 13 为 2017 年与 2000 年欧洲整体价格水平。就整体价格水平而言，2017 年冰岛均最高（高出欧盟平均水平 72.3 个百分点），其次是瑞士（高出欧盟平均水平 67.1 个百分点）和挪威（高出欧盟平均水平 57.3 个百分点）。最低的是保加利亚（低于欧盟平均水平 45.1 个百分点），其次是罗马尼亚（低于欧盟平均水平 48 个百分点）和波兰（低于欧盟平均水平 53.5 个百分点）。就具体类别的价格水平而言，2017 年，食品和非酒精饮料、住房，水，电，煤气和其他燃料、医疗价格水平均为瑞士最高，分别高出欧盟平均水平 68.8、80.2、108.2 个百分点；酒精饮料和烟草、服装和鞋类、家具和房屋设备、交通、娱乐和文化、餐馆和酒吧的价格水平均为冰岛最高，分别高出欧盟平均水平 125.8、75.9、42.1、44.8、73.6、85.6 个百分点；此外，通讯类价格水平希腊最高，高出欧盟平均水平 52.5 个百分点；教育类价格水平卢森堡最高，高出欧盟平均水平 227.6 个百分点。[1]

---

① 数据整理自 Eurostat，Price Levels Indices。

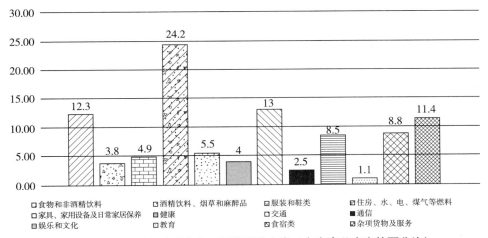

图 3-12　2017 年欧盟家庭不同类别的支出（占家庭总支出的百分比）

资料来源：根据 Eurostat 数据整理。

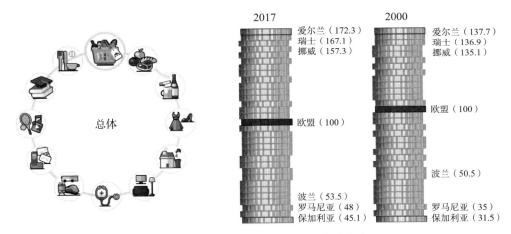

图 3-13　2017 年与 2000 年欧洲整体价格水平

资料来源：Eurostat。

由 Eurostat 的数据显示，欧盟超过 10% 的人口在住房成本方面负担过重。2016 年，约有 11% 的欧盟人口将 40% 或更多的可支配收入用于住房，这一情况可被视为住房成本过高。欧盟不同成员国之间的住房成本差异显著。其中，希腊（41%）、保加利亚（21%）、德国（16%）和丹麦（15%）的住房成本使其成为住房成本最高的成员国，住房成本最低的成员国则分别为马耳他（1%）、塞浦路斯（3%）和芬兰（4%）。

在家庭投资方面，欧盟的家庭投资主要包括住宅的购买和翻新。欧盟家庭投资率（Household Investment Rate，定义为可支配收入的投资份额）在 2000 年至 2016 年期间略有下降。2000 年到 2004 年间平均约 9% 的家庭投资率，在 2005 年至 2008 年期间上升至约 10%，然后在 2016 年下降至 7.8%。在可获得数据的成员国中，2016 年家庭投资率最高的分别是荷兰（11.2%）、卢森堡（10.9%）、芬兰（10.7%）和比利时（10%），最低的则分别为拉脱维亚（4.5%）、葡萄牙（4.6%）和西班牙（4.8%）。

在家庭储蓄方面，欧盟的家庭储蓄率被定义为家庭储蓄占其可支配收入的比例。自2000以来，欧盟的家庭储蓄率一直相当稳定，波动幅度在11%至13%之间。欧元区的家庭储蓄率变动情况与欧盟大致相同，但数值上略高。2016年，卢森堡（20%）、瑞典（19%）、德国（17%）和法国（14%）成为欧盟家庭储蓄率最高的几个成员国，塞浦路斯（－2%）、立陶宛（0%）、拉脱维亚（3%）和波兰（4%）则是欧盟家庭储蓄率最低的成员国。[1]

三、商业活动与投资

（一）商业活动

向服务经济转型是20世纪下半叶欧盟已经出现的长期趋势。2018年，欧盟服务业就业人数占欧盟总就业人数的比重达到74%，而2000年这一比重仅为66%。同期，工业就业人数占总就业人数的比重则从2000年的26.2%下降到2018年的21.7%；农业就业人数占总就业人数的比重从7.8%下降到4.3%（见图3-14）。从增加值来看，欧盟服务业增加值占总增加值的比重从2000年的70.1%上涨到了2018年的73.3%，增长了3.2个百分点；工业从2000年的27.8%下降到2018年的25.1%，下降了2.7个百分点；农业从2000年的2.1%下降到2018年的1.6%，下降了0.5个百分点（见图3-15）。

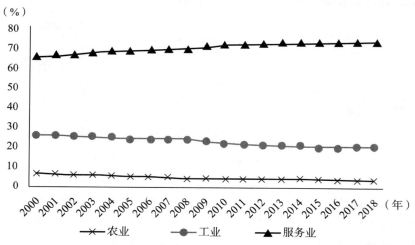

图3-14　2000—2018年欧盟各行业就业人数（占总就业人数的百分比）

资料来源：根据 Eurostat 数据整理。

从具体的成员国行业分布来看，2018年农业就业人数占总就业人数的比重在罗马尼亚（23%）、保加利亚（17.7%）、希腊（11.4%）和波兰（9.5%）最高，而工业就业人数占总就业人数的比重在捷克（35.7%）、斯洛文尼亚和波兰（均为33%）、斯洛伐克（32.3%）和德国（31.3%）最高。服务业就业人数占总就业人数的比重在80%及以上的

---

[1]　资料来源：The European Economy Since the Start of the Millennium — A Statistical Portrait.

国家则分别为马耳他（85.7％）、卢森堡（84.8％）、塞浦路斯（84.3％）、希腊（84％）、荷兰（81.3％）、爱尔兰（80.5％）和法国（80％）。

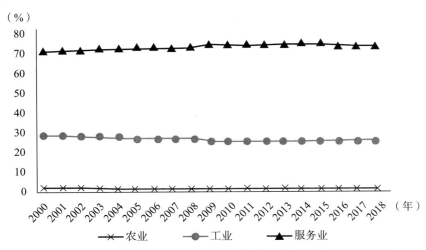

图3-15　2000—2018年欧盟各行业增加值（占总增加值的百分比）

资料来源：根据 Eurostat 数据整理。

从具体的服务业行业来看，自2000年以来欧盟就业比例增幅最大的行业分别是：住宿和餐饮服务（accommodation and food services），家庭护理服务（residential care activities），人类健康活动（human health activities），法律和会计服务（legal and accounting activities），行政和支持服务活动中的就业服务（employment activities within administrative and support service activities），零售业（retail trade）以及计算机咨询、规划和信息服务（computer consulting，programming and information service activities）；同期，金融服务（financial services）行业就业比例则略有下降。[①]

从企业层面来看，就规模而言，欧盟只有0.2％的企业为大型企业。2015年欧盟共有2 350万非金融企业，其中98.7％为小型企业（0～49名就业人员），1％为中型企业（50～249名就业人员），只有0.2％为大型企业（250就业人员及以上）。其中，小型企业中雇用不到10人的最小型企业占小型企业总数的93％。在欧盟各成员国中，小型企业、中型企业和大型企业的比例基本与此类似。[②]

就就业人数而言，2015年，欧盟的小型企业就业人数约占总就业人数的一半；中型企业就业人数占总就业人数的17％；大型企业就业人数则占总就业人数的1/3。具体到成员国来看，小型企业就业人数占总就业人数比重最大的国家分别为意大利（66％）、葡萄牙（62％）和西班牙（60％），中型企业就业人数占总就业人数比重最大的国家分别为卢森堡（25％）、马耳他（24％）、爱沙尼亚和立陶宛（均为23％），大型企业就业人数占总就业人数比重最大的国家分别为英国（47％）、法国（39％）和德国（37％）。[③]

---

①　数据整理自 Eurostat，Access to Data on Gross Value Added and Employment。

②　数据整理自 Eurostat，Number of Enterprises by Enterprise Size Class，2015。

③　数据整理自 Eurostat，Number of Persons Employed by Enterprise Size Class，2015。

就增加值而言，欧盟 2015 年 38％的增加值来自小型企业，19％的增加值来自中型企业，其余 44％的增加值则来自大型企业。具体到成员国来看，小型企业增加值占总增加值比重最大的国家分别为自马耳他（59％）、意大利（50％）和爱沙尼亚（49％），中型企业增加值占总增加值比重最大的国家分别为立陶宛（28％）、拉脱维亚（27％）和爱沙尼亚（26％），大型企业增加值占总增加值比重最大的国家则分别英国（50％）、波兰（49％）和罗马尼亚（48％）。[①]

（二）商业投资

非金融部门（除金融部门外的其他部门）的投资率是商业部门的关键指标，由企业的投资占其总增加值的百分比表示。在欧盟和欧元区，这一投资率在 2000 年至 2004 年间持续下降，减少了 2.36 个百分点。之后逐年上升，从 2004 年的 22.45％上升到 2008 年的 24.06％，增加了 1.61 个百分点。随后由于金融危机的发生，在 2009 年和 2010 年投资率降至 21％左右，之后又缓慢回升，并在 2018 年达到 23.14％（见图 3-16）。从具体成员国来看，2016 年爱尔兰的企业投资率最高，达到了 39％，其次分别是捷克（29％）、斯洛伐克（28％）、瑞典和西班牙（均为 27％）。希腊和立陶宛（均为 18％）的企业投资率最低。[②]

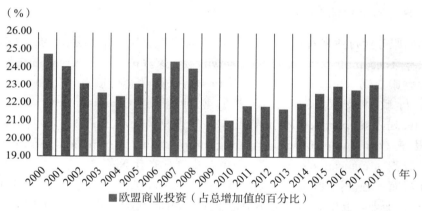

图 3-16　2000—2018 年欧盟商业投资（占总增加值的百分比）

资料来源：根据 Eurostat 数据整理。

非金融企业的利润份额，即企业的总营业盈余占其总增加值的百分比，是衡量企业盈利能力的重要指标。这一比率在欧盟相当稳定，2000—2016 年期间，欧盟非金融企业利润份额在 40％左右波动。2016 年，爱尔兰的企业利润份额最高（72％），其次分别是希腊（52％）、捷克和立陶宛（均为 50％）。法国（32％）、卢森堡、英国和斯洛文尼亚（均为 35％）的企业利润份额最低。

非金融公司的净债务与收入之比表示商业部门的负债率。具体计算方法为负债减去资产后占净收入的份额。欧盟的商业部门负债率在 2004 年为 324％，并在 2009 年达到了 409％的峰值，此后，在 2016 年降至 286％。从具体成员国来看，不同国家之间的商业部门

---

①　数据整理自 Eurostat，Gross Value Added by Enterprise Size Class，2015。

②　数据整理自 Eurostat，Business Investment。

负债率存在巨大差异。2016 年，商业部门负债率最低的成员国分别是卢森堡（52%）、爱沙尼亚（157%）、丹麦（158%）、荷兰（176%），商业部门负债率最高的成员国分别是希腊（757%）、葡萄牙（612%）、意大利（587%）、斯洛文尼亚（512%）。[①]

在金融部门方面，自 2008 年以来，随着银行业的合并，欧盟的银行数量不断减少。2016 年，欧盟共有 6 596 家银行，比 2008 年下降 23%。如图 3－17 所示，2016 年，银行数量最多的成员国是德国（占欧盟银行总数的 26%），其次是波兰（10%）、奥地利和意大利（均为 9%），这意味着超过一半的欧盟银行位于这 4 个成员国。2016 年，欧盟银行业就业人数达 280 万。德国银行业就业人数最多（占欧盟总数的 22%），其次是法国和英国（均为 14%）以及意大利（11%）。

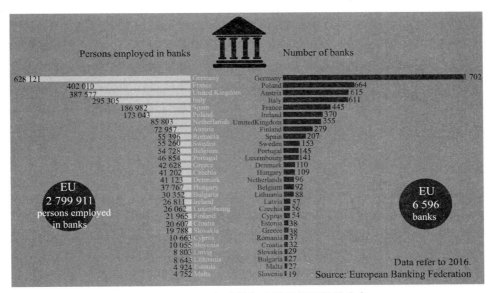

图 3－17　2016 年欧盟各成员国银行数量分布

资料来源：European Banking Federation。

四、政府收支与债务

（一）政府收入

从 2002 年起，欧盟政府收入占 GDP 的比重呈较为稳定的上升趋势，从 2002 年的 42.9% 到 2018 年的 45%，增长了 2.1 个百分点（见图 3－18）。从具体成员国来看，2018 年，政府收入占 GDP 比重最大的成员国分别是法国（53%）、芬兰（52.8%）、丹麦（52%）和比利时（51.7%），政府收入占 GDP 比重最小的成员国分别是爱尔兰（25.8%）、罗马尼亚（32%）、立陶宛（34.7%）和保加利亚（36.8%）。

[①]　数据整理自 Eurostat，Business Debt.

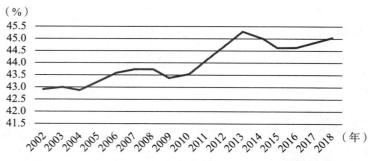

图 3-18　2002—2018 年欧盟政府收入（占 GDP 的百分比）

资料来源：根据 Eurostat 数据整理。

政府收入的很大一部分来自税收和社会捐赠，2016 年，欧盟政府收入中税收和社会捐赠所占比重高达 90%。税收和社会捐款收入占 GDP 的比重反映了一个国家的税收负担。自 2002 年以来，欧盟的税负略有增加，从 2002 年的 38.3% 增加到 2013 年的 39.7%，然后基本保持稳定。2016 年欧盟税负也为 39.7%。就具体成员国而言，2016 年税收和社会捐款收入占 GDP 比重最高的成员国为法国和丹麦（均为 47%）以及比利时（46%），税收和社会捐款收入占 GDP 比重最低的成员国为爱尔兰（24%）、罗马尼亚（26%）和保加利亚（29%）。[1]

（二）政府支出

欧盟政府支出占 GDP 的比重没有政府收入占 GDP 的比重稳定。如图 3-19 所示，2001 年至 2008 年间，欧盟的政府支出占 GDP 的比重保持在 45% 至 46% 左右。然而在 2009 年和 2010 年，由于金融危机，这一比重大幅上升，达到 50% 的高峰。之后，这一比重开始逐渐下降，并在 2017 年达到 45.8%。就具体成员国而言，2017 年，政府支出占 GDP 比重最高的成员国为法国（57%）、芬兰（54%）、比利时和丹麦（均为 52%），政府支出占 GDP 比重最低的成员国为爱尔兰（26%）、罗马尼亚和立陶宛（均为 33%）和保加利亚（35%）。

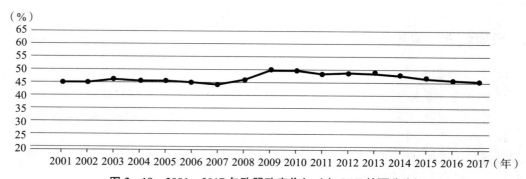

图 3-19　2001—2017 年欧盟政府收入（占 GDP 的百分比）

资料来源：Eurostat.

2016 年，欧盟政府支出中的最大部分是社会保障（social protection），占总政府支出

---

　①　数据整理自 Eurostat，Government Tax Revenue。

的 41％；其次是健康（health），占比为 15％；一般公共服务（general public services），占比为 13％；教育（education），占比为 10％；以及经济事务（economic affairs），占比为 9％。由数据可知，以上这些项目支出占欧盟政府总支出的比重接近 90％。就具体成员国而言，社会保障在所有成员国政府支出中均占据了最大份额。2016 年，芬兰、丹麦、德国的社会保障支出占政府总支出的比重最高，分别为 46％、44％、44％；匈牙利、捷克和克罗地亚的社会保障支出占政府总支出的比重最低，均为 31％。[①]

（三）政府债务

一个国家政府收入和支出之间的差值代表该国的盈余或赤字。根据《马斯特里赫特条约》（the Maastricht Treaty）产生的欧盟稳定与增长协议条款（the Terms of the EU's Stability and Growth Pact）规定："欧盟成员国致力于将其赤字和债务控制在一定限度以下：成员国的政府赤字不应超过其国内生产总值的 3％；其债务不应超过其国内生产总值的 60％。如果成员国不遵守这些限制，则可以启动过度赤字程序（Excessive Deficit Procedure，EDP）。"

从 2001 年起，欧盟政府几乎每年都遭遇赤字。在 2009 年和 2010 年政府赤字占 GDP 的比重达到 6.6％和 6.4％。以后，这一比重开始稳步下降，并在 2017 年下降至 1％。就具体成员国而言，2017 年，有略多于一半的成员国遭受了政府赤字，其他成员国则出现政府盈余。其中，政府赤字占 GDP 比重最大的成员国为西班牙（3.1％）、葡萄牙（3.0％）、罗马尼亚（2.9％）和法国（2.6％）；政府盈余占 GDP 比重最大的成员国为马耳他（3.9％）、塞浦路斯（1.8％）、捷克（1.6％）和卢森堡（1.5％）。

欧盟的政府债务占 GDP 的比重在 2000 年至 2008 年保持相对稳定在 60％左右，之后由于金融危机的爆发，2009 年这一比重急剧上升至 73％，此后持续上升直至 2014 年，达到 87％。随后，该比重开始持续下降，并在 2017 年下降至 82％。就具体成员国而言，2017 年，中央政府债务占 GDP 比重最大的成员国为希腊（178.6％）、意大利（131.8％）、葡萄牙（125.7％）和比利时（103.1％），中央政府债务占 GDP 比重最小的成员国为爱沙尼亚（9.0％）、卢森堡（23.0％）、保加利亚（25.4％）和捷克（34.6％）。[②]

第二节　欧盟贸易壁垒的使用情况

欧盟对贸易壁垒的使用较为频繁且多样化，涉及国家、产品种类广泛。1978—2015 年间，欧盟共发起了 779 起反倾销案件调查，涉及 69 个国家和地区，针对产品种类高达到 313 种。1977—2015 年间，欧盟共发起 90 起反补贴案件调查，涉及 26 个国家和地区，针对产品种类 56 种。1995—2018 年年中，欧盟共发起了 71 起保障措施案件，涉及产品种类 38 种。在技术性贸易壁垒方面，1995—2019 年 8 月，欧盟共实施了 1 288 条 TBT 措施、128 条 TBT/STC（Specific Trade Concerns）措施、759 条 SPS 措施和 94 条 SPS/STC 措施。

[①]　数据整理自 Eurostat，Government Expenditure by Function.
[②]　数据整理自 Eurostat，Government Deficit/Surplus.

此外，截至 2019 年 8 月，欧盟诉诸至 WTO 争端解决机构的案件共有 102 起，其中反倾销案件共有 17 起，反补贴案件共有 25 起，保障措施案件共有 7 起，SPS 案件共有 5 起，TBT 案件共有 5 起。

一、反倾销措施

（一）欧盟反倾销措施使用情况

通过对世界银行临时贸易壁垒数据库（Temporary Trade Barriers Database）2018 年 4 月更新的全球反倾销数据库（Global Antidumping Database，GAD）中与欧盟有关的数据进行的整理可知，从 1978 年至 2015 年，欧盟共发起了 779 起反倾销案件（见图 3-20）。可以发现，欧盟每年发起反倾销案件的数量波动较大，1979 年、1980 年、1982 年、1984 年、1985 年欧盟均未发起反倾销案件；1999 年欧盟发起的反倾销案件数量最多，达到了 66 起，其中对韩国和中国台湾发起的反倾销案件最多，均为 7 起，其次是印度（5 起）以及日本和泰国（均为 4 起）。涉及可锻铸铁管件（Malleable Cast Iron Pipe Fittings）、某些聚对苯二甲酸乙二醇酯（Certain Polyethylene Terephthalate，PET）、液体溶液中的尿素和硝酸铵（Urea and Ammonium Nitrate in Liquid Solution）的案件数最高，分别为 8 起、6 起、6 起。之后欧盟发起反倾销案件数量迅速下降，并在 2003 年降低到仅为 7 起。随后略有回升，但在 2006 年达到 35 起后又开始下降。2015 年欧盟发起的反倾销案件数量为 12 起。

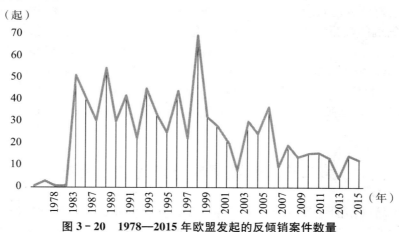

图 3-20　1978—2015 年欧盟发起的反倾销案件数量

资料来源：根据 Global Antidumping Database 数据整理。

就反倾销对象国或地区而言，欧盟在 1978—2015 年间共对 69 个国家或地区发起过反倾销，详细列表见表 3-1。可以看出，欧盟发起反倾销案件数量最多的对象国或地区分别是中国（161 起）、韩国（54 起）、印度（45 起）、俄罗斯（37 起）、中国台湾（36 起）；发起反倾销案件数量最少的对象国或地区分别是阿尔巴尼亚、亚美尼亚、智利、捷克斯洛伐克、芬兰、危地马拉、科威特、拉脱维亚、摩尔多瓦、阿曼、瑞典、突尼斯、土库曼斯坦、阿联酋，欧盟对这些对象国或地区发起的反倾销案件均仅为 1 起。

表 3-1　　　　　　　　1978—2015 年间欧盟发起反倾销案件的对象国或地区

欧盟发起反倾销对象国或地区	案件数量	欧盟发起反倾销对象国或地区	案件数量
中国	161	格鲁吉亚	3
韩国	54	伊朗	3
印度	45	利比亚	3
俄罗斯	37	斯洛文尼亚	3
中国台湾	36	苏联	3
日本	35	阿尔及利亚	2
泰国	33	阿根廷	2
土耳其	33	澳大利亚	2
马来西亚	24	奥地利	2
印度尼西亚	23	加拿大	2
美国	22	爱沙尼亚	2
乌克兰	21	法罗群岛	2
波兰	17	德国	2
巴西	13	中国澳门	2
捷克	13	黑山	2
罗马尼亚	13	菲律宾	2
南斯拉夫	13	墨尔比亚	2
中国香港	12	特利尼达和多巴哥	2
埃及	10	乌兹别克斯坦	2
巴基斯坦	10	委内瑞拉	2
白俄罗斯	9	阿尔巴尼亚	1
南非	9	亚美尼亚	1
匈牙利	8	智利	1
立陶宛	8	捷克斯洛伐克	1
墨西哥	8	芬兰	1
克罗地亚	7	包地马拉	1
斯洛伐克	7	科威特拉	1
保加利亚	6	脱维亚	1
哈萨克斯坦	6	康尔多	1
越南	6	瓦阿曼	1
新加坡	5	瑞典	1
波黑	4	突尼斯	1
马其顿	4	土库曼斯坦	1
挪威	4	阿联酋	1
沙特阿拉伯	4		

资料来源：根据 Global Antidumping Database 数据整理。

就反倾销所针对的产品而言,欧盟在 1978—2015 年间共对 313 种产品进行了反倾销,涉及种类非常广泛,详细列表见表 3-2。可以看出,欧盟针对尿素(Urea)发起的反倾销案件数量最多,达到了 24 起。其次是某些磁盘(3.5 寸微型磁盘)(Certain Magnetic Disks(3.5 Microdisks))和线材(Wire Rod),均为 13 起,以及硝酸铵(Ammonium Nitrate)、棉织物(Cotton Fabrics)和涤纶纱(人造短纤维)(Polyester Yarn(Man Made Staple Fibres)),均为 11 起。其中,欧盟对中国发起的反倾销案件涉及产品高达 151 种,几乎包括所有反倾销针对产品种类的一半;对韩国发起的反倾销案件涉及产品 51 种;对印度发起的反倾销案件涉及产品 39 种。

表 3-2 1978—2015 年间欧盟发起的反倾销针对产品种类

反倾销针对产品种类	案件数量	反倾销针对产品种类	案件数量
Urea	24	Ferro-Silico Manganese	6
Certain Magnetic Disks（3.5 Microdisks)	13	Ferro-silicon	6
Wire Rod	13	Methenamine	6
Ammonium Nitrate	11	Polyester Textured Filament Yarn（PTY)	6
Cotton Fabrics	11	Stainless Steel Fasteners and Parts	6
Polyester Yarn（Man Made Staple Fibres)	11	Synthetic Textile Fibres of Polyester	6
Certain Tube or Pipe Fittings of Iron or Steel	10	Unbleached Cotton Fabrics	6
Certain Welded Tubes and Pipes of Iron or Non-Alloy Steel	9	Urea and Ammonium Nitrate in Liquid Solution	6
Pig Iron（Hematite)	9	Certain Cathode-Ray Colour Television Picture Tubes	5
Malleable Cast Iron Pipe Fittings	8	Certain Polyethylene Terephthalate	5
Seamless Pipes and Tubes of Iron or Steel	8	Compact Disc Players	5
Steel Wire Rope	8	Cotton Yarn not Made Up for Retail Sale	5
Polyester Staple Fibres	8	Grain-oriented Flat-rolled Products of Silicon-electrical Steel	5
Bicycles	7	Hair Brushes	5
Certain Iron or Steel Ropes and Cables	7	Laser Optical Reading Systems	5
Colour Television Receivers	7	Monosodium Glutamate	5
Fax Machines	7	Pentaerythritol	5
Hardboard	7	Unalloyed Unwrought Zinc	5
Oxalic Acid	7	Bed Linen	4
Stainless Steel Fasteners and Parts Thereof	7	Binder and Baler Twine	4
Certain Flat-Rolled Products of Iron or Non-Alloy Steel	6	Cathode-Ray Colour Television Picture Tubes	4
Certain Polyethylene Terephthalate（PET)	6	Certain Aluminium Foil	4
Certain Seamless Pipes and Tubes of Iron or Steel	6	Certain Manganese Oxides	4

续前表

反倾销针对产品种类	案件数量	反倾销针对产品种类	案件数量
Certain Ring Binder Mechanisms	4	Electric Motors（Single Phase）	3
Denim	4	Furfuryl Alcohol	3
Disposable Gas-Fuelled Pocket Lighters	4	High Tenacity Yarn of Polyesters	3
Disposable Lighters	4	Iron or Steel Coils	3
Ferrosilicon	4	Low Carbon Ferro-Chrome（LCFC）	3
Glutamic Acid（Monosodium Glutamate）	4	Non-Alloy Steel Hot Rolled Flat Products	3
Iron or Non-Allloy Products Flat Rolled	4	Peroxosulphates	3
Microwave Ovens	4	Photo Albums	3
Npk Fertilizer	4	Polyester High Tenacity Filament Yarn	3
Paracetamol	4	Polyethylene Terephthalate（PET）	3
Portland Cement	4	Potassium Chloride（Potash）	3
Seamless Pipes and Tubes of Iron or Non-Alloy Steel	4	Potassium Permanganate	3
Silico-Manganese	4	Recordable Compact Discs（CD-Rs）	3
Synthetic Staple Fibre Fabric	4	Recordable Digital Versatile Discs（DVD＋/-R）	3
Calcium Metal	4	Sacks and Bags Made of Polyethylene or Polypropylene	3
Video Cassette Recorders	4	Silicon Metal	3
Aspartame	3	Small Screen Colour Television Receivers	3
Audio Cassettes and Audio Cassette Tapes	3	Sodium Cyclamate	3
Audio Tapes on Reels	3	Stainless Steel Cold Rolled Flat Products	3
Bed Linen（Cotton Type）	3	Synthetic Fibre Ropes	3
Biodiesel	3	Threaded Tube or Pipe Cast Fittings（of malleable cast iron）	3
Cellular Mobile Telephones	3	Unwrought Magnesium	3
Certain Electronic Weighing Scales	3	Welded Tubes/Pipes and Hollow Profiles of Square or Rectangular Cross-section	3
Certain Fatty Alcohols and their Blends	3	Welded Tubes/Pipes and Hollow Profiles of Square or Rectangular Cross-Section（of Iron other than Cast Iron or Steel other than Stainless）	3
Certain Footwear（Leather Uppers）	3	Aluminium Foil	2
Certain Plastic Sacks and Bags	3	Ammonium Paratungstate	2
Certain Portland Cement	3	Artificial Corundum	2
Certain Stainless Steel Fasteners and Parts Thereof	3	Barium Chloride	2

续前表

反倾销针对产品种类	案件数量	反倾销针对产品种类	案件数量
Bicycle Forks	2	Hollow Sections	2
Bicycle Frames	2	Iron or Non-Alloy Products Flat Rolled	2
Certain Cold-Rolled Flat Steel Products	2	Ironing Boards	2
Certain Filament Yarns of Cellulose Acetate	2	Kraftliner	2
Certain Footwear (Textile Uppers)	2	Large Aluminium Electrolytic Capacitors	2
Certain Footwear with Protective Toecap	2	Large Rainbow Trout	2
Certain Grain Oriented Electrical Sheets and Strips (Flat-Rolled Products)	2	Polyethylene Terephthalate (PET) Film	2
Certain Graphite Electrode Systems	2	Polyvinyl Alcohol (PVA)	2
Certain Iron or Steel Sections (Hot Rolled)	2	Rubber-Grade Carbon Blacks	2
Certain Ringbinder Mechanisms	2	Seamless Pipes and Tubes	2
Certain Sections of Iron or Non-Alloy Steel	2	Seamless Pipes and Tubes of Iron or Steel	2
Certain Semi-Finished Products of Alloy Steel	2	Stainless Steel Big Wire	2
Certain Stainless Steel Tube and Pipe Butt-welding Fittings (whether or not finished)	2	Stainless Steel Cold-rolled Flat Products	2
Certain Tube and Pipe Fittings of Iron or Steel	2	Stainless Steel Plate	2
Certain Tube or Pipe Fittings	2	Stainless Steel Tube and Pipe Butt-welding Fittings (whether or not finished)	2
Certain Watch Movements	2	Styrene-Butadiene-Styrene Thermoplastic Rubber	2
Certain Worked Monumental or Building Granite Stones	2	Sulphanilic Acid	2
Coke of Coal in Pieces	2	Synthetic Fibres of Polyester	2
Compact Disks-Recordable (CD-Rs)	2	Synthetic Staple Fibres of Polyesters	2
Diesel Engines	2	Tartaric Acid	2
Dihydrostreptamycin (Dihydrostreptomycin)	2	Television Camera Systems and Parts Thereof	2
DRAMs (Dynamic Random Access Memories)	2	Trichloroisocyanuric Acid (TCCA)	2
Electrolytic Capacitors	2	Tungsten Carbide and Fused Tungsten Carbide	2
Electronic Weighing Scales	2	Tungsten Metal Powder	2
Ethyl Alcohol	2	Tungsten Ores and Concentrates	2
Farmed Atlantic Salmon	2	Urea Ammonium Nitrate Solution	2
Gas Fuelled Non-Refillable Pocket Flint Lighters	2	Video Cassette Tapes	2
Grain Oriented Flat-Rolled Products of Silicon-Electrical Steel	2	Welded Tubes of Iron or Non-Alloy Steel	2
Granular Polytetrafluoroethylene (PTFE) Resin	2	Welded Tubes of Iron or Steel	2
High Carbon Ferro-Chromium	2	Certain Footwear with Uppers of Leather	2

续前表

反倾销针对产品种类	案件数量	反倾销针对产品种类	案件数量
Acesulfame Potassium	1	Certain Finished Polyester Filament Apparel Fabrics	1
Advertising Matches	1	Certain Grain Oriented Electrical Sheets	1
Agglomerated Stone	1	Certain Hot-Dipped Metallic-Coated Iron or Steel Flat-Rolled Products	1
Ammonium Nitrate	1	Certain Iron or Steel Fasteners	1
Asbestos Cement Pipes	1	Certain Large Aluminium Electrolytic Capacitors	1
Atlantic Salmon	1	Certain Magnesia Bricks	1
Ball Bearings with Greatest External Diameter not Exceeding 30 mm	1	Certain Manganese Dioxides	1
Barium Carbonate	1	Certain Molybdenum Wires	1
Beach Slippers (Espadrilles)	1	Certain Open Mesh Fabrics of Glass Fibres	1
Bioethanol	1	Certain Organic Coated Steel Products	1
Briefcases and Schoolbags	1	Certain Pre- and Post-Stressing Wires and Wire Strands of Non-Alloy Steel (PSC Wires and Strands)	1
Ceramic Tableware and Kitchenware	1	Certain Prepared or Preserved Citrus Fruits	1
Ceramic Tiles	1	Certain Prepared or Preserved Sweet Corn in Kernels	1
Certain Aluminium Foil in Rolls	1	Certain Saddles	1
Certain Aluminium Foils	1	Certain Seamless Pipes and Tubes (of Iron or Steel)	1
Certain Aluminium Radiators	1	Certain Seamless Pipes and Tubes of Stainless Steel	1
Certain Aluminium Road Wheels	1	Certain Stainless Steel Bars	1
Certain Camera Systems	1	Certain Stainless Steel Cold-Rolled Flat Products	1
Certain Candles/Tapers and the like	1	Certain Synthetic Hand-Knitting Yarn	1
Certain Cargo Scanning Systems	1	Certain Tungsten Electrodes	1
Certain Castings	1	Certain U+I Sections of Iron or Steel	1
Certain Ceramic Foam Filters	1	Certain Woven and/or Stitched Glass Fibre Fabrics	1
Certain Compressors	1	Certain Zinc Oxides	1
Certain Concentrated Soy Protein Products	1	Chamois Leather	1
Certain Cotton Terry-Towelling Articles (Bathrobes/Toilet and Kitchen Linen)	1	Citric Acid	1

续前表

反倾销针对产品种类	案件数量	反倾销针对产品种类	案件数量
Coated Fine Paper	1	Handbags	1
Compact Disc Boxes	1	Hematite Pig-Iron	1
Complete Wheels of Bicycles	1	Herbicide	1
Continuous Filament Glass Fibre Products	1	High Fatigue Performance Steel Concrete Reinforcement Bars	1
Cotton-Type Bedlinen	1	Hydraulic Excavators weighing more than 6 tonnes	1
Coumarin	1	Integrated Electronic Compact Fluorescent Lamps	1
Crystalline Silicon Photovoltaic Modules and Key Components	1	Internal Gear Hubs for Bicycles	1
Daisy Wheel Printers (aka Serial Impact Fully Formed (SIFF) Character Printers)	1	Isobutanol	1
Deadburned (Sintered) Magnesia	1	Lever Arch Mechanisms	1
Dicumyl Peroxide	1	Linear Tungsten Halogen Lamps	1
Dicyandiamide	1	Luggage and Travel Goods	1
Dihydromyrcenol	1	Magnesium Oxide	1
Disodium Carbonate (Soda Ash)	1	Manganese Steel Wear Parts	1
Electronic Typewriters	1	Melamine	1
Eproms (Erasable Programmable Read Only Memories)	1	Merchant Bars and Rods of Alloy Steel	1
Ethanolamine	1	Mercury	1
Farmed Salmon	1	Mica	1
Ferro Molybdenum	1	Narrow Steel Strips	1
Ferroboron	1	Okoumé Plywood	1
Flat Pallets of Wood	1	One Dye Black 1	1
Fluorspar	1	One Dye Black 2	1
Frozen Strawberries	1	Outer Rings of Tapered Roller Bearings	1
Furazolidone	1	Paint/Distemper/Varnish and Similar Brushes	1
Furfuraldehyde	1	Para-Cresol	1
Glass Fibre Fabric (Woven)	1	Parts of Gas-Fuelled/Non-Refillable Pocket Lighters	1
Glycine	1	Peroxo-Disulphate (Persulphates)	1
Glyphosate	1	PET Video Film	1
Gum Rosin	1	Polyester Film	1
Hand Pallet Trucks and Their Essential Parts	1	Polysulphide Polymers	1

续前表

反倾销针对产品种类	案件数量	反倾销针对产品种类	案件数量
Powdered Activated Carbon	1	Styrene-Butadiene-Styrene Thermoplastic Rubbers	1
Pure Silk Typewriter Ribbon Fabrics	1	Tapered Roller Bearings	1
Purified Terephthalic Acid and its Salts	1	Telefax Paper	1
Radio-Broadcast Receivers in Motor Vehicles	1	Television Camera Systems	1
Rainbow Trout	1	Thin Polyester Film	1
Refined Antimony Trioxide	1	Thiourea Dioxide	1
Refractory Chamottes	1	Tris (2-chloro-1-methylethyl) Phosphate	1
Salmon	1	Tubes and Pipes of Ductile Cast Iron (also known as Spheroidal Graphite Cast Iron)	1
Serial Impact Dot Matrix Printers	1	Tungstic Oxide and Tungstic Acid	1
Sheets and Plates of Iron or Steel	1	Unwrought Magnesium	1
Sheets of Iron or Non-Alloy Steel	1	Unwrought Manganese	1
Side-by-Side Refrigerators	1	Video Tape in Cassettes	1
Silicon Carbide	1	Video Tapes on Reels	1
Small Hydraulic Excavators	1	Vinyl Acetate	1
Sodium Gluconate	1	Welded Wire Mesh	1
Sodium Metal	1	Wheeled Loaders	1
Solar Glass	1	White Phosphorus	1
Stainless Steel Bars	1	Wireless Wide Area Networking (WWAN) Modems	1
Stainless Steel Fine Wire	1	Woven Polyolefin Sacks	1
Stainless Steel Tubes	1	Yellow Phosphorous	1
Stainless Steel Wires	1	Zeolite A Powder	1
Steel Wire Rod	1		

资料来源：根据 Global Antidumping Database 数据整理。

截至 2019 年 8 月，欧盟诉诸至 WTO 争端解决机构的反倾销案件共有 17 起，其中反倾销对象国为美国的案件最多，有 10 起，其次是中国（3 起）、阿根廷（2 起），最后是印度和俄罗斯（均为 1 起）。

（二）欧盟反倾销典型案例

案件名称：欧盟诉中国紧固件反倾销案（China-Provisional Anti-Dumping Duties on Certain Iron and Steel Fasteners from the European Union）

案件编号：DS407

2007 年 11 月 9 日，欧盟对中国紧固件产品启动反倾销立案调查，涉案金额 7.6 亿美元。2009 年 1 月 31 日，欧盟对中国紧固件产品做出肯定性终裁，征收高达 85% 的正式反倾销税。该案共涉及 1 700 多家紧固件生产和贸易企业，欧盟反倾销措施给中国紧固件行业造成了巨大损失。对于欧盟的不公正待遇，中国紧固件企业提出强烈抗议，并要求政府部门维护紧固件产业的合法权益。2009 年 7 月 31 日，中国政府在 WTO 争端解决机制下，向欧盟提出磋商请求，正式启动争端解决程序。2009 年 9 月 14 日，中欧磋商失败。2009 年 10 月 12 日，根据 WTO 规则，中国请求 WTO 争端解决机构立案审理。2010 年 12 月 3 日，WTO 专家组裁定欧盟对我国紧固件行业不公正的反倾销措施违反 WTO 规则。[①]

在这一背景下，欧方为执行原审专家组和上诉机构裁决修改了欧盟《反倾销基本条例》，调整了原有歧视性单独税率规定，但通过再调查对中国紧固件继续维持反倾销措施。2010 年 5 月 7 日，欧盟要求与中国就中国对欧盟某些钢铁紧固件征收的临时反倾销税进行磋商。欧盟称，中国商务部关于实施有关临时反倾销措施的第 115 号通知（2009 年）与 WTO 反倾销协议和 GATT 1994 的若干条款不一致。欧盟认为《中国反倾销条例》第 56 条与《反倾销协定》(the Anti-Dumping Agreement)、《关于争端解决与程序的谅解》(the Dispute Settlement，DSU) 和 GATT 1994 的各项规定不一致。《中国反倾销条例》第 56 条部分规定："当一国（或地区）歧视性地施加反对中华人民共和国出口的倾销措施时，中国可以根据实际情况对该国（或地区）采取相应措施。"2012 年 9 月 6 日，欧盟新修订的《反倾销基本条例》第 9.5 条正式生效，适用于所有的反倾销调查。2012 年 10 月 10 日，欧盟公布对中国紧固件企业调整后的反倾销税，税率为 22.9% 至 74.1%。对中国紧固件企业调整后的反倾销税只是稍微地下降，依然严重影响中国企业对欧盟的产品出口。[②]

2013 年 10 月 30 日，针对欧盟 2012 年 3 月对中国紧固件行业提起的反倾销复审措施，我国政府上诉至 WTO 争端解决机构，要求启动争端解决执行程序。2015 年 8 月 7 日，世界贸易组织最终裁定欧盟对中国紧固件行业反倾销复审措施违反 WTO 规则。2015 年 9 月，中国和欧盟再次分别提出上诉。2016 年 1 月 18 日，世界贸易组织发布最终公告，第四次裁定欧盟对中国紧固件产品采取的反倾销措施违反 WTO 规则。2016 年 2 月 27 日，根据世贸争端解决机构的最终裁决，欧盟发布公告正式取消对中国紧固件行业的反倾销措施，欧盟败诉。[③]

二、反补贴措施

（一）欧盟反补贴措施使用情况

通过对全球反补贴数据库（Global Countervailing Duties Database，GCVD）中与欧盟有关的数据进行的整理可知，从 1977 年至 2015 年，欧盟共发起了 90 起反补贴案件（见图 3-21）。可以发现，在 1977—1996 年间，欧盟每年发起反补贴案件的数量较为稳定，

[①] 樊晓云. 中国紧固件反倾销在 WTO 胜诉欧盟第一案的案例分析 [J]. 对外经贸实务，2017 (11).

[②] China-Provisional Anti-Dumping Duties on Certain Iron and Steel Fasteners from the European Union [OL]. https://www.wto.org/english/tratop_e/dispu_e/cases_e/ds407_e.htm.

[③] 樊晓云. 中国紧固件反倾销在 WTO 胜诉欧盟第一案的案例分析 [J]. 对外经贸实务，2017 (11).

均不超过 3 起，其中 1978 年、1980 年、1985 年、1986 年、1987 年、1990—1995 年均未发起反补贴案件。随后从 1997 年到 1999 年，欧盟发起反补贴案件的数量迅速增长，从 1997 年的 4 起上涨到 1999 年的 20 起。其中对中国台湾发起的反补贴案件数量最多，达到 5 起，其次是泰国（3 起）、韩国、印度尼西亚、马来西亚（均为 2 起）；涉及聚对苯二甲酸乙二醇酯（Polyethylene Terephthalate）、合成聚酯纤维（Synthetic Polyester Fibres）以及不锈钢紧固件（Stainless Steel Fasteners）的反补贴案件数量最多，分别为 6 起、5 起、4 起。此后欧盟发起反补贴案件数量又迅速下降，2001—2015 年，欧盟每年发起的反补贴案件均不超过 6 起。

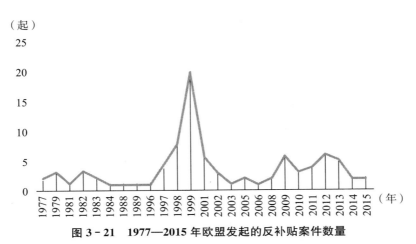

图 3 - 21　1977—2015 年欧盟发起的反补贴案件数量

资料来源：根据 Global Countervailing Duties Database 数据整理。

就反补贴对象国或地区而言，欧盟在 1977—2015 年间共对 26 个国家或地区发起过反补贴，详细列表见表 3 - 3。可以看出，欧盟发起反补贴案件数量最多的对象国或地区分别是印度（22 起）、中国（9 起）、巴西、韩国、中国台湾和泰国（均为 6 起）；发起反补贴案件数量最少的对象国或地区分别是澳大利亚、希腊、伊朗、墨西哥、挪威、阿曼、巴基斯坦、秘鲁、菲律宾、新加坡、南非、阿联酋、越南，欧盟对这些对象国或地区发起的反补贴案件均仅为 1 起。

表 3 - 3　　　　　　　　　1977—2015 年间欧盟发起反补贴案件的对象国或地区

欧盟发起反补贴对象国或地区	案件数量	欧盟发起反补贴对象国或地区	案件数量
印度	22	西班牙	3
中国	9	土耳其	3
巴西	6	美国	3
韩国	6	阿根廷	2
中国台湾	6	沙特阿拉伯	2
泰国	6	澳大利亚	1
印度尼西亚	5	希腊	1
马来西亚	4	伊朗	1

续前表

欧盟发起反补贴对象国或地区	案件数量	欧盟发起反补贴对象国或地区	案件数量
墨西哥	1	菲律宾	1
挪威	1	新加坡	1
阿曼	1	南非	1
巴基斯坦	1	阿联酋	1
秘鲁	1	越南	1

资料来源：根据 Global Countervailing Duties Database 数据整理。

就反补贴所针对的产品而言，欧盟在 1977—2015 年间共对 56 类产品进行了反倾销，详细列表见表 3 - 4。可以看出，欧盟针对聚对苯二甲酸乙二醇酯（Polyethylene Terephthalate）发起的反倾销案件数量最多，达到了 6 起。其次是某些聚对苯二甲酸乙二醇酯（Certain Polyethylene Terephthalate）和合成聚酯纤维（Synthetic Polyester Fibres），均为 5 起，以及不锈钢紧固件（Stainless Steel Fasteners），4 起。其中，欧盟对中国发起的反倾销案件涉及产品 21 种，占了所有反补贴针对产品种类的 2/5；对中国发起的反倾销案件涉及产品 9 种；对巴西发起的反倾销案件涉及产品 6 种。

表 3 - 4　　　　　　　　1978—2015 年间欧盟发起的反补贴针对产品种类

反补贴针对产品种类	案件数量
Polyethylene Terephthalate	6
Certain Polyethylene Terephthalate	5
Synthetic Polyester Fibres	5
Stainless Steel Fasteners	4
Biodiesel	3
Certain Flat-Rolled Products of Iron or Non-Alloy Steel	3
Certain Stainless Steel Fasteners and parts thereof	3
Polyester Staple Fibres	3
Binder and Baler Twine	2
Certain Plastic Sacks and Bags	2
Certain Ringbinder Mechanisms	2
Certain Stainless Steel Bars	2
Polyester Textured Filament Yarn	2
Polyester Textured Filament Yarn（PTY）	2
Soya Meal	2
Stainless Steel Wire having a Diameter of 1 mm or more	2
Stainless Steel Wire having a Diameter of less than 1 mm	2
Certain Woven Glass Fibre Fabrics	2
Ball Bearings of up to 30 mm outside diameter	1
Bicycles	1

续前表

反补贴针对产品种类	案件数量
Bioethanol	1
Broad Spectrum Antibiotics	1
Broad-flanged Beams	1
Canned Peaches	1
Certain Electronic Microcircuits known as DRAMs (Dynamic Random Access Memories)	1
Certain Filament Glass Fibre Products	1
Certain Graphite Electrode Systems	1
Certain Kinds of Women's Shoes	1
Certain Magnetic Disks (3.5″ microdisks)	1
Certain Organic Coated Steel Products	1
Certain Seamless Tubes of Non-alloy Steels	1
Certain Sheets and Plates (of iron or steel)	1
Certain Steel Plates	1
Coated Fine Paper	1
Cochineal Carmine	1
Compact Disks — Recordable (CD-Rs)	1
Cotton-Type Bedlinen	1
Crystalline Silicon Photovoltaic Modules and Key Components	1
Dihydromyrcenol	1
European Sea Bass and Gilthead Sea Bream	1
Farmed Atlantic Salmon	1
Polyester Fibres and Yarns	1
Polyethylene Terephthalate Film	1
Polypropylene Binder or Baler Twine	1
Purified Terephthalic Acid and its Salts	1
Rainbow Trout	1
Sodium Metal	1
Solar Glass	1
Stainless Steel Bright Bars	1
Stainless Steel Cold-rolled Flat Products	1
Stainless Steel Wires	1

续前表

反补贴针对产品种类	案件数量
Styrene-Butadiene-Styrene Thermoplastic Rubbers	1
Sulphanilic Acid	1
Tube and Pipe Fittings of Malleable Cast Iron	1
Tubes and Pipes of Ductile Cast Iron	1
Wireless Wide Area Networking（WWAN）Modems	1

资料来源：根据 Global Countervailing Duties Database 数据整理。

截至 2019 年 8 月，欧盟诉诸至 WTO 争端解决机构的反补贴案件共有 25 起，其中反补贴对象国为美国的案件最多，有 10 起，其次是加拿大（3 起）、巴西、阿根廷（均为 2 起），最后是中国、印度、土耳其、印度尼西亚、俄罗斯、韩国、墨西哥、日本（均为 1 起）。

（二）欧盟反补贴典型案例

案件名称：欧盟诉中国进口汽车零部件管理措施争端（China-Measures Affecting Imports of Automobile Parts）

案件编号：DS339

2006 年 3 月 30 日，欧盟和美国要求与中国就中国采取的进口汽车零部件管理措施进行磋商。随后在 2006 年 4 月 13 日加拿大也提出了跟中国的磋商请求。欧盟、美国和加拿大认为，中国的相关措施对这三国向中国的出口汽车零部件产生了不利影响。这些措施包括：汽车工业发展政策（国家发展和改革委员会第 8 号令，2004 年 5 月 21 日），"整车汽车零部件进口管理办法"（第 125 号令，于 2005 年 4 月 1 日生效），确定进口汽车零部件是否构成整车的规则（海关总署公告第 4 号，于 2005 年 4 月 1 日生效），以及任何修订、更换、延期、实施措施或其他相关措施。

美国和欧盟认为，中国有关进口汽车零部中国有关进口汽车零部件管理措施的规定与 WTO 的规则不符，中国对超过整车价值 60% 的零部件征收与整车相同的关税，实际上等于变相规定了零部件"国产化的比例"。欧盟委员会表示，这些措施带有浓厚"地方保护主义色彩"，因为这迫使汽车制造商从中国本土生产商那里采购轿车零部件，而这违反了 WTO 贸易协议。欧盟提出，根据所确定的措施，用于制造在中国销售的车辆的进口汽车零部件如果进口超过一定的门槛，则需要支付与整车关税相等的费用。这些措施与 WTO 的以下规则不一致：（1）《1994 年关税与贸易总协定》第 3 条第 2、4、5 款，第 2 条第 1 款的（a）、（b）两项；（2）《与贸易有关的投资措施协议》第 2.1、2.2 条；（3）《补贴与反补贴措施协议》第 3 条；（4）《中国加入世界贸易组织议定书》第一部分 1.2、7.3 段；（5）《中国加入工作组报告书》第 93、203、342 段 3。

2006 年 9 月 15 日，争端解决机构应欧盟、美国和加拿大三方分别在 WT/DS339/8、WT/DS340/8 以及 WT/DS342/8 中提出的要求，根据 DSU 第 8 条的规定，成立了专家组。2008 年 7 月 20 日，WTO 专家组就中国汽车零部件案向当事方提交最终裁定报告，认为中国的此项政策措施违反了相关规则，例如《与贸易有关的投资措施协议》第 2 条，《1994 年关税与贸易总协定》第 2 条（包括第 1 款）、第 3 条（包括第 2、4、5 款），《补贴与反补贴措施协议》第 3 条（包括第 1、2 款）等。2008 年 7 月 18 日，欧盟、美国、加拿大在 WTO 起诉中国进口汽车零部件管理措施争端的专家组报告散发全体 WTO 成员。2008 年 9 月 15 日，中国根据 WTO 争端解决程序规则提出上诉，希望上诉机构能够驳回专家组的意见，做出公正裁决。然而最后上诉机构基本上维持了专家组的裁决意见，并建议争端解决机构要求中国取消在本报告和本报告支持的专家组报告中提出的违反《1994 年关税与贸易总协定》的措施，以确保其履行 WTO 各项协议规定的义务，欧盟、美国、加拿大胜诉。[①]

三、保障措施

（一）欧盟保障措施使用情况

通过对 WTO 综合贸易情报门户（Integrated Trade Intelligence Portal，I-TIP）[②] 中与欧盟保障措施有关的数据进行的整理可知，从 1995 年至 2018 年年中，欧盟共发起了 71 起保障措施案件（见图 3-22）。可以发现，在 1995—1999 年间，欧盟每年发起保障措施案件数量先略微下降到 5 起（1996 年）后上涨并维持在 8 起。此后大幅下降到 2000 年的 2 起，之后又逐渐增加，并在 2003 年达到峰值 10 起。欧盟在 2003 年发起的保障措施案件中，涉及白糖（不包括生甘蔗和甜菜糖，不含添加香料和色素）（white sugar, other than raw cane and beet sugar, not containing added flavouring nor colouring matter）的案件数量最多，为 3 起。随后，欧盟每年发起的保障措施案件数量在 2004 年下落到 2 起，之后有所回升，在 2010 年达到 6 起后又开始下跌，并在 2013 年降到 2 起。此后截至 2018 年年中，欧盟都暂未发起保障措施案件。

（起）

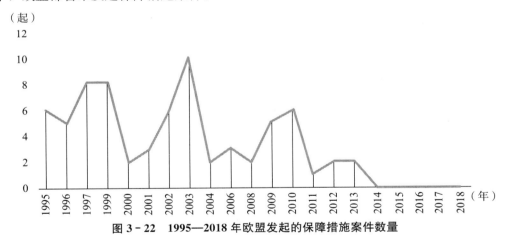

图 3-22 1995—2018 年欧盟发起的保障措施案件数量

资料来源：根据 Integrated Trade Intelligence Portal 数据整理。

---

① 宋晓培. 中国进口汽车零部件管理措施争端分析［D］. 北京：对外经济贸易大学，2009. China-Measures Affecting Imports of Automobile Part，https://www.wto.org/english/tratop_e/dispu_e/cases_e/ds339_e.htm.

② I-TIP Goods 提供了世界贸易组织成员在商品贸易中应用的非关税措施的全面信息（http://i-tip.wto.org/goods/Default.aspx）。

就保障措施所针对的产品而言，欧盟在 1995—2018 年间共对 38 种产品采取了保障措施，详细列表见表 3-5。可以看出，欧盟针对白糖（不包括生甘蔗和甜菜糖，不含添加香料和色素）发起的保障措施案件数量最多，达到了 15 起；其次是欧盟委员会（European Commission，EC）第 948/2009 号条例中描述的其他非常具体类型的糖（Other sugars of a very specific type as described by Commission Regulation（EC）No. 948/2009）和火鸡（非切块，标记为"80% 火鸡"，冷冻）（turkeys，not cut in pieces，presented as "80% turkeys"，frozen）均为 4 起；之后是其他液体牛奶（other liquid milk）、原蔗糖（精炼用除外）（raw cane sugar，other than for refining）以及小麦粉（wheat flour），均为 3 起。

表 3-5   1978—2018 年间欧盟发起的保障措施针对产品种类

保障措施针对产品种类	案件数量
White sugar, other than raw cane and beet sugar, not containing added flavouring nor colouring matter	15
Other sugars of a very specific type as described by Commission Regulation (EC) No. 948/2009	4
Turkeys, not cut in pieces, presented as "80% turkeys", frozen	4
Other liquid milk	3
Raw cane sugar, other than for refining	3
Wheat flour	3
Other than white sugar, excluding raw cane and beet sugar, not containing added flavouring nor colouring matter	2
Preparations of uncooked fowl of the species "Gallus domesticus"	2
Raw silk	2
Red bean	2
Small red Azuki beans	2
Sugar	2
Wheat or meslin flour	2
Boneless cuts of turkeys, frozen	1
Chicken carcasses, 65%, frozen	1
Dried egg yolks	1
Dried eggs, albumin	1
Legs and cuts of chicken, frozen	1
Live swine, meat of swine and other prepared or preserved meat of swine	1
Milk and cream, not concentrated nor containing added sugar or other sweetening matter: other cream of fat content, by weight by weight>=13% (other than sterilized, frozen or preserved).	1
Other dairy preparations over 10% milk, over-quota	1

续前表

保障措施针对产品种类	案件数量
Other edam/gouda, over-quota	1
Other molasses (and notably beet molasses)	1
Other sugar	1
Peanuts	1
Processed cheese, NSPF, over-quota	1
Raw beet sugar, for refining	1
Raw sugar	1
Rice flour	1
Shaddock	1
Shallots	1
Sugar, other than raw cane and raw beet sugar	1
Tea preparations over 10% sugar, over-quota	1
Tubers of konnyaku (Amorphophalus), whether or not cut, dried or powdered	1
Turkey backs and necks	1
Turkey wings	1
Wheat starch	1
Whey and modified whey, of fat content, by weight, not exceeding 5%	1

资料来源：根据 Integrated Trade Intelligence Portal 数据整理。

截至 2019 年 8 月，欧盟被申诉至 WTO 争端解决机构的保障措施案件共有 4 起，其中申诉国为美国的案件最多，有 2 起；其次是智利和挪威，均为 1 起。

（二）欧盟保障措施典型案例

案件名称：美国诉欧盟对进口某些钢铁产品的临时保障措施（European Communities—Provisional Safeguard Measures on Imports of Certain Steel Products）

案件编号：DS260

2000 年，美国是世界第三大钢铁生产国，但其钢厂众多，产量过大，产品整体竞争力不强。相比之下，20 世纪 90 年代，欧盟主要通过实施较为严格的政府资助管理规则和竞争规则，对其钢铁行业的结构进行了较大的调整。由于欧盟的多数钢铁产品是由少数几家在全球钢铁行业最具效率的钢铁公司生产的，并且在全球钢铁 10 大钢铁企业中，欧盟就占了 5 家，所以欧盟钢铁行业在国际钢铁市场上的竞争力不断提高。在这一背景下，美国对外宣称，美国钢铁行业在美国经济中起着重要的作用。但其他钢铁生产国一直对钢铁市场进行干预，对其钢铁行业直接提供财政支持，造成全球钢铁产量严重过剩，世界市场供大于求。因此，美国的钢铁产业受到了严重影响，并将其钢铁行业发展的困难归咎于进口增加，进而对进口采取限制措施，在全球范围内引发强烈反应。欧盟于 2002 年 3 月，对进口钢铁产品采取临时保障措施。此外，欧盟、日本等国家还向 WTO 通报了准备对美国产品实施贸易报复的清单。

2002 年 5 月 30 日，美国要求与欧洲委员会就欧盟对某些钢铁产品的进口实施的临时保障措施进行磋商。美国认为这些保障措施不符合欧盟根据 GATT 1994 和按《保障措施协议》规定所要承担的义务，特别是《保障措施协议》第 2.1，2.2，3，4.1，4.2，6 和 12.1 条以及 GATT 1994 XIX 第 1（a）条。2002 年 6 月 7 日，日本要求参加磋商。2002 年 8 月 19 日，美国要求成立专家组。美国特别声称欧盟的保障措施与协商请求中列出的规定不一致。此外，美国声称《保障措施协议》第 12.4 条也受到了侵犯。然而之后，欧盟、日本、韩国、中国、瑞士、挪威、新西兰和巴西等国家也将美国保障措施提交 WTO，要求裁决其违反 WTO 的有关规定。2003 年 7 月 11 日专家组报告认定美国保障措施不符合 WTO 协定。之后美国提起上诉，起诉方也随后提起了"附条件上诉"。上诉机构报告于 2003 年 11 月 10 日做出，全面维持了专家组裁决。2003 年 12 月 10 日，专家组和上诉机构报告在 DSB 会议上通过。2003 年 12 月 4 日，美国总统签署总统令，宣布自 12 月 5 日起，保障措施终止，欧盟胜诉。[①]

四、技术性贸易壁垒

（一）欧盟 TBT 措施使用情况

通过对 I-TIP 中与欧盟 TBT 有关的数据进行的整理可知，从 1995 年至 2019 年 8 月，欧盟共实施了 1 288 条 TBT 措施、128 条 TBT/STC 措施（见图 3-23）。可以发现，在 1995—2019 年间，欧盟的 TBT 措施数量波动上涨，从 1999 年的 7 条到 2018 年的 108 条，增长超过 14 倍；截至 2019 年 9 月，欧盟 2019 年新实施的 TBT 措施数量已经达到 40 条。TBT/STC 措施数量变化则波动相对较小，1996—2007 年间，欧盟每年实施的 TBT/STC 措施数量围绕在 4 条左右波动，之后有所增加，并在 2012 年达到峰值 14 条；截至 2019 年 9 月，欧盟 2019 年新实施的 TBT/STC 措施数量为 8 条。

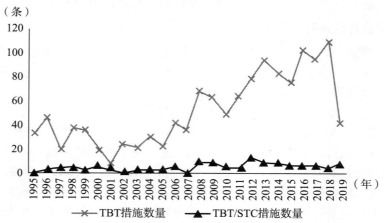

图 3-23　1995—2019 年欧盟实施的 TBT 以及 TBT/STC 措施数量

资料来源：根据 Integrated Trade Intelligence Portal 数据整理。

---

① 杨国华. WTO 中国案例评析［M］. 北京：知识产权出版社，2015.

就 TBT 措施涉及领域而言，2019 年欧盟在 9 月之前新采取的 40 条 TBT 措施共涉及 11 个领域，详细见表 3-6。可以看出，2019 年欧盟针对人类健康或安全保护（protection of human health or safety）方面实施的 TBT 措施数量最多，达到了 29 条；之后依次是环境保护（protection of the environment），23 条；协调原则（harmonization）和人类健康（human health），均为 15 条。

表 3-6　　　　　　　　**2019 年 9 月前欧盟新采取的 TBT 措施涉及领域**

TBT 措施涉及领域	措施数量
Protection of human health or safety	29
Protection of the environment	23
Harmonization	15
Human health	15
Other	7
Protection of animal or plant life or health	6
Food standards	3
Quality requirements	2
Labelling	1
Organic agriculture	1
Telecommunication/Radiocommunication	1

资料来源：根据 Integrated Trade Intelligence Portal 数据整理。

就 TBT/STC 措施涉及而言，2019 年 9 月前欧盟实施的 TBT/STC 措施具体涉及领域及相关成员国情况见表 3-7。可以看出，欧盟对中国新实施的 TBT/STC 措施主要集中在电子显示器（Electronic displays），照明产品/光源/家用洗碗机/洗衣机和家用洗衣机烘干机（Lighting products；light sources；household dishwashers；washing machines and household washer-dryers）以及无人机（Unmanned aircraft）方面。

表 3-7　　　　　　**2019 年 9 月前欧盟新采取的 TBT/STC 措施涉及领域及相关国家**

TBT/STC 措施涉及领域	相关成员国
Chlorothalonil	Brazil，Canada，Colombia，Costa Rica，Ecuador，Guatemala，Honduras，Panama，Paraguay，United States of America
Electronic displays	China，Japan，United States of America
Lighting products；light sources；household dishwashers；washing machines and household washer-dryers	China
Pesticides（buprofezin）	Brazil，Colombia，Costa Rica，Ecuador，Guatemala，Panama，Paraguay，United States of America
In vitro diagnostic medical devices	Canada，United States of America
Intermediate paper products	Indonesia
Spirit drinks	Guyana
Unmanned aircraft	China

资料来源：根据 Integrated Trade Intelligence Portal 数据整理。

截至 2019 年 8 月，欧盟被申诉至 WTO 争端解决机构的 TBT 措施案件共有 20 起，其中申诉国为加拿大的案件最多，共 7 起；其次是美国和阿根廷（均为 3 起）；之后是秘鲁（2 起），智利、印度、新西兰、澳大利亚、挪威（均为 1 起）。

（二）欧盟 SPS 措施使用情况

通过对 I-TIP 中与欧盟 SPS 措施有关的数据进行的整理可知，从 1995 年至 2019 年 8 月，欧盟共实施了 759 条 SPS 措施、94 条 SPS/STC 措施（见图 3-24）。可以发现，在 1995—2019 年间，欧盟的 SPS 措施数量波动上升，从 1999 年的 23 条到 2018 年的 61 条，上涨了两倍；截至 2019 年 9 月，欧盟 2019 年新实施的 SPS 措施数量已经达到 51 条。SPS/STC 措施数量变化趋势与 SPS 措施数量变化趋势相似，但波动相对较小，1996—2018 年间，欧盟每年实施的 SPS/STC 措施数量围绕在 5 条左右波动；截至 2019 年 9 月，欧盟 2019 年新实施的 SPS/STC 措施数量为 2 条。

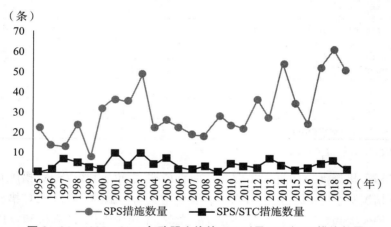

图 3-24　1995—2019 年欧盟实施的 SPS 以及 SPS/STC 措施数量

资料来源：根据 Integrated Trade Intelligence Portal 数据整理。

就 SPS/STC 措施涉及相关成员国或地区而言，2019 年 9 月前欧盟实施的 SPS/STC 措施具体涉及相关成员国或地区情况见表 3-8。可以看出，该时间段内，欧盟对美国实施的 SPS/STC 措施数量最多，为 25 件；其次分别为阿根廷（12 件），印度和中国（均为 10 件），巴西和哥伦比亚（均为 8 件）。

表 3-8　　　　2019 年 9 月前欧盟新采取的 SPS/STC 措施相关成员国或地区

相关成员国或地区	SPS/STC 措施数量	相关成员国或地区	SPS/STC 措施数量
United States of America	25	Ecuador	6
Argentina	12	Peru	5
India	10	Australia	4
China	10	Chile	3
Brazil	8	Russian Federation	3
Colombia	8	Indonesia	2
Canada	6	Philippines	2

续前表

相关成员国或地区	SPS/STC 措施数量	相关成员国或地区	SPS/STC 措施数量
Senegal	2	Taiwan，China	1
Thailand	2	Madagascar	1
Côte d'Ivoire	2	Papua New Guinea	1
Israel	2	Cuba	1
South Africa	2	Egypt	1
Plurinational State of Bolivia	1	Fiji	1
Malaysia	1	Saint Vincent and the Grenadines	1
Republic of The Gambia	1	Sri Lanka	1
Paraguay	1	Tanzania	1
Norway	1	Uruguay	1
Hong Kong，China	1		

资料来源：根据 Integrated Trade Intelligence Portal 数据整理。

截至 2019 年 8 月，欧盟被申诉至 WTO 争端解决机构的 SPS 措施案件共有 9 起，其中申诉国为加拿大的案件最多，共 4 起，其次是美国（3 起），之后是印度和阿根廷（均为 1 起）。

第三节　中欧贸易发展状况

一、发展概况

《中国对外贸易形势报告（2019 年春季）》指出，2018 年，欧盟作为中国的第一大贸易伙伴，中国对其进出口总额高达 45 040.7 亿元，占中国总进出口额的 14.8%；其次依次是美国（13.7%）、东盟（12.7%）、日本（7.1%）等（见图 3 - 25）。中欧贸易成为中国对外贸易中最主要的构成之一，中欧贸易的良好运行对中国的贸易平稳发展起着至关重要的作用。

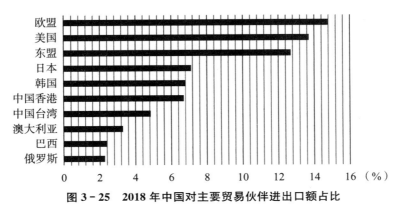

图 3 - 25　2018 年中国对主要贸易伙伴进出口额占比

资料来源：根据《中国对外贸易形势报告（2019 年春季）》数据整理。

（一）货物贸易发展

表 3-9 记录了 2008—2018 年中国对欧盟货物贸易进出口额的发展。可以看出，受全球金融危机的影响，2009 年中国与欧盟进出口总额相较 2008 年有所下降，累计比 2018 年同期减少了 14.5 个百分点。此后，中国与欧盟的进出口总额整体上呈上升趋势。从 2008 年的 4 255.8 亿美元上涨到 2018 年的 6 821.6 亿美元，中国与欧盟进出口总额增加了 2 565.9 亿美元，增长超过 60%，年均增长率为 4.83% 左右。近年来中国对欧盟的进出口总额高速增长，年增长率超过 10%（2017 年达到 12.7%，2018 年达到 10.6%）。

中国对欧盟的货物贸易出口额和进口额的变化情况类似，均整体呈上升趋势。其中，中国对欧盟的货物出口额从 2008 年的 2 928.8 亿美元上涨到 2018 年的 4 086.3 亿美元，增长超过 39.5%；中国对欧盟的货物进口额从 2008 年的 1 327 亿美元增长到 2018 年的 2 735.3 亿美元，上涨超过 106%，增长比例超过出口额增长比例的 2 倍，并且 2017 年与 2018 年进口额年增长率均超过 10%（分别为 17.7% 和 11.7%）。因此可以认为，2008 年到 2018 年期间，我国与欧盟进出口额的快速增长在很大程度上得益于中国对欧盟进口的高速上涨。

表 3-9	2008—2018 年中国对欧盟货物贸易进出口额			单位：十亿美元		
年份	进出口总额	出口额	进口额	累计比去年同期增减（%）		
				进出口	出口	进口
2008	425.58	292.88	132.70	19.50	19.50	19.60
2009	364.04	236.28	127.76	−14.50	−19.30	−3.70
2010	479.71	311.24	168.48	31.80	31.80	31.90
2011	567.21	356.02	211.19	18.30	14.40	25.40
2012	546.04	333.99	212.05	−3.70	−6.20	0.40
2013	559.04	338.99	220.06	2.10	1.10	3.70
2014	615.14	370.88	244.25	9.90	9.40	10.70
2015	564.75	355.88	208.88	−8.20	−4.00	−14.50
2016	547.02	339.05	207.97	−3.10	−4.70	−0.40
2017	616.92	372.04	244.87	12.70	9.70	17.70
2018	682.16	408.63	273.53	10.60	9.80	11.70

资料来源：根据 2008—2018 年《中国与欧洲国家贸易统计表》（中华人民共和国商务部）数据整理。

在货物贸易差额方面，由图 3-26 可以看出，中国一直保持着对欧盟的货物贸易顺差，虽然 2008—2018 年间，每年的顺差额有所波动，但均超过了 1 000 亿美元。其中，2008 年顺差最大，达到 1 602 亿美元；2009 年，顺差额达到谷底 1 085 亿美元，之后持续波动。2018 年，中国对欧盟货物贸易顺差额为 1 351 亿美元。从图 3-27 可以看出，2008—2018 年间中国和欧盟的货物贸易顺差占中国 GDP 的比重整体呈下降趋势，这与中国货物贸易总顺差额占 GDP 比重的变化趋势是类似的。这一比重从 2008 年的 3.49% 下降到了 2018 年的 0.99%，变化超过 2.5 个百分点。而同期欧盟和中国的货物贸易逆差占欧盟 GDP 的比重则围绕在 0.75% 左右波动，并在 2009 年达到最低值 0.63%，2015 年达到峰值 0.89%。2018 年中国和欧盟的货物贸易差额在各自 GDP 中的占比均未超过 1%。

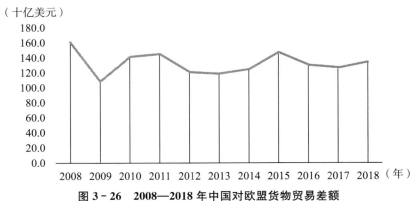

图 3 - 26　2008—2018 年中国对欧盟货物贸易差额

资料来源：根据 2008—2018 年《中国与欧洲国家贸易统计表》（中华人民共和国商务部）数据整理。

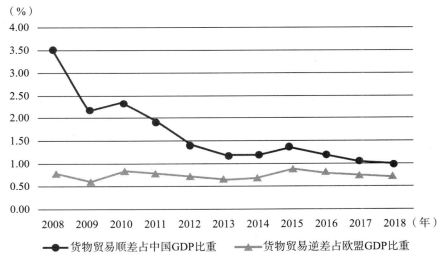

图 3 - 27　2008—2018 年中国与欧盟货物贸易差额占两国 GDP 比重

资料来源：根据 2008—2018 年《中国与欧洲国家贸易统计表》（中华人民共和国商务部）以及 WorldBank DATA GDP 数据整理与计算。

（二）服务贸易发展

2008—2018 年中国对欧盟服务贸易进出口总额整体上呈上升趋势（见表 3 - 10）。从 2008 年的 496.7 亿美元增长到 2018 年的 952.9 亿美元，中国与欧盟进出口总额增加了 456.2 亿美元，增长了接近 1 倍。中国与欧盟的服务贸易总额从 2009 年起快速增长，并在多个年份都超过了 10% 的年增长率（2010 年为 13.88%，2011 年为 12.62%，2013 年为 11.48%，2014 年为 10.48%，2015 年为 11.39%，2018 年为 10.05%）。

中国对欧盟的服务贸易出口额和进口额的变化情况类似，均整体呈上升趋势。其中，中国对欧盟的服务出口额从 2008 年的 233.3 亿美元上涨到 2018 年的 357.9 亿美元，增长超过 53.3%；中国对欧盟的服务进口额从 2008 年的 263.4 亿美元增长到 2018 年的 595 亿美元，上涨超过 125.8%。2018 年中国对欧盟的服务进口额增长速度远高于对欧盟的服务出口额增长速度，分别为 4.47% 和 13.71%。在中国与欧盟的服务贸易额中，我国进口额占比长期超过 50%，且不断上升，到 2018 年，这一比重已达到 62.44%。进口在中国和欧盟的服务贸易中扮演着重要角色。

表 3 - 10 　　　　　　2008—2018 年中国对欧盟服务贸易进出口额 　　　　单位：十亿美元

年份	进出口总额	出口额	进口额	累计比去年同期增减（%）		
				进出口	出口	进口
2008	49.67	23.33	26.34	/	/	/
2009	42.59	19.44	23.15	−14.26	−16.68	−12.11
2010	48.50	22.82	25.68	13.88	17.39	10.92
2011	54.62	24.60	30.02	12.62	7.78	16.92
2012	57.34	25.15	32.19	4.97	2.24	7.21
2013	63.92	27.82	36.10	11.48	10.61	12.17
2014	70.62	30.64	39.98	10.48	10.15	10.73
2015	78.66	31.34	47.32	11.39	2.29	18.37
2016	82.27	35.23	47.04	4.59	12.40	−0.59
2017	86.58	34.26	52.33	5.24	−2.76	11.23
2018	95.29	35.79	59.50	10.05	4.47	13.71

资料来源：根据 WTO DATA（Trade in commercial services）数据整理。

在服务贸易差额方面，由图 3 - 28 可以看出，中国一直保持着对欧盟的服务贸易逆差，且逆差值不断增大。从 2008 年的 30.1 亿美元持续增加到 2015 年的 159.8 亿美元，之后 2016 年有所回落，下降到 118.13 亿美元。随后又迅速上升，并在 2018 年达到 237.12 亿美元。从图 3 - 29 可以看出，2008—2018 年间中国对欧盟的服务贸易逆差占中国 GDP 的比重与货物贸易顺差占中国 GDP 的比重不断下降的变化趋势相反，从 2008 年的 0.066% 到 2018 年的 0.17%，中国对欧盟的服务贸易逆差占中国 GDP 的比重增长达到 166%。同期欧盟和中国的服务贸易逆差占欧盟 GDP 的比重变化趋势类似，从 2008 年的 0.0157% 到 2018 年的 0.126%，增长超过 700%。中国和欧盟的服务贸易差额占各自 GDP 的比重在 2018 年均超过 0.1%，但远小于其货物贸易占 GDP 的比重。

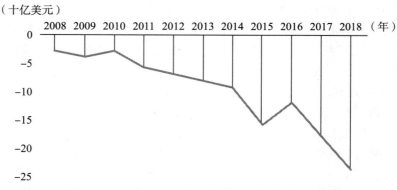

图 3 - 28　2008—2018 年中国对欧盟服务贸易差额

资料来源：根据 WTO DATA（Trade in commercial services）数据整理。

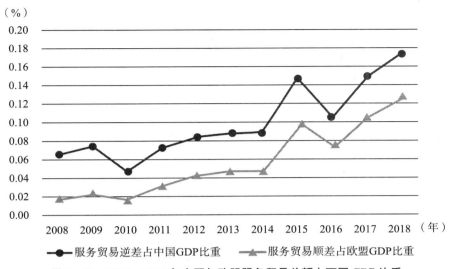

图 3 - 29　2008—2018 年中国与欧盟服务贸易差额占两国 GDP 比重

资料来源：根据 WTO DATA（Trade in commercial services）以及 WorldBank DATA GDP 数据整理与计算。

（三）进出口结构

1. 出口结构

从国别层面看，2018 年中国对欧盟各成员国出口额占中国对欧盟总出口额比重前十的国家分别为：德国（18.99%）、荷兰（17.81%）、意大利（8.1%）、法国（7.5%）、西班牙（6.1%）、波兰（5.1%）、比利时（4.17%）、捷克（2.9%）、瑞典（2.02%）、丹麦（1.78）（见图 3 - 30）。中国对这 10 个成员国的出口额总和达到了对欧盟总出口额的 74.46%，接近对欧盟总出口的 2/3。图 3 - 31 中展示了 2009—2018 年间中国分别对德国、荷兰、意大利、法国以及西班牙的出口额变化。可以发现，中国对这 5 个欧盟成员国的出口额整体呈上升趋势，其中对荷兰的出口增长最多且近年来增速最高，从 2009 年的 366.9 亿美元上涨到 2018 年的 732.89 亿美元，增长了接近一倍；对法国的出口上涨最少且近年来增速最低，从 2009 年的 214.63 亿美元上升到 2018 年的 308.47 亿美元，增长了 43.7%。

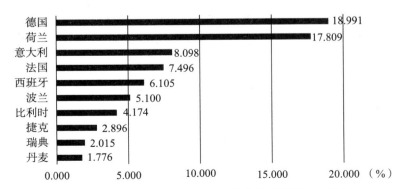

图 3 - 30　2018 年中国对欧盟出口前十的成员国出口额占比

资料来源：根据海关总署中国出口数据整理与计算。

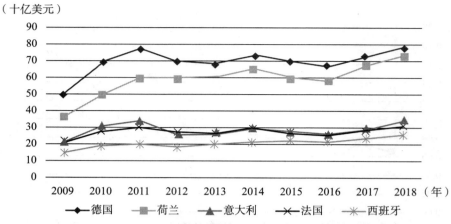

图 3 - 31　2009—2018 年中国对欧盟出口前五的成员国出口额
资料来源：根据海关总署中国出口数据整理与计算。

　　从产业层面看，图 3 - 32 为 2014—2018 年中国对欧盟货物贸易出口中各产业所占比重变化。可以发现，2014—2018 年间，在中国对欧盟的出口中，机电仪器和交通工具类出口额占总出口额比重始终最高，并且从 2014 年的 49％ 开始不断增长，到 2018 年达到 51.45％；其次是纺织鞋帽类，占比均超过 15％，但这一比重随着年份的变化逐渐下降，从 2014 年的 19.28％ 下降到 2018 年的 15.06％，降低了 4.22 个百分点；之后是化矿金属类，其占比围绕在 12％ 左右波动。除去特殊交易品及未分类商品（表 3 - 11 中的"其他"类），出口额占中国对欧盟总出口额比重最小的是农食产品类，仅在 2.2％ 附近波动；其次依次是木材纸张非金属类、橡塑皮革类、玩具钟表类。

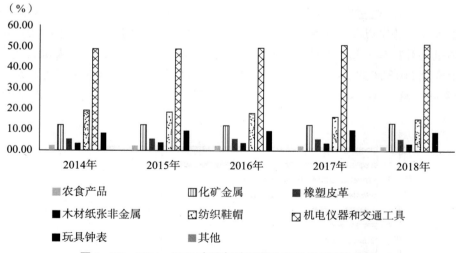

图 3 - 32　2014—2018 中国与欧盟货物贸易出口产业占比
资料来源：根据海关总署中国出口数据整理与计算。

　　2018 年中国对欧盟不同类别的货物出口额占中国对欧盟总出口额比重与中国对世界的该种产品出口额占中国总出口额比重的具体情况如表 3 - 11 所示。可以看出，中国对欧盟不同类别的产品出口额占对欧盟总出口额的比重分布与中国对世界该类产品出口额占中国总出口额的比重分布基本类似，但在具体数值上仍有所差异。在中国对欧盟出口的农食产品中，"食品；饮料、酒及醋；烟草、烟草及烟草代用品"的制品类最多，其出口额占中国对欧盟总出口额比重达到0.75%；其次是"活动物；动物产品"类别，占比为0.74%。在中国对欧盟出口的化矿金属类产品中，"贱金属及其制品"类出口额占中国对欧盟总出口额比重最大，达到6.62%；"天然或养殖珍珠，宝石或半宝石、贵金属、包贵金属及其制品；仿首饰；硬币"类出口额占比最小，仅为0.22%。在中国对欧盟出口的橡塑皮革类产品中，"塑料及其制品；橡胶及其制品"类出口额占中国对欧盟总出口额比重最大，为3.7%。在中国对欧盟出口的木材纸张非金属类产品中，"石料、石膏、水泥、石棉、云母及类似材料的制品；陶瓷产品；玻璃及其制品"类出口额占中国对欧盟总出口额比重最大，为1.85%。在中国对欧盟出口的纺织鞋帽类产品中，"纺织原料及纺织制品"类出口额占中国对欧盟总出口额比重最大，达到11.74%。在中国对欧盟出口的机电仪器和交通工具类产品中，"机器、机械器具、电气设备及其零件；录音机及放声机、电视图像、声音的录制和重放设备及其零件、附件"类出口额占中国对欧盟总出口额比重最大，高达43.67%，而"武器、弹药及其零件、附件"类出口额占比仅为0.01%。中国对欧盟出口的玩具钟表类产品中，"杂项制品"类出口额占中国对欧盟总出口额比重最大，为9.11%。

表 3 - 11　　　　　2018 年中国不同类别货物出口占总出口比重（%）

货物出口类别	占中国对欧盟总出口比重	占中国对世界总出口比重
农食产品	**2.11**	**3.10**
1. 活动物；动物产品	0.74	0.71
2. 植物产品	0.53	1.03
3. 动、植物油、脂及其分解产品；精制的食用油脂；动、植物蜡	0.09	0.04
4. 食品；饮料、酒及醋；烟草、烟草及烟草代用品的制品	0.75	1.32
化矿金属	**13.14**	**15.82**
5. 矿产品	0.85	2.05
6. 化学工业及其相关工业的产品	5.45	5.47
7. 天然或养殖珍珠，宝石或半宝石、贵金属、包贵金属及其制品；仿首饰；硬币	0.22	0.82
8. 贱金属及其制品	6.62	7.48
橡塑皮革	**5.48**	**5.50**
9. 塑料及其制品；橡胶及其制品	3.70	4.11
10. 生皮、皮革、毛皮及其制品；鞍具及挽具；旅行用品、手提包及类似品；动物肠线（蚕胶丝除外）制品	1.78	1.40
木材纸张非金属	**3.46**	**3.70**
11. 木及木制品；木炭；软木及软木制品；稻草、秸秆、针茅或其他编结材料制品；篮筐及柳条编结品	0.80	0.66

续前表

货物出口类别	占中国对欧盟总出口比重	占中国对世界总出口比重
12. 木浆及其他纤维状纤维素浆；纸及纸板的废碎品；纸、纸板及其制品	0.81	0.95
13. 石料、石膏、水泥、石棉、云母及类似材料的制品；陶瓷产品；玻璃及其制品	1.85	2.09
纺织鞋帽	**15.06**	**13.16**
14. 纺织原料及纺织制品	11.74	10.68
15. 鞋、帽、伞、杖、鞭及其零件；已加工的羽毛及其制品；人造花；人发制品	3.31	2.48
机电仪器和交通工具	**51.45**	**51.68**
16. 机器、机械器具、电气设备及其零件；录音机及放声机、电视图像、声音的录制和重放设备及其零件、附件	43.67	43.84
17. 车辆，航空器、船舶及有关运输设备	4.26	4.71
18. 武器、弹药及其零件、附件	0.01	0.01
19. 光学、照相、电影、计量、检验、医疗或外科用仪器及设备、精密仪器及设备；钟表；乐器；上述物品的零件、附件	3.51	3.12
玩具钟表	**9.12**	**6.84**
20. 杂项制品	9.11	6.84
21. 艺术品、收藏品及古物	0.01	0.01
其他	**0.17**	**0.19**
22. 特殊交易品及未分类商品	0.17	0.19

资料来源：根据海关总署中国出口数据整理与计算。

2. 进口结构

从国别层面看，2018 年中国对欧盟各成员国进口额占中国对欧盟总进口额比重前十的国家分别为：德国（38.83%）、法国（11.8%）、意大利（7.74%）、荷兰（4.5%）、爱尔兰（3.97%）、瑞典（3.27%）、西班牙（3.22%）、比利时（2.55%）、奥地利（2.53%）以及斯洛伐克（1.92%）（见图 3-33）。中国对这 10 个成员国的进口额总和超过了对欧盟总进口额的 80%。图 3-34 中展示了 2009—2018 年间中国分别对德国、法国、意大利、荷兰和爱尔兰的进口额变化。可以发现，中国对这 5 个成员国的进口额波动较为平稳，其中对德国的进口额逐年略微下降，从 2009 年的 437.2 亿美元下降到 2018 年的 388.27 亿美元，减少了 48.9 亿美元，降低了约 11 个百分点；对法国的进口保持在 109 亿美元左右波动，2009—2018 年间略微有所增长，进口额上涨了 15.8%；对意大利的进口保持在 80 亿美元左右波动，2018 年相较 2017 年下降了 7%，降低到 77.39 亿美元；对荷兰的进口近年来略微有所降低，从 2016 年的 46.75 亿美元下降到 2018 年的 44.98 亿美元；对爱尔兰的进口从 2009 年开始先下降，到 2014 年达到谷底 15.28 亿美元，后逐年上升，到 2018 年达到 39.70 亿美元，相较 2014 年增长超过 160％。

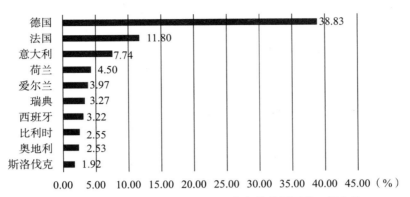

图 3 - 33　2018 年中国对欧盟进口前十的成员国进口额占比

资料来源：根据海关总署中国进口数据整理与计算。

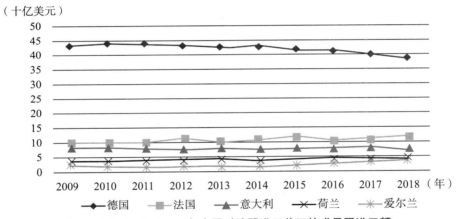

图 3 - 34　2009—2018 年中国对欧盟进口前五的成员国进口额

资料来源：根据海关总署中国进口数据整理与计算。

　　从产业层面看，图 3 - 35 为 2014—2018 年中国对欧盟货物贸易进口中各产业所占比重变化。可以发现，在中国对欧盟的进口中，机电仪器和交通工具类进口额占比始终最高，但有略微下降的趋势，从 2014 年的 63.12％减少到 2018 年的 58.61％，下降了 4.51 个百分点；其次是化矿金属类，从 2014 年的 20.89％不断上上到 2018 年的 24.17％；除去特殊交易品及未分类商品（表 3 - 12 中的"其他"类），进口额占中国对欧盟总进口额比重最小的是玩具钟表类，仅在 1％左右波动；其次依次是纺织鞋帽类、木材纸张非金属类、农食产品类以及橡塑皮革类。其中 2017 年以前，中国对欧盟的农食产品类进口占中国对欧盟总进口的比重一直低于橡塑皮革类进口占比，但农食产品类进口占比逐年上升，从 2014 年的 3.61％上升到 2018 年的 5.21％，并在 2018 年正式超过橡塑皮革类（5.11％）。

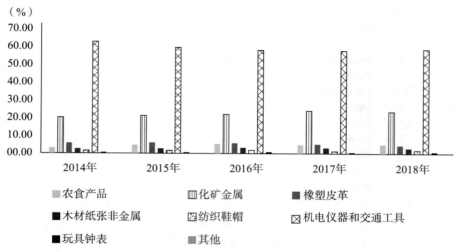

图 3-35   2008—2017 中国与欧盟货物贸易进口产业占比
资料来源：根据 WTO DATA（Merchandise trade values）数据整理与计算。

2018 年中国对欧盟不同类别的货物进口额占中国对欧盟总进口额比重与中国对世界的该种产品进口额占中国总进口额比重的具体情况如表 3-12 所示。可以看出，中国对欧盟不同大类的产品进口额占对欧盟总进口额的比重分布与中国对世界该类产品进口额占中国总进口额的比重分布基本类似，但在细分产业比重分布上仍存在差异。在中国对欧盟进口的农食产品类中，"食品；饮料、酒及醋；烟草、烟草及烟草代用品的制品类"最多，其进口额占中国对欧盟总进口额比重达到 3.19%，其次是"活动物；动物产品"类别，占比为 1.58%。而在中国对世界进口的农食产品类中，"植物产品"类占比最大，为 2.92%，其次才是"食品；饮料、酒及醋；烟草、烟草及烟草代用品的制品"类，占比为 1.38%。在中国对欧盟进口的化矿金属类产品中，"化学工业及其相关工业的产品"类进口额占中国对欧盟总进口额比重最大，达到 14%。而在中国对世界进口的化矿金属类产品中，"矿产品"类占比最大，高达 23%，远超过"化学工业及其相关工业的产品"类的 7.29%。在中国对欧盟进口的橡塑皮革类产品中，"塑料及其制品；橡胶及其制品"类进口额占中国对欧盟总进口额比重最大，为 3.86%。在中国对欧盟进口的木材纸张非金属类产品中，"木浆及其他纤维状纤维素浆；纸及纸板的废碎品；纸、纸板及其制品"进口额占中国对欧盟总进口额比重最大，为 1.94%。在中国对欧盟进口的纺织鞋帽类产品中，"纺织原料及纺织制品"类进口额占中国对欧盟总进口额比重最大，达到 1.88%。在中国对欧盟进口的机电仪器和交通工具类产品中，"机器、机械器具、电气设备及其零件；录音机及放声机、电视图像、声音的录制和重放设备及其零件、附件"类进口额占中国对欧盟总进口额比重最大，高达 30.91%，而"武器、弹药及其零件、附件"类进口额占比仅为 0.002 6%。中国对欧盟进口的玩具钟表类产品中，"杂项制品"类进口额占中国对欧盟总进口额比重最大，为 1.07%。

表 3 - 12　　　　　　　　**2018 年中国不同类别货物进口占总进口比重（％）**

货物出口类别	占中国对欧盟总进口比重	占中国对世界总进口比重
农食产品	**5. 21**	**5. 92**
1. 活动物；动物产品	1. 58	1. 38
2. 植物产品	0. 32	2. 92
3. 动、植物油、脂及其分解产品；精制的食用油脂；动、植物蜡	0. 12	0. 40
4. 食品；饮料、酒及醋；烟草、烟草及烟草代用品的制品	3. 19	1. 22
化矿金属	**24. 17**	**38. 96**
5. 矿产品	3. 43	23. 00
6. 化学工业及其相关工业的产品	14. 00	7. 29
7. 天然或养殖珍珠，宝石或半宝石、贵金属、包贵金属及其制品；仿首饰；硬币	0. 74	3. 66
8. 贱金属及其制品	6. 00	5. 00
橡塑皮革	**5. 11**	**4. 73**
9. 塑料及其制品；橡胶及其制品	3. 86	4. 30
10. 生皮、皮革、毛皮及其制品；鞍具及挽具；旅行用品、手提包及类似品；动物肠线（蚕胶丝除外）制品	1. 25	0. 43
木材纸张非金属	**3. 43**	**3. 19**
11. 木及木制品；木炭；软木及软木制品；稻草、秸秆、针茅或其他编结材料制品；篮筐及柳条编结品	0. 74	1. 17
12. 木浆及其他纤维状纤维素浆；纸及纸板的废碎品；纸、纸板及其制品	1. 94	1. 51
13. 石料、石膏、水泥、石棉、云母及类似材料的制品；陶瓷产品；玻璃及其制品	0. 75	0. 51
纺织鞋帽	**2. 25**	**1. 84**
14. 纺织原料及纺织制品	1. 88	1. 60
15. 鞋、帽、伞、杖、鞭及其零件；已加工的羽毛及其制品；人造花；人发制品	0. 36	0. 24
机电仪器和交通工具	**58. 61**	**44. 34**
16. 机器、机械器具、电气设备及其零件；录音机及放声机、电视图像、声音的录制和重放设备及其零件、附件	30. 19	33. 91
17. 车辆、航空器、船舶及有关运输设备	20. 98	5. 42
18. 武器、弹药及其零件、附件	0. 00	0. 00
19. 光学、照相、电影、计量、检验、医疗或外科用仪器及设备、精密仪器及设备；钟表；乐器；上述物品的零件、附件	7. 44	5. 01

续前表

货物出口类别	占中国对欧盟总进口比重	占中国对世界总进口比重
玩具钟表	**1.09**	**0.42**
20. 杂项制品	1.07	0.41
21. 艺术品、收藏品及古物	0.02	0.01
其他	**0.13**	**0.61**
22. 特殊交易品及未分类商品	0.13	0.61

资料来源：根据海关总署中国出口数据整理与计算。

二、贸易摩擦

（一）中欧贸易摩擦概况

随着全球经济下行压力的增大以及全球贸易保护主义的蔓延，中欧之间的贸易摩擦总体形势较为严峻。主要表现为贸易摩擦形式多样化、案件数量较多、涉及产品范围较广、涉案金额较大，钢铁行业成为中欧贸易摩擦频发的重点领域。中欧贸易摩擦的纠纷往往是欧盟主动挑起。欧盟一方面采取某些不符合 WTO 自由贸易原则的不合理措施，滥用多种形式的贸易壁垒来限制中国不同领域产品的出口，另一方面频繁发起对中国的贸易诉讼。

1. 反倾销

图 3-36 为中国与欧盟每年发起的反倾销案件调查数量变化情况。1981—2015 年间中国共对欧盟发起了 26 起反倾销案件调查，占中国发起的反倾销案件调查总数的 11.2%。共涉及产品种类 26 种，主要集中在化学工业及其相关工业类，如己二酸（Adipic Acid）、苯并呋喃醇 7-羟基或呋喃酚（Benzofuranol 7-Hydroxy or Furan Phenol）、邻苯二酚（Catechol）；贱金属及其制品类，如某些高性能不锈钢无缝管（Certain High-performance Stainless Steel Seamless Tubes）、某些铁或钢紧固件（Certain Iron or Steel Fasteners）。此外还涉及葡萄酒（Wines）、X 射线安全检查设备（X-Ray Security Inspection Equipment）等产品。

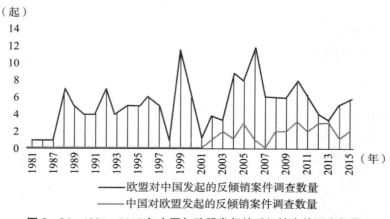

图 3-36 1981—2015 年中国与欧盟发起的反倾销案件调查数量

资料来源：根据 Global Antidumping Database 数据整理。

同期，欧盟对中国发起了161起反倾销案件调查，占欧盟发起的反倾销案件调查总数的20.67%，是中国对欧盟发起反倾销案件调查数量的6倍。共涉及产品种类高达153种，主要集中在机器、机械器具、电气设备及其零件；录音机及放声机、电视图像、声音的录制和重放设备及其零件、附件类，如某些阴极射线彩色电视图像管（Certain Cathode-Ray Colour Television Picture Tubes）、某些压缩机（Certain Compressors）；化学工业及其相关工业类，如三聚氰胺（Melamine）、谷氨酸一钠（Monosodium Glutamate）；贱金属及其制品类，如某些铝箔（Certain Aluminium Foil）、某些镁砖（Certain Magnesia Bricks）。此外还涉及鞋、帽、伞、杖、鞭及其零件；已加工的羽毛及其制品；人造花；人发制品类等产品。

2. 反补贴

1975—2015年间，中国共对欧盟发起了3起反补贴案件调查，接近中国发起的反补贴案件调查总数的一半。涉及产品包括马铃薯淀粉（Potato Starch）、太阳能级多晶硅（Solar Grade Polysilicon）和葡萄酒（Wines）3类。

同期，欧盟对中国发起了9起反补贴案件调查，仅占欧盟发起的反补贴案件调查总数的1/10。涉及产品共9类，包括太阳能玻璃（Solar Glass）、涤纶短纤维（Polyester Staple Fibres）、晶体硅光伏组件和关键组件（Crystalline Silicon Photovoltaic Modules and Key Components）、无线广域网调制解调器（Wireless Wide Area Networking（WWAN）Modems）等产品（见表3-13）。

表3-13　　　　　　　　　　　中国与欧盟反补贴案件涉及产品具体类别

中国对欧盟反补贴案件涉及产品	欧盟对中国反补贴案件涉及产品
Potato Starch	Bicycles
Solar Grade Polysilicon	Certain Filament Glass Fibre Products
Wines	Certain Organic Coated Steel Products
	Coated Fine Paper
	Crystalline Silicon Photovoltaic Modules and Key Components
	Polyester Staple Fibres
	Solar Glass
	Stainless Steel Cold-rolled Flat Products
	Wireless Wide Area Networking（WWAN）Modems

资料来源：根据 Global Countervailing Duties Database 数据整理。

3. TBT/STC 与 SPS/STC 措施

图3-37为中国与欧盟 TBT/STC 和 SPS/STC 措施实施数量发展情况。1999—2018年间，中国实施的 TBT/STC 措施中涉及欧盟的数量共有30条，占了中国实施的 TBT/STC 措施总数的1/4。欧盟实施的 TBT/STC 措施中涉及中国的数量共有51条，超过了欧盟实施的 TBT/STC 措施总数的72.85%。

同期，中国实施的 SPS/STC 措施中涉及欧盟的数量共有10条，接近中国实施的 SPS/STC 措施总数的1/3。欧盟实施的 SPS/STC 措施中涉及中国的数量也为10条，占欧盟实施的 SPS/STC 措施总数的 10.87％。

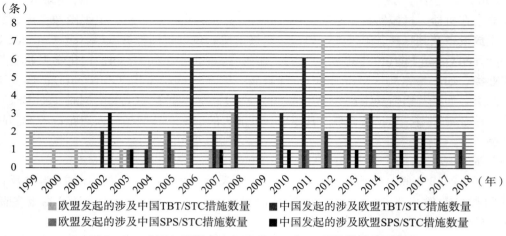

图 3-37　中国与欧盟 TBT/STC 和 SPS/STC 措施数量发展情况

资料来源：根据 Integrated Trade Intelligence Portal 数据整理。

（二）诉诸到 WTO 的贸易争端案件

截至 2019 年 8 月，WTO 涉及中国与欧盟的贸易争端案件共有 406 件。其中，中国作为起诉方时，欧盟作为被起诉方的案件共有 5 起，欧盟作为第三方（third party）间接参与的案件共有 10 起；欧盟作为起诉方时，中国作为被起诉方的案件共有 9 起，中国作为第三方间接参与的案件共有 25 起。具体案件相关信息见表 3-14。可以发现，中国与欧盟直接发生的 WTO 贸易争端案件中，中国作为起诉方基本取得胜诉，而中国作为被起诉方时则仅有 1 起胜诉，其余有 5 起败诉。相较于欧盟，中国还缺乏对贸易争端案件的解决策略和实践，以及对 WTO 贸易争端机制的成熟运用。

表 3-14　　　　　　　　　中国与欧盟直接发生的 WTO 贸易争端案件

中国作为起诉方			
案件编号	案件名称	磋商启动时间	案件状态
DS397	中国诉欧盟对中国钢铁紧固件的最终反倾销措施案	31/7/2009	中国胜诉
DS405	中国诉欧盟某些鞋类的反倾销措施案	4/2/2010	中国胜诉
DS452	中国诉欧盟和某些 WTO 成员某些影响可再生能源发电行业发展措施案	5/12/2012	处于磋商阶段
DS492	中国诉欧盟对某些家禽肉制品造成影响的关税减让措施案	8/4/2015	和解结案
DS516	中国诉欧盟与价格比较方法有关的措施案件	12/12/2016	暂停
中国作为被起诉方			
案件编号	案件名称	磋商启动时间	案件状态
DS339	欧盟诉中国影响进口汽车零部件措施案	30/3/2016	中国败诉

续前表

中国作为被起诉方			
案件编号	案件名称	磋商启动时间	案件状态
DS372	欧盟诉中国影响金融信息服务和外国金融信息服务提供者的措施案	3/3/2008	撤回/终止
DS395	欧盟诉中国与原材料出口相关措施案	23/6/2009	中国败诉
DS407	欧盟诉华对某些钢铁紧固件的临时反倾销税案	7/5/2010	中国胜诉
DS425	欧盟诉中国 X 射线安全检查设备反倾销案	25/7/2011	中国败诉
DS432	欧盟诉中国与稀土、钨、钼出口有关措施案	13/3/2012	中国败诉
DS460	欧盟诉中国高性能无缝钢管反倾销措施争端案	13/6/2013	中国败诉
DS509	欧盟诉中国关于某些原材料出口的关税和其他措施案	19/7/2016	专家组已成立
DS549	欧盟诉中国技术转移的若干措施案	1/6/2018	处于磋商阶段

资料来源：根据 WTO Dispute Settlement 官网数据整理。

第四节　中欧贸易摩擦及对中欧贸易影响

一、中欧贸易摩擦产生原因

（一）中国对欧盟贸易的持续顺差

中国和欧盟一直维持着良好经贸关系，双方互为重要的贸易伙伴。自 2001 年加入 WTO 后，中国对欧盟出口迅猛增长，2015 年中国已成为欧盟最大进口来源国。2018 年，欧盟继续保持为中国的第一大贸易伙伴，与中国货物与服务贸易总额达到 7 774.5 亿美元，其中欧盟对中国的货物贸易逆差达到 1 351 亿美元，占中欧贸易总额的 17.38％。2008 年，中国对欧盟的货物贸易顺差额为到 1 601.69 亿美元，达到历史最高值。2006—2018 年间，中国持续保持对欧盟的货物贸易顺差，虽然每年的顺差额有所波动，但均超过了 1 000 亿美元。

从 2003 年的 190.9 亿美元上升到 2018 年的 1 351 亿美元，中国对欧盟贸易顺差额不断扩大，16 年间增长超过 7 倍。伴随着对华贸易逆差的持续上涨，一方面，中欧贸易往来增多直接导致产生纠纷与摩擦的概率不断增大；另一方面，欧盟为了缓解中欧双边贸易出现的利益失衡，维持其内部经济的发展，选择频繁对中国发起贸易救济调查，导致中欧贸易摩擦加剧。

（二）双边贸易结构不均衡

欧盟对中国出口的主要优势集中在高科技产业上，中国对欧盟的出口则主要以劳动密集型产业为主。2018 年，中国出口到欧盟的产品主要是机电仪器和交通工具类、纺织鞋帽类、化矿金属类以及玩具钟表类，其出口金额分别 514.5 亿美元、150.57 亿美元、131.42 亿美元，共占中国对欧盟总出口的 85.02％。因为欧盟劳动密集型产品的成本较高，与之相比中国的劳动密集型产品具有明显的价格优势，所以中国对欧盟大量的劳动密集型产品出口将给欧盟市场带来巨大冲击。在这一背景下，欧盟势必选择利用多种贸易壁垒限制来自中国的进口。同时，双边贸易结构的不均衡还带来了中欧双边贸易地位的不对等，具体而言即中国对欧盟市场的依赖性高于欧盟对中国市场的依赖性，从而加剧了中国对欧盟的出口产品遭受欧盟制裁的情况。

（三）欧盟内部发展不平衡以及不断加剧的贸易保护主义

欧盟成员国涉及多个处于不同发展进程的国家，既有经济发达的国家，例如德国、法国，也有大量仍处于发展中的国家，例如爱沙尼亚、拉脱维亚。成员国发展水平的巨大差距使得欧盟内部发展不平衡的问题天然存在。同时，体制与经济运行情况的差别也使得欧盟各成员国的利益诉求存在差别，导致欧盟内部难以达成一致目标，例如自从欧洲主权债务危机（简称欧债危机）爆发以来，在欧盟改革、难民问题和法治与价值观等问题上，西欧和南欧国家存在深刻分歧，欧盟内部矛盾也日趋尖锐化。发展的不平衡直接导致欧盟各成员国对于与中国贸易的利益诉求和态度立场存在差异，从而导致中欧贸易摩擦的频发。例如西欧和南欧国家内部仍有大量劳动密集型产业，会受到来自中国的劳动密集型进口产品的巨大冲击，因此这些国家希望欧盟能对其传统产业实行贸易保护。而北欧国家、德国等成员国由于与中国的贸易具有较为明显的互补性，在与中国的贸易中获利更多，从而在一定程度上不赞同欧盟与中国产生贸易摩擦。因此在欧盟与中国发生贸易摩擦时，协调不同成员国的利益将耗费大量时间，这也将对中欧贸易摩擦的解决进程造成阻碍。

与此同时，在全球经济疲软的大背景下，内部发展的不平衡以及欧债危机的发生，使得欧盟的贸易保护主义不断加剧。这也导致欧盟为了保护本国产业发展而采取各种贸易救济限制来自中国的进口，从而招致中欧贸易摩擦的发生。

（四）中国企业缺乏应对贸易摩擦的经验

贸易摩擦高昂的应诉成本、长时间的应诉流程，以及搭便车心理的存在，导致很多缺乏经验的中国企业对贸易摩擦直接选择放弃应诉。中国在面对与欧盟的贸易摩擦时由于应诉不力往往失败，从而导致国内产业受到损害。同时，由于缺乏对海外市场信息掌握的及时性和充分性，中国企业在面对贸易摩擦时，容易由于信息的时滞性导致未能及时转变、修改出口策略，从而遭受不必要的损失。此外，中国的行业协会组织建设尚不完善，政府支持难以到位等问题也使得中国企业在面对欧盟发起的贸易摩擦时，难以获取相应的帮助，应诉能力进一步被削弱，在中欧贸易摩擦发生时占据弱势，从而助长了欧盟对中国出口的贸易限制措施，进而产生更多的贸易摩擦。

二、中欧贸易摩擦的影响

中欧贸易摩擦涉及的贸易限制措施多样，国家和地区范围广，产品种类丰富，因此中欧贸易摩擦的影响是非常复杂的，不仅会对双方各自的经济运行产生影响，而且会对双方贸易关系产生较大影响。

（一）对中国的影响

首先，中欧贸易摩擦对中国最直接的影响就是阻碍了中国产品对欧盟的出口。欧盟针对中国采取的贸易限制措施导致中国出口产品的成本上升，价格优势难以保持，从而在与欧盟市场本土同类产品竞争时优势不复存在，在欧盟市场的占有率下降。部分产品还可能会由于过高的成本导致的竞争力丧失，不得不选择直接退出欧盟市场。

其次，中欧贸易摩擦给中国出口企业发展带来压力和机遇。欧盟通过不断对我国产品增加技术性贸易壁垒这种以技术面目出现、披着合法的外衣的、十分隐蔽的非关税壁垒，导致我国企业出口环境不断恶化。加之近年来，随着我国劳动力成本的上升以及原材料价格的上涨，出口企业成本优势已不复存在。同时，中欧贸易摩擦带来的连锁效应使得在欧盟对中国某一产品实施贸易限制后，一方面，其他国家或地区也会模仿，从而对中国该产品同样实施贸易限制。例如 2009 年欧盟启动对华紧固件的反倾销调查并做出肯定性终裁，在欧盟的影响下，俄罗斯、加拿大等国也纷纷效仿，相继发起对中国相关产品的调查。另一方面，欧盟还会继续对中国其他类产品实施贸易限制措施。例如 2013 年，继欧盟对中国光伏电池组发起双反后，其又对原产于中国的太阳能玻璃进行反倾销案件调查和反补贴案件调查。这些都将给我国遭受贸易摩擦的行业的出口企业来巨大压力。[①] 但这样的压力也会给中国出口企业带来调整升级的动力，淘汰成本高、技术水平低、管理差的出口企业，激励富有竞争性的出口企业进一步发展提升。

在就业方面，中欧贸易摩擦不仅会影响中国就业人员总量，还会影响就业结构。中欧贸易摩擦主要集中发生于我国劳动密集型产业，一方面，遭遇贸易摩擦的劳动密集型产业出口受到限制，在欧盟市场中的占有份额下降，从而导致出口企业效益遭受损失，企业经济状况恶化，甚至倒闭。另一方面，欧盟发起的贸易限制措施造成我国劳动密集型产品出口成本上升，价格优势丧失，从而会使得我国出口企业不得不缩减生产规模，降低产量。这都将带来相关产业失业率的直线上升，也会间接导致与遭受贸易摩擦产业相关联的上下游产业失业率的攀升。但与此同时，劳动密集型就业人员的减少，也将促使我国就业结构做出相应调整。如果能有效引导劳动密集型行业的低技能工人向中高技术人员转变，将对我国的产业结构升级起极大促进作用。

在国内消费方面，中欧贸易摩擦可能会对我国消费者利益产生损害。随着经济全球化的快速发展，世界市场逐渐成为一个全球市场，当中国出口企业遭遇欧盟的贸易限制措施从而不得不减少出口时，其只能返销给本国市场。为了弥补损失，企业将把相关费用通过加价的方式转移给国内消费者，使得消费者的利益受到损害，并对国内产品市场稳定和相关产业发展造成不良影响。

（二）对欧盟的影响

欧盟通常是中欧贸易摩擦中的胜诉方。首先，中欧贸易摩擦对欧盟最显著的影响就是保护了欧盟相关产业和企业的利益。欧盟利用贸易限制措施将来自中国的进口产品在欧盟市场中的份额降低、价格优势削弱，将为欧盟内部相关产品制造商带来直接利好，提升欧盟本土企业市场份额与竞争力，保护本土产业和企业免于遭受与来自中国的低价进口产品的直接冲击。

然而，贸易限制措施对欧盟相关产业和企业的保护反过来在一定程度上也会产生不良影响。欧盟受到贸易保护的主要对象是其传统产业，一方面，来自中国的进口冲击减

---

① 孙静．中欧贸易摩擦的影响和对策分析［D］．北京：外交学院，2014．

少，会培养欧盟传统产业的惰性，不利于其竞争力的增强；另一方面，欧盟传统产业生产所用到的中国进口产品价格的上升，会带来企业生产成本的增加，对相关企业和产业造成压力。并且，这种压力还会受产业之间关联性的影响，向其他产业扩散。

其次，中欧贸易摩擦不仅有助于保持欧盟在中欧贸易中的优势地位，还能有效缓解欧盟内部矛盾。不同于中国，欧盟在解决贸易摩擦方面富有经验，往往可以灵活利用各项相关法规、条例在与中国的贸易摩擦中占据主动权，实现自身利益最大化。欧盟在中欧贸易摩擦中的频繁胜出，极大地保障了欧盟在中欧贸易中的地位和话语权。在这一背景下，欧盟通过对中国发起贸易摩擦，在转移欧盟内部矛盾的同时，也为各成员国争取了一定的利益，从而有利于缓解欧盟的内部压力。

在就业方面，由于欧盟各国经济增长相对缓慢，以及生产要素成本不断上涨，欧盟就业形势不容乐观。随着中欧贸易摩擦的频发，欧盟相关产业将面临较大的生存压力，可能会为已经十分严峻的就业形势雪上加霜。

在消费方面，与中国类似，中欧贸易摩擦也可能对欧盟内部消费者造成损害。由欧盟发起的贸易限制措施造成的来自中国进口产品数量的减少以及价格的提升，最终将导致欧盟消费者无法以低廉的价格获取相关产品，导致消费支出增多。同时，由于竞争下降，欧盟本土相关产品价格也将上涨，从而对消费者的利益造成进一步损害，进而对市场稳定和相关产业发展造成阻碍。

（三）对中欧贸易关系的影响

中国和欧盟贸易往来日渐频繁，经贸合作也逐年增加。尽管随着中欧贸易额的增长，中欧贸易摩擦涉案份额所占比重并不大，但是不可否认越来越多的贸易摩擦对中欧正常的经贸关系的持续发展造成了阻碍。在贸易方面，频发的贸易摩擦带来的贸易限制措施的增加，给双方的进出口都带来了不便，不仅增加了贸易成本，还对双方相关产业的健康发展造成了损害，使得双方进行贸易的难度加大。在交流方面，愈演愈烈的贸易摩擦正在削弱中欧双方对彼此的信任程度，尤其是欧盟单方面发起的数量大、涉及范围广的贸易摩擦更是令人对欧盟与中国合作的诚意产生怀疑。经济和政治从来不是隔离开来的，欧盟作为中国的全面战略伙伴，频繁对中国发起贸易摩擦，也可能将对双方的政治关系的稳定发展造成阻碍。

三、我国应对中欧贸易摩擦的政策建议

（一）积极开展经济外交，争取市场经济国家地位

尽管 2001 年加入 WTO 意味着我国将无条件享受"最惠国待遇"，但实际上我国依然面临包括欧盟在内的 WTO 成员方对我国采取的过渡期"特殊待遇"：一是"非市场经济国家"待遇，二是过渡性特定产品保障机制。这意味着，一旦我国企业遭遇反倾销等诉讼，反倾销发起国可以任意选择替代该国产品的成本数据计算正常价值，从而导致倾销的幅度往往被高估，倾销诉讼容易成立，造成相关企业的损失。因此我国必须积极争取我国的市场经济地位被承认。我国可以通过积极开展经济外交，在于欧盟整体进行沟通的同时，增进与欧盟各成员国的联系，正面宣传与压力并施，促使我国的市场经济地位受到承认。

（二）推动产业结构升级，优化对欧出口结构

目前中欧贸易不均衡是双方产生贸易摩擦的重要原因之一，中欧贸易摩擦几乎涉及了所有行业。我国需要加快产业结构升级，逐步淘汰生产效率低、成本高昂的劳动密集型企业，促进技术密集型产业发展。同时，政府需要制定合理的相关政策，引导、鼓励我国资本密集型和技术密集型产业的出口，从而带动我国对欧盟的出口结构的升级，增加中欧贸易的互补性。

（三）健全贸易摩擦应对机制，建立预警机制

我国目前的贸易摩擦应对机制尚未完善，主要缺乏贸易摩擦预警及快速反应机制。相关部门可以一方面积极跟踪收集我国重要出口产业的相关国际大环境数据，另一方面及时注意各主要进口国政府相关的经济政策动向，一旦发现其可能实施贸易保护措施，应积极通知相关行业和企业，并组织企业进行相应调整，从而提早规避贸易摩擦的发生。此外，政府相关部门还应该向相关出口行业和企业做好政策信息的宣传工作，帮助各方及时了解最新的贸易救济法规和相关贸易措施，并在相关企业和行业提出贸易救济申请的时候，积极配合，尽力维护我国企业和行业的利益。

（四）加强行业协会建设，提升企业应对贸易摩擦能力

与政府相比，行业协会在一定程度上能够更加有效地处理企业面对的问题和困难。一方面，行业协会应该加强自身建设，组织专门人员对欧盟贸易摩擦规定进行学习、研究，总结经验与教训，真正发挥行业利益代言人的作用，当贸易摩擦发生时，作为我国贸易争端诉讼和谈判的主体，更好地维护相关行业和企业的利益。另一方面，企业也应不断加强产品质量管理，以高质量的产品参与国际竞争；同时不断提升技术水平和生产效率，降低生产成本，提升竞争力。此外，企业作为应对贸易摩擦的主体，应该熟悉 WTO 规则以及相关贸易壁垒措施条例，提升对贸易摩擦的应对能力，在摩擦发生时摆脱被动地位。

第四章 东亚经济运行与
中国-东亚贸易发展

第一节 东亚经济运行状况

一、日本经济运行

(一) GDP 及增长率变动情况

从图 4-1 可以看出，近 11 年来，日本经济增长整体较为缓慢。由于全球经济危机的影响，日本在 2008、2009 两个年度出现负增长。2011 年，由于受到日本地震及由此造成的福岛核电站泄漏事故的影响，2011 年度也出现小幅度的负增长。除 2010 年度实现超过 4% 的增长率外，2012 年至 2018 年 GDP 增长率都位于 0~2% 区间内。2018 年，日本 GDP 总量为 534.4 万亿日元，增长率仅为 0.811%，不超过 1%，较 2017 年 GDP 增长率有下滑的趋势。2018 年由于受内需疲软、全球贸易紧张、自然灾害等因素影响，日本经济复苏态势缓慢。据 IMF 预测，日本经济 2019 年预计增长 1%。之所以较 2018 年 10 月预期增长率有所提升是因为日本今年有额外的财政支持，包括用于缓解 2019 年 10 月上调消费税计划所造成的负面影响。

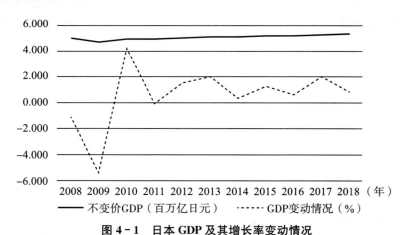

图 4-1 日本 GDP 及其增长率变动情况

(二) 失业率及 CPI 变动情况

从图 4-2 中可以看出，日本自 2010 年以来，失业率一直保持下降趋势。在 2017 年，日本失业率为 2.8%，近年来第一次跌破 3% 大关，就业形势整体向好。日本受人口老龄化影响，劳动力供给不足，但是日本政府积极出台相关政策，积极开展劳动力市场改革。这些措施旨在提高收入和劳动效率，改善育儿环境，促进女性及老人就业。这些举措促使短期劳动力市场改革成效显现，2018 年日本失业率仍维持较低水平。

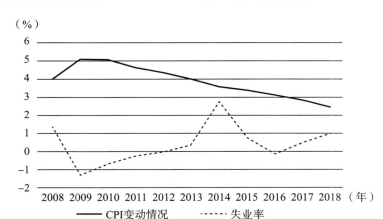

图 4-2　是日本近 11 年来失业率及 CPI 变动的统计情况

就 CPI 来看，自 2013 年以来，通货紧缩状况虽然有所改善，CPI 增长率在大多数年份为正，但是除 2014 年超过 2% 以外，其余年份皆不超过 1%。这说明"安倍经济学"通过扩大货币供给避免通货紧缩风险的意图效果可能并不理想。

日本时任首相安倍于 2012 年 12 月 26 日正式上台，2013 年 4 月就出台"安倍经济学"三支箭，即大胆的货币政策、灵活的财政政策、吸引民间投资的增长战略，政策目标主要是摆脱通缩，刺激经济增长。2015 年 9 月以后，"安倍经济学"开始进入第二阶段，也即"新三支箭"，具体包括实现强大的经济，改善年轻人的待遇和稳定就业，延长健康寿命和完善养老看护环境。货币政策上，从 2016 年 2 月开始实行负利率政策；财政政策上，仍然决定扩大积极财政政策；劳动和就业政策上，主张同工同酬等。

（三）贸易情况

图 4-3 反映了日本 2009 年至 2018 年对外贸易及对华贸易情况。由图中可以看出，由于受全球经济危机的影响，日本 2009 年对外贸易总额处于一个较低的水平，为 11 327 亿美元。随着经济不断复苏，日本对外贸易总额在 2012 年达到近 10 年来的峰值，总额为 16 847 亿美元，较 2009 年增长近 49%。但在 2013 年至 2015 年，日本对外贸易总额出现明显的下滑趋势，同时，日本贸易逆差也呈现扩大的趋势，这主要是由于"安倍经济学"推行，日本实行量化宽松的货币政策。日元贬值，使得进口商品相对价格上升，日本对进口商品的需求减少；同时，日元贬值虽然改善了日本企业出口的贸易条件，增强了产品的竞争力，但是日本出口增长的速度低于日元贬值的速度，导致以美元计算的日本对外出口额大幅缩水。自 2015 年至今，受世界经济复苏加快、外部需求回升以及主要贸易对象国经济增长拉动等影响，日本对外贸易总额呈现上升的趋势。一是全球经济大环境复苏促进出口增长。2017 年世界经济呈现加快复苏态势，美国经济表现良好，欧洲政局不确定性因素得以缓解，以中国为代表的新兴经济体及其他亚洲国家经济增速稳中有升。二是外部需求回暖助推出口增长。全球需求尤其是对科技相关产品的需求回升，以及日本对欧亚半导体和汽车配件等出口大幅增长。三是国内需求改善拉动进口增长。随着投资和消费有所回暖，日本经济正在逐步转入自主恢复的轨道，并且原油、天然气等能源价格稳定在较低

水平，利好日本能源进口。

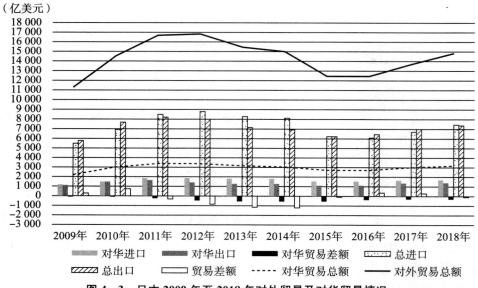

图 4－3　日本 2009 年至 2018 年对外贸易及对华贸易情况

从贸易逆差角度来看，日本在 2011 年出现贸易逆差，并且连续几年呈现扩大的趋势，这主要是因为 2011 年日本发生地震以及由此引起核电站停运，导致日本能源需求都依赖进口。直到 2015 年贸易逆差状况才有所改善，这主要是因为随着宽松货币政策效应的显现，带动了出口数量的上升。并且，由于国际大宗商品价格持续走低，尤其是国际原油价格大幅下滑，日本原油和液化天然气进口额减少，贸易逆差情况得以改善。

2018 年，中日商品贸易总额达到 3 177 亿美元，中国成为日本第一大贸易伙伴国，美国、韩国分别位列第二、第三。由图 4－3 可以看出，日本对华贸易总额在 2013 年至 2015 年曾经连续下滑，并且对华贸易逆差也扩大，除了日元贬值导致贸易额下滑以外，还有不可忽视的政治因素。自 2012 年安倍上台以来，安倍政府不断在政治上挑衅中国，由原先的"政冷经热"变为"政冷经冷"，严重影响中日经贸关系。

二、韩国经济运行

（一）GDP 及增长率变动情况

图 4－4 显示了韩国 2008 年至 2017 年不变价 GDP 及其变动情况。受全球经济危机的影响，韩国 GDP 增长率在 2009 年不足 1％，但是，2010 年 GDP 增长率就超过 6％，这是自 2002 年（2％）以来的最高值，据韩国央行表示，这主要归功于出口利好和制造业的生产及设备投资活跃。另外，2009 年较低的增长率也起到了基数效应的作用。2013 年至 2017 年，韩国 GDP 增长率在 3％上下浮动，经济运行较为平稳。

（二）失业率及 CPI 变动情况

图 4－5 显示了韩国 2008 年至 2017 年 CPI 及失业率变动情况。韩国失业率较为稳定，近 10 年的失业率维持在 3％～4％之间，这有利于韩国经济稳定发展。而韩国 CPI 变动较

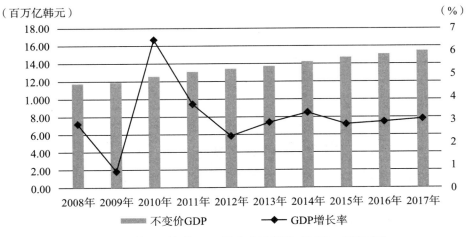

图 4 - 4　韩国不变价 GDP 及其变动情况（2008—2017 年）

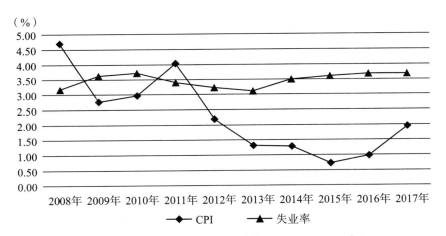

图 4 - 5　韩国失业率及 CPI 变动情况（2008—2017 年）

为剧烈，自 2008 年以来，韩国 CPI 总体呈现下降趋势，甚至一度在 2015 年跌落至 0.71%。2016 年至 2017 年 CPI 增长率有所回升，但也不足 2%。韩国通货膨胀率较低从供给端来看，可能与农产品和石油价格走低有关；从需求端来看，可能与国内需求增长放缓有关。韩国家庭债务率处于较高水平，韩国央行统计资料显示，2017 年 10 月韩国家庭信贷总额达到 962.26 万亿韩元。长期的低息政策导致流动性泛滥，不动产（住房）价格不断上涨是家庭负债不断增加的主要原因。长远来看，家庭负债会造成民间消费萎缩，不利于金融稳定和经济增长。

三、中国香港及台湾经济运行

（一）GDP 及增长率变动情况

图 4 - 6 显示了香港、台湾 2009 年至 2018 年 GDP 及增长率变动情况。香港、台湾两地 GDP 在 2009 年全球经济危机时都经历了负增长，但是很快就从经济危机中恢复过来，

在 2010 年保持较高的 GDP 增长率。在近几年，两地 GDP 增长率大都维持在 2%～4% 之间，经济增长较为稳定。2018 年，香港不变价 GDP 总额约为 26.6 千亿港元，GDP 增长率为 3%；台湾不变价 GDP 总额为 16.8 万亿新台币，GDP 增长率为 2.63%。

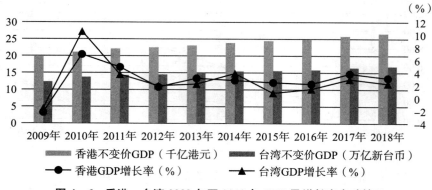

图 4-6 香港、台湾 2009 年至 2018 年 GDP 及增长率变动情况

（二）失业率及 CPI 变动情况

图 4-7 反映了香港、台湾 2009 年至 2018 年失业率及 CPI 变动情况。两地失业率自 2009 年以后呈现明显的逐年下降趋势，并且香港的失业率一直低于台湾。2018 年香港地区失业率为 2.8%，创近 10 年最低水平，就业形势继续向好。2018 年台湾地区失业率为 3.76%，虽然也是近 10 年的最低水平，但依然是一个相对较高的水平。据台湾行政当局"主计总处"公布，台湾 2018 年失业率是近 18 年来最低的水平，其中 20 岁至 24 岁年轻人失业率超过 10%，居各年龄层之首。全球经济成长放缓、全球贸易摩擦加剧和台湾本地经济等影响，很有可能会波及就业市场。

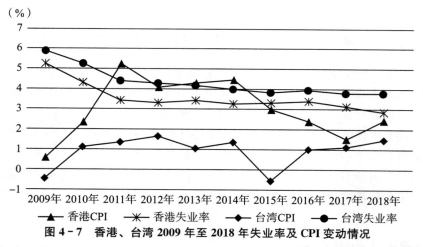

图 4-7 香港、台湾 2009 年至 2018 年失业率及 CPI 变动情况

近 10 年来，台湾地区通货膨胀一直处于一个较低的水平，即使 CPI 最高水平也不会超过 2%。相比来说，香港地区通货膨胀水平整体要高于台湾地区，自 2011 年以来，香港地区通货膨胀水平总体呈现下降趋势。

（三）香港贸易情况

图 4-8 显示了香港 2009 年至 2018 年对外贸易及对内地贸易情况。香港在 2009 年至 2013 年，4 年间对外贸易总额平均增长率为 17.5%，在经济危机后贸易增长率保持较高水平。但是 2014 年至 2016 年，香港对外贸易总额呈现明显的下降趋势。与此同时，香港对内地贸易总额也呈现相同趋势。香港 2014 年发生非法"占中"事件，对于作为香港支柱产业的旅游业、对外贸易产生较大冲击；由于内地自贸区的建立，香港转口贸易流失，这一定程度上削弱了香港自由港的地位。

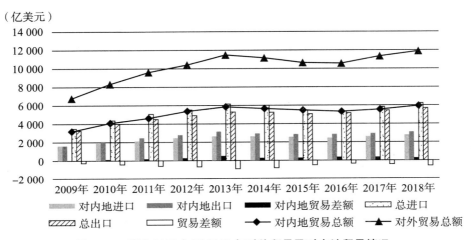

图 4-8 香港 2009 年至 2018 年对外贸易及对内地贸易情况

2017、2018 两年香港对外贸易总额及对内地贸易总额都呈现上升趋势。2018 年，各项数值显示香港近 10 年贸易都呈逆差状态，其中 2014 年逆差总额达 862 亿美元，为近 10 年来最高水平；2018 年，香港对外贸易逆差达 582 亿美元。但是近 10 年香港对内地贸易一直呈现顺差状态，2018 年香港对内地贸易顺差为 333 亿美元。

四、东盟国家经济运行

（一）GDP 及增长率变动情况

图 4-9 显示了 2008 年至 2017 年东盟 GDP 变动情况。从图中可以发现，2009 年以后东盟从全球经济危机中强势复苏，2010 年东盟整体 GDP 增长率接近 25%；但 2010 年以后东盟整体经济增长率连续 5 年下滑，甚至在 2015 年出现负增长，东盟十国 2015 年 GDP 增长率为 −4.7%，东盟五国为 −3.4%；2016、2017 两年东盟经济体呈现复苏迹象，东盟十国 2017 年 GDP 总额为 3.1 万亿美元，增长率为 5.6%，东盟五国 2017 年 GDP 总额为 2.4 万亿美元，增长率为 7.6%。

近 10 年，东盟五国 GDP 总量占东盟总体 GDP 的比重维持在 75% 左右，2017 年东盟五国 GDP 占比高达 78%。东盟五国经济发展对东盟总体具有重要影响，二者之间的经济增速一致性也较强。

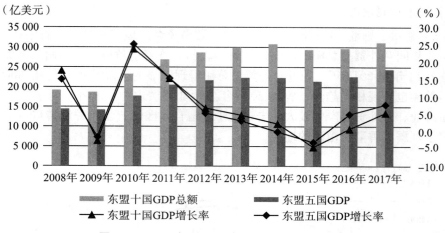

图 4-9 2008 年至 2017 年东盟 GDP 变动情况

（二）贸易情况

图 4-10 显示了 2008 年至 2016 年东盟对华贸易情况。近年来，东盟与中国贸易发展速度较快，2010 年中国-东盟自由贸易区（CAFTA）成立以后，双边贸易总额增长了近50%，2016 年双边贸易总额达 3 682 亿美元，这说明中国-东盟自由贸易区对中国与东盟的双边贸易产生了良好的促进作用。由图中可以看出，2008 年至 2016 年东盟对中国的贸易都处于逆差状态，并且在 2011 年以后逆差有逐渐扩大的趋势，东盟国家对华进口增速快于对华出口增速，这反映了东盟国家对中国商品的需求，说明中国-东盟自由贸易区对中国企业对东盟的出口有更加显著的促进作用。

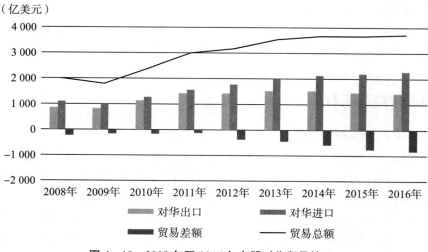

图 4-10 2008 年至 2016 年东盟对华贸易情况

第二节 东亚贸易壁垒的使用情况

一、印度尼西亚

本节内容以反倾销措施为例，分析东亚贸易壁垒的使用情况。

通过对世界银行临时贸易壁垒数据库（Temporary Trade Barriers Database）中反倾销数据的整理可知，截至 2015 年，在东亚国家中，印度尼西亚共发起 131 起反倾销调查。图 4-11 展示了 1996—2015 年印度尼西亚发起的反倾销调查数量。印度尼西亚几乎每年都会发起反倾销调查，而 2013 年发起的反倾销案件数量高达 14 起，其中对中国发起 3 起调查，涉及领域有 Spin Draw Yawn（SDY）、Drawn Textured Yarn（DTY）、Partially Oriented Yarn（POY）。

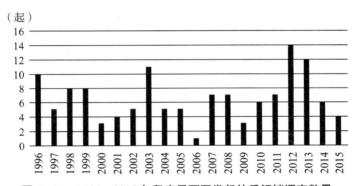

图 4-11 1996—2015 年印度尼西亚发起的反倾销调查数量

如表 4-1 所示，1996—2015 年间印度尼西亚发起反倾销调查涉及的国家和地区共有 22 个，其中，对中国发起调查数量最多，案件数量高达 22 起。其次是韩国（18 起）、印度（14 起）、中国台湾（14 起）、马来西亚（10 起）等，数量都在 10 起及以上。对于加拿大、法国、菲律宾以及波兰发起调查案件数量较少，分别只有 1 起。

表 4-1   **1996—2015 年间印尼发起反倾销对象国或地区**

调查对象	案件数量	调查对象	案件数量
总计	131	俄罗斯	3
中国	22	斯图兰卡	3
韩国	18	阿联酋	3
印度	14	芬兰	2
中国台湾	14	乌克兰	2
马来西亚	10	美国	2
泰国	10	越南	2
澳大利亚	5	加拿大	1
日本	5	法国	1
新加坡	5	菲律宾	1
土耳其	4	波兰	1
欧盟	3		

如表 4 - 2 所示，1996—2015 年间印度尼西亚发起反倾销调查涉及的产品共 39 种，其中，对面粉（Wheat Flour）发起调查数量最多，案件数量高达 17 起。其次是热轧材（7起）、冷轧不锈钢（6 起）、热轧板（6 起）等。

表 4 - 2　　　　　　　　1996—2015 年间印度尼西亚发起的反倾销产品种类

调查产品	案件数量
总计	131
Wheat Flour	17
Hot Rolled Coil（HRC）	7
Cold Rolled Stainless Steel	6
Hot Rolled Plate（HRP）	6
Carbon Black	5
Cold Rolled Coil and Sheet	5
Drawn Textured Yarn（DTY）	5
Partially Oriented Yarn（POY）	5
Ammonium Nitrate	4
Hot-Rolled Carbon Steel Plate	4
Paper（Uncoated White Cut Ream Copy）	4
Polyethylene Terephthalate（PET）	4
Spin Draw Yawn（SDY）	4
Steel Pipe and Tube	4
Synthetic Fibre	4
Tinned and/or Chromed Sheet（Tinplate）	4
Biaxially Oriented Polyethelene	3
Ferro-Silico Manganese	3
Newsprint	3
Phthalic Anhydride（PA）	3
Polyester Staple Fiber（PSF）	3
Polyester Staple Fibre	3
Tinplate Coil/Sheet	3
Biaxially Oriented Polypropylene	2
Calcium Carbide	2
Coated Paper	2
Paracetamol	2

续前表

调查产品	案件数量
Steel H-Beam & I-Beam	2
Steel Wire Rod	2
Aluminium Mealdish	1
Amoxcillin and Ampicillin Trihydrate	1
Bi-Axially Oriented Polypropylene Film（BOPP）	1
Cavendish Bananas	1
Ceramic Tableware	1
Ferrosilicon	1
H-Beam & I-Beam	1
Sodium Tripolyphosphate（STPP）	1
Sorbitol	1
Welded Carbon Steel Pipe	1

二、韩国

图 4-12 展示了 1986—2015 年韩国发起的反倾销调查数量。截至 2015 年，韩国共发起反倾销调查 166 起，其中，2003 年发起案件数量最多，高达 18 起，其次是 1997 年和 2007 年，分别发起 15 起。

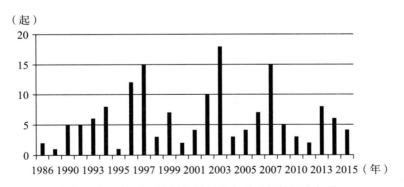

图 4-12　1986—2015 年韩国发起的反倾销调查数量

如表 4-3 所示，韩国发起的反倾销调查对象共有 28 个，其中，对中国发起的反倾销调查案件数量最多，共有 34 起，其次是日本（26 起）、美国（21 起）、印度尼西亚（8 起）、泰国（8 起）。对保加利亚、哈萨克斯坦、列支敦士登、新西兰、巴基斯坦、波兰、瑞士、乌兹别克斯坦和越南等国家发起的反倾销调查数量最少，分别只有 1 起。

表 4 - 3　　　　　　　　　1986—2015 年间韩国发起反倾销对象国或地区

调查对象	案件数量	调查对象	案件数量
总计	166	西班牙	3
中国	34	巴西	2
日本	26	意大利	2
美国	21	荷兰	2
印度尼西亚	8	英国	2
泰国	8	保加利亚	1
印度	7	哈萨克斯坦	1
马来西亚	7	列支敦士登	1
中国台湾	7	新西兰	1
法国	6	巴基斯坦	1
德国	5	波兰	1
俄罗斯	5	瑞士	1
新加坡	4	乌兹别克斯坦	1
比利时	3	越南	1
加拿大	3		

如表 4 - 4 所示，韩国发起反倾销调查涉及的产品种类较多，共有 73 种。其中，对刨花板（Particle Board）发起调查数量最多，案件数量达 11 起。其次是豆油（6 起）、氯化胆碱（6 起）、自复制纸（5 起）、乙醇胺（5 起）和牛皮纸（5 起）等。

表 4 - 4　　　　　　　　1986—2015 年间韩国发起的反倾销产品种类

调查产品	案件数量
Particle Board	11
Soybean Oil	6
Choline Chloride	6
Self Copy Paper	5
Ethanolamine	5
Kraft Paper	5
Alkali Manganese Batteries	4
Zinc Ingot	4
2-Ethylhexyl Alcohol	4
Electric Shaver	4
Lithium Battery	4
Caustic Soda	4

续前表

调查产品	案件数量
Ethyl Acetate	4
Medium Density Fiberboard	4
Polyester Filament Draw Textured Yarn	3
Stainless Steel Bar	3
Combed Yarn	3
Electric Iron	3
Polyacrylamide	3
Oriented Polypropylene Film	3
Polyester Filament Partially Oriented Yarn	3
H Acid（Hydroxynaphthlene-Disulfonic Acid）	3
Continuous Glass Fiber	3
PET Film	3
Temporary Lighter	3
Polvinyl Alcohol	3
Liner Board	3
Plywood	2
Butyl Glycol Ether	2
Uncoated Woodfree Paper	2
Disodium Carbonate	2
Dicumyl Peroxide（DCP）	2
No Carbon Required Self Copy Paper（NCR）	2
H-Methylcellulose	2
Industrial Robot with 6-Axis Vertical Multi-Articulation Structure	2
Poly Oxy Methylene（Polyacetal Resin）	2
Polyester Yarn	2
Industrial Air Handling Unit	2
Titanium Dioxide	1
Silico-Manganese	1
Pre-Sensitized Printing Plate	1
Compound Sizing Agent for Spun Yarn	1
H-Beam	1
Coniferous Wood Plywood	1
Compact Discs	1

续前表

调查产品	案件数量
Aluminium Hydroxide	1
Purified Phosphoric Acid	1
Copper Foil	1
Sodium Silicate Rock	1
Anatase-Dioxide Titanium	1
Structural Steel Sections	1
Disintegrated Calcium Phosphates	1
Valves for Pneumatic Transmissions	1
Automated Guide Hole Puncher	1
Pre-Sensitized Plate	1
Disodium Carbonate Na2 Co3	1
Propylene Oxide	1
Ballbearing	1
Furfuryl Alcohol	1
Benzoyl Peroxide	1
Sodium Dithionite	1
Poly Vinyl Chloride (PVC) Plate	1
Alumina Cement	1
Bicycle & Parts	1
Stainless Steel Plate	1
Adipic Acid	1
Ceramic Tiles	1
Ethylene-Vinyl Acetate Copolymer Emulsion Type (EVA)	1
Aluminium Bottle Can	1
Float Glass	1
Aluminium Can and Cap	1
Polyvinyl Alcohol (PVA)	1
Portland Cement	1

三、日本

图 4-13 展示了 1991—2015 年日本发起的反倾销调查数量。相较于东亚其他国家，日本发起的反倾销案例数量较少，截至 2015 年总共有 14 起。其中，2007 年发起的调查数量最多，达 4 起。

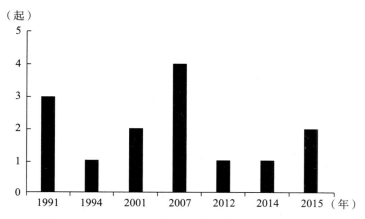

图 4 - 13　1991—2015 年日本发起的反倾销调查数量

如表 4 - 5 所示，日本发起的反倾销调查对象共有 9 个，其中，对中国发起的反倾销调查案件数量最多，共有 4 起，其次是南非（2 起）、韩国（2 起），澳大利亚、印度尼西亚、挪威、巴基斯坦、西班牙和中国台湾等国家和地区都仅涉及 1 起。

表 4 - 5　　　　　　　　　　1991—2015 年间日本发起反倾销对象国或地区

调查对象	案件数量	调查对象	案件数量
中国	4	挪威	1
南非	2	巴基斯坦	1
韩国	2	西班牙	1
澳大利亚	1	中国台湾	1
印度尼西亚	1		

如表 4 - 6 所示，日本发起反倾销调查涉及的产品有特定棉纱（1 起）、电解二氧化锰（4 起）、硅锰铁（3 起）、聚酯短纤维（2 起）、氢氧化钾（2 起）、甲苯二异氰酸酯（1 起）、特定非涂布单页纸（1 起）。

表 4 - 6　　　　　　　　　　1991—2015 年间日本发起的反倾销产品种类

调查产品	案件数量
Certain Cotton Yarns	1
Electrolytic Manganese Dioxide	4
Ferro-silicon-manganese	3
Polyester Staple Fibre	2
Potassium Hydroxide	2
Tolylene Diisocyanate	1
Uncoated Certain Cut Sheet Paper	1

四、马来西亚

图 4-14 展示了 1995—2015 年马来西亚发起的反倾销调查数量。截至 2015 年，马来西亚共发起 84 起反倾销调查，其中 2015 年调查案件数量高达 14 起。近些年，其反倾销调查措施使用原来越密集。

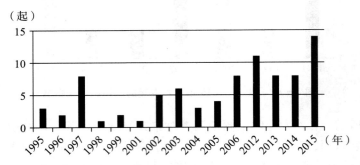

图 4-14　1995—2015 年马来西亚发起的反倾销调查数量

如表 4-7 所示，马来西亚发起的反倾销调查对象共有 23 个，其中，对韩国发起的反倾销调查案件数量最多，共有 14 起，其次是印度尼西亚（13 起）、中国（11 起）、泰国（9 起），芬兰、瑞典、德国、土耳其、加拿大、英国、印度、法国、美国、波兰、新加坡和比利时等国家涉及案件仅 1 起。

表 4-7　　　　　　　　1995—2015 年间马来西亚发起反倾销对象国或地区

调查对象	案件数量	调查对象	案件数量
韩国	14	瑞典	1
印度尼西亚	13	德国	1
中国	11	土耳其	1
泰国	9	加拿大	1
中国台湾	8	英国	1
越南	4	印度	1
日本	4	法国	1
欧盟	3	美国	1
澳大利亚	2	波兰	1
中国香港	2	新加坡	1
菲律宾	2	比利时	1
芬兰	1		

如表 4-8 所示，马来西亚发起反倾销调查涉及的产品种类共有 23 种，排名靠前的有瓦楞纸（16 起）、卷/片或任何其他形式的冷轧不锈钢（9 起）和聚对苯二甲酸乙二酯（7 起），纤维素纤维增强水泥平板和花纹板、未涂布的无胶纸、绞线/绳/缆、石膏/石膏

板、石膏板、卷筒纸和单页纸自动复印纸等领域都涉及仅 1 起。

表 4 - 8　　　　　　　　　**1995—2015 年间马来西亚发起的反倾销产品种类**

调查产品	案件数量
Corrugating Medium Paper	16
Cold Rolled Stainless Steel in Coils/Sheets or any other form	9
Polyethylene Terephthalate	7
Biaxially Oriented Polypropylene Films	5
Steel Wire Rod	5
Newsprint	5
Newsprint in Rolls	4
Hot Rolled Coils	4
Carbon Black	3
PVC Floor Covering in Rolls	3
Self-Copy Paper	3
Maleic Anhydride	3
Cold Rolled Coils of Alloy and Non-alloy Steel	3
Bicycles	2
Steel Concrete Reinforcing Bar	2
Prepainted/Painted or Colour Coated Steel Coils	2
Electrolytic Tinplate	2
Cellulose Fibre Reinforced Cement Flat and Pattern Sheets	1
Uncoated Woodfree Paper	1
Stranded Wire/Ropes/Cables	1
Plaster/Gypsum Board	1
Gypsum Board	1
Self-copy Paper in Rolls and Sheets	1

五、泰国

图 4 - 15 展示了 1996—2015 年泰国发起的反倾销调查数量。截至 2015 年，泰国共发起 68 起反倾销调查，其中 2002 年发起 21 起，数量最多。

如表 4 - 9 所示，泰国发起的反倾销调查对象共有 20 个，其中，对中国发起的反倾销调查案件数量最多，共有 19 起，其次是韩国（9 起）、中国台湾（7 起）、印度尼西亚（5 起）、越南（4 起）、日本（4 起）。

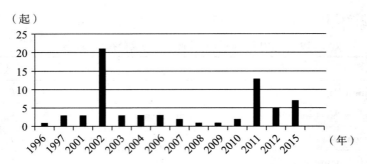

图4-15　1996—2015年泰国发起的反倾销调查数量

表4-9　　　　　　　　　1996—2015年间泰国发起反倾销对象国或地区

调查对象	案件数量	调查对象	案件数量
中国	19	欧盟	1
韩国	9	波兰	1
中国台湾	7	阿尔及利亚	1
印度尼西亚	5	罗马尼亚	1
越南	4	捷克	1
日本	4	保加利亚	1
乌克兰	2	委内瑞拉	1
哈萨克斯坦	2	斯洛伐克	1
俄罗斯	2	南非	1
印度	2	阿根廷	1
马来西亚	2		

如表4-10所示，泰国发起反倾销调查涉及的产品种类共有27种，其中，对于热轧扁钢产品发起的调查产品种类最多，共有14起。

表4-10　　　　　　　　　1996—2015年间泰国发起的反倾销产品种类

调查产品	案件数量
Hot-Rolled Flat Steel Products	14
Coated Paper and Paperboard	5
Painted Hot Dip Galvanized of Cold Rolled Steel and Painted Hot Dip Plated or Coated with Aluminium Zinc Alloys of Cold Rolled Steel	4
Certain Hot Dip Plated or Coated with Aluminium Zinc Alloys of Cold Rolled Steel	4
Cold-Rolled Stainless Steel Flat Products	4
Stainless Steel Pipe and Tube	4
Iron or Non-Alloy Steel：H Section	3

续前表

调查产品	案件数量
Cold Reduced Carbon Steel in Coils and not in Coils	3
Glass Block	3
Phthalic Anhydride（PA）	3
Low Carbon Steel Wire Rod	2
Cold-Rolled Carbon Steel Sheet and Strip in Coils	2
Flat Hot Rolled in Coils and not in Coils	2
High Carbon Steel Wire Rod	2
Woven Fabrics of Cotton and Polyester	1
Flat Cold Rolled Stainless Steel	1
Zinc Oxide	1
Inner Tubes of Rubber for Motorcycles	1
Clear Float Glass	1
Citric Acid	1
Sodium Tripolyphosphate	1
Flat Hot Rolled Steel added Boron in Coils and not in Coils	1
Unglazed/Glazed Ceramic Flags and Paving（Hearth or Wall Tiles）and Unglazed/Glazed Ceramic Mosaic Cubes and the Like（whether or not on the backing）	1
Low Carbon Steel Wire Rods	1
Nitric Acid	1
Cathode Ray Tubes	1
Hot-Rolled Steel Sheet	1

第三节　东亚产业结构及同中国比较

一、中国与高等收入国家、地区产业结构对比

表4-11、图4-16展示了不同年代中国与高等收入国家、地区产业结构对比。根据联合国数据统计，自2005年以来，日本、韩国、新加坡、中国香港和文莱等高收入国家或地区的第一产业占比都较低，除韩国外，基本都处于1‰左右的水平，相比来说，中国第一产业占比相对较高。日本、韩国、新加坡、中国香港和文莱等高收入国家或地区的第二产业占比呈现逐渐下降的趋势，除文莱以外，其第二产业占比皆低于中国。日本、新加坡、文莱等高收入国家第三产业占比呈现逐渐上升趋势，韩国、中国香港第三产业占比稳定在一个较高的水平；相比之下，中国第三产业占比也呈现逐年递增的趋势，但是相比其他发达国家，其占比水平较低。

表 4-11　　　　　　中国与高等收入国家或地区产业结构对比（%）

国家	产业类型	2005 年	2010 年	2018 年
中国	第一产业	12	9.8	8.9
	第二产业	47.2	46.6	40
	第三产业	40.9	43.6	51.2
日本	第一产业	1.1	1.1	1.1
	第二产业	30.1	28.5	28
	第三产业	68.8	70.4	71
韩国	第一产业	3.1	2.5	2.2
	第二产业	37.5	38.3	38.6
	第三产业	59.4	59.3	59.2
新加坡	第一产业	0.1	0	0
	第二产业	32.4	27.6	26.1
	第三产业	67.6	72.3	73.8
中国香港	第一产业	0.1	0.1	0.1
	第二产业	8.7	7	7.2
	第三产业	91.3	93	92.7
文莱	第一产业	0.9	0.7	1.2
	第二产业	72	67.4	56.5
	第三产业	27.1	31.9	42.4

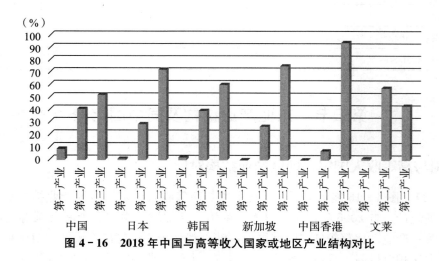

图 4-16　2018 年中国与高等收入国家或地区产业结构对比

二、中国与中高等收入国家产业结构对比

表 4-12、图 4-17 展示了不同年代中国与中高等收入国家产业结构对比。中国与马来西亚和泰国都是中高等收入国家，其经济结构也较为相似。第一产业和第二产业都呈现

递减的趋势，而第三产业呈现递增的趋势。第一产业占比在10%以下，第二产业占比在40%左右，第三产业占比最大，都在50%以上。

表 4－12 中国与中高等收入国家产业结构对比（％）

国家	产业类型	2005 年	2010 年	2018 年
中国	第一产业	12	9.8	8.9
	第二产业	47.2	46.6	40
	第三产业	40.9	43.6	51.2
马来西亚	第一产业	8.4	10.2	8.9
	第二产业	46.9	40.9	40.2
	第三产业	44.7	48.9	50.9
泰国	第一产业	9.2	10.5	8.3
	第二产业	38.6	40	35.8
	第三产业	52.2	49.5	55.8

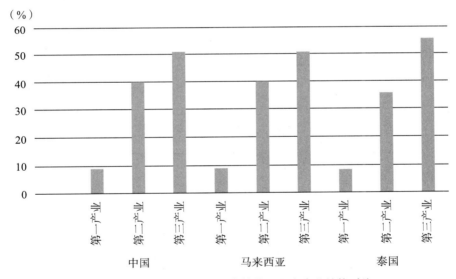

图 4－17　2018年中国与中高等收入国家产业结构对比

三、中国与中低等收入国家产业结构对比

表4－13、图4－18展示了不同年代中国与中低等收入国家产业结构对比。表4－13、图4－18展示了不同年代中国与中低等收入国家产业结构对比。与中国不同的是，菲律宾等中低等收入国家第二产业呈现较为显著的增长态势，与此同时，这些国家的第一产业比重普遍高于中国，除菲律宾之外，其余国家第三产业比重均低于中国。

表 4 - 13 中国与中低等收入国家产业结构对比（%）

国家	产业类型	2005 年	2010 年	2018 年
中国	第一产业	12	9.8	8.9
	第二产业	47.2	46.6	40
	第三产业	40.9	43.6	51.2
菲律宾	第一产业	12.7	12.3	9.7
	第二产业	33.9	32.6	30.9
	第三产业	53.5	55.1	59.5
越南	第一产业	19.3	21	18.1
	第二产业	38.1	36.7	36.4
	第三产业	42.6	42.2	45.5
柬埔寨	第一产业	32.4	36	26.3
	第二产业	26.4	23.3	31.3
	第三产业	41.2	40.7	42.4
缅甸	第一产业	46.7	36.9	25.3
	第二产业	17.5	26.5	34.9
	第三产业	35.8	36.7	39.8
印度尼西亚	第一产业	12.1	14.3	14
	第二产业	43.1	43.9	40.8
	第三产业	44.8	41.8	45.3
老挝	第一产业	78.5	71.5	59.9
	第二产业	5.3	8.3	9.8
	第三产业	16.2	20.2	30.4

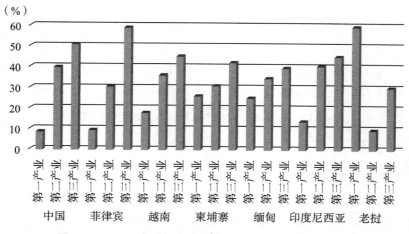

图 4 - 18 2018 年中国与中低等收入国家产业结构对比

第四节　东亚同中国贸易竞争性与互补性分析

一、新加坡

表 4-14、图 4-19、图 4-20 展示了中国与新加坡按行业分类的进出口贸易情况。从行业分类来看 2017 年中国和新加坡货物贸易情况，中国出口至新加坡商品中，机械和运输设备占比 50% 以上，较高于从新加坡进口商品中该类商品占比，并且在近 10 年贸易中，中国机械和运输设备出口有下降的趋势；按原材料分类的制成品中，中国出口至新加坡的该类商品占比高于从新加坡进口商品中该类商品占比；杂项制品中，中国出口至新加坡的该类商品占比与从越南进口商品中该类商品占比相差不大；化学成品及有关产品，中国出口至越南的该类商品占比低于从越南进口商品中该类商品占比。

表 4-14　　　　　　　　　中国与新加坡货物按行业分类贸易结构　　　　　　　　单位：%

出口	2008 年	2009 年	2010 年	2011 年	2012 年	2013 年	2014 年	2015 年	2016 年	2017 年
食品和活畜	0.98	1.11	1.30	1.40	1.25	1.43	1.48	1.45	1.65	1.52
饮料和烟草	0.12	0.12	0.13	0.15	0.14	0.19	0.31	0.19	0.20	0.16
非食用原料（非燃料）	0.24	0.20	0.23	0.22	0.20	0.32	0.35	0.34	0.24	0.18
矿物燃料、润滑剂和燃料	5.18	8.10	9.63	4.66	4.67	7.65	8.23	7.48	10.18	14.23
动物和植物油	0.11	0.06	0.06	0.06	0.07	0.05	0.04	0.03	0.03	0.04
化学成品及有关产品	3.78	3.01	3.61	4.36	3.98	3.81	4.40	3.48	3.83	4.35
按原料分类的制成品	13.36	9.29	10.20	13.23	14.73	15.10	14.81	13.64	13.54	10.90
机械和运输设备	64.10	66.53	64.62	64.03	58.93	52.99	51.47	54.71	52.21	52.41
杂项制品	11.96	11.45	10.09	11.07	14.68	17.88	18.63	18.62	18.01	15.99
非货币用黄金及铸币	0.18	0.13	0.12	0.81	1.35	0.59	0.28	0.06	0.11	0.22
进口	2008 年	2009 年	2010 年	2011 年	2012 年	2013 年	2014 年	2015 年	2016 年	2017 年
食品和活畜	1.05	2.09	1.80	1.48	1.23	1.27	1.08	1.31	1.29	0.71
饮料和烟草	0.19	0.26	0.17	0.15	0.10	0.15	0.26	0.28	0.28	0.19
非食用原料（非燃料）	0.17	0.20	0.20	0.20	0.20	0.36	0.74	0.96	1.00	1.14
矿物燃料、润滑剂和燃料	21.44	16.33	18.74	20.04	19.84	17.15	15.48	10.55	9.97	14.79
动物和植物油	0.04	0.03	0.05	0.04	0.03	0.02	0.02	0.02	0.03	0.03
化学成品及有关产品	18.70	19.45	21.50	22.37	21.68	25.19	27.93	25.37	23.98	21.90
按原料分类的制成品	3.42	2.74	2.07	1.85	1.75	1.74	3.02	2.40	1.59	1.15
机械和运输设备	44.71	48.58	45.84	43.23	41.20	42.63	39.98	43.28	42.60	37.79
杂项制品	9.52	9.74	9.24	10.33	13.67	11.13	10.58	10.27	10.78	8.33
非货币用黄金及铸币	0.77	0.57	0.39	0.35	0.31	0.35	0.90	5.55	8.47	13.97

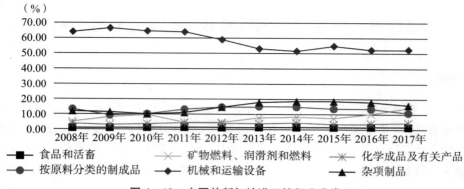

图 4 - 19　中国从新加坡进口按行业分类

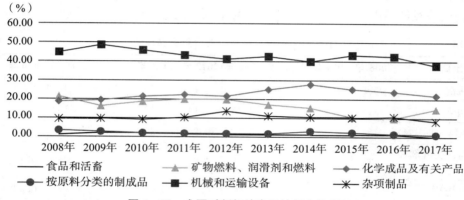

图 4 - 20　中国对新加坡出口按行业分类

因此，双方在机械和运输设备、杂项制品等行业贸易竞争性较大，而在按原材料分类的制成品、化学成品及有关成品等行业，双方贸易互补性较大。

表 4 - 15、图 4 - 21、图 4 - 22 展示了中国与新加坡按技术分类的进出口贸易情况。从技术分类看，2017 年中国对新加坡出口货物贸易中，高级技术密集型产品占比略高于从新加坡进口货物中该类商品占比；在中级技术密集型产品和劳动及资源密集型产品中，中国对新加坡出口商品占比与从新加坡进口该类商品占比相差不大；在低级技术密集型产品贸易中，中国对新加坡出口商品占比较高于从新加坡进口该类商品占比。从技术分类来看，在高级、中级技术密集型产品和劳动及资源密集型产品中，双方贸易竞争性较大，在低级技术密集型产品贸易中互补性较大。

表 4 - 15　　　　　　中国与新加坡货物按技术分类贸易结构　　　　　　单位：%

出口	2008 年	2009 年	2010 年	2011 年	2012 年	2013 年	2014 年	2015 年	2016 年	2017 年
初级产品	2.58	2.49	2.32	2.95	2.19	1.78	1.86	1.49	2.70	1.60
劳动及资源密集型产品	8.69	10.99	13.81	9.62	9.48	13.18	13.69	13.09	15.54	18.86
低级技术密集型产品	18.85	14.88	13.79	16.61	20.95	24.06	23.79	22.82	21.58	18.49

续前表

出口	2008 年	2009 年	2010 年	2011 年	2012 年	2013 年	2014 年	2015 年	2016 年	2017 年
中级技术密集型产品	29.57	30.18	30.64	33.57	32.54	28.64	27.41	28.28	26.77	25.64
高级技术密集型产品	40.07	41.27	39.26	36.37	33.40	31.63	32.85	34.18	33.22	35.10
进口	2008 年	2009 年	2010 年	2011 年	2012 年	2013 年	2014 年	2015 年	2016 年	2017 年
初级产品	1.19	1.18	0.83	0.76	0.91	0.83	0.77	0.71	1.25	1.00
劳动及资源密集型产品	25.88	22.45	24.42	25.76	25.04	24.35	23.71	17.51	17.24	21.96
低级技术密集型产品	9.02	7.97	7.64	8.22	7.56	4.61	6.58	6.19	4.75	3.29
中级技术密集型产品	27.40	29.48	28.35	31.25	31.39	31.63	33.20	32.49	30.15	25.55
高级技术密集型产品	35.61	38.12	38.18	33.41	34.24	36.70	33.26	36.57	36.99	33.36

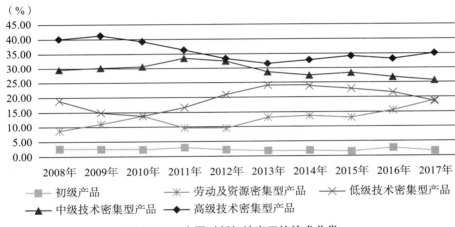

图 4－21　中国对新加坡出口按技术分类

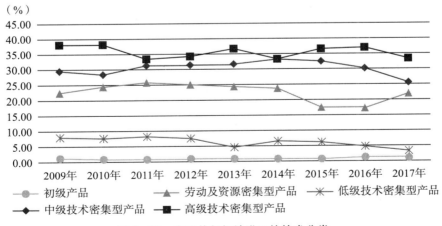

图 4－22　中国从新加坡进口按技术分类

二、菲律宾

如表 4 - 16 所示，中国对菲律宾的货物贸易差额在 2013 年由贸易逆差转变为贸易顺差，并且顺差逐年增加。

表 4 - 16　　　　　　　　中国与菲律宾货物按行业分类贸易结构　　　　　　单位:%

	2008 年	2009 年	2010 年	2011 年	2012 年	2013 年	2014 年	2015 年	2016 年	2017 年
对菲出口总额（亿美元）	91.32	85.85	115.40	142.55	167.32	198.68	234.74	266.71	298.37	320.66
食品和活畜	4.72	7.08	5.81	5.75	6.44	6.54	5.67	5.78	6.06	5.89
饮料和烟草	0.59	0.56	0.44	0.49	0.42	0.33	0.25	0.15	0.21	0.20
非食用原料（非燃料）	0.82	0.71	0.34	0.40	0.37	0.38	0.36	0.38	0.24	0.31
矿物燃料、润滑剂和燃料	3.53	5.25	4.16	5.34	3.68	4.36	5.34	2.49	4.78	7.40
动物和植物油	0.02	0.00	0.00	0.01	0.01	0.01	0.01	0.01	0.01	0.01
化学成品及有关产品	10.12	7.97	8.07	8.65	8.81	8.44	8.57	7.23	6.28	6.05
按原料分类的制成品	25.77	21.72	25.61	28.75	29.07	31.76	31.24	30.51	31.48	31.08
机械和运输设备	41.90	39.45	36.55	31.16	30.51	28.84	30.52	30.37	28.00	28.71
杂项制品	12.50	17.21	19.02	19.43	20.68	19.32	18.03	23.07	22.88	20.29
非货币用黄金及铸币	0.03	0.04	0.01	0.01	0.00	0.01	0.01	0.01	0.06	0.06
从菲进口总额（亿美元）	195.05	119.47	162.20	179.92	196.43	181.82	209.84	189.66	173.96	192.39
食品和活畜	0.81	1.56	1.70	2.65	2.20	2.39	3.45	3.52	3.36	3.53
饮料和烟草	0.00	0.01	0.01	0.01	0.01	0.01	0.01	0.01	0.01	0.03
非食用原料（非燃料）	3.64	5.92	7.57	11.93	13.26	12.70	17.12	11.94	8.25	11.12
矿物燃料、润滑剂和燃料	0.84	0.42	1.42	1.39	1.00	1.33	2.43	5.28	3.52	1.89
动物和植物油	0.25	0.21	0.74	0.62	0.24	0.35	0.15	0.11	0.19	0.50
化学成品及有关产品	1.30	2.70	3.10	2.48	1.60	2.32	1.98	1.93	2.32	2.65
按原料分类的制成品	1.99	4.00	4.18	5.42	3.78	4.95	3.48	2.16	1.95	1.96
机械和运输设备	89.91	82.02	78.82	73.11	75.52	71.89	68.62	71.51	76.09	74.67
杂项制品	1.26	3.16	2.45	2.38	2.39	4.05	2.74	3.54	4.31	3.63

图 4 - 23 展示了中国按行业分类从菲律宾进口贸易的情况。2017 年中国从菲律宾的进口货物中，机械和运输设备占比高达 75%，其次是非食用原料，占比为 11%。从近 10 年进口贸易情况来看，机械和运输设备占比总体呈现下降趋势，但是，也远大于该项产品占中国对菲出口的比例。

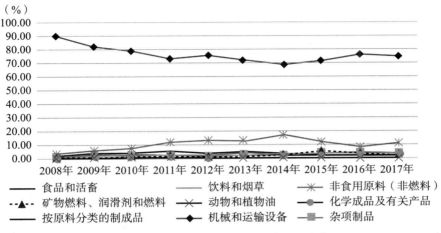

图 4-23　中国从菲律宾进口按行业分类

　　图 4-24 展示了中国按行业分类对菲律宾出口贸易的情况。2017 中国对菲律宾出口货物中，按原材料分类的制成品、机械和运输设备以及杂项制品占比排名前三，分别为 31%、28% 和 20%。从近 10 年的出口贸易情况来看，机械和运输设备占比逐渐下降，杂项制品和按原材料分类的制成品占比逐渐上升。

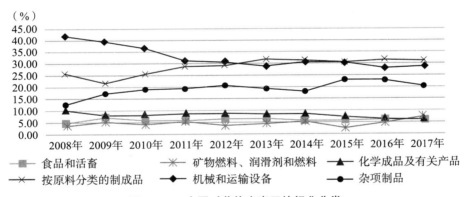

图 4-24　中国对菲律宾出口按行业分类

　　从行业分类来看中国与菲律宾贸易情况，中国对菲律宾在机械和运输设备和非食用原料方面需求较大，而菲律宾对中国原材料分类的制成品以及杂项制品方面需求较大。从行业分整体来看，两国贸易有较大的互补性。

　　表 4-17、图 4-25、图 4-26 展示了中国与菲律宾按技术分类的进出口贸易情况。从技术分类看，2017 年中国对菲律宾出口货物贸易中，高级技术密集型产品占比 15.41%，远低于从菲律宾进口货物中该类商品占比 72.18%；在中级、低级技术密集型产品中，中国对菲律宾出口商品占比都高于从菲律宾进口该类商品占比；在初级产品和劳动及资源密集型产品贸易中，两国进出口情况相差不大。从技术分类来看，在高级、中级和低级技术密集型产品中，双方贸易互补性较大，在初级产品和劳动及资源密集型产品贸易中竞争性较大。

表 4 - 17　　　　　　　　　中国与菲律宾货物按技术分类贸易结构　　　　　单位:%

	2008 年	2009 年	2010 年	2011 年	2012 年	2013 年	2014 年	2015 年	2016 年	2017 年
对菲出口总额 (亿美元)	**91.32**	**85.85**	**115.40**	**142.55**	**167.32**	**198.68**	**234.74**	**266.71**	**298.37**	**320.66**
初级产品	6.21	7.85	6.12	6.54	7.20	6.67	6.59	5.35	4.93	5.35
劳动及资源密集型产品	11.18	13.19	12.10	13.39	11.93	12.91	12.99	10.97	13.51	15.41
低级技术密集型产品	28.11	28.73	33.35	36.22	37.15	38.60	37.43	41.47	42.66	39.81
中级技术密集型产品	24.33	23.10	24.16	25.89	27.32	26.63	26.49	25.73	24.15	23.88
高级技术密集型产品	29.96	26.91	24.18	17.86	16.31	15.09	16.41	16.36	14.60	15.41
从菲进口总额 (亿美元)	**195.05**	**119.47**	**162.20**	**179.92**	**196.43**	**181.82**	**209.84**	**189.66**	**173.96**	**192.39**
初级产品	2.41	4.59	5.23	7.09	4.49	7.31	6.49	5.19	4.54	4.61
劳动及资源密集型产品	4.84	6.90	10.25	14.41	15.36	14.16	20.03	18.19	12.90	14.98
低级技术密集型产品	0.76	2.21	1.30	1.45	1.33	1.10	1.02	1.39	1.69	1.19
中级技术密集型产品	3.92	7.96	8.02	7.06	6.00	7.59	6.27	6.15	6.30	7.02
高级技术密集型产品	88.06	78.33	75.19	69.97	72.82	69.84	66.18	69.08	74.56	72.18

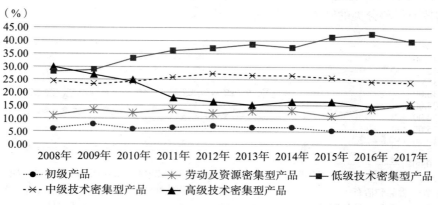

图 4 - 25　中国对菲律宾出口按技术分类

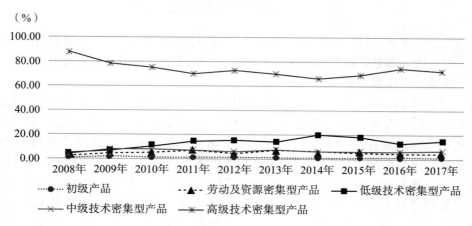

图 4 - 26　中国从菲律宾进口按技术分类

三、泰国

表 4-18、图 4-27、图 4-28 展示了中国与泰国按行业分类的进出口贸易情况。从行业分类来看，2017 年中国对泰国货物贸易出口中，机械和运输设备占比 42.86%，占比最大，其次是按原料分类的制成品、杂项制品和化学成品及有关产品等。近 10 年来，中国对泰国货物出口结构基本稳定。2017 年中国对泰国货物贸易进口中，机械和运输设备占比 41.52%，其次为非食用原料（非燃料）、化学成品及有关产品等。近 10 年来，中国对泰国进口贸易中，机械和运输设备呈现较为明显的下降趋势，但非食用原料（非燃料）、化学成品及有关产品占比呈现小幅上涨趋势。

表 4-18　　　　　　　　　　中国与泰国货物按行业分类贸易结构　　　　　　　　单位：%

	2008 年	2009 年	2010 年	2011 年	2012 年	2013 年	2014 年	2015 年	2016 年	2017 年
对泰国出口总额（亿美元）	156.36	133.07	197.41	256.95	311.97	327.18	342.89	382.91	371.83	385.42
食品和活畜	3.93	5.46	5.16	6.02	5.76	7.11	7.41	8.96	8.40	7.17
饮料和烟草	0.05	0.05	0.06	0.04	0.05	0.04	0.02	0.04	0.04	0.05
非食用原料（非燃料）	1.21	1.47	1.55	1.56	1.41	1.30	1.33	1.15	1.37	1.29
矿物燃料、润滑剂和燃料	1.21	1.19	0.98	0.67	0.42	0.40	0.52	0.31	0.60	0.76
动物和植物油	0.05	0.04	0.05	0.06	0.06	0.04	0.04	0.03	0.03	0.04
化学成品及有关产品	13.14	12.53	12.02	12.21	10.58	10.66	11.77	11.02	11.55	13.33
按原料分类的制成品	27.34	20.14	22.05	23.13	23.03	23.13	24.21	22.28	22.62	20.69
机械和运输设备	41.41	44.27	40.72	41.34	44.10	41.71	40.23	42.75	43.09	42.86
杂项制品	11.65	14.85	17.39	14.96	14.59	15.61	14.47	13.42	12.27	13.74
非货币用黄金及铸币	0.00	0.01	0.01	0.00	0.00	0.00	0.00	0.03	0.00	0.08
从泰国进口总额（亿美元）	256.57	248.97	331.93	390.40	385.51	385.23	383.32	371.69	385.32	415.96
食品和活畜	3.69	5.99	6.08	6.26	8.83	9.10	10.56	11.21	9.09	9.15
饮料和烟草	0.00	0.00	0.01	0.01	0.02	0.06	0.08	0.07	0.09	0.19
非食用原料（非燃料）	11.29	8.66	11.43	15.82	13.43	13.94	12.63	12.15	13.38	18.95
矿物燃料、润滑剂和燃料	7.03	4.74	3.90	2.98	4.84	6.22	3.62	2.67	2.44	3.18
动物和植物油	0.14	0.01	0.03	0.03	0.04	0.05	0.06	0.04	0.03	0.13
化学成品及有关产品	11.34	13.78	14.74	16.50	17.26	19.68	19.69	16.56	13.52	14.25
按原料分类的制成品	6.55	7.44	8.68	8.60	8.97	9.97	10.32	9.18	10.24	4.54
机械和运输设备	57.90	57.29	52.57	47.17	43.71	36.73	38.05	41.54	42.67	41.52
杂项制品	2.05	2.09	2.56	2.63	2.91	4.26	5.00	6.58	8.52	8.05

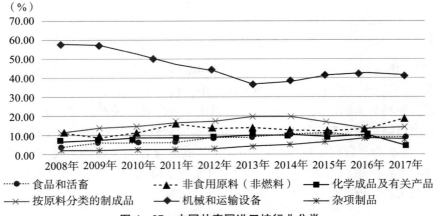

图 4 - 27　中国从泰国进口按行业分类

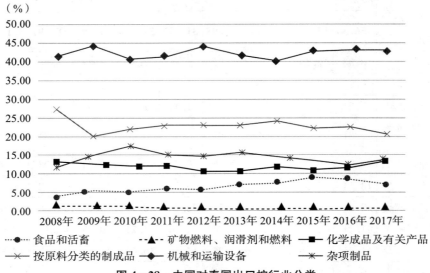

图 4 - 28　中国对泰国出口按行业分类

　　表 4 - 19、图 4 - 29、图 4 - 30 展示了中国与泰国按技术分类的进出口贸易情况。从技术分类看，2017 年中国对泰国出口货物贸易中，高级技术密集型产品占比 26.11%，较低于从越南进口货物中该类商品占比 36.16%；在中级、低级技术密集型产品中，中国对越南出口商品占比都高于从越南进口该类商品占比；在劳动及资源密集型产品和初级产品贸易中，中国从越南进口商品占比都高于对越南出口该类商品占比。从技术分类来看，在各个领域双方贸易互补性较大。

表 4 - 19　　　　　　　　　中国与泰国货物按技术分类贸易结构　　　　　　　单位：%

	2008 年	2009 年	2010 年	2011 年	2012 年	2013 年	2014 年	2015 年	2016 年	2017 年
对泰国出口总额（亿美元）	156.36	133.07	197.41	256.95	311.97	327.18	342.89	382.91	371.83	385.42
初级产品	7.70	7.01	7.49	6.92	6.70	7.56	8.17	9.58	9.31	8.29
劳动及资源密集型产品	12.58	12.95	11.73	12.35	11.00	12.04	12.04	10.86	10.47	11.14

续前表

	2008 年	2009 年	2010 年	2011 年	2012 年	2013 年	2014 年	2015 年	2016 年	2017 年
低级技术密集型产品	23.00	19.78	24.24	22.97	22.62	23.97	24.77	23.24	23.21	22.66
中级技术密集型产品	28.69	29.20	28.36	29.57	30.60	31.26	31.92	31.06	32.10	31.65
高级技术密集型产品	27.94	30.98	28.10	28.12	29.02	25.08	23.01	25.16	24.83	26.11
从泰国进口总额（亿美元）	256.57	248.97	331.93	390.40	385.51	385.23	383.32	371.69	385.32	415.96
初级产品	14.44	13.10	14.97	19.33	19.33	20.32	18.39	17.56	14.99	16.21
劳动及资源密集型产品	12.83	14.15	15.92	16.31	19.82	23.55	23.09	20.04	22.16	22.18
低级技术密集型产品	3.04	2.95	2.95	2.71	2.64	3.20	3.39	3.55	3.63	3.94
中级技术密集型产品	16.93	17.52	18.94	19.88	19.53	20.15	21.65	21.37	19.96	21.44
高级技术密集型产品	52.75	52.28	47.22	41.76	38.66	31.68	32.93	37.47	39.24	36.16

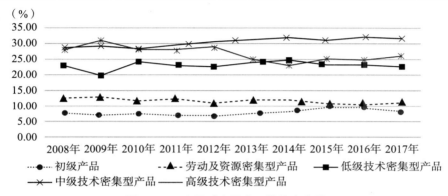

图 4-29　中国对泰国出口按技术分类

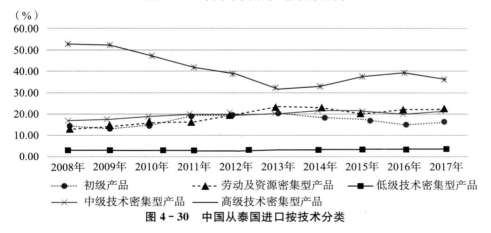

图 4-30　中国从泰国进口按技术分类

四、印度尼西亚

　　表 4-20、图 4-31、图 4-32 展示了中国与印度尼西亚按行业分类的进出口贸易情况。由图中可以看出，2017 年中国对印度尼西亚货物贸易进口中，矿物燃料、润滑剂和燃料占比最大，接近 33.2％。从近 10 年中国对印度尼西亚进口来看，非食用原料（非燃料）占比呈现下降的趋势。

表 4-20　　　　　　　　　中国与印度尼西亚货物按行业分类贸易结构　　　　　　　　单位:%

	2008年	2009年	2010年	2011年	2012年	2013年	2014年	2015年	2016年	2017年
对印出口总额（亿美元）	**171.93**	**147.21**	**219.54**	**292.21**	**342.85**	**369.30**	**390.60**	**343.42**	**321.17**	**347.57**
食品和活畜	3.43	5.55	6.48	5.89	4.21	3.53	3.72	3.93	5.20	5.36
饮料和烟草	0.76	0.91	0.85	0.87	0.82	0.67	0.68	0.60	0.60	0.66
非食用原料（非燃料）	1.26	1.03	0.95	1.42	1.27	0.93	1.08	1.07	1.24	1.56
矿物燃料、润滑剂和燃料	5.24	8.55	8.96	9.25	6.45	7.20	5.60	2.46	1.50	2.24
动物和植物油	0.01	0.05	0.03	0.04	0.04	0.04	0.05	0.03	0.05	0.06
化学成品及有关产品	11.02	10.65	9.57	10.37	10.27	10.43	11.09	12.06	12.32	12.63
按原料分类的制成品	25.32	20.88	20.68	22.00	22.83	23.02	26.05	27.36	27.79	26.52
机械和运输设备	43.93	42.84	40.38	39.38	38.80	38.70	36.24	38.61	38.83	38.87
杂项制品	9.02	9.52	12.08	10.75	15.31	15.48	15.50	13.87	12.45	12.03
非货币用黄金及铸币	0.00	0.03	0.02	0.02	0.00	0.00	0.00	0.00	0.03	0.07
从印进口总额（亿美元）	**143.23**	**136.64**	**207.95**	**313.37**	**319.36**	**314.24**	**244.85**	**198.86**	**214.14**	**285.74**
食品和活畜	1.69	1.37	1.48	1.91	2.36	2.27	3.74	5.04	4.88	4.63
饮料和烟草	0.02	0.03	0.04	0.02	0.03	0.03	0.04	0.02	0.03	0.09
非食用原料（非燃料）	33.48	22.71	26.59	32.93	27.86	32.91	20.48	15.80	14.80	18.22
矿物燃料、润滑剂和燃料	18.00	31.23	35.07	33.26	37.62	35.93	34.13	32.83	36.51	33.19
动物和植物油	16.39	14.72	12.30	11.30	13.01	9.17	13.12	16.20	13.53	13.33
化学成品及有关产品	5.63	6.89	7.11	7.30	4.52	5.57	9.88	6.04	5.80	5.14
按原料分类的制成品	7.74	9.13	6.44	4.57	5.89	6.35	8.22	10.32	11.58	14.15
机械和运输设备	15.46	12.55	9.74	7.44	6.93	5.66	7.14	8.94	7.85	6.66
杂项制品	1.58	1.37	1.22	1.28	1.78	2.11	3.25	4.81	5.00	4.57

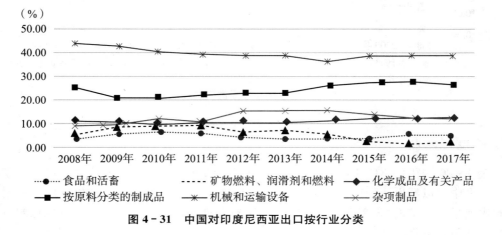

图 4-31　中国对印度尼西亚出口按行业分类

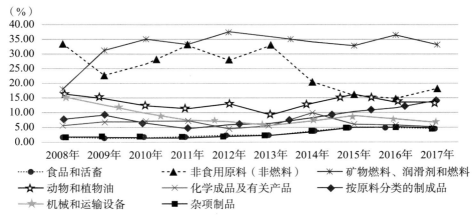

图 4 - 32 中国从印度尼西亚进口按行业分类

2017 年中国对印度尼西亚出口货物贸易中,机械和运输设备占比最大,其次是按原料分类的制成品。并且从近 10 年贸易情况来看,中国对印度尼西亚出口贸易结构基本稳定。

从行业分类来看 2017 年中印货物贸易情况,中国出口至印度尼西亚商品中,机械和运输设备占比 38.87%,远高于从印度尼西亚进口商品中该类商品占比 6.66%;按原材料分类的制成品中,中国出口至印度尼西亚该类商品占比为 26.52%,高于从印度尼西亚进口商品中该类商品占比 14.15%;杂项制品中,中国出口至印度尼西亚该类商品占比为 12.03%,略高于从印度尼西亚进口商品中该类商品占比;化学成品及有关产品,中国出口至印度尼西亚该类商品占比为 12.63%,较高于从印度尼西亚进口商品中该类商品占比 5.14%。因此,双方贸易互补性较大。

表 4 - 21、图 4 - 33、图 4 - 34 展示了中国与印度尼西亚按技术分类的进出口贸易情况。从技术分类看,2017 年中国对印度尼西亚出口货物贸易中,高级技术密集型产品占比 20.45%,远高于从印度尼西亚进口货物中该类商品占比 4.52%;在中级、低级技术密集型产品中,中国对印度尼西亚出口商品占比都高于从印度尼西亚进口该类商品占比;在初级产品和劳动及资源密集型产品贸易中,中国对印度尼西亚出口商品占比都低于从印度尼西亚进口该类商品占比。从技术分类来看,双方贸易互补性较大。

表 4 - 21 　　　　　　　中国与印度尼西亚货物按技术分类贸易结构 　　　　　　单位:%

	2008 年	2009 年	2010 年	2011 年	2012 年	2013 年	2014 年	2015 年	2016 年	2017 年
对印出口总额 (亿美元)	171.93	147.21	219.54	292.21	342.85	369.30	390.60	343.42	321.17	347.57
初级产品	7.18	7.48	8.10	7.51	5.47	4.65	5.43	5.24	6.14	7.40
劳动及资源密集型产品	13.63	17.53	17.51	18.28	15.36	16.20	15.08	11.97	11.38	12.28
低级技术密集型产品	23.02	20.03	21.97	20.56	25.33	25.77	27.87	28.07	27.38	25.11
中级技术密集型产品	35.23	31.87	30.22	32.86	34.57	35.02	34.33	36.65	35.90	34.62
高级技术密集型产品	20.88	22.95	22.12	20.72	19.17	18.25	17.17	17.95	19.10	20.45

续前表

	2008 年	2009 年	2010 年	2011 年	2012 年	2013 年	2014 年	2015 年	2016 年	2017 年
从印进口总额（亿美元）	143.23	136.64	207.95	313.37	319.36	314.24	244.85	198.86	214.14	285.74
初级产品	26.63	37.50	37.92	34.84	32.41	29.01	28.07	26.54	26.55	23.21
劳动及资源密集型产品	50.58	41.86	45.27	51.64	53.67	57.20	51.51	50.26	49.32	52.46
低级技术密集型产品	2.93	2.86	2.61	2.02	2.63	3.24	4.91	7.01	6.64	7.31
中级技术密集型产品	6.86	7.54	6.75	5.68	5.85	6.12	10.52	10.06	12.08	12.46
高级技术密集型产品	12.99	10.24	7.45	5.82	5.44	4.42	4.98	6.11	5.39	4.52

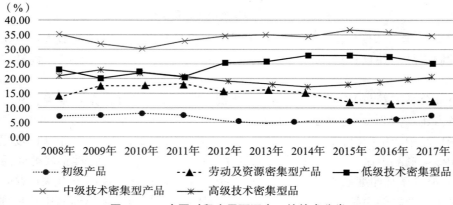

图 4 - 33　中国对印度尼西亚出口按技术分类

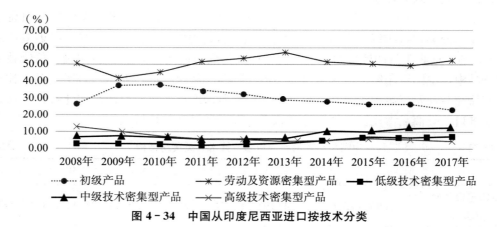

图 4 - 34　中国从印度尼西亚进口按技术分类

五、马来西亚

表 4 - 22、图 4 - 35、图 4 - 36 展示了中国与马来西亚按行业分类的进出口贸易情况。从行业分类的角度看，2017 年中国对马来西亚货物贸易出口中，机械和运输设备占比 40.17%，占比最大，其次是杂项制品和按原料分类的制成品等。近 10 年来，机械和运输设

备占比总体呈现下降趋势，而杂项制品和按原料分类的制成品占比总体呈现上升趋势。中国从马来西亚货物贸易进口中，机械和运输设备占比高达63.66％，并且占比基本保持稳定。

表4-22　　　　　　　　　中国与马来西亚货物按行业分类贸易结构　　　　　　　　单位：％

	2008年	2009年	2010年	2011年	2012年	2013年	2014年	2015年	2016年	2017年
对马出口总额（亿美元）	**214.55**	**196.32**	**238.02**	**278.86**	**365.26**	**459.31**	**463.53**	**439.80**	**376.60**	**417.12**
食品和活畜	5.01	5.75	6.54	7.10	5.46	5.30	5.36	5.10	6.31	5.35
饮料和烟草	0.14	0.15	0.12	0.13	0.13	0.11	0.11	0.21	0.25	0.16
非食用原料（非燃料）	0.64	0.55	0.81	0.94	0.67	0.58	0.69	0.68	0.60	0.56
矿物燃料、润滑剂和燃料	1.02	0.58	1.26	1.38	1.49	2.04	1.46	1.22	2.75	4.37
动物和植物油	0.08	0.06	0.05	0.05	0.04	0.04	0.06	0.05	0.05	0.07
化学成品及有关产品	6.45	5.78	7.50	7.90	6.91	6.35	7.34	7.43	8.81	8.66
按原料分类的制成品	16.57	14.42	16.38	19.15	19.43	21.89	23.70	22.57	21.48	19.28
机械和运输设备	48.45	48.72	45.50	40.91	36.99	34.65	34.73	36.27	36.83	40.17
杂项制品	21.63	23.98	21.83	22.45	28.88	29.04	26.55	26.47	22.70	21.03
非货币用黄金及铸币	0.02	0.02	0.01	0.01	0.00	0.00	0.00	0.00	0.21	0.36
从马进口总额（亿美元）	**321.013 96**	**323.306 91**	**504.301 5**	**621.366 4**	**583.049 4**	**601.531 8**	**556.522 4**	**532.773 3**	**492.696 4**	**544.261 4**
食品和活畜	0.94	0.62	0.63	0.66	0.71	0.93	1.04	1.18	1.35	1.17
饮料和烟草	0.01	0.04	0.02	0.02	0.05	0.03	0.05	0.07	0.08	0.07
非食用原料（非燃料）	5.78	5.59	6.93	7.72	5.25	6.80	5.64	5.96	4.80	5.63
矿物燃料、润滑剂和燃料	5.35	8.07	9.10	8.89	8.73	9.20	10.72	11.03	8.23	15.18
动物和植物油	11.94	8.75	6.33	7.64	6.76	5.51	4.99	3.47	3.08	3.56
化学成品及有关产品	6.92	6.25	5.18	5.25	6.16	6.13	6.06	5.34	5.85	5.81
按原料分类的制成品	4.36	4.08	4.31	4.92	4.92	4.14	3.72	2.50	1.77	1.78
机械和运输设备	62.35	64.74	65.39	62.86	64.97	65.20	65.04	67.54	71.16	63.66
杂项制品	2.23	1.82	2.06	2.03	2.44	2.04	2.73	2.90	3.66	3.12

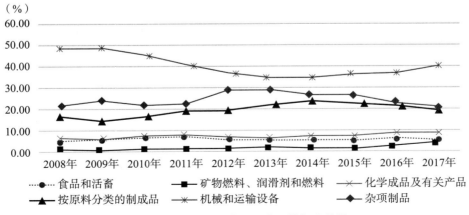

图4-35　中国对马来西亚出口按行业分类

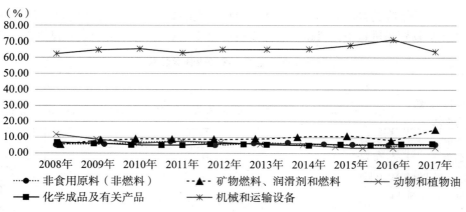

图4-36　中国从马来西亚进口按行业分类

表4-23、图4-37、图4-38展示了中国与马来西亚按技术分类的进出口贸易情况。从技术分类看，2017年中国对马来西亚出口货物贸易中，高级技术密集型产品占比28.77％，远低于从马来西亚进口货物中该类商品占比61.72％；在中级、低级技术密集型产品中，中国对马来西亚出口商品占比都高于从马来西亚进口该类商品占比；在初级产品和劳动及资源密集型产品贸易中情况相反。从技术分类来看，双方在各领域贸易互补性较大。

表4-23　　　　　　　　　中国与马来西亚货物按技术分类贸易结构　　　　　　　　单位:％

	2008年	2009年	2010年	2011年	2012年	2013年	2014年	2015年	2016年	2017年
对马出口总额（亿美元）	214.55	196.32	238.02	278.86	365.26	459.31	463.53	439.80	376.60	417.12
初级产品	5.26	5.50	6.89	7.69	6.67	8.28	9.34	6.40	6.77	5.95
劳动及资源密集型产品	8.68	7.51	9.07	10.30	9.48	10.32	9.81	9.91	11.92	12.73
低级技术密集型产品	22.59	25.94	24.07	26.17	32.40	32.73	30.83	33.33	29.87	26.07
中级技术密集型产品	21.32	21.70	23.23	23.66	24.04	24.16	25.45	25.91	26.99	26.02
高级技术密集型产品	42.04	39.26	36.65	32.08	27.28	24.36	24.45	24.32	24.15	28.77
从马进口总额（亿美元）	321.01	323.31	504.30	621.37	583.05	601.53	556.52	532.77	492.70	544.26
初级产品	7.10	7.04	6.73	7.42	6.30	5.32	5.08	5.17	5.61	9.92
劳动及资源密集型产品	21.27	19.95	20.51	22.42	20.53	22.02	21.49	19.49	14.54	18.33
低级技术密集型产品	1.31	1.26	1.14	1.10	1.16	1.23	1.34	1.65	1.72	1.57
中级技术密集型产品	9.67	8.68	7.66	7.52	8.65	8.03	8.68	7.96	8.17	8.41
高级技术密集型产品	60.53	63.00	63.91	61.52	63.33	63.35	63.39	65.70	69.91	61.72

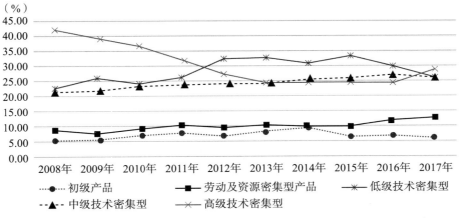

图 4 - 37　中国对马来西亚出口按技术分类

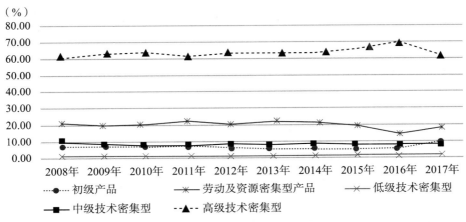

图 4 - 38　中国从马来西亚进口按技术分类

第五章　拉美经济运行与中拉贸易发展

第一节　拉美经济运行状况

一、拉美经济基本状况

（一）拉美地区经济基本状况

拉美地区一般指拉丁美洲及加勒比地区，包括 33 个独立主权国家和诸多未独立岛屿。[①] 2018 年拉美地区 GDP 总量达到 57 873 亿美元，占同期中国 GDP 总量的一半，世界 GDP 总量的 6.75%。2018 年拉美地区人口总数占世界人口的 8.45%，人均 GDP 为 9 024 美元，低于同期中国 9 771 美元及世界平均水平 11 297 美元，总体而言属于中高等收入经济体。2018 年拉美 GDP 增速为 1.46%，通货膨胀率为 2.52%，失业率为 8.06%，目前经济增长处于停滞状态。表 5-1 展示了 1998—2018 年拉美地区经济基本状况。

表 5-1　　　　　　　　　1998—2018 年拉美地区经济基本状况

时间	GDP/亿美元	GDP 增长率/%	通货膨胀率/%	失业率/%	时间	GDP/亿美元	GDP 增长率/%	通货膨胀率/%	失业率/%
1998 年	22 979	2.23	5.37	8.33	2009 年	43 121	−1.88	3.62	7.60
1999 年	20 733	0.13	4.07	9.22	2010 年	53 472	5.85	4.59	7.03
2000 年	22 869	3.79	3.53	9.19	2011 年	60 800	4.39	5.80	6.51
2001 年	22 375	0.88	3.86	8.75	2012 年	61 430	2.79	3.63	6.41
2002 年	20 077	0.29	3.39	9.10	2013 年	62 946	2.76	2.45	6.33
2003 年	20 512	1.56	4.65	8.94	2014 年	64 162	1.00	2.35	6.13
2004 年	23 640	6.34	6.37	8.41	2015 年	55 177	0.09	2.45	6.64
2005 年	28 581	4.25	6.27	7.95	2016 年	53 875	−0.35	2.22	7.78
2006 年	33 508	5.27	6.46	7.27	2017 年	59 710	1.66	2.60	8.08
2007 年	39 479	5.52	6.53	6.88	2018 年	57 873	1.46	2.52	8.06
2008 年	45 884	3.92	7.63	6.50					

注：GDP 使用现价美元，GDP 增长率使用不变价本币，通货膨胀率使用 GDP 平减指数计算。

资料来源：世界银行 WDI 数据库。

总体而言，拉美地区经济波动幅度较大。1998—2003 年，经济起伏波动，GDP 总量实际没有增加。2003—2008 年，拉美地区经济摆脱停滞状态，经历了一段高速增长的时

[①] 若无特别说明，本章所称"拉美地区"均指世界银行口径下的"拉丁美洲及加勒比地区"。

期，2009 年出现衰退，2010—2011 年经济复苏，此后经济再次陷入停滞状态，近两年经济逐渐从衰退中缓慢复苏。

　　国际宏观环境决定的外部需求是导致拉美地区经济波动的因素之一。2003—2008 年，世界经济处于强劲的增长态势，中国及亚洲新兴经济体的经济增长带来对原材料进口的旺盛需求，国际市场初级产品价格持续走高，拉动了以出口初级产品为主的拉美地区经济的快速增长；2008 年全球金融危机爆发后，新兴经济体增速放缓，新兴市场的需求减少以及初级产品价格波动使得拉美地区经济增长乏力。[①] 从图 5 - 1 可以看出，1998—2008 年拉美地区的 GDP 增长率高于 2008—2018 年，两段时期的复合增长率分别为 7.16％及 2.35％。

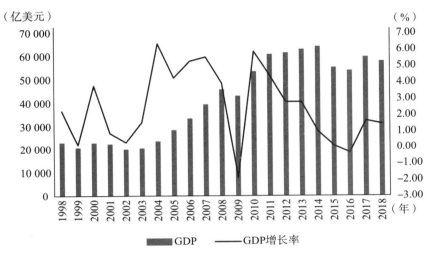

图 5 - 1　1998—2018 年拉美地区 GDP 及增长率

资料来源：世界银行 WDI 数据库。

　　拉美地区失业率高于世界平均水平。1998—2018 年拉美地区失业率一直维持在 6％以上，而同期世界平均失业率低于 6％。拉美地区通货膨胀率与同期世界水平基本持平。拉美地区失业率与通货膨胀率的变化也能反映出拉美的经济增长趋势。1998—2003 年，失业率在较高水平波动，通货膨胀率在较低水平波动，此时经济增长处于停滞状态；2003—2008 年，随着经济扩张，失业率平稳下降，通货膨胀率持续上升；2009 年，受到金融危机的冲击，失业率上升而通货膨胀率骤降；2010—2011 年，随着经济复苏，失业率与通货膨胀率均发生反弹；此后经济增长乏力，再次陷入停滞状态，失业率维持在较高水平，通货膨胀率维持在较低水平。具体情况见图 5 - 2。

　　拉美地区经济增长缓慢。从表 5 - 2 可以看出，1998—2018 年拉美地区 GDP 总量从 22 979 亿美元增加到 57 873 亿美元，增加了 1.5 倍，复合增长率为 4.73％，同期世界 GDP 总量从 313 673 亿美元增加到 857 908 亿美元，增加了 1.7 倍，复合增长率为 5.16％，说明这段时期拉美地区的经济增长落后于世界平均水平。同期中等收入国家与中高等收入国家的复合增长率分别为 9.05％与 8.98％，说明拉美地区的经济增长明显落后

---

　　① 苏振兴. 拉丁美洲经济：从衰退到繁荣 [J]. 拉丁美洲研究，2013，35（6）：7-12.

于与其处于同一发展水平的地区。

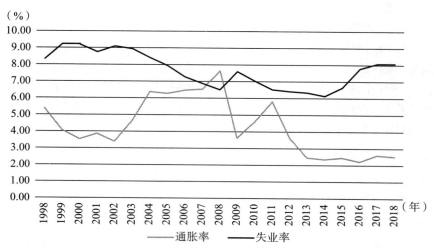

图 5 - 2　1998—2018 年拉美地区通货膨胀率及失业率

资料来源：世界银行 WDI 数据库。

经济增长的长期乏力导致拉美地区人均 GDP 增长缓慢。1998—2018 年，拉美地区人均 GDP 复合增长率为 3.49%，稍高于高收入国家（即发达国家）的 3.12%，远低于中等收入国家的 7.76% 及中高等收入国家的 8.14%。进一步对比拉美地区及中高等收入国家，1998 年拉美地区人均 GDP 为 4 543 美元，中高等收入国家人均 GDP 为 1 231 美元，拉美地区相比中高等收入国家处于更高的发展水平；经过 20 年的发展，2018 年拉美地区人均 GDP 达到 9 023 美元，低于中高等收入国家的 9 200 美元，拉美地区发展水平已被中高等收入国家赶上。可见，拉美地区仍未摆脱所谓的"中等收入陷阱"，即在成为中等收入国家后经济增长放缓，人均 GDP 长期不能跨越发达国家的界限。

表 5 - 2　　　　　　　1998—2018 年不同发展水平地区 GDP 总量与人均 GDP

地区	GDP 总量（亿美元）			人均 GDP（美元）		
	1998 年	2018 年	复合增长率	1998 年	2018 年	复合增长率
世界	313 673	857 908	5.16%	5 268	11 297	3.89%
高收入国家	257 350	541 080	3.79%	24 181	44 706	3.12%
中高等收入国家	43 760	244 330	8.98%	1 924	9 200	8.14%
中等收入国家	55 070	311 410	9.05%	1 231	5 484	7.76%
拉美地区	22 979	57 873	4.73%	4 543	9 023	3.49%

注：GDP 及人均 GDP 使用现价美元；复合增长率＝[（本期/基期）^(1/n)－1]×100%，n 为期间数。

资料来源：世界银行 WDI 数据库。

（二）拉美地区产业结构

拉美地区产业结构显现出服务业部门发达的特征。2018 年拉美地区三大产业的就业比例如图 5 - 3 所示，农业与工业部门就业比例分别为 14% 及 21%，服务业部门就业比例最高，达到 65%。服务业部门就业比例能够反映出一个国家所处的经济发展阶段，更高的服务业部门就业比例代表更高的发展水平。2018 年高收入国家的服务业部门就业比例高达 75%，中高等收入国家服务业部门就业比例达到 52%，而世界平均水平为 49%，说明拉美地区的发展程度处于较高水平。

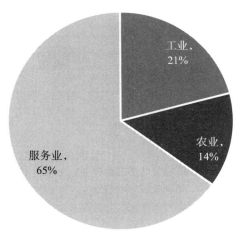

图 5-3　2018 年拉美地区三大产业就业比例

资料来源：世界银行 WDI 数据库。

　　与发达的服务业相对应的，是拉美地区薄弱的工业部门。1998—2008 年，拉美地区工业部门就业比例一直维持在 21% 左右，而与此同时中低收入国家（中等收入国家及低收入国家）的工业部门就业比例不断上升。2018 年中低等收入国家的工业部门就业比例为 21%，中高等收入国家为 26%，世界平均水平为 23%，即使是在 20 年内工业部门就业比例不断下降的高收入国家，其 2018 年的工业部门就业比例也达到了 23%，高于拉美地区。这说明拉美地区的经济发展不同于传统模式，其农业部门的劳动力在发展水平（人均国民收入水平）还较低时就停止向工业部门转移，而进入服务业部门，这种现象被称为"过早地去工业化"（Premature Deindustrialization），这可能是导致拉美地区经济发展长期陷入停滞的原因之一。[①] 同时，较低的工业部门就业比例也能反映出拉美地区可能存在工业体系不完善的问题。

　　从产业增加值的角度同样能说明拉美地区工业薄弱。图 5-4 展示了 2018 年拉美地区三大产业增加值占 GDP 的比重。农业为 5%，工业为 24%，服务业为 71%。同期与拉美地区处于同一发展水平的中高等收入国家三大产业增加值占 GDP 的比重分别为 6%、33% 与 61%，工业增加值比重远高于拉美地区，服务业增加值比重低于拉美地区；高收入国家的比重分别为 1%、23% 与 76%，工业增加值比重与拉美地区相当。高服务业增加值、低工业增加值比重一方面说明拉美地区所处发展水平较高，另一方面也说明拉美地区在还没有发展成为发达国家时就停止了工业化的进程。

---

　　① RODRIK，D. Premature Deindustrialization [J]. Journal of Economic Growth，2016，21（1）：1-33.

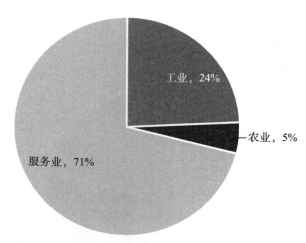

图 5 - 4 2018 年拉美地区三大产业增加值占 GDP 比重

注：根据《国际标准行业分类》（ISIC），工业增加值包括采矿业、制造业、建筑业、电力/水和天然气行业中的增加值；农业增加值包括林业、狩猎和渔业及物耕种和畜牧生产中的增加值；服务业增加值为余项。

资料来源：世界银行 WDI 数据库。

　　表 5 - 3 展示了 2017 年拉美地区 GDP 增加值的行业构成，归属服务业的行业在总增加值中占比最高。例如：2017 年拉美地区增加值最高的行业是"金融中介、房地产、租赁和商业活动"行业，增加值达到 8 307 亿美元，占总增加值的比重为 18%；其次为"批发和零售贸易，货物修理，旅馆和餐馆"行业，增加值达到 7 371 亿美元，占总增加值比重为 16%；排名第四的是"运输，储存和通信"行业，占比 8%；而"国家、社会和个人服务活动"合计占比 25%。以上行业都属于服务业，增加值所占比重合计达到 67%。拉美地区在工业部门的短板主要体现在制造业方面。2017 年拉美地区的制造业增加值为 6 464 亿美元，占总增加值比重为 14%，占 GDP 的比重为 13%。同期中高等收入国家制造业增加值占 GDP 比重为 20%，远高于拉美地区。即使是已经完成去工业化的高收入国家，其制造业增加值占 GDP 比重也达到 14%，略高于拉美地区。制造业能够体现一个国家的工业生产能力，中国作为全球工业体系最完整的国家，2018 年制造业增加值在 GDP 中占比 29%。较低的制造业增加值反映出拉美地区的工业生产能力薄弱。

表 5 - 3　　　　　　　　　　　　**2017 年拉美地区 GDP 增加值的行业构成**

行业	产业	增加值（亿美元）	占比
金融中介，房地产，租赁和商业活动	服务业	8 307	18%
批发和零售贸易，货物修理，旅馆和餐馆	服务业	7 371	16%
制造业	工业	6 464	14%
运输，储存和通信	服务业	3 605	8%
建筑	工业	2 899	8%
农业，狩猎，林业和渔业	农业	2 461	5%
采矿和采石	工业	1 569	3%
电力，燃气和供水	工业	1 262	3%
国家、社会和个人服务活动	服务业	11 208	25%
合计	—	45 146	100%

注：总增加值与 GDP 的差异由净税收及统计误差构成。

资料来源：拉丁美洲和加勒比经济委员会。

同样属于工业部门的还有"建筑""采矿和采石""电力，燃气和供水"行业，增加值所占比重分别为 8%、3% 和 3%，合计占比达到 14%，与制造业相同。与农业增加值相对应的"农业，狩猎，林业和渔业"行业增加值所占比重为 5%。

综上所述，与处于相同发展阶段的中高等收入国家相比，拉美地区产业结构体现出服务业相对发达、工业发展相对不足的特点，其中工业发展不足主要体现为制造业薄弱，后文会进一步分析这种产业结构对其进出口结构的重要影响。

（三）拉美各国经济基本状况

拉美地区共有 33 个独立主权国家，在 2011 年共同成立了拉美和加勒比国家共同体（简称"拉共体"）。[①] 拉共体成员 2017 年的 GDP 总量为 55 515 亿美元，占拉美地区 GDP 总量的 93%，2016 年对外贸易总量为 21 918 亿美元，占拉美地区对外贸易总量的 88%，其经济发展与对外贸易状况能够充分代表整个拉美地区。[②] 表 5-4 展示了 2017 年拉共体各成员国的经济基本状况，包括 GDP 占比、GDP 总量、GDP 增速、人均 GDP 以及收入水平等经济指标。

从表 5-4 可以看出，拉美地区共有 8 个高收入国家，分别是智利、巴拿马、乌拉圭、特立尼达和多巴哥、巴哈马、巴巴多斯、安提瓜和巴布达及圣基茨和尼维斯；1 个低收入国家，海地；其余均为中等收入国家。中等收入国家中有 20 个为中高等收入国家，仅玻利维亚、萨尔瓦多、洪都拉斯、尼加拉瓜 4 国为中低等收入国家。拉共体大多数国家的收入水平达到中高等及以上，说明前文对比拉美地区及中高等收入国家的经济发展状况与产业结构所得到的结论是有意义的。

从表 5-4 还可以看出，巴西、墨西哥与阿根廷是拉美地区经济总量最大的 3 个国家，占拉美地区 GDP 总量比重分别为 34.39%、19.40% 与 10.77%，合计约为 65%。其次是哥伦比亚、智利、秘鲁和委内瑞拉，前七大经济体的 GDP 占比合计达到 80%。这 7 个国家的经济状况很大程度上影响着整个拉美地区的经济状况，2017 年其 GDP 增速均不超过 3%，低于世界平均水平，委内瑞拉更是出现负增长，GDP 增速为 -15.67%，因而拉美地区整体表现出经济增长乏力。

表 5-4　　　　　　　　　**2017 年拉共体成员国经济基本状况**

国家	GDP占比/%	GDP总量/亿美元	GDP增速/%	人均GDP/美元	收入水平	国家	GDP占比/%	GDP总量/亿美元	GDP增速/%	人均GDP/美元	收入水平
巴西	34.39	20 532	1.06	9 928	中高等	洪都拉斯	0.39	231	4.93	2 491	中低等
墨西哥	19.40	11 582	2.07	9 377	中高等	特立尼达和多巴哥	0.37	221	-2.03	16 107	高
阿根廷	10.77	6 429	2.67	14 588	中高等	牙买加	0.25	148	0.66	5 193	中高等
哥伦比亚	5.22	3 118	1.35	6 325	中高等	尼加拉瓜	0.23	138	4.86	2 222	中低等

① 本章基于国别的讨论均是以拉共体 33 个成员国为样本。

② 对外贸易使用世界银行和经合组织国民经济核算数据计算，其中委内瑞拉、特立尼达和多巴哥、苏里南三国 2016 年数据缺失，使用 IMF《国际收支统计年鉴》数据代替。

续前表

国家	GDP占比/%	GDP总量/亿美元	GDP增速/%	人均GDP/美元	收入水平	国家	GDP占比/%	GDP总量/亿美元	GDP增速/%	人均GDP/美元	收入水平
智利	4.65	2 777	1.26	15 128	高	巴哈马	0.20	122	1.44	32 661	高
秘鲁	3.59	2 141	2.48	6 728	中高等	海地	0.14	86	1.17	784	低
委内瑞拉	2.41	1 438	−15.67	4 718	中高等	巴巴多斯	0.08	50	−0.17	17 463	高
厄瓜多尔	1.75	1 043	2.37	6 217	中高等	圭亚那	0.06	36	2.14	4 578	中高等
古巴	1.62	969	1.78	8 541	中高等	苏里南	0.05	31	1.69	5 260	中高等
多米尼加共和国	1.27	761	4.55	7 482	中高等	伯利兹	0.03	19	1.44	4 828	中高等
危地马拉	1.27	756	2.76	4 469	中高等	圣卢西亚	0.03	18	3.67	10 312	中高等
巴拿马	1.04	623	5.32	15 198	高	安提瓜和巴布达	0.03	15	3.63	16 620	高
乌拉圭	0.99	592	2.66	16 942	高	格林纳达	0.02	11	5.06	10 451	中高等
哥斯达黎加	0.98	587	3.40	11 810	中高等	圣基茨和尼维斯	0.02	10	1.17	17 905	高
巴拉圭	0.65	390	4.96	5 610	中高等	圣文森特和格林纳丁斯	0.01	8	0.69	7 124	中高等
玻利维亚	0.64	381	4.20	3 438	中低等	多米尼加	0.01	6	−5.41	7 819	中高等
萨尔瓦多	0.42	249	2.31	3 787	中低等						

注：GDP 与人均 GDP 使用现价美元，GDP 增速使用不变价本币计算。各国经济指标数据来自 IMF 世界经济展望报告，其中古巴数据缺失，使用世界银行 WDI 数据代替。

资料来源：IMF 世界经济展望报告、世界银行 WDI 数据库。

二、拉美贸易基本状况

（一）贸易平衡及依存度

表 5-5 展示了 1998—2018 年拉美地区的贸易额、出口额、进口额和贸易差额占 GDP 总量的比重。

近 20 年里拉美地区基本实现贸易平衡，贸易差额在 3％之内，没有严重的贸易顺差或贸易逆差。1998—2001 年拉美地区处于贸易逆差，2002—2007 年一直保持贸易顺差，2008—2009 年出现贸易逆差，2010—2011 年恢复贸易顺差，2012 年以来持续贸易逆差。拉美地区的贸易平衡状况与经济波动有一定相关性，在经济增长阶段出现贸易顺差，经济衰退与停滞阶段则对应贸易逆差。

拉美地区贸易依存度并不高。1998—2018 年拉美地区贸易额占 GDP 总量的比重呈上升趋势，从 1998 年的 35.01％增长到 2018 年的 46.87％，但始终没有超过 50％，同期世界整体贸易额占比从 1998 年的 46％增长到 2017 年的 58％。因而，与世界平均水平相比，拉美地区贸易依存度处于较低水平。贸易额占比的变化也能反映出拉美地区的经济波动，如在 2003 年出现快速增长，2009 年发生骤降，之后有所恢复，但没有较大的增长。

表 5 - 5　　　　　　　　　1998—2018 年拉美地区贸易平衡及依存度　　　　单位：%

时间	贸易额	出口额	进口额	贸易差额	时间	贸易额	出口额	进口额	贸易差额
1998 年	35.01	16.14	18.87	−2.73	2009 年	40.20	20.06	20.15	−0.09
1999 年	36.41	17.64	18.77	−1.13	2010 年	42.85	21.57	21.28	0.29
2000 年	38.34	18.80	19.55	−0.75	2011 年	45.26	22.69	22.58	0.11
2001 年	38.48	18.59	19.89	−1.31	2012 年	44.91	22.00	22.91	−0.91
2002 年	40.92	21.41	19.51	1.89	2013 年	44.36	21.20	23.17	−1.97
2003 年	42.84	22.82	20.02	2.79	2014 年	43.32	20.26	23.06	−2.80
2004 年	46.14	24.63	21.51	3.11	2015 年	43.78	21.04	22.74	−1.70
2005 年	46.76	24.90	21.87	3.03	2016 年	43.61	21.44	22.17	−0.73
2006 年	45.49	24.03	21.45	2.58	2017 年	43.61	21.56	22.04	−0.48
2007 年	45.39	23.26	22.13	1.12	2018 年	46.87	23.02	23.86	−0.84
2008 年	47.03	23.39	23.64	−0.25					

注：贸易差额＝进口额－出口额。

资料来源：世界银行 WDI 数据库。

（二）主要贸易伙伴

拉美地区的主要贸易伙伴是美国、欧盟与中国。表 5 - 6 展示了 2013—2017 年拉美地区对主要贸易伙伴的商品贸易的进出口额，以及五年的平均占比。可以看出，拉美地区对主要贸易伙伴的进口额与出口额、进口占比与出口占比均较为接近，即拉美地区对主要贸易伙伴基本实现贸易平衡。美国是拉美地区的第一大贸易伙伴，进出口额五年平均占比都为 40% 左右。欧盟是第二大贸易伙伴，进出口额占比均达到 10%。亚洲地区占比为 20% 左右，其中中国占比约 10%，是拉美地区的第三大贸易伙伴，其他亚洲国家占比达 10%。拉美地区的内部贸易占其进出口额的比例很高，接近 20%，而世界剩余的其他国家占比不到 10%。

总体而言，拉美地区对美国的贸易依赖程度很高，拉美地区与美国之间形成了一个规模较大的贸易闭环，在闭环内进行的贸易占到拉美地区进出口总额的 60% 左右，相比之下拉美地区对闭环以外的其他经济体的进出口依赖程度不高且相对分散。

表 5 - 6　　　　　　　　　2013—2017 年拉美地区主要贸易伙伴的进出口额　　　　单位：亿美元

	2013 年	2014 年	2015 年	2016 年	2017 年	五年平均占比
总出口	**11 184**	**10 836**	**9 230**	**8 887**	**9 963**	**100%**
美国	4 506	4 616	4 174	4 039	4 396	43%
欧盟	1 265	1 185	971	957	1 046	11%
中国	1 094	975	816	803	1 022	9%
其他亚洲国家	1 151	1 102	845	852	1 012	10%
拉美地区内部	2 145	1 999	1 611	1 459	1 627	18%
世界剩余国家	1 022	958	813	777	860	9%

续前表

	2013 年	2014 年	2015 年	2016 年	2017 年	五年平均占比
总进口	**10 942**	**10 871**	**9 587**	**8 820**	**9 834**	**100%**
美国	4 073	4 216	3 860	3 630	3 912	39%
欧盟	1 545	1 467	1 301	1 228	1 337	14%
中国	1 151	1 046	1 038	888	1 046	10%
其他亚洲国家	1 352	1 480	1 274	1 164	1 287	13%
拉美地区内部	2 145	1 999	1 611	1 459	1 627	18%
世界剩余国家	677	663	502	450	625	6%

注：进出口额只包含商品贸易；拉美地区的进出口数据由南美洲和中美洲及加勒比地区和墨西哥两个地区的数据求和得到；拉美地区从中国的进口数据缺失，考虑国家统计局与 WTO 统计口径的差异性，用 WTO 口径下拉美地区对中国的出口乘以国家统计局口径下进出口比值代替。

资料来源：WTO 数据库。

（三）进出口额及增速

1998—2018 年拉美地区出口额及增长率如图 5-5 所示。2018 年拉美地区货物和服务出口额为 14 064 亿美元，其中货物出口额占比 86%，服务出口额占比 14%。[1] 拉美地区出口额从 1998 年的 3 881 亿美元增长到 2018 年的 14 064 亿美元，增加了 2.6 倍，复合增长率为 6.65%；同期拉美地区 GDP 增加了 1.5 倍，复合增长率为 4.73%，即出口额增长快于 GDP 总量。1998—2018 年拉美地区出口额增长率基本为正值，2003—2004 年增长率达到峰值 14.02%，2008—2009 年出现唯一的负增长，增长率为 -8.94%。2018 年增长率为 4.11%，相比前两年小幅增加。

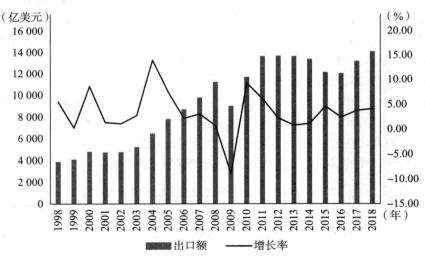

图 5-5 1998—2018 年拉美地区出口额及增长率

注：进出口额以现价美元，增长率以不变价本币计算。

资料来源：世界银行 WDI 数据库。

---

① 货物和服务进出口额使用世界银行和经合组织国民经济核算数据计算，货物和服务的占比使用 IMF《国际收支统计年鉴》计算。

1998—2018 年拉美地区进口额及增长率如图 5-6 所示。2018 年拉美地区货物和服务进口额为 15 226 亿美元，其中货物进口额占比 83%，服务进口额占比 17%。拉美地区进口额从 1998 年的 4 449 亿美元增长到 2018 年的 15 226 亿美元，增加了 2.4 倍，复合增长率为 6.34%，快于 GDP 增长。拉美地区进口额波动幅度相比出口额更大，增长率的峰值多次超过 10% 或低于 0，如 2009 年增长率为 -13.84%，2010 年增长率为 20.12%。2018 年增长率为 5.51%，略低于 2017 年的 5.86%。

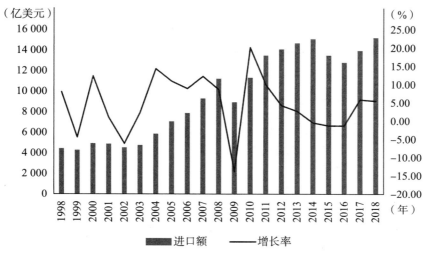

图 5-6　1998—2018 年拉美地区进口额及增长率

资料来源：世界银行 WDI 数据库。

对比图 5-5、图 5-6 及表 5-2，可以看出 1998—2018 年拉美地区进出口额及增速与 GDP 总量及增速的变化趋势基本一致。拉美地区的进出口额均在 2003 年以前小幅波动，2003 年出现快速增长，2009 年大幅下降，2010—2011 年恢复增长，此后再次陷入波动，2018 年达到 20 年以来的峰值。目前拉美地区的对外贸易正从近年来的衰退中缓慢复苏。

（四）商品结构

1. 出口商品结构

拉美地区出口的商品结构反映了其产业结构，即制造业相对薄弱。表 5-7 展示了 2017 年拉美地区不同类别的商品占出口额的比重。其中食品、矿石和金属、燃料与农业原材料属于初级产品，制造业商品属于工业制成品。拉美地区出口的工业制成品与初级产品大体相当，各占 50% 左右。2017 年世界整体的工业制成品出口占比达到 70% 左右，远高于拉美地区。较低的工业制成品出口占比反映了拉美地区较低的制造业生产水平。

拉美地区的对外贸易表现出以出口农产品、矿产品和能源品等初级产品为主的特征。[1] 初级产品在拉美地区的商品出口中占据重要份额。初级产品包括农产品（包括食品和农业原材料）、矿石和金属、燃料三大类，分别占出口比重的 28%、12%、9%，合计达到 49%。表 5-8 列示了 2017 年拉美地区 10 种主要出口商品及在出口总额中所占比重。可

---

① 任保显. 中国与拉美贸易战略研究 ［M］. 北京：经济管理出版社，2015.

以看出，原油、铜矿及其精矿、铁矿及其精矿、大豆、精炼铜及大豆油饼这些初级产品在10 种主要出口商品中占到 6 种，合计占比达到 19%。这种出口商品结构使得拉美地区的对外贸易和经济发展容易受到外部需求和初级产品价格波动的影响，因而出现前文提到的拉美地区经济增长波动较大的状况。

表 5-7 　　　　　　　　　　　2017 年拉美地区不同类别商品出口占比

商品	类别	比重
制造业商品	工业制成品	49%
食品	初级产品	26%
矿石和金属	初级产品	12%
燃料	初级产品	9%
农业原材料	初级产品	2%

注：商品分类依据《国际贸易标准分类》（SITC）；初级产品指 SITC 中的第 0～4 类，以及第 68 节（有色金属），工业制成品指 SITC3 中的第 5～8 类，不包括第 68 节。

资料来源：世界银行 WDI 数据库。

表 5-8 　　　　　　　　　　　2017 年拉美地区前十大出口商品占比

商品	代码	比重
原油	3 330	6%
未另列明的客运用汽车	7 812	5.6%
铜矿及其精矿	2 831	3.8%
大豆	2 222	3.5%
未另列明的载货汽车	78 219	3.4%
其他自动数据处理机	7 523	2.1%
铁矿及其精矿	2 815	2%
精炼铜	68 212	2%
其他数据接收装置	76 412	1.8%
大豆油饼	8 131	1.7%
合计	—	31.9%

注：商品分类及代码依据《国际贸易标准分类》第 4 版（SITC4）。

资料来源：拉丁美洲和加勒比经济委员会。

　　拉美地区较高的初级产品出口占比反映了其生产要素禀赋结构，即自然资源丰富。由于拥有适宜的自然条件，拉美地区普遍种植玉米、小麦、水稻和豆类等多种粮食作物，以及甘蔗、可可、棉花、咖啡、橡胶等多种经济作物。拉美地区的林业、渔业等资源丰富，其矿业资源尤其丰富，拥有现代工业所需最基本的 20 多种矿物资源的绝大部分，许多矿物储量居世界前列。[1] 如拉美地区的铜储量居世界各大洲之首，仅智利和秘鲁两国铜矿储

---

① 赵雪梅. 拉丁美洲经济概论 [M]. 北京：对外经济贸易大学出版社，2010.

量即占世界的 40.56%。[①]

　　充足的自然资源禀赋可以为一国经济增长提供原材料投入，成为经济发展的助推器，却也可能导致一国与资源相关的部门蓬勃发展，吸引大量劳动力与资本等生产要素，使得其他部门收缩，最终经济状况整体表现不佳，原本丰富的资源成为所谓的"资源诅咒"。拉美地区在当下和历史上就在一定程度上表现出以上问题，即由于自然资源丰富，出口矿物、能源、农产品等无需加工或只需简单加工的初级产品就成为其比较优势，在世界市场上有较强的国际竞争力，同时拉美地区不重视工业尤其是制造业的发展，而是依赖从国外进口的制造业商品。

　　2. 进口商品结构

　　表 5-9 展示了 2017 年拉美地区不同类别的商品占进口额的比重。可以看出，拉美地区主要进口的商品为制造业商品，也即工业制成品，占比达到 76%，分别高于世界整体、高收入国家和中高等收入国家的工业制成品进口占比 72%、74% 和 69%，各类初级产品合计只占 22%。对比表 5-9 与表 5-7 可以看出，拉美地区的食品、矿石和金属进口占比远小于出口占比，反映出拉美地区矿业资源丰富，农产品供给充足。

表 5-9　　　　　　　　　　　　2017 年拉美地区不同类别商品进口占比

商品	类别	比重
制造业商品	工业制成品	76%
燃料	初级产品	11%
食品	初级产品	8%
矿石和金属	初级产品	2%
农业原材料	初级产品	1%

　　资料来源：世界银行 WDI 数据库。

　　注：商品分类依据《国际贸易标准分类》（SITC）。

　　综上所述，一国的产业结构和生产要素禀赋结构对其贸易结构有决定意义。拉美地区工业发展不足、制造业相对薄弱的产业结构和自然资源丰富的禀赋结构共同决定了其对外贸易具有工业制成品进口多、出口少，初级产品进口少、出口多的特点。与之正好相反，中国的自然资源相对匮乏、劳动力资源丰富，长期以来形成了以制造业为主要经济支柱的产业结构，其工业发展和经济增长对原材料有巨大需求。2017 年中国出口的工业制成品占出口总额的 94%，进口的工业制成品占进口总额的 63%，对外贸易表现出工业制成品进口少、出口多，初级产品进口多、出口少的特点。因而中国与拉美地区的贸易具有互补性，开展贸易合作能够促进双方的经济发展。

---

　　① 张潮，陈玉明，赵宏军. 南美洲铜矿资源概况与勘查开发现状 [J]. 中国矿业，2016，25（S2）：9-1.

三、中拉贸易基本状况

（一）中拉贸易平衡

2017年拉共体整体对中国有轻微逆差，贸易差额占其GDP比重0.05％，即中拉基本实现贸易平衡。大多数拉共体国家对中国保持逆差，即对中国的出口额低于从中国的进口额；巴西、智利、秘鲁、委内瑞拉与乌拉圭对中国保持顺差。大多数拉共体国家与中国的贸易差额占其GDP比重不超过3％，基本实现贸易平衡。大部分拉共体国家对中国的出口占其GDP比重不超过1％，因而对中国的贸易平衡反映的是其从中国的进口同样较少，一定程度的贸易失衡则反映了其从中国的进口相对较多，这说明中国与这些国家的贸易尚有较大的发展空间。具体见表5-10。

表5-10　　　　　　　　　　2017年拉共体国家贸易差额占GDP比重　　　　　　单位：％

国家	出口	进口	贸易差额	国家	出口	进口	贸易差额
委内瑞拉	5.02	1.21	3.81	墨西哥	1.02	3.10	−2.08
秘鲁	6.34	3.30	3.04	巴哈马	0.17	2.29	−2.12
智利	7.62	5.19	2.44	危地马拉	0.14	2.59	−2.45
巴西	2.87	1.41	1.46	萨尔瓦多	0.47	3.10	−2.63
乌拉圭	4.69	3.81	0.88	安提瓜和巴布达	0.00	2.97	−2.97
阿根廷	0.74	1.41	−0.67	牙买加	0.33	3.49	−3.17
圣基茨和尼维斯	0.07	0.88	−0.81	洪都拉斯	0.10	3.68	−3.58
圣卢西亚	0.00	0.88	−0.88	巴拉圭	0.08	4.00	−3.92
格林纳达	0.00	0.95	−0.95	圭亚那	1.08	5.31	−4.23
古巴	0.41	1.40	−0.99	尼加拉瓜	0.21	4.51	−4.30
玻利维亚	0.95	1.94	−1.00	伯利兹	0.02	4.68	−4.66
特立尼达和多巴哥	0.82	1.93	−1.11	苏里南	0.86	5.79	−4.93
哥伦比亚	1.25	2.39	−1.14	圣文森特和格林纳丁斯	0.06	5.36	−5.30
哥斯达黎加	1.36	2.57	−1.21	海地	0.09	6.33	−6.24
厄瓜多尔	1.08	2.84	−1.76	多米尼克	0.14	9.89	−9.75
巴巴多斯	0.53	2.31	−1.78	巴拿马	0.10	10.64	−10.54
多米尼加	0.22	2.24	−2.02	拉共体	2.30	2.36	−0.05

注：进出口数据及GDP均使用现价美元计价；进出口数据来自国家统计局，GDP数据来自世界银行WDI数据库；其中委内瑞拉的2017年GDP数据缺失，用IMF世界经济展望报告数据代替。表中以中国对拉美各国的出口额作为拉美各国从中国的进口额，中国从拉美各国的进口额作为拉美各国对中国的出口额。

资料来源：世界银行WDI数据库、国家统计局。

（二）中国对拉美出口状况

1. 出口占比

中国对拉美地区的出口额占中国对外出口总额的比重较小。2017年中国对拉美地区出口额占比为5.78％，低于同期拉美地区GDP占世界整体比重的7.38％。一国的GDP

衡量了该国国民的购买力，GDP 越高，该国从外国进口的能力越强，从 GDP 占比角度考虑，拉美地区从中国的实际进口低于其潜在进口能力。1998—2005 年中国对拉美地区出口额占比一直维持在 3％左右，2005—2010 年以较快速度增加了 1 倍，2010—2017 年维持在 6％左右。具体见表 5 - 11。

表 5 - 11　　　　　　　　1998—2017 年中国对世界及拉美地区出口　　　　　　　　单位：亿美元

时间	出口额			增速	
	拉美	世界	占比	拉美	世界
2017 年	1 308	22 634	5.78％	14.82％	7.90％
2016 年	1 139	20 976	5.43％	−13.75％	−7.73％
2015 年	1 321	22 735	5.81％	−3.03％	−2.94％
2014 年	1 362	23 423	5.82％	1.69％	6.03％
2013 年	1 340	22 090	6.06％	−0.93％	7.82％
2012 年	1 352	20 487	6.60％	11.09％	7.92％
2011 年	1 217	18 984	6.41％	32.59％	20.32％
2010 年	918	15 778	5.82％	60.78％	31.30％
2009 年	571	12 016	4.75％	−20.44％	−16.01％
2008 年	718	14 307	5.02％	39.24％	17.26％
2007 年	515	12 201	4.22％	43.05％	25.91％
2006 年	360	9 690	3.72％	52.14％	27.17％
2005 年	237	7 620	3.11％	29.84％	28.42％
2004 年	182	5 933	3.07％	53.55％	35.39％
2003 年	119	4 382	2.71％	25.18％	34.59％
2002 年	95	3 256	2.91％	15.19％	22.36％
2001 年	82	2 661	3.10％	14.63％	6.78％
2000 年	72	2 492	2.88％	36.35％	27.84％
1999 年	53	1 949	2.70％	−0.97％	6.11％
1998 年	53	1 837	2.90％	—	—
1998—2008 年平均	226	6 030	3.75％	29.71％	22.78％
2008—2017 年平均	1 125	19 343	5.81％	6.90％	5.23％
1998—2017 年平均	651	10 882	5.98％	9.21％	6.21％

注：平均增速以复合增长率计算。

资料来源：国家统计局。

2. 出口额

1998—2018 年，中国对拉美地区的出口额总体呈上升趋势，和同期中国对外出口总额的变化趋势大体相同。2017 年中国对拉美地区出口额为 1 308 亿美元，约为 1998

年 53 亿美元的 24 倍。2009 年出口额出现下滑，2012—2017 年出口额有较大幅度的波动，2017 年出口额略低于 2012 年，即出口额在这一时期实际没有增长。具体见图 5-7 与表 5-11。

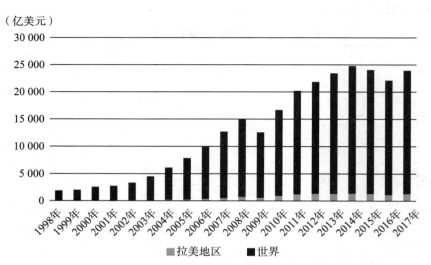

图 5-7　1998—2017 年中国对世界及拉美地区出口额

资料来源：国家统计局。

3. 出口增速

中国对拉美地区出口增速的变化趋势与对世界出口基本保持一致，波动幅度大于对世界出口。1998—2017 年，中国对拉美地区出口平均增速为 9.21%，高于同期对世界出口 6.21%。1998—2008 年，中国对拉美地区的出口以较快的速度增长，平均增速达到 29.71%，2008—2017 年增长放缓，平均增速为 6.90%。2009 年出口增速下滑到 −20%，即发生负增长，2010 年及 2011 年恢复增长，此后增长发生停滞，增速在 ±15% 区间内波动，2017 年增速为 14.82%。具体见图 5-8 与表 5-11。

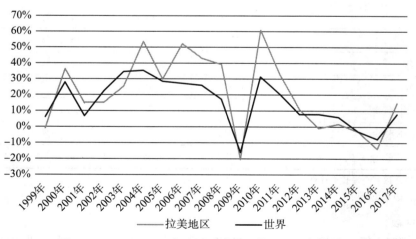

图 5-8　1998—2017 年中国对世界及拉美地区出口增速

资料来源：国家统计局。

4. 出口区域结构

中国对拉美地区的出口区域结构表现出集中稳定的态势。表 5－12 所示的是 1998—2017 年中国在拉美地区出口额排名前 15 的国家，也是中国对其出口占对拉美地区出口比重高于 1％ 的国家，同时也是拉美地区 GDP 总量排名前 15 的国家。1998—2017 年，中国对这 15 个国家的出口额合计占比一直保持在 95％ 左右，拉共体的其余 18 个国家（及拉美其他地区）合计占比 5％ 左右。

1998—2017 年中国对拉美各国的出口额持续增长，但各国所占比重及排序在近 20 年内没有发生太大的变化。长期以来，墨西哥与巴西一直是中国在拉美地区最大的两个出口国，2017 年中国对其出口额分别占拉美地区整体的 27.45％、22.13％，合计达到 49.58％。情况特殊的国家是巴拿马及委内瑞拉，在 2008—2017 年即全球金融危机后的这段时间，中国对两国的出口额及占比有较大幅度的下滑。

表 5－12　　　　　　　　　　　中国对拉美各国出口额及占比　　　　　　　　　单位：亿美元

国家	2017 年		2008—2017 年（平均）		1998—2017 年（平均）	
	出口额	占比	出口额	占比	出口额	占比
墨西哥	359	27.45％	259	23.01％	150	23.10％
巴西	290	22.13％	272	24.17％	154	23.60％
智利	144	11.02％	109	9.71％	63	9.65％
阿根廷	91	6.93％	73	6.45％	42	6.39％
哥伦比亚	74	5.69％	58	5.15％	32	4.95％
秘鲁	70	5.32％	50	4.45％	27	4.22％
巴拿马	66	5.07％	98	8.72％	60	9.23％
厄瓜多尔	30	2.27％	23	2.06％	13	2.03％
乌拉圭	22	1.64％	18	1.64％	10	1.60％
危地马拉	20	1.50％	14	1.28％	9	1.36％
委内瑞拉	17	1.34％	47	4.18％	27	4.19％
多米尼加	17	1.30％	11	1.00％	7	1.01％
巴拉圭	16	1.19％	12	1.04％	7	1.03％
哥斯达黎加	15	1.14％	10	0.89％	7	1.05％
古巴	14	1.04％	13	1.16％	9	1.38％
合计	1 243	95.01％	1 067	94.89％	617	94.81％
拉美地区	1 308	100.00％	1 125	100.00％	651	100.00％

资料来源：国家统计局。

5. 出口商品结构

中国对拉美地区的出口集中在工业制成品上，即制造业商品，这在一定程度上反映了拉美地区的产业现状和贸易现状，即由于国内制造业生产能力不足而依赖国外进口。表

5-13展示了2012—2016年中国对拉美地区出口额最大的5种商品。可以看出，5种主要出口商品均为工业制成品，除电信设备外占出口总额比例并不高，合计达到22.5%，即中国对拉美地区的出口商品较为分散；同时主要出口目的地合计占比不高，说明出口目的地也较为分散。

表5-13   2012—2016年中国对拉美地区前五大出口商品

商品	占比	目的地
电信设备	9.7%	38%墨西哥，19%巴西，8%阿根廷
数据处理机器	3.8%	43%墨西哥，13%巴西，10%哥伦比亚
光学仪器	3.3%	69%墨西哥，26%巴西，4%阿根廷
船舶	3.3%	40%巴拿马，15%巴西，14%巴哈马
其他电机	2.3%	36%巴西，25%墨西哥，8%阿根廷
合计	22.5%	

资料来源：波士顿大学全球发展政策研究中心；《中国-拉美经济公报（2018）》。

（三）中国从拉美进口状况

1. 进口占比

2017年中国从拉美地区的进口额占从世界进口的6.93%，高于出口额占比5.78%，略低于GDP占比7.38%。一国的GDP不仅衡量了其购买力，也衡量了其生产产品的能力，GDP越高，该国向其他国家出口能力越强。从GDP占比角度考虑，拉美地区对中国的实际出口略低于其潜在出口能力。1998—2018年中国从拉美地区进口额占比总体呈上升趋势，2008—2017年一直维持在6%以上。具体见表5-14。

表5-14   1998—2017年中国从世界及拉美地区进口状况   单位：亿美元

时间	出口额			增速	
	拉美	世界	占比	拉美	世界
2017年	1 278	18 438	6.93%	23.97%	16.11%
2016年	1 031	15 879	6.49%	−0.70%	−5.46%
2015年	1 038	16 796	6.18%	−18.31%	−14.27%
2014年	1 271	19 592	6.48%	−0.29%	0.47%
2013年	1 274	19 500	6.53%	1.08%	7.24%
2012年	1 261	18 184	6.93%	5.35%	4.30%
2011年	1 197	17 435	6.86%	30.30%	24.87%
2010年	918	13 962	6.58%	41.80%	38.80%
2009年	648	10 059	6.44%	−9.60%	−11.18%
2008年	716	11 326	6.33%	40.17%	18.45%
2007年	511	9 561	5.35%	49.56%	20.80%

续前表

时间	出口额			增速	
	拉美	世界	占比	拉美	世界
2006 年	342	7 915	4.32%	27.59%	19.93%
2005 年	268	6 600	4.06%	23.08%	17.59%
2004 年	218	5 612	3.88%	45.77%	35.97%
2003 年	149	4 128	3.62%	79.09%	39.84%
2002 年	83	2 952	2.82%	24.38%	21.19%
2001 年	67	2 436	2.75%	23.88%	8.20%
2000 年	54	2 251	2.40%	80.80%	35.85%
1999 年	30	1 657	1.81%	0.11%	18.16%
1998 年	30	1 402	2.13%	—	—
1998—2008 年平均	224	5 076	4.42%	37.39%	23.23%
2008—2017 年平均	1 063	16 117	6.02%	6.64%	5.56%
1998—2017 年平均	619	10 284	6.60%	21.85%	14.52%

资料来源：国家统计局。

2. 进口额

1998—2018 年中国从拉美地区的进口额总体呈上升趋势，和同期中国从世界进口额的变化趋势大体相同，也与中国对拉美地区的出口额变化趋势相同。2017 年中国从拉美地区进口额为 1 278 亿美元，约为 1998 年 30 亿美元的 43 倍。在 2009 年与 2015—2016 年进口额有所下滑，2017 年强劲恢复，达到历史新高。具体见图 5-9 与表 5-14。

（亿美元）

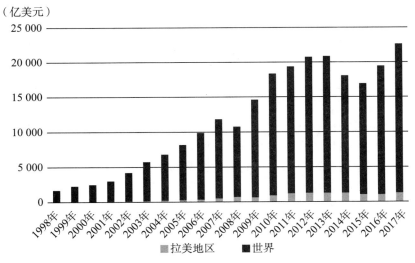

图 5-9　1998—2017 年中国从世界及拉美地区进口额

资料来源：国家统计局。

3. 进口增速

中国从拉美地区进口增速的变化趋势与从世界进口基本保持一致，1998—2008 年波动幅度大于对世界进口，2009—2017 年两者增速变化基本重合。1998—2017 年，中国从拉美地区进口平均增速为 21.85%，高于同期从世界进口增速 14.52%，也远高于同期对拉美地区出口增速 9.21%。从 1998—2008 年，中国从拉美地区的进口持续飞速增长，平均增速达到 37.39%，远高于从世界进口增速 23.23%，2008—2017 年增速降低，平均增速为 6.64%，与从世界进口增速 5.56% 基本相当。具体见图 5－10 与表 5－14。

对比图 5－8 和图 5－10，可以看出，中国对拉美地区的进出口增长表现优于对世界的进出口，中国从拉美地区进口增长表现优于对拉美地区出口，2008 年以前是中拉贸易增长的"黄金期"。

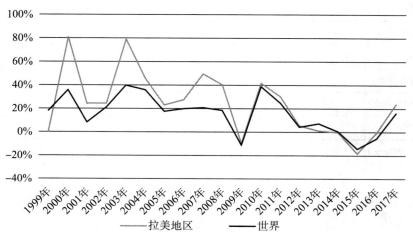

图 5－10　中国从世界及拉美地区进口增速

资料来源：国家统计局。

4. 进口区域结构

中国从拉美地区进口的区域结构相比出口更加集中。表 5－15 所示的是 2017 年中国从拉美地区进口额排名前 8 的国家，也是中国从其进口占从拉美地区进口比重高于 1% 的国家，其中前 7 个国家同时也是拉美地区 GDP 总量排名前 7 的国家。2017 年这 8 个国家GDP 占拉美地区 GDP 总量的 81.42%，中国从这 8 个国家的进口额合计占比达到96.82%，拉共体的其余 25 个国家（及拉美其他地区）合计占比 3% 左右。这说明中国从拉美地区的进口高度集中在这 8 个国家，中国与拉美地区其他国家的贸易关系还有待深化。中国对拉美地区出口的 95% 集中在 15 个国家，说明与出口相比，中国从拉美国家的进口有更大的发展空间，这与前文提到的大多数拉美国家对中国的出口占其 GDP 比重不超过 1% 这一事实相符。

巴西是中国在拉美地区最大的出口国，其次是智利，2017 年中国对这两国出口额分别占拉美地区整体的 46.06%、16.57%，合计达到 62.63%。1998—2017 年拉美各国从中国进口额总体呈上升趋势，但上升幅度有所差异。1998—2017 年中国从哥斯达黎加进口平均占比为 3.30%，但近三年进口额下滑，2017 年进口占比仅为 0.62%。

表 5-15　　　　　　　　　　　中国从拉美各国进口额及占比　　　　　　　　　　单位：亿美元

国家	2017 年		2008—2017 年（平均）		1998—2017 年（平均）	
	进口额	占比	进口额	占比	进口额	占比
巴西	589	46.06%	456	42.87%	260	42.04%
智利	212	16.57%	183	17.23%	108	17.39%
秘鲁	134	10.46%	79	7.43%	47	7.53%
墨西哥	118	9.24%	87	8.14%	51	8.17%
委内瑞拉	72	5.65%	88	8.27%	48	7.80%
阿根廷	48	3.72%	60	5.66%	42	6.85%
哥伦比亚	39	3.04%	31	2.91%	16	2.65%
乌拉圭	27	2.07%	18	1.69%	10	1.56%
合计	1 237	96.82%	1 002	94.21%	582	93.98%
拉美地区	1 278	100.00%	1 063	100.00%	619	100.00%

资料来源：国家统计局。

5. 进口商品结构

中国从拉美地区进口的主要商品是矿物和农产品等初级产品，这也与拉美地区的产业结构和贸易结构相符。与出口相比，中国从拉美地区进口的商品结构更加集中。表 5-16 展示了 2012—2016 年中国从拉美地区进口额最大的 5 种商品，合计占比达到中国从拉美地区进口总额的 68.5%，即 2/3 以上，构成进口主导商品。这 5 种商品中的每一种都是由少数国家生产和出口的，如中国从拉美地区进口的大豆和其他油籽中 81% 来自巴西，16% 来自阿根廷，从这两国的进口占到了拉美地区大豆和其他油籽进口的 97%，反映了进口商品来源地较高的集中度。

表 5-16　　　　　　　　2012—2016 年中国从拉美地区前五大进口商品

商品	占比	来源地
大豆和其他油籽	19.9%	81%巴西，16%阿根廷
铁矿石和精矿	14.1%	85%巴西，5%秘鲁
原油	12.5%	35%巴西，31%委内瑞拉，25%哥伦比亚
铜矿石和精矿	11.4%	50%智利，37%秘鲁，10%墨西哥
精炼铜	10.7%	86%智利，9%秘鲁
合计	68.5%	

资料来源：波士顿大学全球发展政策研究中心：《中国-拉美经济公报（2018）》。

总体而言，拉美地区和中国的贸易关系具有较强的互补性，由于生产要素禀赋和产业结构的不同，中国对拉美地区出口的商品主要是工业制成品，中国从拉美地区进口的商品主要是初级产品，这也在一定程度上说明了中拉贸易的产业间贸易的特性。中拉贸易的互补型结构使双方形成合作而非竞争关系，发挥各自的比较优势，通过双边贸易相互取长补短，弥补国内市场的不足并节约成本。同时，从全球供应链的角度来看，中国和拉美地区是供应链的上下游关系，中国从拉美地区进口初级产品后，进行生产加工，再以工业制成品的形式出口到全球各地，有学者将其称为"泛亚洲垂直供应链"。[①]

第二节　拉美国家贸易壁垒的使用情况

一、类别情况

反倾销是国际贸易中最常用的非关税壁垒，其次是反补贴，再次是保障措施，最后是特别保障措施。如图 5 - 11 所示，1995 年至 2018 年，全球发起的 6 102 起贸易救济案件中，反倾销 5 117 起，占比 84%；反补贴 503 起；占比 8%；保障措施 394 起，占比 6%；特别保障措施 88 起，占比 1%。

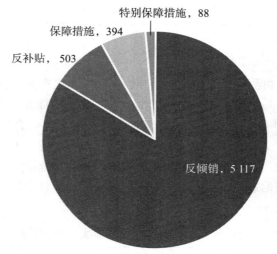

图 5 - 11　1995—2018 年全球贸易壁垒使用类别（单位：起）

资料来源：中国贸易救济信息网。

针对中国的贸易壁垒以反倾销为主，其次是保障措施，再次是反补贴，最后是特别保障措施。如图 5 - 12 所示，1995 年至 2018 年，全球对中国发起的 1 921 起贸易救济案件中，反倾销 1 351 起，占比 70%；反补贴 160 起，占比 8%；保障措施 322 起，占比 17%；特别保障措施 88 起，占比 5%。可以看到，中国受到的贸易壁垒占到全球总数的 31%，是被针对次数最多的国家，其中特别保障措施是专门针对中国的贸易壁垒。

[①]　任保显. 中国与拉美贸易战略研究［M］. 北京：经济管理出版社，2015.

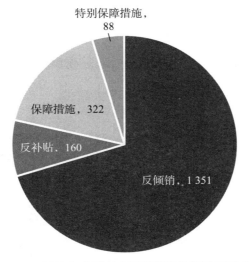

图 5－12　1995—2018 年全球对中国贸易壁垒使用类别（单位：起）

资料来源：中国贸易救济信息网。

拉美地区使用的贸易壁垒占全球使用总数的 19％，而拉美地区 GDP 总量仅占世界的 6.75％，说明拉美地区与其他国家的贸易摩擦较多，倾向于频繁使用贸易壁垒。拉美地区主要使用的贸易壁垒是反倾销，其次是保障措施，相对而言反补贴使用较少，最后是特别保障措施。如图 5－13 所示，1995 年至 2018 年，拉美地区发起的 1 185 起贸易救济案件中，反倾销 1 064 起，占比 90％；反补贴 22 起，占比 7％；保障措施 88 起，占比 2％；特别保障措施 11 起，占比 1％。

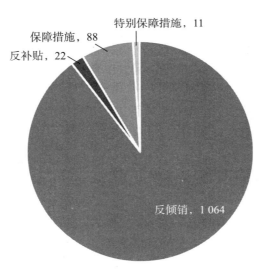

图 5－13　1995—2018 年拉美地区贸易壁垒使用类别（单位：起）

资料来源：中国贸易救济信息网。

中国受到的拉美地区贸易壁垒占到拉美地区使用总数的 41％，高于全球对中国使用贸易壁垒的比率，说明拉美地区与中国的贸易摩擦较频繁。拉美地区对中国贸易壁垒主要为反倾销，其次为保障措施，反补贴和特别保障措施较少。如图 5－14 所示，1995 年至 2018 年，拉美地区发起的 481 起贸易救济案件中，反倾销 395 起，占比 82%；反补贴 2 起，占比不到 1%；保障措施 73 起，占比 15%；特别保障措施 11 起，占比 2%。

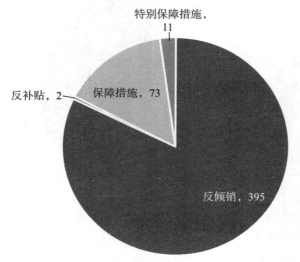

图 5 - 14　1995—2018 年拉美地区对中国贸易壁垒使用类别（单位：起）

资料来源：中国贸易救济信息网。

二、国别情况

巴西是拉美地区使用贸易壁垒最多的国家，从 1995—2018 年共计使用 433 次，占比 37%。其次是阿根廷，使用 381 次，占比 32%。墨西哥、哥伦比亚、秘鲁和智利分别占比 15%、7%、3% 和 2%。可以看出，拉美地区贸易壁垒使用较多的国家也是经济总量较大的国家，GDP 排名前六的拉美国家也是贸易壁垒使用较多的国家，合计占比达到 95%。而其他拉美国家使用贸易壁垒次数较少。16 个拉美国家没有使用过贸易壁垒，可能是因为其贸易额较小，引起的贸易争端较少，也可能是其使用更加隐形的贸易壁垒，如技术性贸易壁、卫生和植物检疫等。具体见表 5 - 17。

表 5 - 17　　　　　　　1995—2018 年拉美地区贸易壁垒使用国别情况　　　　　　单位：次

国家	反倾销	反补贴	保障措施	特保措施	总数	占比
巴西	416	12	4	1	433	37%
阿根廷	371	3	7	0	381	32%
墨西哥	165	6	2	0	173	15%
哥伦比亚	56	0	19	4	79	7%
秘鲁	34	1	2	1	38	3%
智利	4	0	23	0	27	2%
厄瓜多尔	0	0	9	4	13	1%
委内瑞拉	6	0	7	0	13	1%

续前表

国家	反倾销	反补贴	保障措施	特保措施	总数	占比
多米尼加	1	0	6	1	8	1%
哥斯达黎加	1	0	4	0	5	0%
萨尔瓦多	2	0	3	0	5	0%
特立尼达和多巴哥	4	0	0	0	4	0%
牙买加	1	0	1	0	2	0%
危地马拉	1	0	0	0	1	0%
巴拿马	0	0	1	0	1	0%
巴拉圭	1	0	0	0	1	0%
乌拉圭	1	0	0	0	1	0%
合计	1 064	22	88	11	1185	100%

注：0%表示占比小于1%。

资料来源：中国贸易救济信息网。

阿根廷是拉美地区对中国使用贸易壁垒最多的国家，1995—2018 年合计使用 131 次，占拉美地区对中国贸易壁垒使用总数的 27%。巴西与阿根廷接近，使用 123 次，占比 26%。使用贸易壁垒总数较多的国家也是对中国使用贸易壁垒较多的国家，前六个国家合计占比超过 90%。除阿根廷、巴西、哥伦比亚外，其他拉美国家对中国使用贸易壁垒占其使用总数的比例均超过 50%，其中厄瓜多尔、多米尼加、巴拿马、巴拉圭、萨尔瓦多和乌拉圭使用的贸易壁垒全部针对中国。具体见表 5 - 18。

表 5 - 18　　1995—2018 年拉美地区对中国贸易壁垒使用国别情况　　　　单位：次

国家	反倾销	反补贴	保障措施	特保措施	总数	占比
阿根廷	124	0	7	0	131	27%
巴西	118	1	3	1	123	26%
哥伦比亚	45	0	18	4	67	14%
墨西哥	64	1	2	0	67	14%
秘鲁	25	0	2	1	28	6%
智利	4	0	15	0	19	4%
厄瓜多尔	0	0	9	4	13	3%
委内瑞拉	6	0	5	0	11	2%
多米尼加	1	0	6	1	8	2%
特立尼达和多巴哥	4	0	0	0	4	1%
哥斯达黎加	0	0	3	0	3	1%
牙买加	1	0	1	0	2	0%
危地马拉	1	0	0	0	1	0%
巴拿马	0	0	1	0	1	0%

续前表

国家	反倾销	反补贴	保障措施	特保措施	总数	占比
巴拉圭	1	0	0	0	1	0%
萨尔瓦多	0	0	1	0	1	0%
乌拉圭	1	0	0	0	1	0%
合计	395	2	73	11	481	100%

注：0%表示占比小于1%。

资料来源：中国贸易救济信息网。

三、变化趋势

如图5-15所示，1995—2018年拉美地区对世界及中国使用贸易壁垒的变化趋势基本相同。对世界使用贸易壁垒次数维持在每年30～60次，对中国维持在10～30次。2011—2013年是拉美地区产生贸易摩擦的高峰期，这一期间拉美地区使用贸易壁垒次数快速上升，2013年达到峰值，对世界使用贸易壁垒达到100次，对中国使用达到46次，2014年开始下降，逐渐恢复到正常水平。

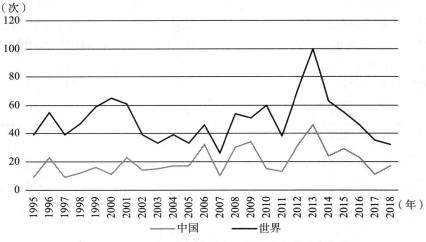

图5-15 1995—2018年拉美地区贸易壁垒使用变化趋势

资料来源：中国贸易救济信息网。

四、商品类型

如表5-19所示，无论是对世界还是中国，拉美地区使用贸易壁垒主要针对的商品类型是工业制成品，农产品、食品、饮料等类型的商品受到贸易壁垒针对的次数较少，这与拉美地区的产业结构和贸易结构有关。前文指出，拉美地区产业结构的特征是工业尤其是制造业薄弱，同时由于拉美地区自然禀赋优越，形成了出口初级产品、进口工业制成品的贸易结构。从国外进口工业制成品虽然符合拉美国家的比较优势，但却使国内企业生产的产品失去了竞争力，为了保护本国的工业与制造业的发展，拉美国家对工业品使用了较多的贸易壁垒。中国作为制造业大国，大量出口廉价的工业制成品，对拉美国家国内的工业造成了一定的冲击，因而成了拉美国家使用贸易壁垒的主要对象。

表 5 - 19　　　　　　　1995—2018 年拉美地区贸易壁垒针对商品类型　　　　　　单位：次

商品类型	中国	世界	商品类型	中国	世界
金属制品工业	113	189	木材及制品工业	7	15
纺织工业	49	88	其他运输设备	7	7
非金属制品工业	43	83	食品	7	35
化学原料和制品工业	40	251	仪器仪表工业	7	9
钢铁工业	36	137	有色金属工业	7	9
电气工业	28	64	造纸工业	7	40
橡胶制品工业	25	54	电子工业	6	7
文体、工美和娱乐用品	21	23	化纤工业	6	19
通用设备	17	30	农产品	5	20
皮革工业	16	18	酒、饮料和茶	1	7
塑料制品业	13	33	家具工业	0	1
汽车工业	8	9	专用设备	0	6
医药工业	8	25	其他	4	6
			总计	481	1 185

资料来源：中国贸易救济信息网。

综上所述，受其产业结构和贸易结构的影响，拉美地区使用贸易壁垒较为频繁，针对中国的贸易壁垒尤其频繁。同时，拉美地区对华贸易救济在程序上具有歧视性，中国不被大多数拉美国家视为市场经济的国家，因此调查机构不采用中国出口商提供的正常价值，而是使用替代国提供的数据。[①] 虽然在一定程度上使用贸易壁垒的做法符合拉美国家的利益，但违背了 WTO 贸易自由化原则和非歧视原则，不利于中拉双方贸易的长远发展和贸易潜力的实现。

第三节　拉美主要国家的产业结构与需求结构

前文提到，巴西、墨西哥、阿根廷、哥伦比亚、智利、秘鲁和委内瑞拉是拉美地区 GDP 总量最大的 7 个国家，GDP 合计占到拉美地区的 80%。一方面这 7 个国家在拉美地区的对外贸易中占据主导地位（2016 年对外贸易总量合计占拉美地区对外贸易总量的 72%），是中国在拉美地区的主要贸易伙伴（2017 年是中国在拉美地区前 7 大出口地，前 6 大进口地，与中国贸易额合计占拉美地区的 87%）。另一方面，这 7 个国家均是拉共体中 GDP 总量占拉美地区 GDP 的比重超过 2% 的国家，这意味着其同时也是 GDP 总量超过中国 GDP 总量 1% 的国家（拉美地区 GDP 约为中国的一半），与中国的贸易在中国的对外

---

① 岳云霞. 中拉贸易摩擦分析——拉美对华反倾销形势、特点与对策 [J]. 拉丁美洲研究，2008，30（6）：48.

贸易中有一定的影响。因此在后文对拉美主要国家进行分析时，将以这 7 个国家作为主要样本进行讨论。

一、巴西

（一）简介

巴西是南美洲国家，其 GDP 总量居拉美地区第一位，世界第九位。近年来，受国际经济复苏乏力，大宗商品价格低迷，本国经济结构性问题等影响，巴西经济陷入衰退，在政策刺激下缓慢恢复增长。土地、森林和水力资源十分丰富；铌、锰、钛、铝矾土、铅、锡、铁、铀等 29 种矿物储量位居世界前列，铁矿储量居世界第五位，产量居世界第二位；石油储量居世界第 15 位，南美地区第二位（仅次于委内瑞拉）。工业体系较完备，工业基础较雄厚，实力居拉美首位，石化、矿业、钢铁、汽车工业等较发达，民用支线飞机制造业和生物燃料产业在世界上居于领先水平。农牧业发达，主要农产品均能自给自足并大量出口，咖啡、蔗糖、柑橘、菜豆产量居世界首位，是全球第一大大豆生产国、第四大玉米生产国，同时也是世界上最大的牛肉和鸡肉出口国。服务业产值占国内生产总值超过六成，金融业较发达。主要进口机械设备、电子设备、药品、石油、汽车及零配件、小麦等；主要出口汽车及零部件、飞机、钢材、大豆、药品、矿产品（主要是铁矿砂）等。主要贸易对象为中国、美国和阿根廷。

（二）产业结构

巴西的服务业高度发达，是巴西产值最高、创造就业机会最多的产业，相比之下，工业在国民经济中重要性较低，是典型的去工业化国家。如图 5－16 所示，2017 年巴西的三大产业增加值占 GDP 比重分别为 5%、18% 与 77%。与拉美地区整体相比，农业增加值占比相当，工业增加值占比更低，服务业增加值占比更高；与高收入国家相比，服务业增加值占比相当，工业增加值占比更低，农业增加值占比更高。

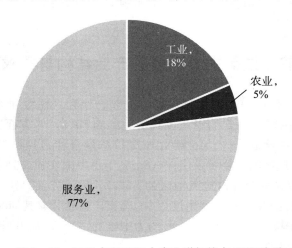

图 5－16　2017 年巴西三大产业增加值占 GDP 比重

注：服务业为余项。

资料来源：世界银行 WDI 数据库。

2017 年巴西 GDP 增加值的行业构成与拉美地区相似。属于服务业的行业增加值较高，占 GDP 比重合计高达 74%，其中"金融中介，房地产，租赁和商业活动"较为发达，增加值占比达到 17%。制造业增加值占比 12%，略低于拉美地区整体水平。除制造业外的工业增加值合计占比 10%。农业增加值占比 5%。具体见表 5 - 20。

表 5 - 20　　　　　　　　　　　　2017 年巴西 GDP 增加值行业构成

行业	产业	增加值（亿美元）	占比
金融中介，房地产，租赁和商业活动	服务业	3 051	17%
批发和零售贸易，货物修理，旅馆和餐馆	服务业	2 235	13%
制造业	工业	2 157	12%
运输，储存和通信	服务业	1 358	8%
农业，狩猎，林业和渔业	农业	948	5%
建筑	工业	841	5%
电力，燃气和供水	工业	464	3%
采矿和采石	工业	295	2%
国家、社会和个人服务活动	服务业	6 266	36%
合计	—	17 614	100%

资料来源：拉丁美洲和加勒比经济委员会。

如图 5 - 17 所示，2016 年巴西加工制造的产品主要属于其他制造业，占比 38%，其他制造业包括木材、造纸、石油、金属和其他未分类产品。其次为食品、饮料和烟草行业，占比 23%。这两类制造业产品主要是对农林渔猎副行业收获的农产品和采掘工业开采的金属矿石和能源的进一步加工。机械和运输设备占比 18%，巴西的汽车、飞机制造业较为发达。化学品和纺织品与服装行业分别占比 14% 和 7%。具体见图 5 - 17。

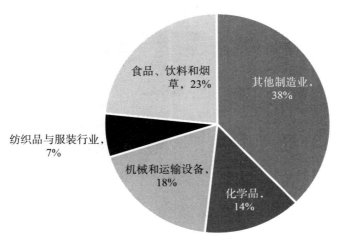

图 5 - 17　2016 年巴西制造业增加值构成

注：制造业分类依据《国际标准行业分类》（ISIC）。

资料来源：世界银行 WDI 数据库。

（三）需求结构

巴西的总需求以消费为主，2017 年私人消费与政府消费合计占 GDP 的比重达到 79%，投资（资本形成总额）相对较少，占比 15%。需求为内向型，进出口占比较少，出口占比 12.6%，进口占比 11.6%，反映了巴西产业体系相对完善，能够自给自足，对外贸的依赖性较低。进出口的增长率较高，达到 5%，是增长最快的支出项目，超过同期巴西 GDP 增长率。具体见表 5-21。

表 5-21   **2017 年巴西 GDP 支出占比及增长率**   单位：%

项目	占比	增长率
私人消费	64	1.4
政府消费	15	−0.9
资本形成总额	15	1.7
出口商品和服务	12.6	5.2
进口商品和服务	−11.6	5

注：支出占比使用现价美元，增长率使用不变价美元计算。

资料来源：拉丁美洲和加勒比经济委员会。

（四）贸易结构

1. 出口商品结构

如图 5-18 所示，2017 年巴西出口商品以初级产品为主，占到总出口的 62%，接近 2/3。其中食品出口占比 37%，是最主要的出口商品类型之一，其次为矿石和金属，占比 12%，燃料和农业原材料占比分别为 9% 和 4%。巴西出口的工业制成品占比 38%，低于拉美地区整体水平。

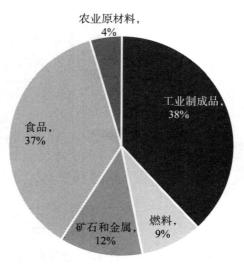

图 5-18   2017 年巴西不同类别商品出口占比

资料来源：世界银行 WDI 数据库。

巴西对中国出口的商品主要是初级产品，与巴西的出口商品结构相符。2018 年巴西对中国出口的前五大商品为大豆、石油、铁矿石和精矿、木浆、牛肉，分别占对中总出口额的 43%、22%、17%、5%、2%，合计占比 89%，仅前三项占比就达到 82%，说明出口集中度很高。具体见表 5－22。

表 5－22　　　　　　　　　　2018 年巴西对中国前五大出口商品　　　　　　　　单位：亿美元

商品	HS 代码	出口额	占比
大豆	120190	273	43%
石油	270900	143	22%
铁矿石和精矿	260111	106	17%
木浆	470329	32	5%
牛肉	020230	15	2%
总出口	—	642	100%

资料来源：UNcomtrade 数据库。

2. 进口商品结构

如图 5－19 所示，2017 年巴西进口商品以工业制成品为主，占总出口的 75%，与拉美地区整体水平相当。初级产品进口占比 25%，其中燃料、食品、矿石和金属、农业原材料分别占比 14%、7%、3%、1%，除燃料外进口占比均远小于出口占比，反映出巴西自然资源丰富、农业较发达的特点，农产品和矿物基本能够自给自足并大量出口。

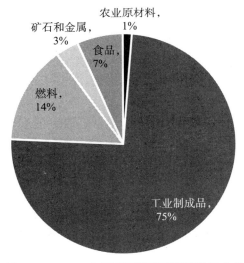

图 5－19　2017 年巴西不同类别商品进口占比

资料来源：世界银行 WDI 数据库。

巴西从中国的进口额仅为对中国出口额的一半。巴西从中国进口的商品主要为工业制成品。表 5－23 列示了 2018 年巴西从中国前五大进口商品（这里选取的是商品大类，即 HS 代码前两位），合计占比为 62%。相比出口，巴西从中国进口的商品更加分散。

表 5-23　　　　　　　　　2018 年巴西从中国前五大进口商品　　　　　　单位：亿美元

商品	HS 代码	进口额	占比
电机、电气设备及其零件；录音机及放声机、电视图像、声音的录制和重放设备及零件	85	95	27%
核反应堆、锅炉、机器、机械器具及零件	84	47	13%
船舶及浮动结构体	89	37	11%
有机化合物	29	29	8%
车辆及零件	87	10	3%
总进口	—	347	100%

资料来源：UNcomtrade 数据库。

二、墨西哥

（一）简介

墨西哥是北美洲国家，其 GDP 总量位居拉美地区第二位。石油、铜矿、白银、渔业资源丰富。工业门类齐全，石化、电力、矿业、冶金和制造业较发达。作为传统农业国，墨西哥是玉米、番茄、甘薯、烟草等作物的原产地。主要出口原油、工业制成品、石油产品、服装、农产品等，主要出口对象为美国、加拿大、欧盟、中美洲、中国等；主要进口食品、医药制品、通信器材等，主要进口来源国为美国、中国、德国、日本、韩国等。墨西哥是世界最开放的经济体之一，同 46 个国家签署了自贸协定。

（二）产业结构

墨西哥是拉美地区少数采取以出口加工业为主的经济发展模式的国家（其他国家主要为中美洲国家）。如图 5-20 所示，2017 年墨西哥工业增加值占比高达 31%，远高于拉美地区整体水平和高收入国家，与处于同一发展阶段的中高等收入国家相当。相比之下，墨西哥的服务业和农业增加值分别为 66% 和 3%。

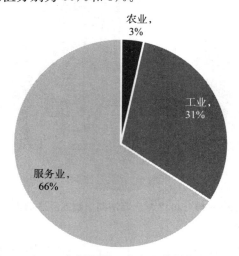

图 5-20　2017 年墨西哥三大产业增加值占 GDP 比重

注：服务业为余项。

资料来源：世界银行 WDI 数据库。

墨西哥 GDP 增加值的行业构成也与拉美地区一般情况有所差异。2017 年，墨西哥属于服务业的行业增加值占比 64％，低于拉美地区整体水平，但"金融中介，房地产，租赁和商业活动"和"批发和零售贸易，货物修理，旅馆和餐馆"的增加值占比较高，这主要是因为"国家、社会和个人服务活动"的增加值占比较低。墨西哥制造业增加值占比 18％，高于拉美地区整体水平，接近中高等收入国家。其他工业增加值占比合计 14％，农业增加值占比 4％。具体见表 5－24。

表 5－24　　　　　　　　　　　　2017 年墨西哥 GDP 增加值行业构成

行业	产业	增加值（亿美元）	占比
批发和零售贸易，货物修理，旅馆和餐馆	服务业	2 443	22％
金融中介，房地产，租赁和商业活动	服务业	2 282	21％
制造业	工业	1 994	18％
运输，储存和通信	服务业	891	8％
建筑	工业	865	8％
采矿和采石	工业	478	4％
农业，狩猎，林业和渔业	农业	393	4％
电力，燃气和供水	工业	230	2％
国家、社会和个人服务活动	服务业	1 399	13％
合计	—	10 974	100％

资料来源：拉丁美洲和加勒比经济委员会。

如图 5－21 所示，2016 年墨西哥制造业增加值的构成表现出与中国有一定的相似性，即机械和运输设备占比较高，达到 29％，这反映了其与中国在世界市场上存在一定的竞争性。其他制造业占比最高，达到 36％，食品、饮料和烟草，化学品，纺织品与服装行业分别占比 23％、9％和 3％，相比其他拉美国家均占比较低。

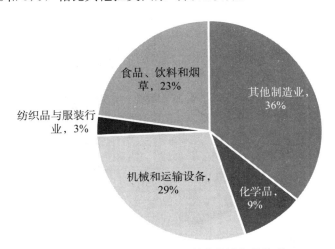

图 5－21　2016 年墨西哥制造业增加值构成

注：制造业分类依据《国际标准行业分类》(ISIC)。

资料来源：世界银行 WDI 数据库。

（三）需求结构

2017 年，墨西哥的私人消费和政府消费合计占比 76.9%，是最大的支出项目。资本形成总额相对较高，投资占 GDP 比重达到 23%，但资本形成总额的增长率为负。墨西哥高度依赖对外贸易，贸易依存度高达 77%，与消费水平相当，这与其加工出口型经济模式相关。贸易额以较快速度增长，出口增长率为 3.8%，进口增速为 6.5%。存在一定的贸易逆差，并且由于进口增长率超过出口增长率，差额有进一步拉大的趋势。具体见表 5-25。

表 5-25   **2017 年墨西哥 GDP 支出占比及增长率**   单位:%

项目	占比	增长率
私人消费	65.2	3
政府消费	11.7	0.1
资本形成总额	23	-1.6
出口商品和服务	37.6	3.8
进口商品和服务	-39.4	6.5

注：支出占比使用现价美元，增长率使用不变价美元计算。

资料来源：拉丁美洲和加勒比经济委员会。

（四）贸易结构

如图 5-22 所示，2017 年墨西哥的贸易结构表现出与一般拉美国家的极大不同。工业制成品占总出口比重高达 83%，远高于拉美整体水平，这反映了墨西哥以出口加工业为主的发展模式。与大多数资源出口型国家不同，墨西哥初级产品出口合计占比 17%，其中食品、燃料、矿石和金属分别占比 8%、6%、3%，农业原材料出口可忽略不计。

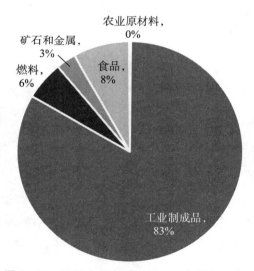

图 5-22   2017 年墨西哥不同类别商品出口占比

资料来源：世界银行 WDI 数据库。

如图 5-23 所示，2017 年墨西哥进口商品同样以工业制成品为主，占比高达 81%，高于拉美地区整体水平。出口加工型经济需要进口工业制成品（如零部件），经过组装或进一步加工后再次出口，因而形成了这种进、出口制造业占比均高的贸易结构。初级产品进口相对较少，燃料、食品、矿石和金属、农业原材料分别占比9％、6％、3％和1％。

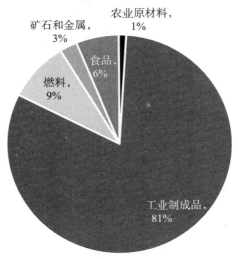

图 5 - 23　2017 年墨西哥不同类别商品进口占比

资料来源：世界银行 WDI 数据库。

三、阿根廷

（一）简介

阿根廷是南美洲国家，其 GDP 总量位居拉美地区第三位，综合国力较强。近年来，受国际经济金融形势等影响，阿根廷经济增速明显放缓，通货膨胀高达 47.6％，本币贬值，外汇储备下降，面临高债务压力。水力、渔业、矿产资源丰富，主要矿产资源有石油、天然气、铜、金、铀、铅、锌、硼酸盐、黏土等，矿产开发水平较低。工业较发达，主要有钢铁、汽车、石油、化工、纺织、机械、食品加工等，门类齐全，核工业发展水平居拉美地区前列，食品加工业较先进。农牧业发达，是世界粮食和肉类重要生产和出口国，素有"世界粮仓和肉库"之称；人均耕地面积 0.77 公顷，居世界前列，主要种植大豆、玉米、小麦、高粱、葵花籽等；畜牧业占农牧业总产值的 40％，牛肉生产、出口和消费居世界前列。旅游业发达，称为第三大创汇产业。主要出口产品为油料作物、石油、天然气、汽车、谷物、牛肉、皮革、奶制品、钢铁、渔产品和林产品等；主要进口核反应堆及机械设备、汽车、电子产品、燃料、有机化学品、塑料及其制成品、钢铁、医药产品等。主要贸易伙伴为欧盟、巴西、中国、美国、智利、墨西哥、日本等。

（二）产业结构

如图 5 - 24 所示，2017 年阿根廷产业结构与拉美地区整体水平大体相同。服务业增加值占比最高，达到 73％，工业增加值占比 22％，农业增加值占比 5％。

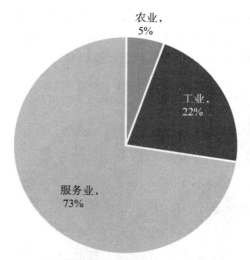

图 5 - 24   2017 年阿根廷三大产业增加值占 GDP 比重

注：服务业为余项。

资料来源：世界银行 WDI 数据库。

阿根廷 GDP 增加值的行业构成与拉美地区整体水平基本相同。"批发和零售贸易，货物修理，旅馆和餐馆"增加值占比最高，达到 18％，其次为"金融中介，房地产，租赁和商业活动"，占比 16％。制造业增加值占比 15％，略高于拉美地区整体水平，其他工业增加值占比 11％。"农业，狩猎，林业和渔业"增加值占比 7％，高于拉美地区整体水平，反映出阿根廷的农业发达。具体见表 5 - 26。

表 5 - 26   **2017 年阿根廷 GDP 增加值行业构成**

行业	产业	增加值（亿美元）	占比
批发和零售贸易，货物修理，旅馆和餐馆	服务业	958	18％
金融中介，房地产，租赁和商业活动	服务业	862	16％
制造业	工业	820	15％
运输，储存和通信	服务业	359	7％
农业，狩猎，林业和渔业	农业	354	7％
建筑	工业	260	5％
采矿和采石	工业	188	4％
电力，燃气和供水	工业	109	2％
国家、社会和个人服务活动	服务业	1405	26％
合计	—	5 315	100％

资料来源：拉丁美洲和加勒比经济委员会。

（三）需求结构

2017 年，阿根廷私人消费和政府消费合计占比 84％，是最大的支出项目。资本形成总额占比 16%，占比较小但快速增长，增长率达到 18.7%。贸易依存度为 25%，对外贸依赖程度较低。存在 2.6% 的贸易逆差，并随着进口快速增长有扩大的趋势，进口增长率为 15%，出口增长率为 0.4%。具体见表 5 – 27。

表 5 – 27 　　　　　　　　　　　2017 年阿根廷 GDP 支出占比及增长率　　　　　　　　　　　单位:%

项目	占比	增长率
私人消费	65.8	3.5
政府消费	18.2	2.2
资本形成总额	16	18.7
出口商品和服务	11.2	0.4
进口商品和服务	−13.8	15

注：支出占比使用现价美元，增长率使用不变价美元计算。

资料来源：拉丁美洲和加勒比经济委员会。

(四) 贸易结构

如图 5 – 25 所示，2017 年阿根廷出口的商品以食品为主，占比高达 63%，远高于拉美地区整体水平（26%），反映出阿根廷农牧业发达，是世界粮食和肉类重要生产和出口国。其他初级产品出口占比相对较少，矿石和金属、燃料和农业原材料分别占比 4%、3% 和 1%。工业制成品出口占比 29%，低于拉美地区整体水平（49%）。

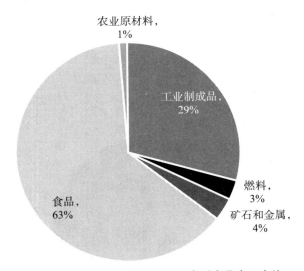

图 5 – 25　2017 年阿根廷不同类别商品出口占比

资料来源：世界银行 WDI 数据库。

如图 5 – 26 所示，阿根廷进口商品以工业制成品为主，占到 85%，高于拉美地区整体水平，反映出阿根廷的工业制成品对外依赖度较高。初级产品占比较低，燃料、食品、矿石和金属、农业原材料分别占比 8%、4%、2% 和 1%，其中食品进口占比低于拉美平均水平，反映出阿根廷食品自给程度较高。

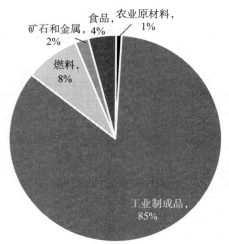

图 5 - 26   2017 年阿根廷不同类别商品进口占比

资料来源：世界银行 WDI 数据库。

四、哥伦比亚

（一）简介

哥伦比亚是南美洲国家，其 GDP 总量位居拉美地区第四。近 10 余年经济保持连年增长，市场化程度较高。主要出口产品有石油和石油产品、化工产品、煤炭、咖啡、农副产品和纺织品等，主要进口机械设备、化工产品、农副产品、纺织品和金属材料等。主要贸易对象为美国、中国、墨西哥和日本等。

（二）产业结构

如图 5 - 27 所示，2017 年哥伦比亚的三大产业增加值占 GDP 比重分别为 6%、27% 和 67%。工业和农业增加值占比高于拉美地区整体水平，服务业增加值占比低于拉美地区整体水平。

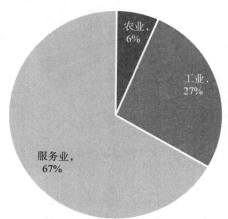

图 5 - 27   2017 年哥伦比亚三大产业增加值占 GDP 比重

注：服务业为余项。

资料来源：世界银行 WDI 数据库。

哥伦比亚 GDP 增加值的行业构成与拉美地区整体基本相同。2017 年，哥伦比亚"金融中介，房地产，租赁和商业活动""批发和零售贸易，货物修理，旅馆和餐馆"占比最高。其次为制造业，占比 14%，与拉美地区整体水平相当。其他工业增加值占比合计18%，高于制造业。"农业，狩猎，林业和渔业"增加值高于拉美地区整体水平。具体见表 5 - 28。

表 5 - 28　　　　　2017 年哥伦比亚 GDP 增加值行业构成

行业	产业	增加值（亿美元）	占比
金融中介，房地产，租赁和商业活动	服务业	422	16%
批发和零售贸易，货物修理，旅馆和餐馆	服务业	393	15%
制造业	工业	373	14%
运输，储存和通信	服务业	244	9%
建筑	工业	214	8%
农业，狩猎，林业和渔业	农业	198	8%
采矿和采石	工业	153	6%
电力，燃气和供水	工业	96	4%
国家、社会和个人服务活动	服务业	528	20%
合计	—	2 622	100%

资料来源：拉丁美洲和加勒比经济委员会。

如图 5 - 28 所示，2016 年哥伦比亚制造业增加值主要来源为其他制造业与"食品、饮料和烟草"，分别占比 40% 与 32%，合计达到 72%，即其制造业以加工初级产品为主。化学品、机械和运输设备、纺织品与服装行业分别占比 16%、5% 和 7%。

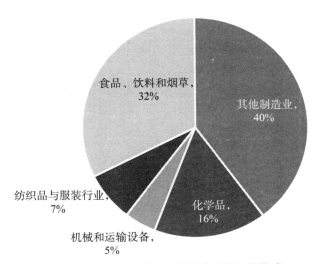

图 5 - 28　2016 年哥伦比亚制造业增加值构成

注：制造业分类依据《国际标准行业分类》（ISIC）。

资料来源：世界银行 WDI 数据库。

（三）需求结构

2017 年哥伦比亚私人消费和政府消费合计在总支出中占比 83%，其中政府消费以较快速度增长，增长率为 4%。资本形成总额占比 22.2%，增长缓慢，增长率为 0.6%。哥伦比亚贸易依存度为 34.3%，对国际市场有一定的依赖性，进出口增长缓慢，贸易逆差达到 5.1%，且有增大趋势，反映出哥伦比亚乃至整个拉美地区贸易条件的恶化。具体见表 5-29。

表 5-29 　　　　　　　　　　2017 年哥伦比亚 GDP 支出占比及增长率　　　　　　　　　　单位：%

项目	占比	增长率
私人消费	68.2	1.8
政府消费	14.8	4
资本形成总额	22.2	0.6
出口商品和服务	14.6	−0.7
进口商品和服务	−19.7	0.3

注：支出占比使用现价美元，增长率使用不变价美元计算。
资料来源：拉丁美洲和加勒比经济委员会。

（四）贸易结构

如图 5-29 所示，2017 年哥伦比亚出口商品以燃料为主，占据出口总额的 57%，其主要出口的商品包括石油。初级产品合计占出口的 78%，反映了哥伦比亚依赖资源的出口方式。工业制成品占比 22%，低于拉美地区整体水平。

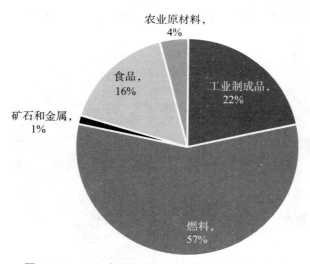

图 5-29　2017 年哥伦比亚不同类别商品出口占比
资料来源：世界银行 WDI 数据库。

如图 5-30 所示，哥伦比亚表现出与拉美地区整体基本相同的进口商品结构。2017 年，哥伦比亚工业制成品占比高达 76%，表现出较强的对外依赖性。食品、燃料、矿石和金属以及农业原材料分别占出口比重的 13%、8%、2% 和 1%。

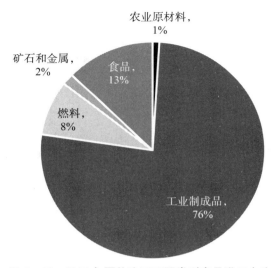

图 5 - 30　2017 年哥伦比亚不同类别商品进口占比

资料来源：世界银行 WDI 数据库。

五、智利

（一）简介

智利是南美洲国家，其 GDP 总量位居拉美地区第五，是发达国家。经济多年保持较快增长，其综合竞争力、经济自由化程度、市场开放度、国际信用等级均为拉美之首，但经济结构单一、对外依存度高、传统能源短缺等问题较突出。矿业、林业、渔业和农业是国民经济四大支柱。矿藏、森林和水产资源丰富，以盛产铜闻名于世，素称"铜之王国"。铜的储量、产量和出口量均为世界第一，储藏量占世界的 1/3；盛产温带林木，木质优良，是拉美第一大林产品出口国；渔业资源丰富，是世界上人工养殖三文鱼和鳟鱼的主要生产国。工矿业是国民经济的命脉，主要工矿业产品为铜、金、银、钼。贸易依赖度较高，进出口总额占 GDP 的 50% 左右，目前同世界上 170 多个国家和地区有贸易关系，主要贸易对象为中国、美国、巴西。实行统一的低关税率（2003 年起平均关税率为 6%）的自由贸易政策。据联合国开发署 2018 年报告，智利人类发展指数为 0.843，为拉美地区最高。

（二）产业结构

如图 5 - 31 所示，2017 年，作为发达国家的智利，与其他拉美国家相比，服务业增加值占比偏低，仅有 66%，而工业增加值占比较高，达到 30%，与墨西哥相当，这种高工业增加值、低服务业增加值的产业结构也与一般发达国家不同。智利的农业增加值为 4%，略低于拉美地区整体水平。

智利的金融业高度发达，2017 年，"金融中介，房地产，租赁和商业活动"增加值占总增加值比重达到 24%，接近 1/4。与较高的工业增加值相反的是，智利的制造业增加值占比仅为 11%，低于拉美地区整体水平。这是由于其采矿和采石业的增加值占比高达 11%，几乎与制造业相当，远高于拉美地区整体水平，这反映出矿工业作为智利经济支柱的地位。其他行业的增加值与拉美地区整体水平大致相当。具体见表 5 - 30。

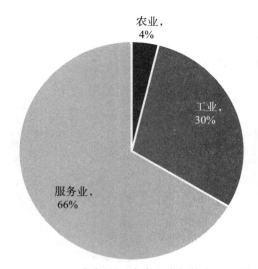

图 5 - 31 2017 年智利三大产业增加值占 GDP 比重

注：服务业为余项。

资料来源：世界银行 WDI 数据库。

表 5 - 30 2017 年智利 GDP 增加值行业构成

行业	产业	增加值（亿美元）	占比
金融中介，房地产，租赁和商业活动	服务业	611	24%
批发和零售贸易，货物修理，旅馆和餐馆	服务业	314	12%
制造业	工业	284	11%
采矿和采石	工业	280	11%
运输，储存和通信	服务业	215	8%
建筑	工业	181	7%
农业，狩猎，林业和渔业	农业	106	4%
电力，燃气和供水	工业	87	3%
国家、社会和个人服务活动	服务业	460	18%
合计	—	2 537	100%

资料来源：拉丁美洲和加勒比经济委员会。

如图 5 - 32 所示，智利的制造业相对薄弱，2016 年其制造业主要构成是食品、饮料和烟草，占比 42%，其次为其他制造业，占比 39%，合计占比达到 81%，同样以加工初级产品为主，反映出其对资源的依赖性。化学品、机械和运输设备以及纺织品与服装行业占比分别为 14%、3% 和 2%。

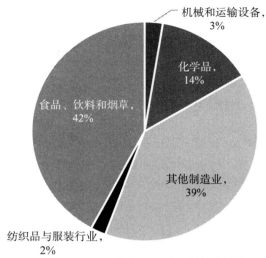

图 5 - 32　2016 年智利制造业增加值构成

注：制造业分类依据《国际标准行业分类》（ISIC）。

资料来源：世界银行 WDI 数据库。

（三）需求结构

2017 年，智利的私人消费和政府消费合计达到 76.3%，并保持增长。资本形成总额占比达到 22.1%，相对较高，但增长率为负。智利的贸易依存度较高，进出口额合计占比达到 55.7%。存在 1.7% 的贸易顺差，但出口增长率为－0.9%，低于进口增长率 4.7%，贸易条件有恶化的趋势。具体见表 5 - 31。

表 5 - 31　　　　　　　**2017 年智利 GDP 支出占比及增长率**　　　　　　单位：%

项目	占比	增长率
私人消费	62.3	2.4
政府消费	14	4
资本形成总额	22.1	－1.1
出口商品和服务	28.7	－0.9
进口商品和服务	－27	4.7

注：支出占比使用现价美元，增长率使用不变价美元计算。

资料来源：拉丁美洲和加勒比经济委员会。

（四）贸易结构

如图 5 - 33 所示，智利的贸易结构反映了其产业结构，即矿业占据主导地位。2017年，智利出口以矿石和金属为主，占到出口总额的 55%，即超过一半，远高于拉美地区整体水平。其次，智利的农产品（食品和农业原材料）出口占比较高，反映了其农业较为发达。工业制成品出口占比 14%，远低于拉美地区整体水平，反映了其制造业相对薄弱。燃料出口占比仅为 1%。

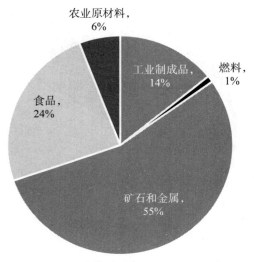

图 5 - 33　2017 年智利不同类别商品出口占比

资料来源：世界银行 WDI 数据库。

如图 5 - 34 所示，2017 年智利进口结构以工业制成品进口为主，占比 73％。其次为燃料，占比 15％。进口的食品、矿石和金属以及农业原材料相对较少，分别占比 10％、1％和 1％。

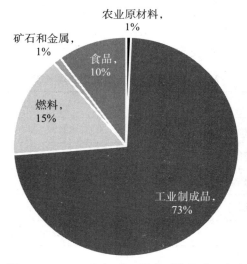

图 5 - 34　2017 年智利不同类别商品进口占比

资料来源：世界银行 WDI 数据库。

六、秘鲁

（一）简介

秘鲁是南美洲国家，其 GDP 总量位居拉美地区第六。矿业资源丰富，银、铜、铅、金储量分别位居世界第一、第三、第四、第六，是世界第五大矿产国和世界第二大产铜国；渔业资源丰富，鱼粉产量居世界前列；森林覆盖率为58%，森林面积位于世界第七、南美第二（仅次于巴西）。主要出口矿产品和石油、农牧业产品、纺织品、渔产品等。主要贸易伙伴为中国、美国、巴西、加拿大等。实行自由贸易政策。

（二）产业结构

秘鲁的产业结构表现出与智利的相似性。如图5-35所示，2017年，秘鲁服务业增加值占比较低，仅有62%；工业增加值占比较高，达到31%；农业增加值占比较高，达到7%。

"批发和零售贸易，货物修理，旅馆和餐馆"是秘鲁增加值最高的行业，占比16%。其次是制造业，占比14%。秘鲁的"金融中介，房地产，租赁和商业活动"较不发达，占总增加值的11%。与智利相似，秘鲁的"采矿和采石"增加值占比较高，达到9%。"农业，狩猎，林业和渔业"占比较高，达到8%。国家、社会和个人服务活动增加值占比较低，仅有13%。总体而言，秘鲁的服务业较不发达。具体见表5-32。

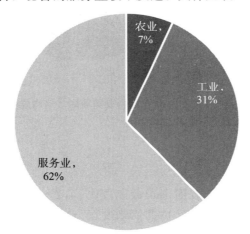

图5-35 2017年秘鲁三大产业增加值占GDP比重

注：服务业为余项。

资料来源：世界银行WDI数据库。

表5-32 　　　　　　　　　　　　**2017年秘鲁GDP增加值行业构成**

行业	产业	增加值（亿美元）	占比
批发和零售贸易，货物修理，旅馆和餐馆	服务业	289	16%
制造业	工业	253	14%
金融中介，房地产，租赁和商业活动	服务业	194	11%
运输，储存和通信	服务业	171	10%
采矿和采石	工业	158	9%
农业，狩猎，林业和渔业	农业	133	8%
建筑	工业	126	7%
电力，燃气和供水	工业	45	3%
国家、社会和个人服务活动	服务业	390	13%
合计	—	1 760	100%

资料来源：拉丁美洲和加勒比经济委员会。

如图 5-36 所示，2017 年秘鲁的其他制造业在总制造业增加值中占比较高，达到 48%，接近一半，说明其主要加工金属、石油等初级产品。其次为食品、饮料和烟草，占比达到 27%。纺织品与服装行业、机械和运输设备、化学品占比分别为 10%、7% 和 8%。各类制造业产品占比相对均匀，说明秘鲁的工业体系较为完善。

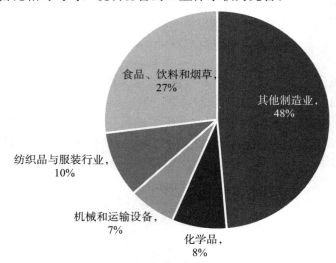

图 5-36　2017 年秘鲁制造业增加值构成

注：制造业分类依据《国际标准行业分类》（ISIC）。

资料来源：世界银行 WDI 数据库。

（三）需求结构

2017 年，秘鲁的私人消费和政府消费合计占比 77.7%，并且持续增长。资本形成总额占比 20.7%，相对较高。秘鲁对外贸的依赖度较高，贸易依存度达到 47.5%。秘鲁有 1.7% 的贸易顺差，并且贸易条件有改善的趋势，出口增长率为 8.1%，高于进口增长率 7%。具体见表 5-33。

表 5-33　　　　　　　　　**2017 年秘鲁 GDP 支出占比及增长率**　　　　　　　　单位：%

项目	占比	增长率
私人消费	64.1	2.6
政府消费	13.6	4.5
资本形成总额	20.7	0
出口商品和服务	24.6	8.1
进口商品和服务	-22.9	7

注：支出占比使用现价美元，增长率使用不变价美元计算。

资料来源：拉丁美洲和加勒比经济委员会。

（四）贸易结构

如图 5-37 所示，秘鲁的出口商品结构与智利相似，以矿石和金属出口为主，占到总出口的 55%，超过一半，反映了其矿工业发达的产业结构。与智利不同的是，秘鲁的燃料出口占比较高，达到 10％，秘鲁出口产品包括石油。食品和农业原材料出口分别为 23％ 和 1％。工业制成品出口仅为 11％，远小于拉美地区整体水平。

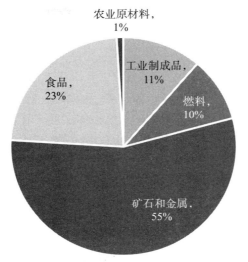

图 5-37　2017 年秘鲁不同类别商品出口占比

资料来源：世界银行 WDI 数据库。

　　如图 5-38 所示，秘鲁的商品进口结构与拉美地区整体相似。工业制成品在进口中占据主要份额，达到 71％。其次为燃料和食品，分别占比 14％和 12％。秘鲁对矿石和金属以及农业原材料的进口只有 1％。

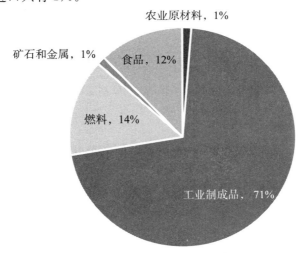

图 5-38　2017 年秘鲁不同类别商品进口占比

资料来源：世界银行 WDI 数据库。

七、委内瑞拉

（一）简介

　　委内瑞拉是南美洲国家，其 GDP 总量位居拉美地区第七。近年来，国际油价下跌对委内瑞拉经济造成严重冲击。自然禀赋优越，能源资源丰富，石油储量位居世界第一。主要工业部门有石油、铁矿、建筑、炼钢、炼铝、电力、汽车装配、食品加工、纺织等，石油工业为国民经济命脉。农业发展缓慢，粮食不能自给。主要出口原油、石油化工产品、铝锭、钢材、铁矿砂、金属制品等，主要进口机电设备、化工和五金产品、汽车配件、建筑材料及农产品等。主要贸易对象为美国、中国、哥伦比亚、巴西和墨西哥。

（二）产业结构

委内瑞拉产业结构不同于拉美地区整体水平。如图 5 - 39 所示，2014 年农业增加值占比 5%，服务业增加值占比 58%，低于拉美地区整体水平（71%），工业增加值占比 37%，远高于拉美地区整体水平（24%），甚至高于以出口加工业为主要经济模式的墨西哥（31%）。①

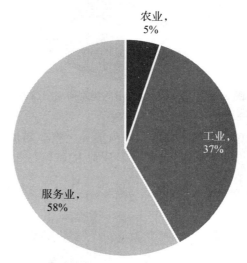

图 5 - 39　2014 年委内瑞拉三大产业增加值占 GDP 比重

注：服务业为余项。

资料来源：世界银行 WDI 数据库。

虽然工业增加值占 GDP 比重很高，但委内瑞拉制造业增加值占比仅为 12%，远低于墨西哥（18%），也低于拉美地区整体水平（13%）。委内瑞拉工业增加值主要由不属于制造业的采矿和采石行业构成，2010 年其采矿和采石增加值占比高达 28.4%，这反映出矿业对委内瑞拉的重要性，尤其是石油工业，是委内瑞拉的经济支柱。

（三）需求结构

2015 年委内瑞拉的私人消费与政府消费合计占比达到 97.5%，接近 GDP 总额。资本形成总额占比只有 6.1%，即投资相对不足。贸易依存度为 13.8%，存在 3.6% 的贸易逆差。由于近年来委内瑞拉经济陷入严重衰退，各项指标增长率均为负。具体见表 5 - 34。

---

①　由于委内瑞拉近年来经济严重衰退，多项经济指标缺失或没有更新。

表 5 - 34　　　　　　　　　**2015 年委内瑞拉 GDP 支出占比及增长率**　　　　　　　单位：%

项目	占比	增长率
私人消费	83	−6.0
政府消费	14.5	−6.8
资本形成总额	6.1	−2.4
出口商品和服务	5.1	−9.4
进口商品和服务	−8.7	−2.3

注：支出占比使用现价美元，增长率使用不变价美元计算。
资料来源：拉丁美洲和加勒比经济委员会。

　　委内瑞拉是中国在拉美地区第七大贸易伙伴和第二大原油进口来源国，石油贸易在双边贸易中占据重要的地位。由于国内政治动荡、国际油价下滑，近年来委内瑞拉经济发展严重下滑，石油勘探开发资金投入严重不足。目前委内瑞拉已没有足够的原油供应，也无法达到中国购买原油的品质需要，再加上美国对委内瑞拉的制裁，因而中国已停止进口委内瑞拉原油。[①]

第四节　中国同拉美的贸易发展潜力

一、中拉贸易潜力的预测

　　前文提到，中国与大多数拉美国家实现了贸易平衡，主要原因是其与中国的贸易额占其 GDP 比重未超过 1%，因而不会有较大的贸易差额；中国对拉美地区出口的 95.01% 集中在 15 个国家，中国从拉美地区进口额的 96.82% 集中在 8 个国家，而这 8 个国家的 GDP 合计仅占到拉美地区的 81.42%，说明中国与拉美地区的贸易表现出较大的区域集中度，也这说明中国与大多数拉美国家贸易关系尚不深入，有很大的发展空间。

　　同时，通过对中国与拉美地区产业结构和贸易结构的分析发现，拉美地区以生产和出口初级产品为主，中国以生产和出口工业制成品为主，中国与拉美地区的产业结构和贸易结构具有高度的互补性，双方通过贸易合作可以取长补短，获得双赢，因而未来中国还要进一步深化与拉美地区的贸易关系。在这种情况下，对中国同拉美地区的贸易发展潜力进行预测，了解双方贸易合作可以达到的高度，就显得非常重要了。

　　本章首先做出两项基本假设。其一，贸易双方的贸易总额越高，其贸易关系就越成熟，即越充分地实现了其贸易潜力。其二，在成熟的贸易关系中，影响双方贸易额的因素只有双方的 GDP 总量和地理距离，即双方 GDP 总量与贸易额成正比，地理距离与贸易额成反比，这也是国际贸易引力模型的最简单的形式。

　　基于这两条假设，本章选择 2017 年与中国贸易额排名前 50 的国家作为样本，视其为与中国贸易关系成熟的国家。利用这些国家的 GDP 总量、与中国的距离和与中国的进出

　　① 资料来源：中国暂停进口委内瑞拉石油．新浪财经网，https://finance.sina.com.cn/money/future/fmnews/2019 - 08 - 21/doc-ihytcitn0646574.shtml.

口总额 3 项数据，进行二元线性回归。① 通过回归，可以测算出与中国贸易关系成熟的国家的"GDP 总量"和"与中国的距离"这两个因素对双方贸易额的影响系数，并用所得系数预测拉美各国在与中国贸易关系成熟时双方的贸易额，作为对中拉贸易发展潜力的预测。

经测算，GDP 总量的影响系数为 0.72，即一国 GDP 总量每增加 1%，与中国的贸易额增加 0.72%；与中国的距离的影响系数为 -0.50，即一国与中国距离每增加 1%，与中国的贸易额减少 0.50%。用拉美国家 2017 年的 GDP 总量和与中国的距离分别与所得的影响系数相乘，再求和得到拉美国家与中国贸易额的预测值。② 用预测值除以实际的贸易额，可以求出拉美国家与中国之间的贸易潜力实现程度。具体见表 5-35。

总体而言，对拉美地区与中国的贸易潜力预测基本符合前文指出的事实，预测的效果较好。从表 5-35 可以看出，大多数拉美国家与中国实际的贸易额小于理论预测的贸易额，贸易潜力实现程度小于 100%，并且有 22 个国家的贸易潜力实现程度小于 50%，这与前文指出的"大多数拉美国家与中国贸易关系尚不深入，还有很大发展空间"这一结论相符。拉美地区的经济大国（GDP 总量高）的贸易潜力实现程度普遍较高，如巴西、智利、墨西哥、秘鲁均超过 100%，即充分实现了与中国的贸易潜力，其他的经济大国如阿根廷、哥伦比亚、委内瑞拉等国均超过 50%，高于其他拉美国家，这与前文提到的"中国与拉美地区的贸易主要集中在经济总量高的几个国家"这一事实相符。圣基茨和尼维斯的贸易潜力实现程度达到 333%，是拉美地区最高的国家，这是因为其与中国的实际贸易额达到了不正常的高水平（88 892 万美元，几乎与其 GDP 总量 99 201 万美元相当）；相对的，圣卢西亚 GDP 总量是圣基茨和尼维斯的 2 倍，与中国的贸易额却不到圣基茨和尼维斯的 5%，同样不合乎一般规律，因而其贸易潜力实现程度仅为 4%，是拉美地区最低的国家。

表 5-35　　　　　　　　　　2017 年拉美地区与中国的贸易潜力

国家	GDP 总量/ 万美元	与中国的距离/ 千米	实际值/ 万美元	预测值/ 万美元	贸易潜力 实现程度
阿根廷	64 269 586	19 297	1 382 144	2 412 375	57%
安提瓜和巴布达	151 008	13 682	4 488	36 128	12%
巴哈马	1 216 210	12 660	29 950	169 574	18%
伯利兹	186 261	13 157	8 766	42 874	20%
玻利维亚	3 750 864	17 709	108 375	323 336	34%
巴西	205 359 497	16 948	8 780 769	5 959 816	147%
巴巴多斯	467 350	14 119	13 257	80 444	16%

---

① GDP 总量数据来自世界银行 WDI 数据库；与中国的距离数据来自 CEPII 数据库；选择 distcap 即贸易双方首都的球面距离代表地理距离；贸易额数据来自国家统计局，贸易额指进出口额；回归方法是对数化后进行过原点的回归。

② 实际计算时，需要先将 GDP 与距离对数化再乘以各自的影响系数，求和后再指数化得到预测值。

续前表

国家	GDP 总量/万美元	与中国的距离/千米	实际值/万美元	预测值/万美元	贸易潜力实现程度
智利	27 774 646	19 080	3 558 538	1 323 309	269%
哥伦比亚	31 178 987	14 937	1 132 519	1 626 468	70%
哥斯达黎加	5 817 455	14 091	228 670	497 903	46%
古巴	9 685 100	12 750	175 503	756 590	23%
多米尼克	49 673	13 884	4 984	16 061	31%
多米尼加	7 593 166	13 500	187 054	616 681	30%
厄瓜多尔	10 429 586	15 364	409 095	726 916	56%
格林纳达	112 688	14 245	1 071	28 656	4%
危地马拉	7 562 010	13 352	206 624	618 275	33%
圭亚那	355 521	14 808	22 703	64 460	35%
洪都拉斯	2 294 018	13 543	86 876	259 290	34%
海地	840 825	13 463	54 018	125 932	43%
牙买加	1 478 111	13 447	56 466	189 419	30%
圣基茨和尼维斯	99 201	13 667	88 892	26 683	333%
圣卢西亚	181 014	14 025	1 597	40 674	4%
墨西哥	115 807 101	12 467	4 770 863	4 595 752	104%
尼加拉瓜	1 384 359	13 786	65 254	178 419	37%
巴拿马	6 228 380	14 353	668 900	518 269	129%
秘鲁	21 070 230	16 666	2 032 624	1 159 921	175%
巴拉圭	3 900 890	18 311	159 359	327 101	49%
萨尔瓦多	2 492 797	13 508	88 892	275 696	32%
苏里南	306 877	14 867	20 379	57 845	35%
特立尼达和多巴哥	2 225 046	14 404	61 222	245 918	25%
乌拉圭	5 648 899	19 176	480 174	417 656	115%
圣文森特和格林纳丁斯	78 522	14 117	4 253	22 173	19%
委内瑞拉	14 380 000	14 403	896 633	946 998	95%

通过对拉美地区与中国贸易发展潜力的预测，可以看到大多数拉美国家与中国的贸易还有很大的发展空间。如果所有拉美国家都能够充分实现其贸易潜力（贸易潜力实现程度低于 100% 的国家达到理论预测值，高于 100% 的国家仍保持实际值），大多数拉美国家与中国的贸易额将实现翻倍，中国与拉美地区的贸易额将增加 5 276 052 万美元，占到 2017 年实际贸易额 25 790 912 万美元的 20%。

二、中拉贸易潜力实现途径

（一）对外直接投资

前文提到，拉美地区主要生产并出口初级产品，同时中国也从拉美地区大量进口初级产品。除了商品贸易的形式之外，中国和拉美各国可以加深相关产业链的上下游的合作。中国可以在拉美各国进行直接投资，与拉美国家合作开发油田或矿山，利用中国在高科技和装备制造方面的优势，提高拉美各国资源开发效率；也可以参与到石油或矿物的精炼和进一步加工，提升拉美国家初级产品的附加值，而中国也因此能够增加初级产品的进口以及相关产业链的机械设备的出口，并且对于重要的资源形成稳定的供应来源。初级产品相关领域的对外直接投资有助于促进中拉双方经贸关系，实现贸易发展潜力。

（二）自由贸易协定

前文提到，中国与拉美地区存在频繁的贸易摩擦，这不利于中拉贸易关系的发展、贸易潜力的实现。自由贸易协定一般要求双方在给定期限内降低或取消关税，对进出口规则达成共识，并往往伴随着服务贸易、投资、电子商务等领域的合作协议，因而能够深化双方经贸关系，提升贸易自由化和便利化水平，减少贸易摩擦，促进贸易额增长。目前拉美地区仅有智利、秘鲁和哥斯达黎加三国与中国签订自由贸易协定。中国可以加快推动与拉美国家的多边及双边自由贸易协定的谈判，深挖中拉经贸合作潜力。

（三）"一带一路"倡议

自2013年中国提出"一带一路"倡议后，得到拉美国家的广泛响应，截至2018年，已同中国签订共建"一带一路"合作文件的拉美国家有19个。[①]"一带一路"倡议为中国同拉美国家开展国际贸易和投资的互利合作搭建了新平台。"一带一路"倡议着眼于国家之间的互联互通，注重基础设施的建设。中国与拉美各国签订协议，承包公路、铁路等工程的建设，提高货物运输效率，降低物流成本，从而使拉美国家的商品更便利地销售到中国及世界各地，有助于促进中国与拉美的贸易潜力的实现。

（四）中美贸易摩擦

中国与美国的贸易摩擦能够为中拉加深贸易关系，实现贸易潜力提供机会。前文提到，拉美国家主要生产并出口初级产品，而中国也从美国大量进口农产品。随着中美双方贸易摩擦的升级，中国将寻求对美国农产品的替代来源，这意味着拉美国家可以利用这一机会加大对中国的出口。

例如：大豆是中国从美国进口价值最高的商品，2017年占到中国从美国进口额的9％。同时，大豆也是中国从巴西进口的价值最高的商品，2017年占到中国从巴西进口额的43％。2018年4月，中国宣布对美国500亿美元的商品征税，其中就包括大豆。中国从巴西进口的大豆从2017年的20.31亿美元增加到2018年的27.34亿美元，增幅达到34.62％。

---

① 资料来源：中国"一带一路"网。

（五）发展外交关系

21世纪以来，中国与拉美地区关系进入快速发展阶段，高层互访频繁。高层互访尤其是有大量企业界精英参与的访问能促进双方签订经贸领域的合作协议，对双方的贸易发展有重要意义。截至2018年，拉美地区33个独立主权国家中有23个国家与中国建立了外交关系，其中多米尼加与巴拿马分别于2018和2017年与中国建交。还未与中国建立外交关系的国家包括海地、巴拉圭、萨尔瓦多、哥斯达黎加、危地马拉、洪都拉斯、圣文森特和格林纳丁斯、圣基茨和尼维斯、伯利兹、尼加拉瓜。[①] 有学者的研究表明，两国关系与彼此间贸易呈正相关关系，政治因素在中国与拉美贸易关系中具有重要意义。[②]因此，通过高层互访等形式加深中国与拉美国家的关系，与尚未建交的拉美国家建立正式的外交关系将有助于中拉贸易潜力的实现。

---

① 资料来源：外交部。

② 任保显. 中国与拉美贸易战略研究［M］. 北京：经济管理出版社，2015.

第六章　非洲经济运行与中非贸易发展

第一节　非洲经济运行状况

一、非洲经济发展概况

20 世纪 60 年代以来，包括非洲各国在内的广大发展中国家不断摆脱殖民统治，实现了国家和民族的独立，并且开始探索民族经济的发展，全球大部分地区的经济实现了快速发展，然而在此过程中，非洲的发展并不顺利，充满坎坷。

（一）快速发展时期

1960—1975 年是非洲国家独立后经济发展的黄金期。这个时期，撒哈拉以南非洲地区的年均 GDP 增长率超过 5％，与同时期发达国家的经济增速相近，具体情况如图 6-1 所示。当时正值二战结束，国际关系缓和，西方主要发达国家经济逐步恢复并进入高速发展期，因此世界市场对非洲出口的农产品、矿产资源等各种原材料与初级产品的需求大增，为非洲贸易提供了广阔的国际市场。根据联合国贸易与发展委员会的数据，1960 年非洲出口额只有 53.9 亿美元，1975 年增加至 359.2 亿美元，增长了 5.7 倍；1960 年非洲进口额为 66.4 亿美元，1975 年增长为 384.8 亿美元，增加了 4.8 倍。[①] 除此之外，世界主要资本输出国的对外投资也进一步扩大，在 20 世纪 60 年代，这些国家对发展中国家的资本输出总计达 1 182.7 亿美元，其中，私人直接投资为 473.3 亿美元。

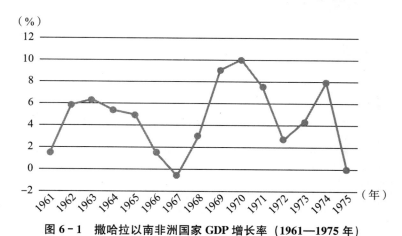

图 6-1　撒哈拉以南非洲国家 GDP 增长率（1961—1975 年）

数据来源：世界银行。

---

① UNCTAD. Handbook of International Trade and Development Statistics [M]. N.Y., 1998.

而在国内与洲内方面，非洲也拥有极为利好的环境。非洲国家在独立之初，就着手改造和调整其殖民地时期建立的经济体系，在改变其长期受压迫、作为发达国家附庸的经济地位的同时，也释放了国内各阶层人民原来被抑制的生产积极性，提高了人民建设国家的热情。当时包括非洲国家在内的一些发展中国家为加强经济合作，陆续成立了一些原料生产国组织和原料出口国组织，如石油输出国组织、铜出口国政府间委员会、可可生产者联盟、非洲国家咖啡组织、非洲油料生产国组织、国际铝土协会等，这些组织在协调生产、避免恶性竞争和维持原料的合理价格等方面起了一定的积极作用。

（二）失去发展时期

如图 6 - 2 所示，20 世纪 70 年代中期，非洲经济出现了较为严重的衰退。根据世界银行的统计，1973—1980 年间，撒哈拉以南非洲国家的年均 GDP 增长率降至 2.5%。整个 80 年代，非洲经济形式进一步恶化。联合国贸易与发展委员 1989 年发表的统计报告显示，1980—1987 年，撒哈拉以南非洲地区的年均 GDP 增长率仅为 0.5%，人均 GDP 年增长率为 -2.5%，处于负增长状态；同时期内，该地区的出口贸易额和进口额年均下降率分别为 7.4% 和 4.2%。所以人们称 80 年代是非洲经济发展"失去的 10 年"。80 年代非洲经济出现大衰退，除了受这时期西方两次严重经济危机的影响外，也是非洲国家经济结构脆弱、政策思想混乱、政治动乱不已等因素造成的。

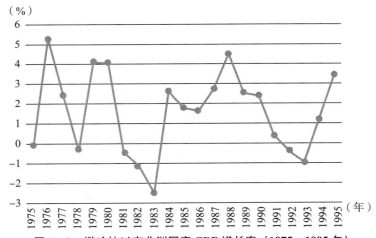

图 6 - 2　撒哈拉以南非洲国家 GDP 增长率（1975—1995 年）

数据来源：世界银行。

1. 经济结构单一

非洲国家殖民地时期遗留下来的严重依赖一两种农矿原料和初级产品出口的单一经济结构还没有完全改变，经受不住国际经济环境变化的影响。特别是在不平等和不合理的国际经济关系条件下，非洲国家缺乏随外部条件变化而变化的适应能力和经验，这种脆弱的经济结构，更经受不住世界经济形势恶化的冲击。在 1974—1975 年由石油价格上涨引发的西方经济危机之后，1980 年春又爆发更为严重和深刻的一次经济危机，而且延续的时间较长。直至 20 世纪 80 年代末，西方经济还没有完全摆脱通货膨胀状态，这一情况对非洲国家经济的打击是很大的。首先，国际市场原料价格连续下跌，贸易条件恶化，使非洲国家经济蒙受巨大损失。在 20 世纪 80 年代，除少数年份外，非洲的非燃料初级产品的实际价格跌至 20 世纪 30 年代大萧条以来的最低水平。若以 1980 年的价格指数为 100，1987 年食品和饮料的价格指数则只有 55，农业原料为 82，矿产品为 86。[①] 仅在 1985—1987 年间，非洲国家因原料价格下跌减少收入 483 亿美元。[②] 原油价格在 20 世纪 70 年代中期暴涨后，到 80 年代中期发生两次暴跌，结果，1986 年非洲原油出口收入比 1985 年减少 212 亿美元。[③] 在非洲出口的原料价格暴跌的同时，从发达国家进口的制成品的价格却不断上涨，这也给非洲国家带来不少损失。其次是，外部流入非洲的资金逐年减少。1981—1985 年，流入非洲的外国直接投资年均约 20 亿美元；1986—1990 年，年均为 30 亿美元，但分别只占流入发展中国家的直接投资总额的 3％和 2％。[④] 官方经济援助相对减少。最后是债台高筑。由于非洲国家没有因外部条件恶化而缩小发展经济的规模，资金不足靠举债弥补，结果外债越背越重。1974 年，非洲只有 323 亿美元外债，到 1988 年达 2 300 亿美元，增加 6.12 倍，许多国家到期偿还本息合计为出口收入的 300％。

2. 指导思想混乱

80 年代正是非洲发展经济的两种政策思想大辩论的时期，采取什么样的发展战略才适合非洲实际情况并能促进经济持续增长的问题还没有得到解决。非洲国家为制止 20 世纪 70 年代后半期出现的发展速度减慢的势头，推动经济持续发展，在 80 年代相继提出了一些全非洲性的发展战略方案。其中最具有代表性的，是 1980 年 4 月非洲统一组织经济特别首脑会议通过的《拉各斯行动计划（1980—2000 年）》。该计划和其他方案认为非洲国家经济出现困难主要是由不利的外部条件造成的，尽管非洲国家政治和经济结构存在缺陷，政府的政策也有失误，但都不是决定性因素。至于在经济政策方面，除强调"集体自力更生"、实现非洲经济一体化、把发展农业放在首位、开发人力资源等以外，没有提出更多行之有效的具体措施。随着非洲经济形势的恶化，世界银行和国际货币基金组织也开始重视非洲经济的发展问题。世界银行在 80 年代就撒哈拉以南非洲经济问题曾发表 5 个研究报告，同国际货币基金组织一起还向非洲国家提出了"结构调整计划"的建议。这些报告和建议指出，70 年代中期以后非洲经济发展的失败，主要是由非洲国家自己的决策错误、管理能力差、政府腐败等原因所致，不利的国际经济环境只是次要原因。因此，它们建议减少或取消政府对经济的干预，鼓励发展私有和市场经济，放松对物价、汇率、贸易等方面的控制；紧缩财政开支，控制货币供应，压缩信贷；精简机构和消除腐败等。非洲国家对这些建议并不完全接受，加上这两个机构强加于人的做法，更引起一部分非洲国家的反感和争辩。

3. 政局混乱

非洲很多国家政局动荡，战乱不断，严重破坏和阻碍了经济的发展。20 世纪 70 年代后期至 80 年代，正是美、苏在非洲打"代理人战争"最激烈的时期，其中非洲南部和非洲之角地区受战祸之害最深。南非白人种族主义政权对其邻国制造动乱，危害也极大，在

---

① OAU：United Nations Programme of Action for Africa's Economic Recovery（1986—1990），September，1988.

② OAU：United Nations Programme of Action for Africa's Economic Recovery（1986—1990），September，1988.

③ 法国《青年非洲经济》，1988 年 7、8 月合刊。

④ West Africa Weekly，May 30 - June 5，1994，London.

1980—1986 年间，它使这些邻国蒙受经济损失达 624.5 亿美元。除这些局部冲突外，不少国家还频繁发生军事政变。进入 20 世纪 90 年代初期，由于受苏联解体、东欧剧变的影响，加上西方的鼓动，非洲大陆掀起一股"多党民主化"浪潮。这给许多非洲国家带来新的政治动乱，有的甚至爆发大规模种族仇杀和新的流血冲突。政治上的动乱和不稳定，严重影响了经济发展，因此 20 世纪 90 年代初期，非洲经济形势不仅没有好转，而且更加恶化。

4. 自然灾害严重

20 世纪 80 年代非洲自然灾害严重，这也给非洲国家经济造成很多困难。1982—1984 年，接连发生 3 年旱灾，波及 34 个国家和 1.5 亿人口，受灾国家的农牧业遭受巨大破坏。1986—1988 年，许多非洲国家又连续 3 年遭受蝗虫等自然灾害，非洲农牧业又遭到一次毁灭性的打击。而非洲大多数是农业国，抗灾能力弱，灾后难以很快恢复生产，因此经济困难状况延续时间较长。

（三）新机遇时期

非洲的经济发展历程是蜿蜒曲折的，经过前两个阶段的摸索与积淀，非洲经济在 20 世纪 90 年代中后期开始逐步恢复元气。1994 年，撒哈拉以南非洲国家 GDP 比上年增长 2％；1995 年和 1996 年又连续增长，增长率分别为 3.4％和 5.22％。具体情况如图 6-3 所示。同时，1996 年的经济增长不只是少数国家，而是较多国家，其中 11 个国家的 GDP 年均增长率达到或超过 6％，28 个国家的年均增长率介于 3％～6％之间；更有意义的是，非洲 33 个最不发达国家的年均增长率为 4.5％，高于全非洲的平均增长率。

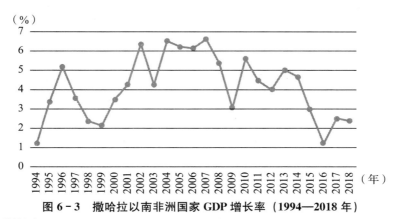

图 6-3　撒哈拉以南非洲国家 GDP 增长率（1994—2018 年）

数据来源：世界银行。

在同一时期，非洲的对外贸易状况也不断得到改善。1996 年，非洲商品出口额相较于上年增长了 8.5％，达 1 130 亿美元，增长幅度比世界平均水平 4％高出 1 倍多；商品进口额比上年增长 5.5％，达 1 270 亿美元，增长幅度也高于世界平均水平。随着贸易状况改善，外汇储备也有较大幅度增加。1996 年底，非洲外汇储备总额达 429.6 亿美元，比上年增长 6.5％。另外，多数国家通货膨胀得到控制，财政赤字占 GDP 的比重减少。

进入 21 世纪后，非洲大陆延续了 20 世纪 90 年代后期的良好发展势头，经济持续高速发展。根据 2004 年 9 月国际货币基金组织发布的《世界经济展望》，1995—2003 年，非洲地区的平均经济增长率（GDP 增长率）为 3.5％，是过去 15 年的 2 倍。2004 年，非洲宏观经济继续改善，非洲整体的经济增长率为4.5%，其中撒哈拉以南非洲国家为4.6%。世界银行《2007年度非洲发展指标》指出，非洲整体过去10年的平均经济增长率达到5.4%，这是近30年来首次出现多个非洲国家经济持续增长的现象，非洲的经济增长已经与全球的经济增长趋势趋同，且增速已经超越了大部分发达国家。国际货币基金组织也称2007年非洲经济增长率达6%，通货膨胀率为7.5%，是30年来的最好水平，非洲也因此成为增速仅次于亚洲的地区。不仅如此，非洲国家生活水平（以实际消费数据计算）的年增长率为3.4%～3.7%，高于宏观经济的增速，这显示出非洲经济发展的巨大成就。

截至2014年，非洲一直延续着较快的发展势头，经济稳步增长，增长速度在全球领先。根据非洲开发银行、联合国经济委员会和经济合作与发展组织联合发布的《2013年非洲经济展望》的统计，非洲2013年的GDP增长率达4.8%。世界银行的数据显示，2013年全球经济增长率为2.7%，美国经济增长率为1.8%，日本为2%，俄罗斯为1.8%，南非为2.5%，埃塞俄比亚为10.6%，尼日利亚为6.7%。由此可见，非洲的经济发展速度一度领先于全球。

在经济高速增长的同时，非洲的经济运作状态也保持良好。2013年撒哈拉以南非洲地区通货膨胀率为4.9%，在非洲的历史通货膨胀率中处于较低水平。具体情况如图6-4所示。

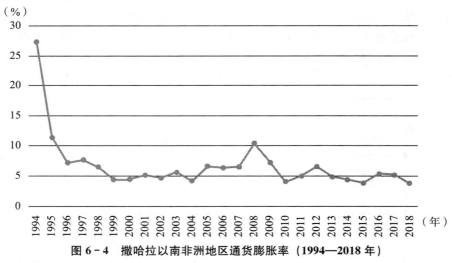

图6-4 撒哈拉以南非洲地区通货膨胀率（1994—2018年）

数据来源：世界银行。

除此之外，非洲对外国资金的吸引力也在持续增强，2013年非洲吸引外国直接投资（FDI）同比增长10%。外汇收入也持续增加，2013年增长率约为7%。得益于各方面条件，非洲各次区域的经济呈现均衡发展的态势，各地增长的速度虽有差异，但差距并不大。西非是各区域中增长最快的地区，2013年，其经济增长率达6.7%，其中尼日利亚、加纳和科特迪瓦均超过6.7%，其他国家则都超过5%。分析人士认为，西非的快速增长得益于区域经济一体化的提速、相关国家经济政策调整以及国际市场对于该地区资源产品的需求增加。在东非，大多数国家，包括卢旺达、坦桑尼亚、埃塞俄比亚和乌干达等国在内的国家经济增长率为5%～7%，肯尼亚由于大选遭受动乱，2013年的经济增长率为4.5%。中非的经济增长率平均达5.7%，而乍得和刚果民主共和国则超过这个水平。而在非洲南部地区，其经济增长率为 4%，其中安哥拉、莫桑比克、赞比亚和博茨瓦纳增长较快，津巴布韦也在 5% 以上。

探究 1994 年至 2014 年非洲经济繁荣的原因，主要有以下四点：

1. 多数国家政局逐步走向稳定

20 世纪 90 年代中期，影响非洲政局动荡的部分因素得到缓解甚至消除，战争和冲突数量显著减少。严重冲突的数量从 20 世纪 90 年代的每年 4.8 次下降至 2000 年后的每年 2.6 次，陷入冲突的经济体数量也不断下降。最首要的是，苏联解体、东欧剧变后，冷战结束，世界格局改变，美、苏争夺非洲的状态也随之消失；其次，虽然西方大国对非洲仍然实行强权政治，但出于各自利益的考虑，它们并不希望非洲长期动乱，也避免直接卷入非洲的内部冲突，因此逐渐减少了对非洲内政外交等方面的干预；除此之外，1994 年新南非的诞生消除了非洲南部的动乱和不稳定之源，增强了该地区和平与稳定的力量；并且，造成非洲局势动荡的"多党民主化"浪潮的高峰已经过去，多数国家正在探索实行非洲式的民主政治体制。更重要的是，广大非洲人民渴望稳定、反对动乱，非洲国家领导人也逐步意识到和平与稳定对经济发展的重要性。1996 年和 1997 年的两届非洲统一组织首脑会议都把"地区稳定"和"经济发展"作为讨论的两大主题，会议明确指出"和平与稳定"是非洲经济和社会发展的前提，呼吁仍处于战乱中的国家通过和平谈判解决分歧和冲突，实现民族和解与团结。具体而言，非洲国家的战争和冲突数量从 1991 年的每年 52 次降至 2012 年的每年 11 次；国际战争在 20 世纪末达到高峰（每年 8 次），然后逐渐下降，2003 年后未出现大规模国际战争；2005 年以来，非洲国家的国内战争已降至每年 10 次以下，种族暴力行为在 2003 年后虽有所上升，但 2011 年后降至每年 2～3 次。[①]

政治冲突减少的直接结果是非洲国家政治稳定性增强。政治恢复稳定后，多国开始了制度改革和恢复民众信心的行动，向更具持续性、包容性的制度结构转变。在南非，1994年大选后，政府实施了解除政党禁令、包容其他利益集团、重建地方政府以及地方政府的民主化转型等一系列措施，旨在保护少数群体利益、维护社会稳定；在利比里亚，由于严重腐败削弱了政府能力，政府采取了国家部门和国际机构联合监督、部分盈利职能由私人部门执行等方式，来提升民众信心和政府能力；卢旺达通过立法方式，解雇部分政府雇员、检举腐败官员，以提高治理效率、增强政治公信力；尼日利亚通过与英国政府合作，严厉打击跨国犯罪和腐败行为。上述行动提升了民众对政府的信心，增强了政府能力，为非洲国家经济增长提供了政治基础。

2. 普遍进行经济调整和改革

在政治环境稳定的同时，非洲各国也采取了多项经济改革措施，改善营商环境。2000年以来，非洲国家中实施信贷和劳动力市场改革的国家达到 80% 以上，改善公共服务、贸易环境的国家分别达到 64% 和 50%。在私有化方面，多个非洲国家通过推进国有企业改革，完善了市场规则和法律体系。经过与世界银行和国际货币基金组织的长期争论，非洲国家结合自己过去发展经济的经验教训，接受了这两个机构友善的政策建议，对经济实行了结构和政策调整。世界银行和国际货币基金组织组织也根据非洲的实际情况，不断地修正自己的意见和做法。同时，非洲国家还十分重视亚太地区发展经济的经验，并通过访问

---

① 刘晨. 非洲经济奇迹：驱动因素与长期增长[J]. 世界经济与政治，2018（1）：117－155.

等形式与该地区增强交流，从而学习经验。非洲国家逐步意识到亚洲之所以能成为全球经济增长的中心，实现快速脱贫，主要得益于保持政治稳定、利用市场机制、加强区域合作、解决腐败问题等。此后，非洲各国也在各自国家的经济改革中进行了借鉴。

有利的政治经济环境促进了国家实施微观经济改革、寻求稳定的金融和货币政策以及更深层次的经济改革战略，提升了经济增长空间。很多非洲国家采取了各种措施稳定财政预算和货币政策，降低政府赤字和通货膨胀水平。[1]

3. 地区经济合作进一步发展

非洲许多国家人口少、市场小、资源有限，因此非常重视地区经济合作，强调区域内的"自力更生"。因此，许多非洲国家独立后大力推动建立各种地区经济合作组织。但由于多种原因，非洲地区的经济合作组织推动非洲发展的进展较慢，效益较差。在世界经济逐步走向区域化、集团化和竞争日益激烈的形势下，非洲国家再次意识到应加强本地区的经济合作，以促进共同发展，加快经济一体化进程，在国际竞争中获得更大的竞争力。近年来，对非洲有重要影响的区域经济集团主要有：阿拉伯马格里布联盟（UMA）、西非国家经济共同体（CEDEAO）、西非经济货币联盟（UEMOA）、萨赫勒-撒哈拉国家共同体（CEN-SAD）、东南非共同市场（COMESA）、东非政府间发展组织（IGAD）、中部非洲国家经济共同体（CEEAC）、东非共同体（EAC）和南部非洲发展共同体（SADC）等，尤其是 2019 年正式成立的非洲大陆自由贸易区（AfCFTA），这些组织在促进本区域内贸易的发展、通信和交通运输基础设施的建设等方面发挥了重要作用，为非洲在世界面临百年未有之大变局的背景下，实现稳定发展、提升国际地位、加快推进现代化建设提供了重大机遇和条件。

4. 国际经济环境不断改善

国际市场环境的改善为非洲经济的发展提供了良好的机遇。20 世纪 90 年代以来，随着世界经济的扩张，非洲面临有利的贸易环境，包括原油和大宗商品价格上涨、美国和欧盟的优惠贸易安排以及中国等新兴市场经济体需求的扩大等方面。东亚、东南亚国家的经济发展势头强劲，西方发达国家的经济也在好转，因此国际市场对非洲生产的农产品以及各种原材料的需求大增，在需求端的刺激下，原料的价格也不同程度上有所上调，使得许多非洲国家出口贸易收入都有所增加。与此同时，非洲的稳定与机遇也吸引了大量的外国资本，非洲国家的外部融资主要包括外国直接投资（FDI）、政府发展援助（ODA）、汇款等形式。20 世纪 90 年代以来，随着 FDI、ODA 的不断增长，外部资金对非洲国家，尤其是低收入国家的资本形成和国民收入提高起到重要作用。外国投资大量增加，为非洲提供了充裕的发展资本。而国际社会也越来越关心非洲的经济社会发展，联合国为非洲的医疗、教育、住房等方面的发展提供了大量援助和支持。1997 年 6 月举行的八国首脑会议特别注重非洲经济发展问题，会议公报承诺对非洲投放更多资金，扩大与非洲国家的贸易往来，为非洲的发展提供持续性的援助。

（四）经济短期下挫时期

在 2014 年以前，非洲的经济在长达近 20 年的时间里一直呈现较快的增长态势，然而

---

① 刘晨. 非洲经济奇迹：驱动因素与长期增长[J]. 世界经济与政治，2018 (1)：160.

2014 年以后，非洲的经济增速出现了陡然下滑，从 2014 年的 4.7％下降到 2018 年的 2.4％，2016 年的经济增长率更是跌至近 10 年来的最低水平，只有 1.2％。具体情况如图 6-5 所示。

　　非洲经济增速的下滑，是世界经济发展低迷的一个缩影，由图 6-5 可清晰看出，非洲的经济增长趋势与世界整体趋势相同，但变动幅度更大。世界主要经济体——美国、欧洲、日本和其他新兴经济体的经济增长普遍放缓。根据联合国非洲经济委员会（UNECA）发布的《2019 年非洲经济报告》，2018 年全非经济增速为 3.2％，同比下滑 0.2 个百分点；2019 年预计增长 3.4％。从非洲的各个次区域层面来分析，其经济发展速度同样呈现下降态势，但各区域的发展不平衡。在各个次区域中，东非地区继续保持过去几年良好的发展势头，扮演着非洲经济发展火车头的角色。报告显示，2018 年非洲经济增长最快的区域为东非地区，埃塞俄比亚、吉布提、肯尼亚、卢旺达、坦桑尼亚和乌干达都实现了强劲增长，仅有布隆迪的经济增速在 3％以下。东非地区的经济增长得益于基础设施领域的公共支出和内需的强劲增长。

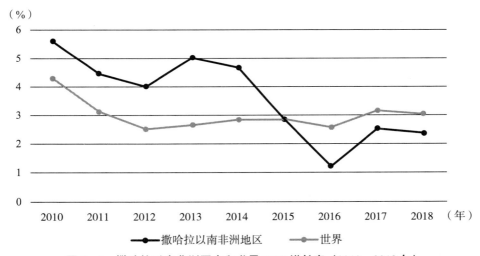

图 6-5　撒哈拉以南非洲国家和世界 GDP 增长率（2010—2018 年）

数据来源：世界银行。

　　2016 年，东非地区经济增长率相比 2015 年稍有下滑，但仍达到 5.5％。东非地区经济增长主要受到埃塞俄比亚、肯尼亚、卢旺达和坦桑尼亚经济发展的推动，埃塞俄比亚和肯尼亚的经济发展环境都通过对基础设施的投资得以改善，住房消费的上升也是肯尼亚经济发展的重要动力，卢旺达主要依靠农业和服务业的发展来拉动经济增长，坦桑尼亚由于国内需求的增加，其制造业和服务业得以迅速发展。

　　同东非地区不同，西非地区的经济发展形式较为严峻，2015 年经济增长率达 4.4％，而 2016 年直线下降为 0.1％，成为非洲经济增长最缓慢的次区域。非洲第一大经济体尼日利亚在 2016 年因为油价下降、石油生产减少、外汇短缺和国内消费需求萎缩等原因，经济发展陷入负增长（－1.6％），随后两年虽然有缓慢回升，但与下滑前的增速仍存在较大差距。西非地区另一个重要国家加纳的经济形势也很糟糕，由于大选造成了国内的紧张局势，加之油价和石油生产的下跌，其 2016 年的经济增长率为 3.8％，是过去 20 年来的最低水平。

南非地区的经济增长率从 2015 年的 2.5％降为 2016 年的 1.0％，南非共和国是南非地区最大的经济体，2016 年经济增长率跌至 0.6％，随后两年也一直在低水平徘徊。近年来，南非共和国的经济发展形势不佳：商品价格下降、遭遇干旱、电力缺乏以及财政收紧，这些因素的综合作用使得南非共和国劳动生产率自 2011 年以来一直下降，经济发展比较缓慢。南非地区的另一个国家安哥拉由于国际市场上商品价格尤其是油价的下跌，导致经济发展受到冲击，2016 年的经济增长率仅为 0.8％。而相比之下，毛里求斯和莫桑比克则是南非地区经济发展的亮点，2016 年经济增长率分别达到 3.6％和 4.2％。[1]

中非地区 2016 年经济增长率为 2.4％，比 2015 年下降了 1％。[2] 中非地区各国的经济增长也不平衡，喀麦隆为 5.3％，中非共和国是 5.1％，乍得 1.1％，加蓬 3.2％，刚果共和国 1.6％，赤道几内亚为－4.5％。其中喀麦隆、乍得、加蓬和赤道几内亚都比 2015 年有所下降，而中非共和国和刚果共和国则有所上升。喀麦隆、加蓬和赤道几内亚因为油价和石油产量的下降而拖累经济增长，乍得因为政局问题受到干扰；中非共和国则得益于政治稳定，投资增加，消费需求增加，而刚果共和国则因为成了新的产油国，增加了新的收入来源，推动了经济增长。

北非地区 2016 年的经济增长率为 2.6％，比 2015 年下降了 1％[3]，经济增长率下降的主要原因是阿尔及利亚、埃及和摩洛哥的经济增长放缓。阿尔及利亚受到低油价的牵制，公共投资和私人消费下降；埃及则是因为旅游业不景气和外汇收入减少；摩洛哥受干旱影响，农业生产受灾，制约了经济增长。

从国家层面来看，2016 年大多数非洲国家的经济发展速度都呈现出下降趋势，只有少数国家经济增速提高。因此从总体上看，2014—2016 年，非洲的经济增长显著放缓，个别国家个别年份甚至出现了经济下降，主要原因是全球经济复苏形势不稳定、石油以及大宗商品价格下降、政局不稳等，导致外部资金流入减少。非洲经济面临的主要问题是经济结构过于单一，很多国家只依靠生产或输出一种或几种农矿原料产品来维持国民经济的运行。由于世界经济处于低迷状态，世界市场对非洲产品的需求必然下降，从而导致商品价格下降，因此对非洲大陆的经济发展产生了显著的负面影响：商品贸易下降；财政赤字上升，外债增长，通货膨胀明显；资金短缺影响基础设施建设等。以中国为例，中国是非洲最重要的经济伙伴之一，非洲对中国的出口占其总出口的 27％，非洲的原料产品有83％出口中国。而中国近几年因为经济结构调整，进入新常态，经济增长速度放缓，导致双方的贸易数量有所下降。2013 年，中非贸易总额达 1 160 亿美元，而 2015 年就下降到690 亿美元，几乎下降了 50％。中国对非洲的贷款，2013 年为 170 亿美元，到 2014 年就下降为 136 亿美元。

（五）形势好转、再度复苏时期

虽然大部分非洲国家经济发展基础薄弱，但其资源丰富，劳动力供应充足，发展热情高，潜力大，未来该地区仍然是全球经济增速较高的地区之一。表 6-1 展示了非洲经济

① United Nations Economic Commission for Africa，Economic Report on Africa 2017.
② United Nations Economic Commission for Africa，Economic Report on Africa 2017.
③ United Nations Economic Commission for Africa，Economic Report on Africa 2017.

增长率、财政收支差额和国际收支差额与 GDP 的比值。2017 与 2018 年，撒哈拉以南非洲地区的经济增长率分别为 2.5％和 2.4％，相较于 2016 年的 1.2％已经有了很大的提升。未来全球经济走势仍然存在一定的不确定性，个别撒哈拉以南非洲地区国家还存在一定的困难，如债务负担重、财政收支紧张、债务违约风险上升等，但目前看来，该地区总体上经济形势正在好转。据非洲开发银行预测，非洲整体上 2019 年和 2020 年经济增长率将进一步回升。按照世界银行的统计，2018 年非洲 GDP 超过千亿美元的经济体有 6 个，其中撒哈拉以南非洲地区有 3 个国家（尼日利亚、南非共和国和安哥拉）经济增速都在上升，北非地区 3 个国家中埃及 2018 年经济增速稳中有升，阿尔及利亚 2017 年增速下降后又于 2018 年重新上升，摩洛哥 2017 年增速上升后 2018 年增速下降。这几个非洲大型经济体前几年受全球经济复苏艰难以及石油和大宗商品价格下跌拖累而经济低迷，但 2017 年与 2018 年经济增长形势好转，2018 年经济增长率保持 2017 年以来的向好态势，2019 年经济形势将进一步好转。撒哈拉以南地区有相当多国家 2017—2018 年经济表现良好，其中经济增长率接近或超过 5％的国家就超过 10 个。当然，由于非洲尤其是撒哈拉以南非洲国家经济结构总体上比较脆弱，过度依赖资源经济，部分国家债务负担沉重，对资金流入的吸引力不够，这些国家发展经济依然存在不小的困难。

非洲国家现正处于大规模基础设施建设和工业化起步阶段，资金匮乏将是其长期面临的重要制约因素，吸收外资是该地区的一项长期任务。在经济不景气时期，尤其在外部经济不景气、油价和大宗商品价格出现较大幅度下跌时期，对石油和大宗商品出口依赖较重的国家的财政收支和国际收支困难都会加重。但根据非洲开发银行的预测，2019—2020 年非洲及撒哈拉以南非洲国家财政收支和国际收支形势将有所改善。

表 6-1　　　　非洲经济增长率、财政收支差额和国际收支差额与 GDP 的比值

	2010—2014 年	2015 年	2016 年	2017 年	2018 年	2019 年	2020 年
经济增长率（％）	4.7	3.5	2.1	3.6	3.5	4	4.1
财政收支差额/GDP（％）	−3.4	−7	−7	−5.8	−4.5	−4	−3.7
国际收支差额/GDP（％）	−1.7	−6.7	−5.4	−3.6	−3	−2.8	−3

数据来源：非洲开发银行，《2019 年非洲经济展望》。

尽管总体上而言，撒哈拉以南非洲国家 2018 年以后财政收支和国际收支形势好转，但部分国家由于历史上欠债较多，债务余额仍然较高，还本付息负担较重。按照非洲开发银行有关统计，2017 年外债余额与 GDP 之比超过 50％的国家就有十多个。此外，北非国家突尼斯债务率亦达到 75.2％。很多非洲国家都面临外汇短缺的局面，普遍实行外汇管制，如果外债负担重，则其向外借款能力受到抑制，经济发展潜力也会受到抑制。在这种情况下，中国与非洲开展贸易合作和对非洲投资都要着重考虑这些风险。

二、非洲经济一体化进程分析

（一）非洲一体化的必要性

由于殖民时代的历史遗留因素，当代非洲大陆的版图十分破碎，许多国家的国界并不

是按照自然与人文地理的规律进行划分，而是由殖民国家人为强行划分，造成非洲各国之间的矛盾与纷争不断。非洲各国多数处于贫困落后的状态，经济结构单一，长期依赖一种或几种经济作物或矿产品的出口。同时许多国家的自然条件恶劣，经济上几乎没有生存自立的能力。因此非洲国家急需整合整个大陆的资源和市场，进行分工合作，避免由资源禀赋的同质性和经济水平的相似性导致恶性竞争。只有推动区域一体化才能帮助非洲改变这种现状，实现"集体自力更生"。

如果能够实现区域一体化，非洲国家就可以通过区域内协调，来形成相对统一的对外经济政策，在国际政治经济事务上发表一致意见，集体参加国际贸易谈判，增强在国际事务上的话语权，迫使发达国家调整对非策略，增加援助，扩大市场准入等，为非洲的经济发展争取有利的国际环境。

（二）非洲一体化历程

非洲一体化进程的开端可以追溯到殖民时期为追求整个非洲大陆解放的"泛非运动"，"泛非主义"是一种反抗剥削与压迫的民族主义，也是追求非洲大陆解放、复兴与统一的政治运动。非洲民族主义者始终把非洲作为一个整体，突出非洲大陆历史文化与现实命运的共同性；关注的重点是非洲与欧洲、非洲人与欧洲人之间的差异和冲突；斗争的目标是建立一个全非洲统一国家，即"非洲联邦"或"非洲合众国"。在这种思想影响下，1963年，非洲统一组织建立。在非洲统一组织的框架下，非洲国家在次区域层面上开展了广泛的合作，截至 20 世纪末，非洲各地建立的不同类型次区域组织或合作框架接近 200 个。[①]这些次区域经济共同体的建立是建设非洲经济共同体的基础。

2002 年 7 月，非洲联盟正式启动，取代了非洲统一组织，标志着非洲的一体化进入了新阶段。与非洲统一组织相比，非洲联盟的组织机构更加齐备，组织框架更加合理，运行的规则和程序也更加细致和具体。非洲联盟是一个集政治、经济、军事等于一身的全洲性政治实体，其主要任务是维护和促进非洲大陆的和平、稳定，推行改革与减贫战略，实现发展与复兴。非洲联盟成立后，非洲经济一体化已经逐渐形成了以非洲联盟为引导，各次区域经济组织为依托，各国政府积极配合合作的良好势头。

如今非洲大陆的次区域经济组织数量繁多，相互交织，并行发展，如表 6-2 所示。这既是非洲一体化保持活力的重要保障，也是非洲整体上实现一体化难度过大情况下的无奈选择。一方面，次区域组织过多容易造成制度供给过剩（Institutional Surplus）和效率低下；另一方面，不同次区域组织成员国的相互重叠可能导致非洲国家有限的资源被分散化，加大各次区域组织的整合难度和成本，不利于非洲一体化的整体协调发展。[②]从总体上看，非洲经济一体化的特点是：发展速度快，但总体水平仍有待提高；经济领域的整体合作水平较低，但个别地区、组织或某些方面的合作却又超前；组织众多，空间分布上交叉重叠，组织职能也存在重叠现象。

---

① 罗建波. 非洲一体化与中非关系[M]. 北京：社会科学文献出版社，2006.
② 黄云卿，徐泽来. 非洲一体化与中非经贸合作新路径[J]. 中国国情国力，2018（6）：29-32.

表 6 - 2　　　　　　　　　　　　非洲的次区域合作组织

组织名称	成立年份	组织形式
南部非洲关税同盟	1969	特惠关税区
西非国家经济共同体	1975	特惠关税区
中部非洲国家经济共同体	1983	特惠关税区
阿拉伯马格里布联盟	1989	特惠关税区
南部非洲发展共同体	1992	特惠关税区
东南非共同市场	1994	自由贸易区
西非经济货币联盟	1994	关税同盟
中部非洲经济货币共同体	1999	自由贸易区
东非共同体	2001	关税同盟
非洲大陆自由贸易区	2019	自由贸易区

资料来源：根据公开资料整理。

1. 南部非洲关税同盟（Southern African Customs Union，SACU）

SACU 于 1969 年 12 月根据博茨瓦纳、莱索托、斯威士兰和南非共和国四国签署的关税同盟协定成立，1990 年纳米比亚独立后加入。秘书处设在纳米比亚首都温得和克。其宗旨是，通过地区一体化和区内成员间的贸易自由化，加速成员国间的或与第三方的贸易谈判，以促进成员国经济发展。于 2004 年 7 月 15 日正式生效的新南部非洲关税同盟协议，规定了 5 个成员国将共同制定海关政策、进出口关税、退税减税政策和反倾销措施；新协议还制定了新的关税分配模式，较穷的成员国将从关税总额中得到更大的份额。协议还给予博茨瓦纳、纳米比亚、莱索托和斯威士兰 4 个成员国 4 年的"保护期"。这期间，这 4 个国家可对来自南非共和国的某些商品征收保护性关税。SACU 已开始了与美国、欧盟、南美共同市场之间的自由贸易谈判。

2. 西非国家经济共同体（Economic Community of West African States，ECOWAS/CEDEAO）

ECOWAS 简称"西共体"，成立于 1975 年，总部设在尼日利亚首都阿布贾，成员国包括尼日利亚、加纳、科特迪瓦和塞内加尔等 15 个西非国家，涉及区域总面积 5 112 903 平方千米，人口 3.85 亿。西共体是西非地区最大的区域经济合作组织，其宗旨是促进成员国在经济、社会和文化等方面的合作，提高人民的生活水平，加强相互关系，为非洲的进步与发展做出贡献。西共体设有共同体法庭，负责监督各成员国遵守共同体条约和有关法律，调解成员国间的分歧，还设有合作、补偿和发展基金，西非中央银行委员会，西非国家经济共同体商业银行等。2004 年 1 月，西共体开始在成员国内向公民颁发"西共体护照"。各成员国公民持统一护照，不需事先获得签证便可前往西共体任何国家旅行、工作和定居。西共体的一体化已从初级合作阶段跃升为高级合作阶段，在非洲处于领先水平。

3. 中部非洲国家经济共同体（Economic Community of Central African States，ECCAS/CEEAC）

CEEAC 于 1983 年成立，总部在加蓬首都利伯维尔。其宗旨是促进成员国之间在经济和社会活动的各个领域的协调与合作，最终取消成员国之间的关税，建立和保持共同的对外贸关税，统一对第三国的贸易政策，逐步消除成员国之间在人员、财产、劳务、资本等方面自由流通的障碍，并建立起合作和发展基金。2004 年 7 月，刚果（布）官方宣布，中部非洲国家经济共同体自由贸易区正式启动。

4. 阿拉伯马格里布联盟（Arab Maghreb Union，AMU/UMA）

UMA 简称"马盟"，成立于 1989 年，由地处北非马格里布地区的国家组成。常设秘书处设在摩洛哥的拉巴特。其宗旨是在尊重各成员国的政治、经济和社会制度的前提下，充分协调经济、社会方面的立场、观点和政策，大力发展互补合作，在外交和国防等领域协调立场、互相配合，最终实现经济一体化。但自 1995 年以来，由于摩洛哥和阿尔及利亚在西撒问题上产生严重分歧，马盟首脑会议被迫中断，马盟建设进程也基本陷入停顿。后来受经济全球化浪潮的冲击，要求重新启动马盟建设进程和加强经济合作的呼声日益强烈，马盟的常设机构和一些专门委员会相继恢复运作。

5. 南部非洲发展共同体（Southern African Development Community，SADC）

SADC 简称"南共体"，成立于 1992 年，现有 16 个成员国，总部设在博茨瓦纳首都哈伯罗内，其前身是 1980 年成立的南部非洲发展协调会议。南共体是非洲一体化发展水平较高的区域性组织，涵盖地区总人口达 2.8 亿，总面积 987 万平方千米，国内生产总值超过 2 000 亿美元。其宗旨是在平等、互利和均衡的基础上建立开放型经济，打破关税壁垒，促进相互贸易和投资，实行人员、货物和劳务的自由往来，逐步统一关税和货币，最终实现地区经济一体化。1994 年经济实力强大的新南非加入南共体后，南共体迅速成为非洲所有区域经济合作组织中最具活力的实体。2000 年 9 月 1 日，南部非洲发展共同体的自由贸易区协定正式生效，从而正式启动了其贸易自由化进程。南共体为实现地区经济一体化而设定了目标：2008 年创立自由贸易区，2010 年实现关税同盟，2015 年建立共同市场，2016 年成立中央银行及实现货币联盟，2018 年实行统一货币。但因为成员国的不同国情，2008 年只会对一部分商品施行自由贸易，到 2012 年，南共体才会在共同体内实现完全意义上的自由贸易。

6. 东南非共同市场（Common Market for Eastern and Southern Africa，COMESA）

COMESA 成立于 1994 年，总部设在赞比亚首都卢萨卡，其前身是 1981 年成立的东部和南部非洲优惠贸易区，是目前非洲最大的地区性经济组织，现有 20 个成员国。成员国地域分布广度大，已突破了东南非区域。区域内人口约 3.74 亿，地域面积 1 300 万平方千米，GDP 总额超过 2 030 亿美元。其目标是废除成员国之间的关税和非关税壁垒，实现商品和劳务的自由流通；协调成员国的关税政策，分阶段实现共同对外关税；在贸易、金融、交通运输、工业、农业、能源、法律等领域进行合作；建立货币联盟，发行共同货币。

7. 西非经济货币联盟（West African Economic and Monetary Union，WAEMU/UEMOA）

UEMOA 在西非货币联盟（1973）的基础上于 1994 年成立，总部设在布基纳法索首都瓦加杜古，现有成员国 8 个。由西非国家经济共同体内部的 7 个法语国家贝宁、布基纳法索、科特迪瓦、马里、尼日尔、塞内加尔和多哥和 1 个葡语国家几内亚比绍组成，面积 347 万平方千米，人口 6 820 万。最高权力机关是首脑会议以及部长理事会。联盟下设法院、审计院、联盟议会、西非国家中央银行（发行货币）、西非开发银行（负责投资）。联盟的主要宗旨：加强宏观调控，制定共同的经济和货币政策，促进成员国间人员、物资和资金流通，建立统一的大市场，协调成员国的行业政策，统一法律法规，最终建立西非共同体。联盟拥有统一的货币（非洲金融共同体法郎，与欧元直接挂钩），集中使用和管理外汇，制定和适用共同的物价消费标准（年平均消费指数不超过 3%），并于 2000 年 1 月 1 日正式启动关税同盟，对内取消成员国间原有的关税及一切非关税限制，对外实行统一关税。西非经济货币联盟是西非地区乃至整个非洲大陆最活跃、最具影响力的区域经济组织之一。

8. 中部非洲经济货币共同体（Central African Economic and Monetary Community，CAEMC/CEMAC）

CEMAC 成立于 1999 年 6 月，其前身为原中部非洲关税和经济联盟，执行秘书处在中非首都班吉。成员国共 6 个，除中非共和国外，其余均是石油生产国。其宗旨是通过清除在商业贸易中的障碍，促进各成员国的贸易，协调成员国的经济发展计划、工业项目，维护成员国的国家利益，努力消除不利于成员国和本地区发展的因素，团结一致共同发展，为创建一个非洲共同市场而努力。CEMAC 由中部非洲经济联盟、中部非洲货币联盟、执行秘书处，以及共同体法院、共同体议会等专门机构组成。中部非洲货币联盟下辖中部非洲国家银行、各成员国中央银行和中部非洲银行委员会。CEMAC 与西非经济货币联盟八国共同构成非洲法郎区十四国。

9. 东非共同体（East African Community，EAC）

肯尼亚、坦桑尼亚和乌干达三国早在 1967 年就曾建立过东非共同体，10 年后由于种种原因被迫解体。2001 年初，东非共同体再次宣布成立，该组织常设委员会秘书处设在阿鲁沙。其宗旨是推进三国在经济、社会、文化、政治、科技、外交等领域的合作，协调三国的产业发展政策，共同发展基础设施，实现三国经济和社会的可持续发展，逐步建立关税同盟、共同市场和货币联盟，并最终实现政治联盟。1996 年 7 月 1 日，肯尼亚、乌干达和坦桑尼亚宣布三国的货币可自由兑换；1997 年 9 月份东非护照开始启用；2005 年 1 月，东非三国建立了关税同盟。2007 年 6 月，布隆迪与卢旺达两国正式加入，使东非共同体成员国增至 5 位，总面积达到 182 万平方千米，人口 1.2 亿，地区国内生产总值达到 410 亿美元，成为非洲潜在的大市场。2009 年 11 月 20 日，EAC 五国共同签署了《东非共同体共同市场协议》。2010 年 7 月 1 日，EAC 正式启动该协议。2015 年 1 月，五国签署建立货币同盟协议，确定了建立货币同盟的路线图；6 月，EAC、SADC、COMESA 3 个次区域组织签署协议，决定 2017 年共同建立一个新的单一自贸区。2016 年 3 月，南苏丹正式加入东共体，EAC 成员国增至 6 个。

10. 非洲大陆自由贸易区（African Continental Free Trade Area，AfCFTA）

根据相关协议，非洲各国应当在 5~10 年间，消除 90% 商品的关税，其余 10% 针对敏感商品的关税也将在以后逐渐取消。未来，还将逐步消除"非关税壁垒"，促进非洲区内贸易和投资，实现商品、服务、资金在非洲大陆的自由流动，从而建立一个覆盖整个非洲大陆的单一市场。建设 AfCFTA 的决议最早于 2012 年 1 月于埃塞俄比亚首都亚的斯亚贝巴举行的第十八届非盟首脑会议上通过，这也是非洲"2063"议程中的重点项目。然而直到 2015 年 6 月，自贸区谈判才正式开始。经过 10 轮磋商，各国最终在 2017 年年底达成非洲大陆自由贸易区服务文本及协议。2018 年 3 月 21 日，44 个非洲国家在卢旺达首都基加利签署了《AfCFTA 框架协定》，标志着 AfCFTA 的建设正式启动。此外，另有 43 个国家签署了表达非洲保持团结发展的《基加利宣言》，27 个国家签署了人员自由流动协议。

2019 年 7 月 7 日，非洲联盟非洲大陆自由贸易区特别峰会在尼日尔首都尼亚美开幕，会议将正式宣布非洲大陆自由贸易区成立。非洲大陆自由贸易区因此也成为覆盖所有非洲国家共 12 亿人口、市场价值达 3.5 万亿美元的世界最大的自贸区。[①]

三、中非贸易前景

（一）有利条件

中国和非洲的经济结构有很强的互补性。一方面，非洲拥有丰富的农作物和矿产原料等资源，但我国目前经济发展已经面临资源和环境的瓶颈约束；另一方面，非洲的工业化、城市化建设需要大量进口机器设备和工业制成品，而我国国内正面临产能过剩的问题，开拓设备和工业制成品的海外市场有助于我国消化过剩产能与库存，推进经济结构的调整。因此，在中国与非洲的贸易进出口结构中，我国主要从非洲进口初级产品，出口工业制成品和机器设备；而非洲国家则出口农作物、化石燃料和原料为主，进口资本品和工业中间产品，尤其是燃料和重工业产品出口国家如尼日利亚、南非、安哥拉、尼日尔等国大量进口机器和设备。因此，中国与非洲国家开展贸易有着天然的便利与优势。

根据中国海关统计，中国在 2008 年开始成为非洲的第一大贸易伙伴，并在 2014 年创下了贸易额的历史最高纪录，达到 2 216 亿美元，不过随后两年，中非贸易额开始出现了小幅下降，2015 年降到 1 788 亿美元，2016 年又下降到了 1 450 亿美元，经历短暂的波动后又快速提升，2018 年中非贸易额达 2 042 亿美元，其中对非洲出口约 1 049 亿美元，从非洲进口约 992.81 亿美元。在 2011 年到 2014 之间，中国对非洲一直处于贸易逆差，从 2015 年开始，我国同非洲的贸易从逆差逐渐转为贸易顺差，并且顺差有不断扩大的趋势。这是因为非洲各国自然资源禀赋、经济发展进程、产业结构和外贸政策不尽相同，而中国与非洲的贸易进出口顺差与商品结构有着极为密切的联系。一方面，中国对非洲的出口商品集中在纺织品、制造原材料、五金产品等低附加值产品上，高附加值产品的比重虽然有所上升，但比重并不大。另一方面，非洲对中国的出口主要集中在石油、天然气、矿产品和金属等基础能源和矿产品上，对资源的依附度较高。这样的商品贸易结构使得资源丰富的非洲以资源换产品，贸易双方具有互补性，随着中国对非洲的大力投资，以及非洲工业化、城镇化的快速推进，非洲对中国工业品和机器设备的进口快速增长。2018 年，中国的机电产品、高新技术产品对非出口金额已经占中国对非出口总额的 56%，而中国自非洲的非资源类产品进口也显著增加，2018 年中国自非洲进口同比增长 32%，其中农产品增长了 22%，这显示出中非之间的贸易结构正在持续优化。

除了商品贸易外，中国企业还积极参与非洲基础设施建设，近年来在轨道交通、港口、航空、电力等领域实施了一大批重大项目，为非洲互联互通发展做出了重要贡献，也带动了中国的技术、装备、标准和服务加快走进非洲。

产业投资也迈向深度融合。商务部发布的数据显示，截至 2018 年底，中国在非洲设立的各类企业超过 3 700 家，对非全行业直接投资存量超过 460 亿美元。目前境外合作区已成为中国对非投资的重要依托，推动中国对非产业链整合投资加快增长，形成了制造装备、轻

---

① 李雪冬，王新. 非洲自贸区：前路渐明但任重道远[J]. 经济，2019（5）：46-48.

工纺织、家用电器等多个产业群，大大提升了当地工业化水平、产业配套和出口创汇能力。

在新兴合作领域，亦是方兴未艾。中国金融机构已在非洲设立了十多家分行，南非共和国等八国将人民币纳入外汇储备。此外，中国还与赞比亚建立了人民币清算安排，与摩洛哥等四国签署了本币互换协议。跨境电商合作等新业态合作也快速增长。2018 年 10 月 31 日，卢旺达政府在首都基加利宣布与阿里巴巴共同建设非洲首个 eWTP 项目（电子世界贸易平台，Electronic World Trade Platform）。根据协议，阿里巴巴将和卢旺达政府合作，帮助卢旺达中小企业向中国消费者销售咖啡、手工品等当地特色产品，向中国游客推广卢旺达旅游，以及为卢旺达数字经济发展培训人才，支持卢旺达经济发展。

随着非洲一体化的不断推进，非洲大陆的政治、经济和社会环境会更加稳定。区域一体化有利于非洲国家之间的贸易、资金和人员流动，帮助非洲建立统一市场、形成发展合力，以更强有力的姿态参与国际竞争、抵御外部风险。贸易更加自由化，市场容量随之增大，区域内企业在获得更大规模报酬的同时，也将面临更大的竞争。一体化区域内的跨国公司为争取更大的市场份额，将扩大自己的生产规模，追加资本或技术投资来增加自己的竞争力。同时，由于区域内关税的降低，区域内商品比同类的区域外进口商品更具价格优势，区域外出口商为了保住市场，将由出口变为直接在当地设厂生产，绕过关税壁垒，获得成本优势。另外，区域经济一体化后，各国的经济政策都一定程度上调整一致，政治环境也更加稳定，国际影响力得到提升，有关工作部门的效率也将普遍提高，这对区域外投资者来讲，他们将获得更好的投资环境。所有这些都将整体上增加区域内的国际直接投资，扩大与区域外国家的经济合作。

非洲一体化的目标在于提高整个区域的经济发展水平，而现阶段非洲一体化更注重区域内部的基础设施建设，包括道路、桥梁、港口、水坝、电站、住房、厂房、供电供水设备、电信设施等。而中国的建筑工程公司在这些方面具有很强的竞争力。中国在非洲国家的工程承包和劳务合作随着非洲一体化的进展将会有更多更深入的合作。另外，目前中国与非洲进行经济合作的主体企业主要是大型国有企业和资源开发性企业，而随着非洲一体化程度加深所带来的市场规模的扩大和投资环境的改善，中国的中小民营企业和劳动密集型的制造业企业在中非经济合作中将占据更重要的地位。这种类型的企业经营管理灵活，劳动力需求量大，产品的市场需求较大，而产业结构不够完整、劳动力过剩的大多数非洲国家能够为这些企业提供良好的发展环境。

非洲一体化的主要驱动力是国家政策，而不是市场力量自发促成的，因此虽然很多一体化组织区域内的贸易和投资规模不大，但大部分区域都实现了人员流动和货币兑换的自由。由此可见非洲的次区域内市场竞争并不激烈，但生产要素能够较为自由地进行跨区域调配，这有利于中国对非洲的投资。为了充分激发经济一体化的优势，很多区域组织都制定了宽松的政策以吸引外资，如享受低增值税率，甚至是国民待遇，用以吸引更多中国企业对非洲进行直接投资。另外部分区域组织已经形成了关税同盟，甚至实现了货币统一、币值稳定和区域内完全自由贸易，这将大大便利中国与区域内多个国家开展经贸合作。

（二）不利条件

中非间的贸易也会面临一些难题。非洲大陆由于医疗卫生条件较差，时常爆发大规模传染性疾病与动物疫情。2014 年后，埃博拉疫情暴发，全球大宗商品价格波动幅度较大，经济复苏疲软；2018—2019 年又爆发了猪瘟，严重阻碍了中非的农产品贸易与人员流动。

同时受中国产业结构优化升级的影响,中国市场减少了对非洲原材料的需求,降低了从非洲的进口总额。随着中国境内人员、土地等成本的提升,越来越多低端制造业企业搬至低成本的东南亚国家,随之转移的也有部分中非贸易。除此之外,包括中国在内的各个国家对非洲的持续投资已经开始取得回报,而非洲国家所需的部分产品可以自己国内供给。因此中非贸易在未来会面临许多不确定性。

同时如果中国持续对非洲贸易保持顺差,将不利于中非贸易额的扩大,因为非洲国家普遍缺少外汇储备,因此会实行严厉的外汇管制制度,这将极大地限制当地企业参与国际贸易,也使得许多企业不敢进入非洲市场,这将极大地制约中非双方之间贸易额的扩大。在资本管制和缺少外汇的情况下,一个国家容易出现金融风险,导致企业缺乏对政府的信心。在一国缺少外汇的情况下,跨国企业子公司在这个国家所赚取的营业利润不能完全地、自由地兑换成外汇转移回母公司。而一个企业在某个地方投资,是基于未来能收到的现金流作为主要评判标准,这就会阻碍跨国企业对非洲投资。

除此以外,中国在与非洲进行贸易时,还应注意文化、宗教和法律信仰的差异带来的风险。非洲绝大部分国家沿用了欧美国家的普通法系,这与中国的大陆法系有所差异,两者在对待一些法律问题上会存在不同的看法,容易引起争议。并且国内企业在与非洲国家进行贸易时,因不熟悉当地的法律法规,可能会产生合规风险。

虽然非洲一体化和经济发展速度很快,但其经济基础薄弱、产业结构单一、制造业不发达的状况在短期内仍难以改变,同时非洲区域经济组织众多、职能与成员国重叠的问题也在制约着一体化的进一步推进,在客观上也在中非经贸关系中造成了一定的混乱。

第二节 非洲国家贸易壁垒的使用情况

一、非洲内部贸易规模逐年扩大

近十几年来,非洲内部贸易规模呈现明显的上升趋势。如图 6-6 所示,1995—2018年非洲内部贸易额从 267 亿美元增长到 1 614 亿美元,扩大了 6 倍多,尤其是 2002—2008年以及 2010—2014 年期间上升幅度较大,2015 年和 2016 年两年内部贸易额出现短期下挫后,2017 年与 2018 年重新恢复增长。在 1995—2018 年期间,非洲内部出口从 133 亿美元上升到 736 亿美元,非洲内部进口从 133 亿美元上升到 878 亿美元。这些数据说明未来非洲内部贸易发展潜力巨大。

二、非洲内部贸易水平不高

虽然非洲内部贸易额处于较快的增长态势,但非洲内部贸易占其贸易总额的比例一直处于较低的水平。如图 6-7 所示,1995—2018 年非洲内部贸易额占其贸易总额的比例一直维持在 10%～16%,2017 年非洲内部出口占出口总额的百分比为 16.6%,2018 年为15.6%,而 2017 年欧洲为 68.1%,亚洲为 59.4%,美国为 55.0%,大洋洲为 7.0%,与大洋洲除外的其他区域相比,非洲的区域内出口占总出口的比例最低。与此同时,世界其他地区的内部贸易水平均显著高于非洲。

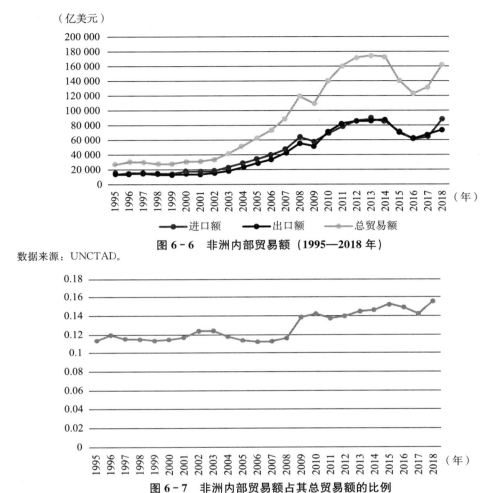

图 6 - 6　非洲内部贸易额（1995—2018 年）

数据来源：UNCTAD。

图 6 - 7　非洲内部贸易额占其总贸易额的比例

数据来源：UNCTAD。

　　图 6 - 8、图 6 - 9 反映了非洲的进出口贸易情况。2015—2017 年期间，非洲与世界其他地区的贸易总额平均为 7 604.63 亿美元，而大洋洲为 4 810.81 亿美元，欧洲为41 091.31

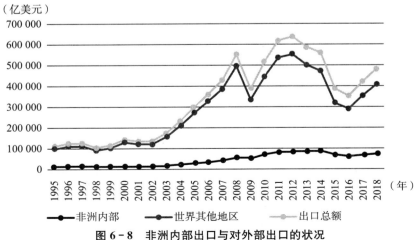

图 6 - 8　非洲内部出口与对外部出口的状况

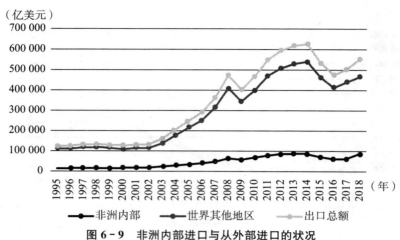

图 6 - 9　非洲内部进口与从外部进口的状况

数据来源：UNCTAD。

亿美元，美国为 51 396.49 亿美元，亚洲为 68 014.74 亿美元。非洲受到 2008 年经济衰退及其后果的不利影响，反映出该地区对与世界其他地区的贸易高度依赖，非洲对世界其他地区的出口额占出口总额的 80%至 90%，区域贸易有助于减少非洲大陆相对于外部力量的脆弱性。

在解释非洲内部贸易总额中的份额时，有三点需要注意。

第一，有证据表明非洲占区域内经济共同体出口的 7%和区域内经济共同体进口的 9%内部贸易可能会重复计算，原因是各区域共同体内部存在重叠的成员。第二，由于非正规贸易的普遍存在，非洲内部贸易可能被低估。第三，如果大多数区域内贸易取代更便宜的区域外贸易（即贸易转移效应），非洲内部贸易的增加可能不一定会改善福利。为了使非洲内部贸易得到改善，非洲内部贸易增加所带来的贸易创造必须大于贸易转移。

由此可以看出，非洲国家与非洲以外国家进行贸易的难度比非洲国家之间进行贸易的难度要低许多。在此基础上，本章对导致非洲低水平内部贸易的主要原因进行分析，得出如下结论。

（一）非洲一体化程度不高

非洲是推进区域一体化最早的大陆之一。早在 1910 年，非洲就成立了世界上第一个关税同盟——南非联邦与南部非洲英属殖民地的关税同盟协定，即后来的南部非洲关税同盟（SACU）。但在实际运作中，这些区域经济一体化组织并没有达到预期的效果。表 6 - 3 为非洲区域划分与区域经济组织成员，图6 - 10 为非洲各一体化组织的相互关系。目前，非洲的区域经济合作组织的数量已经超过 200 个，众多的一体化组织形成了一个复杂、相互交织的网络，它们在成员国、任务和规则方面存在重叠，有的甚至相互矛盾。在 53 个非洲国家中，有 27 个国家同时加入了 2 个区域组织，18 个国家同时加入了 3 个区域组织，1 个国家（刚果民主共和国）同时加入了 4 个区域组织，只有 7 个国家仅加入 1 个区域组织。这种多重会员身份给一国的企业带来额外的成本。例如：不同区域一体化组织对产品标准的要求不同，使得出口企业不能有效地发挥规模经济优势，阻碍企业实现产品和营销方式的多样化。[①]

---

① 　孙志娜. 非洲内部贸易及对中国的外贸政策启示[J]. 国际经贸探索，2014，30（3）：62 - 72.

表 6 - 3 　　　　　　　　　非洲区域划分与区域经济组织成员

REGIONAL CLASSIFICATION	AMU	CEN-SAD	COMESA	EAC	ECCAS	ECOWAS	IGAD	SADC
Eastern Africa								
Burundi			●	●	●			
Comoros		●	●					
Djibouti		●	●				●	
Eritrea		●	●				●	
Ethiopia			●				●	
Kenya		●	●	●			●	
Madagascar			●					●
Malawi			●					●
Mauritius			●					●
Mozambique								●
Rwanda			●	●				
Seychelles			●					●
Somalia		●					●	
South Sudan								
Uganda			●	●			●	
United Republic of Tanzania				●				●
Zambia			●					●
Zimbabwe			●					●
Middle Africa								
Angola					●			●
Cameroon					●			
Central African Republic		●			●			
Chad		●			●			
Congo					●			
Democratic Republic of the Congo			●		●			●
Equatorial Guinea					●			
Gabon					●			
Sao Tome and Principe		●			●			
Northern Africa								
Algeria	●							
Egypt		●	●					
Libya	●	●	●					
Morocco	●	●						
Sudan		●	●				●	
Tunisia	●	●						
Southerm Africa								
Botswana								●
Eswatiini			●					●
Lesotho								●
Namibia								●
South Atnica								●
Westem Africa								
Benin		●				●		
Burkina Faso		●				●		
Cabo Verde						●		
Côte d'Ivolre		●				●		
Gambia		●				●		
Ghana		●				●		
Guinea		●				●		
Guinea-Bissau		●				●		
Liberia		●				●		
Mali		●				●		
Mauritania	●	●						
Niger		●				●		
Nigeria		●				●		
Senegal		●				●		
Sierra Leone		●				●		
Togo		●				●		

资料来源：UNCTAD：Economic Development in Africa Report 2019.

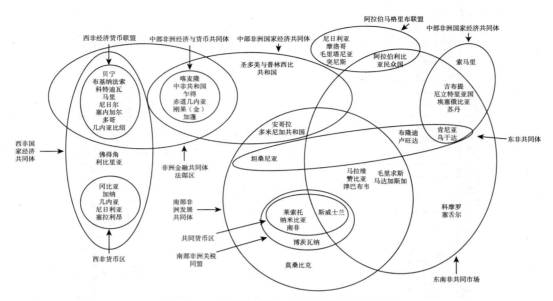

图 6 - 10 非洲各经济一体化组织的相互关系

资料来源：孙志娜：《非洲内部贸易及对中国的外贸政策启示》。

（二）基础设施比较落后

虽然在地理距离上，非洲各国之间是"近邻"，但由于非洲尤其是低收入地区基础设施严重不足，远远滞后于世界其他同等收入水平地区，非洲开展内部贸易的阻力很大。目前以及在短期内，非洲的国际竞争优势主要在其丰裕的劳动力与原料资源，这些竞争优势的发挥必须依靠优质的交通、高效的货物和服务跨境流动、优良的港口以及完善可控的物流与后勤管理体系，而开展内部贸易同样如此。因此现阶段基础设施对非洲内部贸易的发展是起决定性作用的。

撒哈拉以南非洲低收入地区的公路铺设密度、固线电话线路和发电能力等基础设施指标水平远低于世界其他同等收入的地区，落后的运输基础设施导致非洲的运输费用居全世界最高水平之列。由于公路网的缺乏，同样的货物，从非洲港口运输到内陆所需的运费要比从海外运输到港口的费用昂贵得多，而且运期也要长得多。近年来，非洲对基础设施建设（简称基建）的投资规模逐年增加，并且也大量引入国际投资资金，但是实际投入仍不能满足现实的需要，仍存在大量的资金缺口。按照全球标准来衡量，撒哈拉以南非洲地区的政府在基建上的支出力度还远远不够。根据世界银行对非洲地区 24 个国家（占该地区GDP 约 70％）2009—2015 年间在道路、水利、空中交通、电力、通信、卫生等基建领域投资的调查，这些国家每年在基建上的公共资本支出占其 GDP 的比重估计为 2％。世界银行援引相关的数据称，要满足全球发展中地区的基建需求，公共资金每年在基建上的支出占 GDP 的比重不能低于 6％。

世界银行 2017 年 4 月发布的数据显示，在电信领域，非洲地区每 1 000 人的固定、移动电话订阅数中值从 1990 年的 3 个大幅上升到 2014 年的 736 个。尽管如此，与其他发展中地区——南亚（807）、中东北非（1 323）、拉丁美洲和加勒比地区（1 240）、东亚太平洋地区（1 444）相比仍存在不小差距。

2015 年，撒哈拉以南非洲地区每 100 人中的互联网用户数中值仅为 16.7，而从每 100 人的固定宽带用户数中值来看，撒哈拉以南非洲地区仅有 0.19，也远远落后于其他发展中地区。在电力领域，截至 2012 年的近 20 年里，撒哈拉以南非洲地区的发电能力基本没有发生变化，平均每 1 000 人 0.04 兆瓦（MW）的发电量不及南亚（0.15）的 1/3，也不到拉美和加勒比地区（2.3）的 1/10。

除此之外，在基础设施的可获性方面，撒哈拉以南非洲也远远落后。从电力可获性（即能获得电的人口占总人口的比重）来看，1990—2014 年间，撒哈拉以南非洲地区的电力可获得性翻了一倍多，从 1990 年的 14% 上升到 2014 年的 35%，但仍落后于其他发展中地区。在此 25 年间，该地区在安全水的获取方面有巨大进步。2015 年，77%（中值）的人口能够获得安全水，比 1990 年的 51%（中值）有大幅提高。但是相比之下，其他发展中地区在 2015 年均超过 90%。

改善基础设施无疑将大大促进撒哈拉以南非洲地区的经济发展。世界银行的数据显示，缩小该地区与全球其他地区在各基础设施领域质量（中值）与数量（中值）上的差距，该地区年人均 GDP 增速可以提高 1.7 个百分点。其中，缩小基础设施数量上的差距会让其人均 GDP 增速每年提高 1.2 个百分点，缩小质量上的差距会让其人均 GDP 增速每年提高 0.5 个百分点。而缩小该地区在基础设施上与全球表现最好地区之间的差距给其经济带来的好处将会更大，会使地区人均 GDP 增速提高 2.6 个百分点。

（三）非洲内部非关税壁垒不断增加

在非洲，普遍存在区域对地区内部实行的非关税壁垒多于区域对地区以外的情况。以南部非洲发展共同体（SADC）在 2009 年 1 月 21 日—2010 年 6 月 8 日实行的非关税壁垒情况为例（见表 6-4），在该段时间 SADC 各成员国共实行了 305 个非关税壁垒，其中南非共和国是实行非关税壁垒最多的国家，达到 40 次。从实施对象来看，SADC 成员国对其他成员国实行的非关税壁垒个数明显高于对世界其他国家，例如南非共和国对其他成员国实行的非关税壁垒是 15 个国家中最多的，高达 36 次，而在该段时间该国没有向世界其他国家实行任何的非关税壁垒。2012 年世界银行在一份报告中显示，非洲因贸易壁垒损失数十亿美元的潜在收入。

表 6-4　　**2009 年 1 月 21 日—2010 年 6 月 8 日 SADC 成员国实行非关税壁垒被报告的次数** 单位：次

国家	对其他 SADC 成员国	对世界其他国家	对国内出口/进口商	总计
安哥拉	9	—	0	9
博茨瓦纳	24	1	3	28
刚果（金）	3	0	10	13
莱索托	7	1	6	14
马达加斯加	2	—	3	5
马拉维	15	2	15	32
毛里求斯	3	0	0	3
纳米比亚	14	0	6	20

续前表

国家	对其他 SADC 成员国	对世界其他国家	对国内出口/进口商	总计
莫桑比克	5	0	31	36
塞舌尔	5	0	11	16
南非共和国	36	0	4	40
斯威士兰	3	0	10	13
坦桑尼亚	6	1	12	19
赞比亚	24	2	7	33
津巴布韦	11	1	12	24
总计	167	8	130	305

资料来源：根据 WTO 发布的数据整理而得，见 https://www.wto.org/english/tratop_e/adp_e/adp_e.htm。

（四）经济结构互补性差

非洲的石油、矿产和森林等资源丰富，并且人口数量庞大，因此在殖民主义时代，非洲成为当时其宗主国的工业原料供应地和商品销售市场，并形成了单一的经济结构。非洲独立后，许多国家都在努力发展本国的民族工业，以促进经济多样化，但效果不达预期，迄今仍有超过半数国家的单一经济结构尚未从根本上转变。目前，农业和矿业仍是该地区大部分国家的支柱产业。由于工业基础薄弱，非洲国家普遍缺乏对产品深加工的能力，出口产品大多是传统的农产品和资源性原材料，产业同质竞争激烈，缺少互补性。大部分非洲国家的初级产品出口占该国出口总额的比例为 60% 以上，部分国家高达 90% 甚至100%。经济结构雷同导致非洲国家之间很难通过发挥各自的比较优势并从贸易中获得收益，发展区域内贸易动力不大。

（五）其他因素

监管的流程与力度通常会影响一个地区营商环境。世界银行发布的《2019 年营商环境报告》数据显示，非洲地区在监管质量方面实现营商环境改善的平均得分低于 40 分，而经合组织（OECD）高收入经济体为 73 分（详见图 6-11）。同样，在监管效率方面，非洲地区营商便利度的平均便利度得分为 60 分，而经合组织高收入经济体为 85 分。撒哈拉以南非洲地区的得分明显低于 OECD。在跨境贸易和获得电力方面，得分差距尤为明显，分别低 41 分和 36 分。这与上文论述的非洲内部贸易壁垒以及基础设施建设滞后相佐证。

不过近年来，世界各国政府在改革商业监管框架方面投入了大量精力，使得营商环境变得更加便利。图 6-12、图 6-13 展示了撒哈拉以南非洲地区与经合组织营商环境变化的情况。非洲许多国家也是如此，如埃塞俄比亚专门设立了商业法庭用于仲裁商业纠纷，非洲商法协调组织（OHADA）的 17 个成员国在 2017 年通过了统一的调解法案——《一般商法统一法》，引入了"调解"作为解决争端的一种友好方式，包括传统调解和司法调解，并制定了调解的指导原则。种种改革措施旨在简化流程、程序和提高立法效率，加强信息的可及性和透明度。

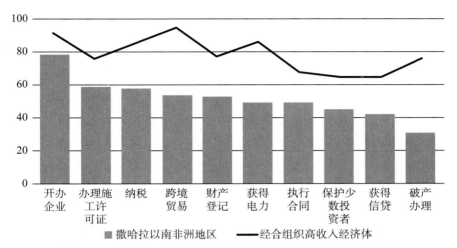

图 6 - 11　撒哈拉以南非洲地区与经合组织营商便利度分数差距

资料来源：世界银行：《2019 年营商环境报告》。

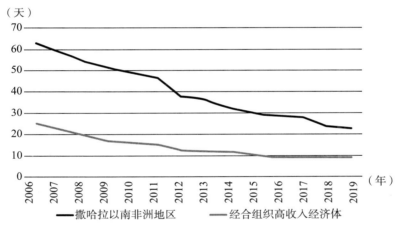

图 6 - 12　撒哈拉以南非洲地区与经合组织平均开办企业时间

资料来源：世界银行：《2019 年营商环境报告》。

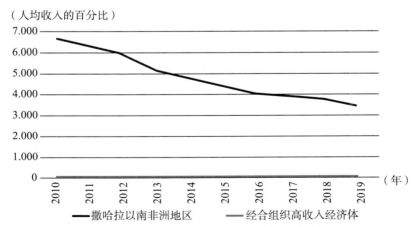

图 6 - 13　撒哈拉以南非洲地区与经合组织获得电力连接的平均成本

资料来源：世界银行：《2019 年营商环境报告》。

在《2019 年营商环境报告》中，营商环境改善最显著的 10 个经济体中，有 4 个位于非洲地区，分别是多哥、肯尼亚、科特迪瓦和卢旺达（见表 6-5）。数字化是这 4 个经济体实施商业监管改革的共同主题。科特迪瓦和多哥引进企业所得税和增值税在线申报系统，而肯尼亚通过加强其现有的在线系统（iTax）以简化提供增值税信息的过程。卢旺达则通过允许纳税人使用新软件开具增值税发票来替代之前的电子账单系统，从而简化了开办企业的过程。多哥通过在线运营一站式服务来更快地检查公司名称的可用性。在肯尼亚，土地和物理规划部在电子公民门户网站上实施一个在线土地租金财务管理系统，使财产所有者能够确定土地租金的欠款数额，进行在线支付，并且以数字方式获得土地费率清算证书。卢旺达土地管理和使用管理局启用了一个新网站，该网站包括所有司法辖区内 2017 年登记的土地纠纷数量的统计数据。卢旺达国家农业出口发展理事会还引入了允许以电子方式签发原产地证书的在线系统。这些举措在一定程度上表明非洲整体上正在改善其贸易环境，破除各种形式的贸易壁垒，对促进内贸和投资增长、经济要素在区域内自由流动有很重要的作用。

表 6-5　　　　　　　　2017—2018 年度营商环境得分上升最快的 10 大经济体

经济体	营商环境便利度排名	营商环境得分变化	营商环境便利改革									
			开办企业	办理施工许可证	获得电力	登记财产	获得信贷	保护少数投资者	纳税	跨境贸易	执行合同	办理破产
阿富汗	167	+10.64	√				√	√	√			√
吉布提	99		√			√	√	√		√	√	
中国	46	+8.64	√	√	√		√	√	√	√	√	
阿塞拜疆	25	+7.10		√	√	√	√	√	√			√
印度	77	+6.63	√	√	√		√		√	√	√	
多哥	137	+6.32	√	√	√	√		√	√		√	
肯尼亚	61	+5.25	√	√	√	√		√	√		√	
科特迪瓦	122	+4.94	√	√				√	√	√		
土耳其	43	+4.34		√	√		√	√	√	√	√	
卢旺达	29	+4.15	√			√	√	√		√	√	√

资料来源：世界银行：《2019 年营商环境报告》。

第三节　非洲主要国家的产业结构与需求结构

20 世纪 60 年代至 70 年代，绝大部分非洲国家已经摆脱了欧洲国家的殖民统治并建立了独立政权。但由于殖民时期非洲沦为欧洲国家的经济附庸，是欧洲国家的原料产地和商品倾销市场，因此一直以来，非洲的工业化水平极低，国民经济过度依赖矿产资源和农产品等初级产品生产，经济结构单一，大多数非洲本土企业经营范围仅限于最低水平的商业活动。为尽快摆脱殖民主义对非洲造成的不利影响，非洲国家从 20 世纪 60 年代初起开始进行经济社会主义改造，实施公有制和国有化战略，通过行政或法律手段将殖民者占领的矿山、农产、银行、工业等收归国有，并成立了大量的国有企业以控制国民经济命脉部门，以农业和采掘业为代表的第一产业以及与之配套的交通运输业得以迅速发展。与此同时，为了满足国内消费需求，非洲国家政府纷纷提倡实施进口替代战略，在进口贸易、投资、税收等方面对本国工业予以保护。

到 20 世纪 70 年代末，许多非洲国家初步建立起国民经济体系，工业部门实现了较快的发展。例如：在此时期，尼日利亚已经能够生产纺织、食品、饮料、药品、家用电器等日常消费品，减少了对进口的依赖，消费品进口额占进口总额比重从 1960 年的 61% 下降至 1974 年的 29.2%。虽然取得了一些成果，但也造成了一定负面影响。一方面，对国内部分部门和行业的过度保护导致国民经济发展失衡，社会收入分配差距拉大；另一方面，进口替代战略和对外资的保守态度不利于本国开拓国际市场和利用国际资源，导致本国重点发展的部门行业技术水平过低，甚至毫无国际竞争优势。另外，非洲的不足之处还在于其重点扶持发展的是满足国内消费需求的轻工业和对国际市场变化较为敏感的采掘业，失去了为国民经济奠定坚实工业基础的较好时机，直接造成了后来国民经济对国际市场高度敏感、生产能力不足、难以承接国际产业转移等后果。

20 世纪 80 年代后，国际格局发生了重大变化，冷战结束和苏联解体标志着两极格局瓦解，伴随着全球化进程的不断推进，世界逐渐形成了"一超多强"的格局。随着国际关系的逐渐缓解，国际贸易也逐渐复苏。中国和日本的经济都开始快速增长。但与此同时，非洲却在 20 世纪 80 年代至 90 年代末陷入了"失去的 10 年"。受全球初级产品需求下降的影响，非洲国家出口损失巨大，甚至出现经常账户和财政账户"双赤字"。但当时的非洲国家政府部门普遍认为这是一个短期现象，并没有意识到国内产业结构和贸易结构存在严重失衡，它们选择的解决困境的方法是大规模举借外债，反而加重了偿债负担和财政压力。与此同时，发达国家对非洲援助规模出现下降，国际直接投资因领域过于集中无法成为产业转型的助推力，非洲国家经济增速明显放缓。非洲经济 20 世纪 80 年代增速较 70 年代明显下降，基本维持在 3% 左右，甚至还出现零增长或负增长。此外，20 世纪 60 年代初级产品占非洲出口总额比重为 80%，到 80 年代这一数字并没有太大变化。1965—1985 年间，非洲农业增长率低于人口增长率，并在此期间多次受到旱灾影响，粮食自给率在 20 世纪 80 年代降至 50%。这期间非洲产业结构也并没有出现明显改善迹象。

进入 21 世纪后，非洲的产业转型也进入了新阶段，农业和工业增加值占 GDP 比重震荡下行，服务业占比稳步提升，甚至在近些年超过了中国，产业转型也进入了提速期。非洲工业增加值占比低于中国而服务业增加值占比高于中国的现象看似矛盾，实则反映出非洲产业转型存在的根本问题。事实上，20 世纪 80 年代以来非洲服务业增加值占比一直高于工业增加值，原因在于不发达地区尚未建立起完备的工业体系，制造业水平偏低，工业部门内部发展极不平衡，严重依赖能源资源及其配套行业。与发达国家房地产、租赁和商贸活动是服务业主要组成部分不同，不发达国家零售贸易、维修等占服务业份额较大，内部结构仍有待优化。联合国贸易和发展会议 2015 年发布的题为《释放非洲服务贸易潜力，促进增长和发展》的报告认为，一方面，非洲服务业规模小且分散，不能解决发展需要的结构性转型问题，同时还面临基础设施条件薄弱等瓶颈制约。但另一方面，2009 年至 2012 年非洲服务业增速为 6%，超过同期全球服务业增速的 2 倍，其中交通、仓储、通讯业增速最快，这说明非洲正在为改善基础设施建设做出努力且已经收获成效。

南非共和国（本节简称南非）是非洲经济最发达的国家，自 20 世纪 90 年代政治变革后，宏观经济总体上保持着稳定增长的势头，社会经济取得了结构性进展，成为金砖五国之一，国际地位日益提升。然而近年来，南非经济陷入了低增长、高失业和贫困悬殊的困局，面临劳动力供求结构失衡、产业结构发展不平衡等结构性约束。2016 年，南非经济实际增长 0.57％，2017 年增长 1.3％，2018 年则只增长 0.62％；通货膨胀率从 2015 年的 4.5％上升到 2016 年的 6.6％，随后 2018 年又回落至 4.5％；失业率则从 2015 年的 25.2％提高到 2018 年的 27％。根据国际货币基金组织（IMF）发布的《世界经济展望报告》，其将 2019 年南非经济增长预期下调至 0.7％。图 6-14～图 6-16 分别展示了南非截至 2018 年的 GDP 增长率、通货膨胀率和失业率的变化。

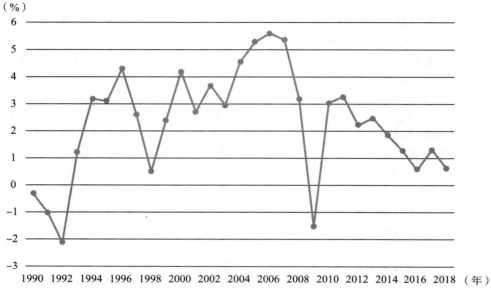

图 6-14　南非 GDP 增长率（1990—2018 年）

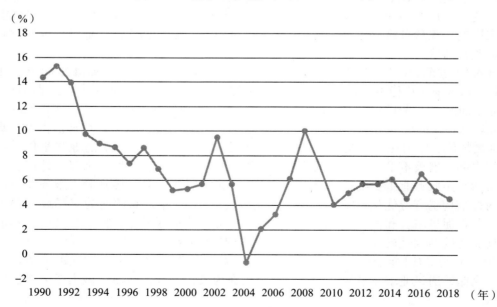

图 6-15　南非通货膨胀率（1990—2018 年）

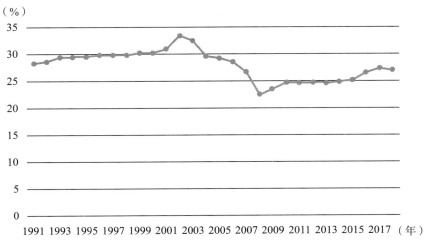

图 6-16　南非失业率（1991—2018 年）

南非经济目前处于低增长的困局，很大程度上是由于产业结构和贸易结构发展不平衡。

一、产业结构

种族隔离时代的南非经济以农业和采矿业为主。采矿业及相关工业曾是南非经济长期依托的支柱性产业；制造业有所发展，但主要生产技术含量较低的产品，轻工业和纺织业相对落后。1994 年后，新政府为改变产业结构发展不平衡问题，曾致力发展制造业，并大力培育科技信息新兴产业，优先发展交通运输等基础设施，使得南非的产业结构随之发展变化。从图 6-17 可以看出，1994 年以来，农业和工业在南非的国民经济中的比重逐渐缩小，特别作为衡量一国工业化重要尺度的制造业的比重同期下降，服务业的贡献率不断扩大。这说明南非的经济结构已经脱离采矿业和农业占主导地位的状况，但制造业地位的下降意味着南非经济增长缺乏内生动力。这一切表明南非经济结构并没有取得根本上的变化，当前的经济结构不足以缓解居高不下的就业压力。首先，农业和采矿业增长缓慢，意味着对低技术劳动力需求的萎缩，就业形势进一步恶化。其次，作为第二产业的工业的增加值占 GDP 的比重从 1985 年的 40.2% 降到 2018 年的 26%，特别是对劳动力需求旺盛的制造业的附加值占 GDP 的比重从 1985 年的 20.3% 下降到 2018 年的 11.8%，无法为民众提供充足的就业机会。与此同时，虽然南非的服务业比重从 1985 年的 55.2% 扩大到 2018 年的 71.8%，但金融中介服务、保险、房地产，以及商业服务部门的快速发展，对非熟练劳动力需求有限。总之，南非产业结构的变动没有为大量非熟练劳动力提供就业机会，反而加剧了已存在的技工短缺问题。

黄金是南非最重要的产业之一。2019 年 4 月 11 日南非公布的数据显示，2 月该国黄金产量同比下降 21%，这是连续第 17 个月下降，也是金融危机以来连续下降时间最长的一次。自 2009 年 1 月以来，南非共有 29 个月黄金产量出现下降。从 1980 年至今，南非全国黄金产量下降了约 85%，生产量仅占世界黄金开采总量的 6%，全国 75% 的矿场不再盈利。

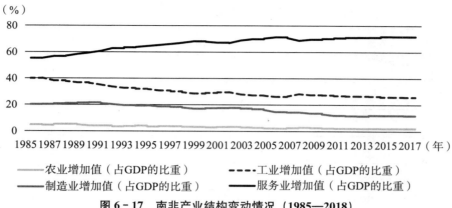

图 6 - 17　南非产业结构变动情况（1985—2018）

资料来源：世界银行。

随着资源消耗和金矿关闭，2004—2015 年间，原有 18 万矿工的黄金采矿业裁员 1/3。自 2003 年以来，南非再没有新建任何深层金矿，如今的采矿业只占经济的 7%，雇用人数与 1980 年相比也下降了 40%，彼时采矿业一度占据 GDP 总量的 21%。

二、贸易结构

2018 年，南非商品出口值适度增长 6%，达到 936 亿美元，而其商品进口大幅增加 11.5%，达到 926 亿美元（见图 6 - 18、表 6 - 6 和表 6 - 7）。商品贸易差额获得了相对较小的盈余 9.913 亿美元（见图 6 - 18）。最大的商品贸易余额来自撒哈拉以南非洲地区，为 133 亿美元（见图 6 - 19）。南非的商品出口合作伙伴非常多元化，进口也是如此。前 24 个合作伙伴占出口的 80% 以上，前 25 个合作伙伴占进口的 80% 以上。2017 年，南非服务出口值增长 9.7%，达到 158 亿美元，服务进口增长 8.3%，达到 162 亿美元（见图 6 - 20）。

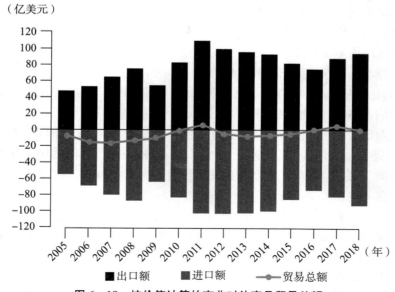

图 6 - 18　按价值计算的南非对外商品贸易总额

表 6 - 6　　　　　　　　　　　　　　　**2018 年南非商品出口结构**

SITC 编码	金额（百万美元）	平均增长率（%）		比例（%）
		2014—2018 年	2017—2018 年	
总计	93 569.8	0.3	6.0	100.0
0+1	9 870.8	1.8	6.8	10.5
2+4	15 009.5	−0.7	3.4	16.0
3	9 919.1	1.4	−6.0	10.6
5	6 929.7	−0.4	8.6	7.4
6	23 694.3	1.0	11.5	25.3
7	19 088.3	0.6	8.4	20.4
8	2 861.6	−1.4	3.6	3.1
9	6 196.4	−3.3	4.1	6.6

资料来源：UN Comtrade。

表 6 - 7　　　　　　　　　　　　　　　**南非商品进口结构**

SITC 编码	金额（百万美元）	平均增长率（%）		比例（%）
		2014—2018 年	2017—2018 年	
Total	92 578.5	−1.9	11.5	100.0
0+1	5 801.4	2.2	2.6	6.3
2+4	2 859.0	1.1	11.4	3.1
3	17 133.9	−7.3	39.9	18.5
5	11 552.1	1.6	11.4	12.5
6	10 239.2	−0.5	8.5	11.1
7	28 199.7	−3.4	1.4	30.5
8	9 007.7	2.2	15.4	9.7
9	7 785.6	4.2	8.9	8.4

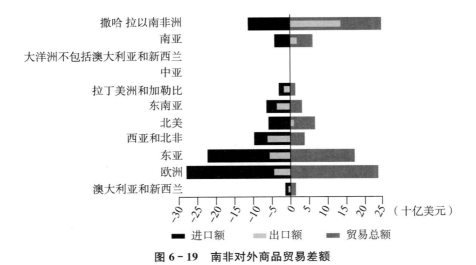

图 6 - 19　南非对外商品贸易差额

资料来源：UN Comtrade。

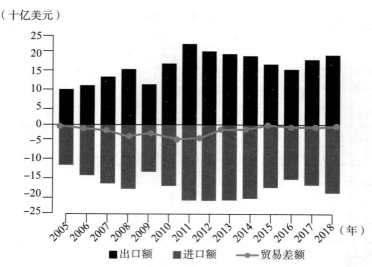

（十亿美元）

图 6 - 20   按价值计算的南非对外服务贸易总额

资料来源：UN Comtrade。

表 6 - 8 为 SITC 编码分类状况。"主要按材料分类的货物"（SITC 第 6 节），"机械和运输设备"（SITC 第 7 节）和"原材料＋动植物油"（SITC 第 2＋4 节）是最大的出口商品类别，2018 年出口分别占 25.3％、20.4％和 16.0％。从 2016 年到 2018 年，出口量最大的商品是"未锻造、半制造形式，或粉末形式的铂金"（HS 编码 7110）（见表 6 - 9）。前三名商品出口的目的地是中国、美国和德国，分别占 9.4％、7.2％和 6.9％的总出口量。2017 年，在各类服务贸易中，"旅行"（EBOPS 代码 236）在出口额中占比最大，为 56.1％；其次是"运输"（EBOPS 代码 205），占比 14.7％；再次为"其他商务服务"（EBOPS 代码 268），占比 13.2％。其余"未分类服务"，以及"金融服务"出口规模相对较小，占出口额比重分别为 9％和 7％（见图 6 - 21）。

表 6 - 8 SITC 编码分类状况

STIC 编码	描述
全部	全部商品
0＋1	食物，动物＋饮料，烟草
2＋4	原材料＋动植物油
3	矿物燃料，润滑剂
5	化学品
6	按材料分类的货物
7	机械和运输设备
8	杂项制造品
9	未分类项

表 6 - 9   **2016—2018 年南非对外出口量最大的十种商品**

HS. code	4-digit heading of Harmonized System 2012	Value (millinUS$)			Unit value				SITC code
		2016	2017	2018	2016	2017	2018	Unit	
	All Commodities	74 110.8	88 268.0	93 569.8					
7110	Platinum, unwrought or in semi-manu-factured forms, or in powder form	6 026.5	6 576.7	7 837.1	21.9			thsd US$/kg	681
8703	Motor cars and other motor vehicles principally designed for the transport	5 273.6	5 660.2	6 148.3	20.5	23.3	26.0 .	thsd US$/unit	781
2701	Coal; briquettes, ovoids and similar solid fuels manufactured from coal	3 862.1	5 744.8	6 190.0	0.1			US$/kg	321
7108	Gold (including gold plated with plati-num)	3 440.3	4 983.6	5 405.1	37.1			thsd US$/kg	971
2601	Iron ores and concentrates, including roasted iron pyrites	3 582.3	4 785.0	4 263.3	0.1			US$/kg	281
7202	Ferro-alloys	3 508.5	3 739.1	3 764.4	0.8	0.9	0.9	US$/kg	671
8704	Motor vehicles for the transport of goods	2 754.3	2 959.2	3 479.0	21.0	23.0		thsd US$/unit	782
2602	Manganese ores and concentrates	1 401.2	2 527.3	3 505.8	0.1	0.2	0.2	US$/kg	287
2710	Petroleum oils, other than crude	2 034.1	2 390.5	2 630.8		0.4	0.5	US$/kg	334
7102	Diamonds, whether or not worked, but not mounted or set	1 972.8	1 896.6	2 144.4		188.9		US$/carat	667

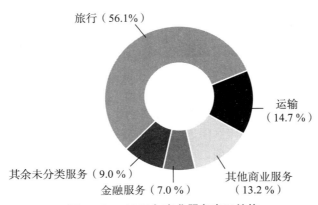

图 6 - 21 2017 年南非服务出口结构

　　"机械和运输设备"（SITC 第 7 节），"矿物燃料，润滑剂"（SITC 第 3 节）和"化学品"（SITC 第 5 节）是 2018 年进口最大的商品集团，分别代表 30.5％、18.5％和 12.5％的进口货物（见表 6 - 7）。从 2016 年起到 2018 年，最大的进口商品是"从沥青矿物中获得的石油和油，原油"（HS 编号 2709）（见表 6 - 9）。商品进口的三大合作伙伴是中国、德国和美国，分别占总进口的百分比为 18.3％、11.0％和 6.4％。2017 年，在各类服务贸易中，"运输"在进口额中占比最大，为 39.3％；其次是"旅行"，占比 20.1％；再次为"其他商务服务"，占比 13.3％。"特许及授权费""计算机和信息服务"，以及"其余未分类服务"进口规模相对较小，占进口额比重分别为 13.1％、7.4％和 6.6％（见图 6 - 22）。

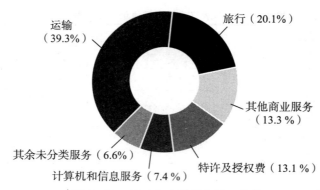

图 6 - 22 2017 年南非服务进口结构

资料来源：UN Comtrade。

总体来看，南非目前经济增长低迷，存在再度陷入衰退的风险，只有进行结构性改革、进一步开放市场，南非经济才有望复苏。

第四节 中国同非洲的贸易发展潜力

非洲大陆是世界第二大陆，总面积约 3 000 万平方千米，占近 1/5 的世界陆地总面积。非洲大陆蕴藏着极为丰富的自然资源。世界上最为重要的 50 种矿产资源在非洲大陆上都有储备，其中有至少 17 种矿产的蕴藏量甚至位居世界第一。除此之外，非洲还拥有庞大的农业资源、人口资源和独特的人文自然景观等，这些都是非洲经济贸易得以蓬勃发展的先决条件与基础。从国际政治的大环境看，如今和平与发展已经成为世界主流，在国际社会的帮助与非洲各国的努力下，非洲的局势正朝着和平稳定的方向发展，这为中国与非洲国家的经贸合作关系发展奠定了坚实的基础。中国与非洲国家同样遭遇过列强侵略，相似的历史为两国人民建立亲密的关系提供了相近的情感认同。中国为非洲国家提供物资援助，非洲各国则在国际舞台上为中国提供强有力的支持，1971 年中国重返联合国就离不开非洲各国的帮助。因此，在许多领域，中非都有共同利益。面对当今时代新的国际局势，中非之间建立良好的贸易合作伙伴关系，一方面有利于双方的发展，另一方面也有助于推动整个世界向和平稳定方向发展。

一、中非贸易发展历史

中非贸易由来已久，早在古代就已经有商人通过海陆穿梭于中非之间，促进了亚非大陆海上贸易的发展。但到了近代，由于中国晚清的闭关锁国政策，以及西方列强对中国和非洲的侵略，中非贸易被迫中断。

中华人民共和国成立之后，中非贸易逐渐复苏。中华人民共和国奉行和平共处五项原则，与非洲大陆上许多第三世界国家建交。随着非洲大陆上反殖民运动的兴起，中非因相似的历史渊源，在政治、经济等领域相互扶持，为世界经济发展做出了重大贡献，在国际舞台上的作用日益显著。1955 年，亚非国家会议在非洲万隆举行，标志着广大亚非发展中国家逐渐展开合作。万隆会议期间，周恩来总理提出中国对外援助八项原则与中非及阿拉伯国家相互关系五项原则，为中非贸易合作关系的发展奠定了坚实基础。20 世纪 80 年代，中国开始改革开放，将发展重心转向经济建设。20 世纪 90 年代，非洲纳米比亚宣告独立，标志着非洲大陆第三世界国家反殖民运动的成功。此后，中非交往更加频繁，贸易几乎涵盖非洲所有国家。非洲反殖民运动结束后，中国也将对非策略从支持反殖民运动向尊重非洲国家的主权转移。而在经济领域，中国对非洲国家的经济政策也做出调整，积极推动中非贸易合作的开展。90 年代起，中国向非洲国家出口商品也由过去的轻工业产品逐渐转向高技术产品的方向发展。此外，中非贸易在交易方式上也发生了前所未有的变化，在原有的付款方式上又增加了增付定金、货到付款、即期付款等方式，为中非贸易发展大大地提供了便利。

21 世纪之初，中国与非洲国家共同举办了第一届中非合作论坛，标志着中非贸易伙伴关系进入了全新的历史发展阶段。中非合作论坛的成立对中非贸易的发展有着极大的推动作用，如今，中非贸易额在非洲对外贸易总额排名中占据第一名的位置，而中非之间密切的贸易伙伴关系还将继续发展下去。

二、中非贸易发展现状

如今中非贸易规模日益扩大。在中非贸易恢复之初，中非双方贸易还不活跃；经过几十年的发展，到 20 世纪 90 年代，中非贸易进入快速发展期；21 世纪初，双方贸易合作的发展速度大大提高，如今中国已成为非洲最大的贸易伙伴国家。过去 20 年间，中非间经贸关系发展迅猛，中国已连续 10 年成为非洲第一大贸易伙伴。对中国来说，非洲这片广大的土地蕴含了无限商机，机电设备、建材、纺织品等商品的出口，缓解了中国经济面临的下行压力与国内产能过剩问题；对非洲来说，中国的资金、设备、技术、服务能与其本土丰富的自然资源、庞大的人口红利与广大的市场潜力相结合，有助于释放其经济发展的潜力。2000 年中非贸易额仅为 104 亿美元，到 2008 年中非贸易额首次突破千亿美元大关。虽然 2015 年受全球大宗商品价格疲软影响，中非贸易承受了较大的下行压力，但是 2017 年中国对非洲进出口额均呈回升态势。据中国海关统计，2017 年中国与非洲贸易总额约为 1 700 亿美元，同比增长 14.1％，创下 2012 年以来的最大增幅。截至 2018 年，中国对非直接投资总存量达 460 亿美元，其中南非共和国、尼日利亚、阿尔及利亚三国分别位居中国对非国家投资总额前三。截至 2017 年，中国对非经济合作承包工程完成营业额达 5 118 786 万美元，工程派出人数达 58 712 人，年末在外人数达 147 093 人。劳务合作方面，2017 年全年中国赴非劳务人员达 25 770 人，年末在外人数达 55 596 人。由以上数据可知，中非的经贸合作日益深化，实现了货物流通、资金融通和人员互通。

在贸易规模扩大的同时，中非贸易也伴随着双方产品结构的不断优化。中华人民共和国成立之初，中国因自身发展较为落后，仅能同非洲交易一些技术含量低下的轻工业产品；到 21 世纪之后，除了化学和纺织品之外，高科技产品的比重不断增加。目前中非之间的贸易商品已经几乎覆盖了工业、农业和第三产业。可以预测，在信息经济的不断渗透下，中非的贸易结构会更加优化。

中国具有一定的经济基础，而非洲拥有丰富的自然资源，这就使中非在贸易产品上形成了优势互补性，符合比较优势的原则。从非洲方面来看，其出口中国的产品大多为木材、矿产资源等工业原材料，且这一情况多年来一直未变。而从中国的角度来看，中国主要向非洲出口的产品为机械或运输设备等重工业产品，且呈逐年上升趋势。

三、中非贸易发展潜力

中非贸易不仅对中国的经济发展有利，而且对非洲的经济增长十分重要。首先，非洲许多国家为了摆脱殖民统治，争取民族独立，付出了艰苦卓绝的努力，同时也消耗了大量的人力物力，不可避免地影响了这些国家的工业化发展。尽管如此，非洲土地广袤、人口众多，这些都是非洲市场庞大发展潜力的体现。其次，非洲由于自身工业化程度较为落后，在进行经济建设的过程中不免要向其他国家进口轻重工业产品，非洲人民的消费需求也日益增长。然而，美国、欧洲等发达国家的进口产品价格昂贵，无法与非洲国家的需求相匹配，中国的进口产品价格相较于欧美发达国家低廉很多，既可以满足广大非洲人民的消费需求，亦可满足非洲自身长期的经济建设需要，因此，中国产品对非洲市场而言是不可或缺的。

中非既有友好贸易往来的悠久历史，亦有同受西方列强侵略的屈辱往事，这些都表明了中非的发展模式是可以互相借鉴的。中华人民共和国成立之后，由于对自身的准确定位，其经济得到了飞跃式发展，目前中国已成长为世界第二大经济体。中非相似的历史背景决定了中国的经济发展经验可以为非洲国家所借鉴。非洲可以借鉴中国的企业发展模式、农村改革模式、所有制改革模式、吸引外资方式等。除此之外，非洲也有许多值得中国借鉴的地方，例如维护社会治安以及稳定社会发展的相关经验等。

随着信息技术在经济领域的运用以及电子商务在中非贸易间的发展，中非贸易必将突破传统的时空限制，从线下延伸到线上，从现实走向虚拟，从有形转为无形，这也是整个世界贸易发展趋势在中非贸易发展中的映射，这将极大地扩展中非贸易的水平和规模。而投资入股、直接投资、就地办厂、服务外包等形式也会使得中非贸易突破资金和地域的限制，贸易手段的多样化会带来喜人的贸易结果。

中非贸易合作在新世纪的飞速进展与这些机遇因素密不可分。

（一）政策沟通

2013 年"一带一路"倡议的提出，为中非经贸关系进一步提升提供了契机，为中非间的贸易发展、投资合作、基础设施建设和产能合作提供了新的平台。在 2018 年 9 月举行的中非合作论坛北京峰会上，习近平主席表示中国将推进落实论坛峰会成果，把共建"一带一路"、非洲联盟《2063 年议程》、联合国 2030 年可持续发展议程、非洲各国发展战略紧密结合起来，积极推进中非政策沟通、设施联通、贸易畅通、资金融通、民心相通。这表明推进中非合作已经成为中国政府极为重视的发展目标。

首先，中非合作论坛自 2000 年建立以来，已经成为中非双方政策沟通的重要渠道。2018 年 9 月中非合作论坛第七届部长级会议上，中国与非洲 37 个国家及非洲联盟成功签署《共建"一带一路"政府间谅解备忘录》，签署国家占出席峰会 53 个国家的约 70%。其次，中非两方领导人频繁的高层互访也是政策沟通的重要渠道。习近平两次当选国家主席后的首次出访目的地皆是非洲。同时，非洲领导人也积极主动地与中国展开往来。在 2018 年 4 月"两会"后的半个月内，就有非洲三国总统先后访华。中非高层互访频繁，大大增进了双方的政治互信，为双方推动"一带一路"倡议各领域的合作奠定了良好基础。再次，中国大力推进涉非的多边沟通。2017 年在埃塞俄比亚举行的第 29 届非洲联盟首脑会议上，多位与会的非洲联盟高级官员都表示，要加强非洲发展战略与"一带一路"倡议的对接，可见中国发展经验对非洲的吸引力。2017 年 3 月，联合国首次载入"构建人类命运共同体"的重要理念，并敦促各方进一步推进"一带一路"建设。这些举动都反映了在多边沟通层面，"一带一路"倡议获得了国际社会的共识，中非的伙伴关系网络建设日臻完善，推进中非经贸合作深度发展的前景广阔。

（二）设施联通

当前，非洲正处于工业化起步阶段，需要大量基础设施建设与设备进口，这为中非的设施联通提供了巨大的空间和机遇。2012 年非洲联盟第十八届首脑会通过了《非洲基础设施发展计划》，确定了多个跨国跨地区基础设施重点建设项目。"一带一路"倡议提及的重点合作领域与非洲的发展建设需求高度契合，运输基础设施的联通将有助于推动非洲大陆内部互联互通。如今，在"一带一路"倡议的框架下，公路、铁路等基础设施建设不断向非洲大陆内部延伸，助推非洲国家的工业化与区域一体化发展。2017 年，蒙内铁路正式通车，这条肯尼亚独立以来的首条新铁路全线采用中国标准。东非首条电气化铁路吉亚铁路也相继开通，使吉布提至亚的斯亚贝巴的运输时间从原先公路运输的 7 天降至 10 个小时。此外，中非在电力、电信、水电等领域的联通也正如火如荼地开展。东部非洲电力互联网络、中部非洲能源组织北南走向的电力输送通道项目、南部非洲发展共同体在发电领域的项目和西部非洲国家的水电资源跨境项目与国家电网都在稳步发展中。国际能源署发布的报告显示，2010 年至 2015 年间，中国向撒哈拉以南非洲地区的电力投资约为 130 亿美元，2010 年至 2020 年中国在撒哈拉以南非洲地区新建电力项目超过 200 个，已建成或正在承建的装机容量将达 17 千兆瓦。这些基础设施的建设在未来会为中非贸易的进一步发展奠定坚实的基础。

（三）资金融通

非洲是一个潜力巨大的市场与投资热土，中国政府大力鼓励企业"走出去"到非洲投资。中国已是非洲最大的投资国，存量大、增速快且覆盖广。据悉，现约有 3 700 家中国公司在非洲投资，麦肯锡公司的报告认为，考虑中国官方统计的数据未能涵盖规模较小的企业经常使用的非官方转账方式，事实上中国流向非洲的实际资金总额约比此前的官方数据高出 15%。自"一带一路"倡议提出以来，中国对非洲的投资更加积极，中国企业已基本覆盖整个非洲大陆，遍布非洲国家的多个发展领域。中国主要的投资领域是采矿业和建筑业，但消费、金融、房地产等服务业和基础设施行业的投资吸引力也在上升。随着非洲经济的发展、工业化与城市化进程的加快，国家的众多方面都亟须建设，这为在非投资的中国企业带来很大商机与利好。目前，民营企业和中小企业正在成为对非投资的主力军。他们为非洲创造了大量就业岗位和技能培训机会，积极向非洲引入先进的技术、知识、管理模式和企业文化。

（四）民心相通

民心相通要渗透在各国人民生活中的各个方面。教育方面，孔子学院如今已是一种全球现象，非洲已建立了 60 余所孔子学院。随着更多的孔子学院与非洲当地人民在非洲积极传播中国声音，中非之间的文化认同将进一步增强，拉近感情距离。媒体交流方面，中方承诺将继续实施"中非新闻交流中心"项目，举办相关研修班，推动双方新闻媒体人员交流互访，支持双方新闻机构互派记者。同时，中国媒体也加快了向海外进军的步伐，已成功吸引更多观众参与到中非文化交流中。智库与学者交流方面，中非的合作更是引得世界瞩目。作为中非民间对话的固定机制，中非智库论坛是中非学术界稳定合作的有力保障。它既能自下而上地激发中非市民社会的活力，也能自上而下地为中非学者能积极对外发声。2018 年 7 月，中非智库论坛第七届会议在北京举行，各个领域的企业家围绕"中国改革开放 40 周年与中非关系发展"这一主题展开深入研讨，共商中非合作与发展大计。①

（五）中国自非进口优惠安排增加

为鼓励非洲对中国出口产品，自 2005 年 1 月 1 日起，中国政府开始逐步给予非洲与中国建交的最不发达国家 60%、95% 和 97% 税目输华产品零关税待遇。目前，已有埃塞俄比亚、坦桑尼亚等 29 个非洲国家享受 97% 税目产品的零关税待遇。通过对中国自非洲进口的主要关税壁垒进行分析可以发现，目前仍然存在的关税高峰主要集中在粮、棉、油、糖等产品，聚乙烯等大宗石化产品，核心零部件、机床、高端钢材、木材及纸制品。这些产品涉及的产业被中国政府认定为敏感产业，不是只针对非洲国家，是对所有国家都没有放开。因此可以认为，中国自非进口的关税壁垒已经削减至最低水平。

在双边自由贸易协定方面，2017 年 12 月 12 日，中国与毛里求斯正式启动自由贸易协定谈判。中毛自贸区一旦建成，不仅有利于进一步扩大双边贸易和投资往来，也为中国与其他非洲国家的 FTA 谈判发挥了示范效应，将为中非经贸关系转型升级注入新动力。②

（六）非洲自由贸易区建立

2019 年 5 月 30 日，《非洲大陆自由贸易区协定》正式生效。这一协定的目的，在于加速非洲一体化进程，最终形成囊括所有非洲国家的自由贸易区。非洲自由贸易区建成后，将成为人口超过 10 亿、GDP 超过 2 万亿美元的大型自由贸易区。联合国非洲经济委员会估计，该协议有可能将非洲内部贸易提高 53%。非洲联盟则表示，如果所有国家都加入，非洲自由贸易区将成为世界贸易组织 1995 年成立以来最大的自由贸易区。

一个统一的自贸区大市场，有助于改善现今非洲因存在过多区域一体化组织而造成的混乱且低效局面，扩大非洲内部贸易与外贸。除此之外，更重要的是能够吸引更多外国投资进入生产领域，拉动生产能力的提高，因此营商环境和基础条件较好的国家，能够吸引到更多的外国直接投资，从而享受到自贸区带来的更多好处。根据联合国贸发会议（UNCTAD）发布的《2019 年全球投资报告》，2018 年流入非洲大陆的外国直接投资增至460 亿美元，比前一年增加了 11%；在非洲自由贸易区的影响下，更紧密的区域一体化能吸引更多的外国直接投资流入，尤其是在非能矿产业投资领域，进而帮助非洲各国调整其经济与贸易结构。

以 2018 年非洲的外国直接投资情况为例，在埃及，中国山东如意科技集团投资 8.3亿美元在苏伊士运河经济特区建设了一个纺织区。摩洛哥近年来吸引外资进入金融、可再

---

① 刘诗琪. "一带一路"框架下中非合作的战略对接与挑战[J]. 现代管理科学，2019 (1)：27 - 29.
② 武芳，姜菲菲. 扩大自非洲进口的政策思考[J]. 国际贸易，2018 (6)：44 - 48.

生能源、基础设施和汽车工业等领域，2018 年最大的一笔投资是南非共和国 Sanlam Emerging Markets 以 10 亿美元收购摩洛哥最大保险公司 Saham finance 53％的股份。在进入突尼斯的 10 亿美元外国投资中，有 3.75 亿美元进入了工业领域，其中中国上汽集团与突尼斯 Meninx 集团签署了合作设立面向非洲和欧洲市场的制造厂投资协议。流入阿尔及利亚的外国直接投资增加达到 15 亿美元，其中北汽集团投资超过 1 亿美元用于服务地区市场，韩国现代和美国福特也获准投资设立制造厂。2018 年，流入东非的外国直接投资基本保持在 90 亿美元水平。埃塞俄比亚吸引的外资 33 亿美元，部分外资进入了房地产、制造业和可再生能源领域，其中韩国现代建设了其在东非的第一家制造厂，计划年生产能力 10 000 辆。肯尼亚吸引外资 16 亿美元，制造业，化工，酒店业等引资能力较强。乌干达也吸引了一部分制造业投资。南部非洲去年吸引外资 42 亿美元，中国北汽、德国宝马和日本日产都投资扩大了生产制造能力。这些投资对非洲的工业化起到了至关重要的作用，有助于使中非的经贸关系更加合理与健康。

在自贸区建设不断推进过程中，特别经济区（经济特区）成为今后几年吸引对非洲大陆投资的重要因素。据估计，在非洲大陆 54 个经济体中有 38 个国家设立了特别经济区，非洲共有 237 个经济特区，以及 200 多个单一企业园区。其中肯尼亚数量最多（61 个），尼日利亚、南非共和国和埃及都制定了完善的经济特区方案。2018 年，布基纳法索、科特迪瓦和马里启动了跨越三国边界地区的经济特区。埃塞俄比亚和肯尼亚则宣布将莫伊尔地区变成一个跨境自由贸易区。需要指出的是，在非洲的特别经济区中，有相当数量是中国企业投资、建设和运营的。[①]

四、中非贸易可能面临的风险与挑战

（一）商品竞争力不足

中国出口商品竞争力较低。我国商品在品牌、质量等方面的竞争力仍比不上欧美发达资本主义国家。中国近年来尽管已大力改善出口产品结构，但产品质量特别是中高档产品质量方面仍比不过西方国家。此外，欧美国家更为善于塑造国家民族品牌。另外，中国企业往往对出口非洲商品售后服务做得不够到位。中企之间的不良竞争情况也阻碍着中国对外出口行业的健康发展，中企内部管理人才仍存在大量缺口。这些都大大阻碍了中非之间贸易合作伙伴关系的长足发展。

（二）非洲政局动荡

非洲部分国家政局动荡。非洲大陆的局势目前整体保持稳定，但局部仍存在动荡。部分国家内部各派政治力量的争权夺利，而非洲领导人推出的经济政策也会受政治动荡影响，进而影响中非贸易合作的展开。如果这些动荡因素不能妥善解决，那么中国与非洲的贸易合作势必要受到影响。

（三）与发达国家竞争激烈

中国与欧美发达国家之间存在激烈竞争。进入新世纪以后，非洲作为新兴市场引起了

---

①　智宇琛. 非洲自贸协定影响：有望吸引更多投资[J]. 中国投资（中英文），2019（14）：80 - 82.

全世界的兴趣，各国纷纷开始援助非洲经济建设，主要是因为非洲大陆上蕴藏着储量丰富的自然资源以及能源资源。相比于中国，欧美发达国家具有语言、资金、距离、文化优势等。非洲历史上曾经成为过欧美国家的殖民地，一些欧美国家便利用这一点，与中国竞争非洲能源资源市场。除此之外，韩国、日本、马来西亚等国家，也是非洲市场的主要竞争者。因此，非洲在选择贸易合作伙伴时较于中国有着更多的选择。

（四）非洲营商环境仍待提升

非洲国家的投资环境有诸多不便利之处。世界银行发布的《2018 年全球营商环境报告》显示，撒哈拉以南非洲国家的营商环境较差，利比亚、也门、南苏丹、厄立特里亚和索马里均排名倒数，主要存在的问题有开办企业耗时长、办理施工证难度大、电力不充足、财产登机制度烦琐、信贷获得不便利、中小投资者利益保护不足、税制环境较差、跨境贸易壁垒严重、合同执行力不足、办理破产手续复杂等。根据世界银行数据，在肯尼亚，开办一家企业的平均时间为 25 天，所需程序有 16 个，办理施工许可证的平均时间为 159 天。在非洲国家，中国企业的部分项目遭遇过不同程度的工期延误、被单方收回等问题。且大多数非洲国家的外汇储备不足，对外汇管理严格，中非贸易时也面临无法及时收汇的风险。

另外非洲国家的通关便利程度也较低，其跨境贸易程序烦琐、耗时过长、收费过高，这是影响非洲贸易的巨大障碍。根据《2018 年全球营商环境报告》（如表 6-10 所示），在撒哈拉以南非洲地区，出口通关所花费的时间为 187.9 个小时，比南亚地区和西亚北非地区多 1/3 以上；成本为 807.4 美元，比南亚地区高出 47%，比西亚北非地区高出 14%，更显著高于 OECD 国家。

表 6-10　　　　　　　　撒哈拉以南非洲地区出口贸易所需时间和成本

地区	项目	时间/费用	细分类别	时间/费用
西亚北非平均水平	出口时间（小时）	136.9	边境审核（小时）	62.6
			单证审核（小时）	74.3
	出口成本（美元）	708.1	边境审核（美元）	464.5
			单证审核（美元）	243.6
撒哈拉以南非洲平均水平	出口时间（小时）	187.9	边境审核（小时）	100.1
			单证审核（小时）	87.8
	出口成本（美元）	807.4	边境审核（美元）	592.2
			单证审核（美元）	215.2
南亚地区平均水平	出口时间（小时）	136.4	边境审核（小时）	59.4
			单证审核（小时）	77.0
	出口成本（美元）	549.3	边境审核（美元）	369.8
			单证审核（美元）	179.5

续前表

地区	项目	时间/费用	细分类别	时间/费用
OECD 国家平均水平	出口时间（小时）	15.3	边境审核（小时）	12.7
			单证审核（小时）	2.6
	出口成本（美元）	185.4	边境审核（美元）	149.9
			单证审核（美元）	35.5

《2019 年全球营商环境报告》显示，非洲地区多个国家都推动了改革措施，旨在改善其营商环境，但由于原本的基础较为薄弱，因此总体水平仍与发达经济体存在较大差距。

（五）非洲在中国对外贸易中的地位有所下滑

由于本地加工制造能力有限，非洲出口以初级产品特别是矿产品为主。受该因素制约，非洲对外贸易呈现出极易受到国际大宗商品市场影响的特点。2013 年之前，中国自非进口不断扩张，并一度达到 1 174.3 亿美元的历史最高点。但在 2014 年之后，受国际能矿产品价格下跌的冲击，中国自非洲进口金额不断下降。2018 年虽实现 30.8% 的同比增长，进口额恢复至 992.8 亿美元，但距离历史最高水平仍有一段距离。受此影响，从 2015 年开始，中非贸易由原先的中方逆差转变为顺差。

在进口金额下滑的同时，中国自非进口在中国全部进口中的比重也有所下降。2012 年，中国自非进口占比曾达到 6.23% 的历史最高水平，此后，便一路下滑至 2016 年的 3.58%，下降幅度接近一半。2018 年，随着中非贸易的企稳回升，自非进口的比重增长到 4.6%，但仍未恢复至 2015 年之前的水平。

（六）技术标准问题限制进口

目前，我国在与很多非洲国家的经贸合作中存在标准不对接、检测规程不一致等问题。以木薯为例，中国是最大的木薯进口国，随着淀粉、酒精及其深加工工业的进一步发展，我国市场对木薯原料的需求将逐年增长。而尼日利亚是世界上木薯产量最大的国家，年产量 4 000 多万吨。但由于尼日利亚缺乏大批量加工木薯干的技术和经验，无法提供满足中国市场需求标准的木薯干制品；再加上运输航程过长，尼日利亚商人对木薯干的海运包装、水分含量控制和质量控制技术等均难以达到标准要求，因此难以大规模进入中国市场。

（七）贸易合作机制不健全

与美国、日本、欧盟等中国的主要贸易伙伴、中国已签署的双边自贸协定或中国参与的机制性合作组织（如上海合作组织）相比，中国与非洲的贸易合作机制建设还非常滞后，极大地制约了中国自非洲进口的发展。

在海关合作领域，目前，中国海关已经与欧盟 28 个成员国和新加坡等共计 32 个国家和地区的海关签署了 AEO 互认安排。中国近 3 000 家 AEO 认证企业出口到欧盟的货物，均可享受到和对方境内 AEO 认证企业一样的通关便利。而在非洲，中国只和埃及、南非共和国等少数国家签署了行政互助协定，合作范围限于行政互助合作和技术合作等传统合作模式，而在贸易安全与便利、数据交换、海关知识产权保护合作、AEO 国际互认合作、边境设施互联互通等方面的合作尚未起步。

在质检领域，中国已与欧盟建立了完善的进出口商品快速风险预警机制，与 12 个国家建立了检验检疫电子证书核查机制。而中非合作还只是集中在与少数国家合作打击假冒侵权产品和技术培训方面，未涉及信息互通和标准协调互认方面的实质性合作。

在商务领域，截至 2017 年年底，中国已对外签署自由贸易协定 16 个，涉及 24 个国家和地区，而中非之间只启动了中国与毛里求斯的自贸谈判。这意味着，中国难以绕开 WTO 有关最惠国待遇的规定，单独给予非洲国家较其他地区和国家更宽松的市场准入、更便利的贸易通关程序。

贸易与投资，特别是制造业投资的产品加工复出口有着紧密联系，因此投资保护协定也是贸易促进的重要保障之一。但目前，一方面，中国只与 34 个非洲国家签署了双边投资保护协定，其中生效的只有 28 个，占非洲国家总数的一半不到。特别是肯尼亚等"一带一路"沿线国家，以及安哥拉、纳米比亚等中国投资较多的国家，都还没有与中国签署投资保护协定，或者是签署后未生效。另一方面，中非之间的相关协定不仅覆盖不够全面，而且多为 20 世纪达成的，对投资者的保护效力有限。而在已经生效的投资保护协定当中，很多也不支持投资者向国际争端解决机构提交解决争议，因此不能在多大程度上维护外来投资者的利益，存在很大不确定性。[①]

---

① 武芳，姜菲菲．扩大自非洲进口的政策思考[J]．国际贸易，2018（6）：44 - 48.

第七章　中国对外贸易发展环境前瞻

第一节　中国对外贸易发展的主要制约因素

图 7-1 为 2008—2019 年中国对外贸易额及增速。2019 年，中国对外贸易在复杂形势中稳中有进。货物进出口总额为 31.55 万亿元，同比增长 3.4%。其中，出口总额 17.23 万亿元，增长 5.0%；进口总额 14.32 万亿元，增长 1.6%；顺差 2.92 万亿元，扩大 25.5%。同时，对外贸易的国际市场布局更加优化。2019 年前三季度，中国对前两大贸易伙伴欧盟、东盟进出口分别增长 8.6% 和 11.5%；中国对"一带一路"沿线国家合计进出口 6.65 万亿元，增长 9.5%，高出同期中国外贸整体增速 6.7%，占中国进出口总额的 29%，较 2018 年同期提升 1.8%。中国对非洲和拉丁美洲进出口贸易保持较快增长，增速分别达到 7.5% 和 7.3%，分别高出整体增速 4.7 和 4.5 个百分点；中国对美国进出口下降 10.3%，占中国进出口总额的 12%；对日本进出口增长 0.1%。尽管中国仍保持着全球货物贸易第一大国的地位，但仍面临来自外部和内部诸多因素的挑战。

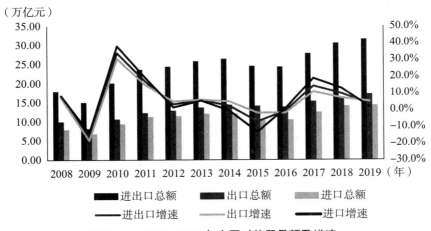

图 7-1　2008—2019 年中国对外贸易额及增速

数据来源：国家统计局。

一、外部因素

（一）全球经济增长放缓，外部需求不足

自 2008 年金融危机以来，全球经济增长复苏进程缓慢，在 2010 年经历短暂的反弹后又陷入长期的增长失速中，发达经济体的经济低迷尤为严重。IMF 指出，90% 以上经济体

增速放缓，将 2019 年、2020 年两年世界经济增长预期分别下调至 3% 和 3.4%；OECD 则预计这两年全球经济将分别增长 2.9%，为 2008 年金融危机以来的最低增速。2007—2018 年全球及不同收入水平国家 GDP 增长幅度变化如图 7-2 所示。

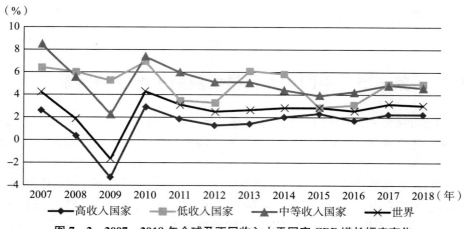

图 7-2　2007—2018 年全球及不同收入水平国家 GDP 增长幅度变化

数据来源：世界银行。

由于长期的基本面难以好转，全球经济增长低迷在短期内仍会持续。首先，技术进步缓慢，目前尚未出现颠覆性的技术创新，难以为全球经济增长提供强劲动力，发达经济体的经济增长会受到拖累，发展中国家尚可通过技术追赶获得较快增长。其次，人力资本对经济增长的贡献有限，部分国家失业率居高不下，如 2019 年西班牙的失业率高达 14.7%，青年失业率超过 30%。发达国家老龄化问题严重，劳动力短缺。再次，全球范围内的收入差距扩大造成消费端需求不足，2018 年高收入、中等收入国家 GDP 总额分别为低收入国家的 95 倍、54 倍，高收入国家 GDP 比中等收入国家多了近 1 倍，而在各国内部，收入前 10% 的人群占有的收入份额超过 20%，在部分国家甚至超到 40%；投资需求疲弱，制造业发展缓慢，2019 年全球制造业 PMI 指数徘徊在 50 的荣枯线附近，连续 5 个月处于荣枯线以下。因此，引发全球经济低迷的多为长期性、结构性原因，全球经济在 2020 年仍将面临增速放缓的压力；经济增长的放缓又将进一步抑制需求，给中国的对外贸易带来不利影响。

（二）单边主义和贸易保护主义盛行

在全球经济增长放缓、各国经济增速分化的背景下，单边主义和贸易保护主义继续蔓延。

一方面，多个国家通过关税、反倾销、反补贴等手段保护本国贸易。美欧航空补贴争端悬而未决，美国曾于 2019 年公布了对欧盟的 112 亿美元的关税清单和 40 亿美元的补充清单，欧盟也试图通过"碳税"改革进行回击。美法贸易摩擦升级，美国表示考虑对法国价值 24 亿美元的法国商品征收高达 100% 的报复性关税。日韩贸易问题不断发酵，日本在简化出口审批手续的贸易对象"白色清单"中删除韩国，随后韩国也将日本从本国"白名单"中清出。尽管中美达成了第一阶段经贸协议，美国依然保持了对 1、2 和 3 清单中 2 500 亿美元商品征收 25% 关税，中美经贸方面的冲突将继续存在。而自 1995 年起，中国面临的反倾销数量在波动中上升，是遭受反倾销调查最多的国家（见图 7 - 3）。2019 年上半年，中国共遭遇 31 起反倾销调查，实施的共 22 起。当前，中国遭遇贸易摩擦呈现出新的特点：第一，产品范围扩大，除了轻工、纺织、机电等我国具有比较优势的劳动密集型产品外，部分发达国家也开始向我国的高科技行业发难；第二，国别范围扩大，近年来我国与其他发展中国家的贸易摩擦增加；第三，摩擦领域延伸，从货物贸易领域扩展到服务、投资、知识产权、人民币汇率等多领域；第四，保护方式层出不穷，除"两反一保"外，一些国家更多地开始通过设置严苛的环境技术标准和检验标准对我国产品出口进行限制。

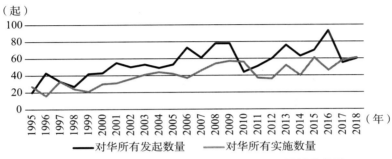

图 7 - 3　1995—2018 年对华发起和实施反倾销措施数量

数据来源：世界银行反倾销数据库。

另一方面，国际贸易规则博弈激烈。国际贸易领域的竞争已跨过了市场竞争的阶段，贸易规则的竞争与博弈已成为重点，贸易负增长的发达国家更希望绕过 WTO 寻求新的贸易规则。TTP、TTIP 虽由于谈判各方的利益冲突而进展缓慢，但显示了美国等发达国家力图推行代表其利益的高标准贸易投资规则，富含政治色彩和战略意义，一定程度上削弱了中国在亚太地区的话语权和国际地位。USMCA 也具有极强的区域性和歧视性，将冲击以 WTO 为核心的多边贸易体系。由于美国对 WTO 上诉机构遴选及任命官员进行阻挠，该机构被迫停摆，将无法对贸易争端进行最终裁决，WTO 的贸易争端谈判基本上将停止。

（三）国际政治的不确定性增加

大国博弈加剧，全球政治紧张局势升温。首先，大国关系动荡。中美双方摩擦不断，"贸易战""技术战""知识产权战""网络战"不断升级；美国通过"印太战略"框架增强了在中国周边的军事存在和抗衡中国的联盟建设，在南海、台湾、香港等涉及中国内政与核心安全利益的地方不断挑起事端。在中美战略竞争强度上升的同时，美俄关系持续紧张，美国继续在战略层面对俄罗斯施压，在经济方面继续保持对俄罗斯的制裁，在外交方面掀起了"外交官战""间谍战""签证战"，在安全方面则两国相互针对性的军事演习升级。其次，中东局势持续动荡。美伊冲突进一步发酵，继恢复对伊朗制裁后，美国空袭斩首伊朗革命卫队指挥官苏莱马尼，随后伊朗向美国驻扎在伊拉克的军事基地发射导弹，美伊冲突的爆发使得地缘政治风险上升，贸易和对伊投资都会受到较大影响。土耳其跨境打击库尔德武装，使俄、叙、土、美关系进一步复杂化，为叙利亚国内政治前景及中东地区局势增添了更多不确定性。国际政治局势的紧张会给对外贸易带来巨大的不确定性，影响贸易的持续发展。

二、内部因素

（一）国内生产成本上升

在人口红利和资源红利逐渐消失的背景下，曾以价格优势打开国际市场的中国企业不得不面临综合成本优势减弱的问题。全球制造业布局逐渐调整，正在加快向东南亚、南亚、非洲等成本更为低廉的地区转移，对中国的货物贸易形成较大压力。具体来看，生产成本的上升可以从要素成本、交易成本、制度性成本三方面考虑，此处重点讨论要素成本和交易成本。

要素成本方面，国内企业的用工成本、能源成本、融资成本、土地成本均较高，部分仍在继续上涨。第一，由于人口老龄化加剧、劳动力受教育程度提高，企业的用工成本逐年提升。如图 7-4 所示，2009—2018 年，非私营单位制造业平均工资从 26 810 元上涨到 72 088 元，年均增长率为 11.6%；私营单位制造业平均工资也从 17 260 元上涨到 49 275 元，年均增长率为 12.4%。第二，由于交易税费、定价机制、流通费用、原料来源等因素的影响，中国企业的能源成本整体高于美国、俄罗斯、巴西等主要能源市场。以工业用电为例，中国工商业平均电价折合 139.43 美元/千千瓦时，高于 OECD 国家平均水平 123.88 美元/千千瓦时，是美国平均电价的 2 倍。第三，由于金融改革缓慢和融资机制不健全，中国企业的融资成本较高。2018 年，中国一年期贷款基准利率为 4.35%，高于日本（2017 年为 0.99%），略低于美国（4.90%），大大低于巴西（39.80%）、俄罗斯（8.87%）、印度（9.45%）等发展中经济体。但是中国企业贷款的中介费用较高，所承担的评估费、保险费、顾问费等费用普遍高于其他国家平均水平。第四，随着我国城镇化的推进与商品房市场井喷式增长，房价与地价相互拉抬，土地价格不断上涨，企业用地成本明显提高，我国工业用地平均价格由 2000 年的 30 万元/亩上升至 2017 年的 54 万元/亩。

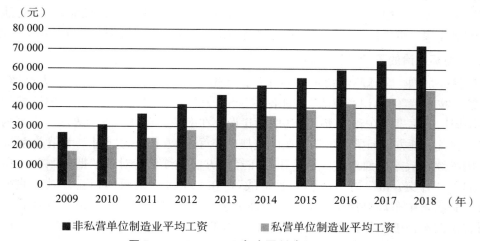

图 7-4　2009—2018 年中国制造业平均工资

数据来源：《中国统计年鉴》。

交易成本方面，对内企业面对着地方市场分割、物流成本较高的问题，根据胡焕等（2019）的研究，2018 年中国物流成本占 GDP 的比重达到 14.8%，不仅高于美、日、德等发达国家 1 倍左右，而且高于全球平均水平和印度、巴西等其他"金砖国家"；从结构上看，我国运输费用、保管费用和管理费用占 GDP 的比重均高于发达国家。对外则面对着贸易摩擦带来的交易成本上升问题。制度性成本方面，中国企业面对的来自地方政府的不合理审批、许可和中介服务收费等方面的负担仍然较重。根据世界银行发布的《2020年全球营商环境报告》，我国营商环境便利度在 190 个国家中排名第 31 位，较 2018 年上升 15 位，表明我国改善营商环境的相关政策取得了一定成果。从表 7-1 可以看到，虽然中国的整体排名及部分指标排名有所上升，但登记财产、获得信贷两项指标排名均有所下降，且很多指标排名相对靠后，如纳税、跨境贸易、办理破产等。相对于美国，我国的营商环境仍有继续改善的空间。

表 7-1　　　　　　　　　　2018—2019 年中国营商环境指标排名

	DB 2019 排名	DB 2018 排名
总体	31	46
开办企业	27	28
办理施工许可证	33	121
获得电力	12	14
登记财产	28	27
获得信贷	80	73
保护少数投资者	28	64
纳税	105	114
跨境贸易	56	65
执行合同	5	6
办理破产	51	61

数据来源：世界银行 Doing Business。

（二）技术创新不足

在改革开放四十年的进程中，中国经济通过技术追赶获得了快速的增长，但在世界技术进步缓慢的背景下，企业自主创新的缺乏会限制贸易增长的空间。在高科技产品的国际贸易领域，中国在电子集成电路和飞机、航天器及相关设备领域保持较大逆差，虽在通信设备领域实现了大额顺差，但中国企业只负责电子设备的组装，核心的集成电路大量依赖进口。中国的技术创新不足源于多个原因：首先，现代化科技创新起步晚，在世界各国掀起第一和第二次工业革命的浪潮时，中国仅仅搭上了第三次信息革命的末班车，自主创新的基础和底蕴较差；其次，研发支出与人力投入不足，如图 7-5 所示，近年来中国的研发支出占比虽不断上升，但仍低于美国、德国、日本等制造业强国，不足以支撑自主创新和产业结构优化；再次，缺乏支撑高层次技术创新的服务平台，现有的高新技术企业孵化器等平台无法真正融入产业链内部，也无法实现市场化运作；最后，作为科技创新的桥头堡，中国的高等教育相比美国、英国等差距较大，且企业缺乏与高校、科研院所等在科学研究方面的深入合作。

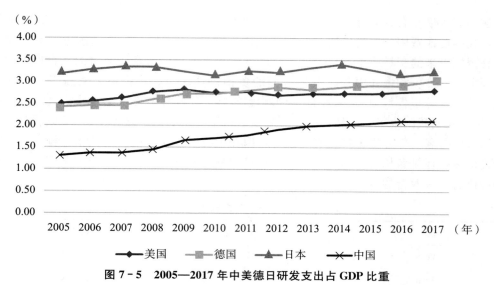

图 7 - 5　2005—2017 年中美德日研发支出占 GDP 比重

数据来源：世界银行。

技术创新已成为中国对外贸易发展的短板。由于缺乏技术创新，企业生产面临极大的不确定性与风险。我国集成电路芯片长期依赖进口，半导体设备高端器件和高端芯片的市场长期被欧美国家垄断。一旦贸易摩擦爆发，欧美国家对该类产品加征关税或限制出口，中国的高科技产业将面临成本上升或被迫停产转产的风险。此外，技术创新的缺乏也与产业结构落后、中国难以摆脱"低端锁定"有关。

（三）贸易结构落后，产品结构、贸易产业结构亟待改进

凭借最初的人口红利与资源红利，中国建立起以劳动密集型产品为主的出口结构，长期处于全球价值链的中低端。如图 7 - 6 所示，2007—2018 年间，中国劳动密集型产品的出口占比达 50％左右，虽在波动中有所下降，但依然处于较高水平。2018 年，中国的劳动密集型产品出口占比为 39.2％，远高于美国（14.5％）、日本（12.9％）等发达国家，也高于印度（26.7％）等部分发展中国家。这类产品附加值低，利润有限，且由于中国人

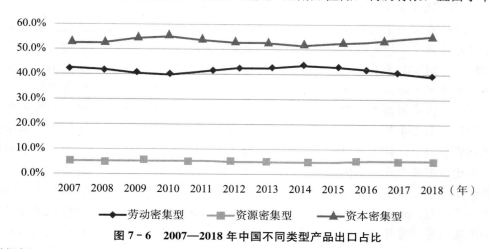

图 7 - 6　2007—2018 年中国不同类型产品出口占比

数据来源：UN Comtrade。

口老龄化问题加剧，劳动密集型行业已出现向东南亚等其他人口结构更年轻的发展中国家转移的趋势，中国出口的传统优势正在逐渐消失。同时，高污染、高耗能的产品和生产方式给环境和资源带来了严重的负面影响，也与国际贸易商品结构绿色化的发展趋势背道而驰。近年来，新能源、新材料和新工艺在国际上受到重视，初级产品在国际贸易产品结构中的比例不断缩小。人们的环保观念逐渐加强，对环保产品的需求不断增加。一些发达国家不断提高产品标准和环保标准，给发展中国家的产品出口带来了一定影响。由此可见，中国企业必须改变产品结构和生产方式，才能适应新需求、新标准，抓住新的贸易增长点。

中国最初的贸易产业结构也是建立在劳动力资源丰富基础上的。改革开放初期，中国抓住了国际产业转移、经济全球化的趋势，大力发展加工贸易，通过加工贸易模式缓解了外汇短缺、技术不足的问题，促进了工业化水平的提高，也让中国成为"世界工厂"。但在后期，加工贸易逐渐显现出低附加值、高污染的问题，中国面对着陷入全球价值链和产业链"低端锁定"的问题。如表7-2所示，2018年中国加工贸易出口占总出口的比重为29.5%，但只提供了16.9%的增加值。而由于要素成本的提高，中国在国际市场上的低价优势正在消失。同时，由于长期的产业结构不合理、政策福利向制造业倾斜，中国服务贸易的国际竞争力较弱，发展缓慢，占总出口的比重仅为8%，且一直处于逆差。而服务贸易附加值高，2018年中国每1 000美元服务贸易出口拉动的增加值为897美元，而每1 000美元货物出口的国内增加值为706美元。提升服务贸易出口比重，不仅有利于拉动国内增加值，也有助于加速国内产业结构升级。由此可见，中国应继续推动产业结构优化，降低加工贸易占比，提高一般贸易和服务贸易占比。

表7-2　　　　　　　　2018年中国货物和服务贸易出口拉动国内增加值

	总出口	货物出口			服务贸易出口
		货物总出口	加工贸易出口	一般贸易出口	
总出口（亿美元）	27 035.4	24 874.0	7 971.7	16 902.3	2 161.4
占出口总值比重		92.0%	29.5%	62.5%	8.0%
国内增加值（亿美元）	19 493.7	17 554.9	3 297.6	14 257.4	1 938.8
占出口增加值比重		90.1%	16.9%	73.1%	9.9%

数据来源：商务部：《2018年全球价值链与中国贸易增加值核算研究报告》。

（四）外贸体制与相关政策调整滞后

与对外贸易蓬勃发展相对应的是中国外贸体制的积极转变。近年来外贸体制改革已取得一定成就，但仍存在一定问题。首先，制度改革不系统、政策碎片化，导致政策协调性差、不易落实。由于各部门的政策探索存在差异，往往会出现政策口径不统一的问题。同时，新政策与原有政策、法律可能存在分歧或冲突，在具体落实过程中难以联动，最终导致新政策无法落地。如由于与原有法律和指导政策产生冲突或执行部门对于责任问题的考虑，负面清单制度在执行过程中容易产生"准入不准营"的情况。其次，政策与产业发展不协调。由于各领域开放水平存在差异，开放程度较低的行业往往会成为政策实施的短板，制约相关行业的政策实施。再次，知识产权保护不完善。尽管中国的知识产权保护体系不断完善，但仍与发达国家存在一定差距，存在法律法规覆盖范围小、知识产权行政审查周期过长、对侵权行为惩罚力度小、执法队伍不成体系等问题，会对企业研发与科技创新产生负面影响。在现行国际贸易体系下，知识产权保护有逐渐演化为非关税贸易壁垒的趋势。最后，不同所有制企业的政策待遇存在差异，市场主体竞争法律规则不完善。国有企业在自身发展和对外贸易中享受了一定的政策倾斜和支持，造成了市场资源配置和国际贸易竞争的扭曲。该问题引起了发达国家的关注，美国、日本和欧盟都曾提出并重点讨论了工业补贴和国有企业对竞争造成的扭曲，预示着国有企业问题极有可能成为未来贸易规则的核心议题之一。

第二节 中国应对贸易摩擦的措施与方案

近年来，在世界经济增速放缓、国际贸易大幅下滑、贸易份额竞争激烈的背景下，中国遭遇的贸易摩擦数量始终保持在较高水平。1995 年至今，全球对我国发起贸易救济原审立案累计 2 042 起。2019 年，我国共遭遇来自 28 个国家（地区）发起的 99 起贸易救济调查案件，其中反倾销 119 起，占比 58.33%；反补贴 38 起，占比 18.63%；保障措施 47 起，占比 23.04%。从行业分布来看，遭遇贸易救济调查的多为劳动密集型、资源密集型行业。如图 7-7 所示，排名前三的行业分别为钢铁工业（18 起）、化学原料和制品工业（16 起）、金属制品工业（14 起）。从申诉国分布来看，发起贸易救济调查的多为与我国产品结构类似的发展中国家，发达国家较少，排名前三的国家分别为美国（14 起）、印度（12 起）、阿根廷（10 起）。基于中国遭遇贸易摩擦的总体趋势与特点，本节提出以下措施和方案以更好应对和预防贸易摩擦。

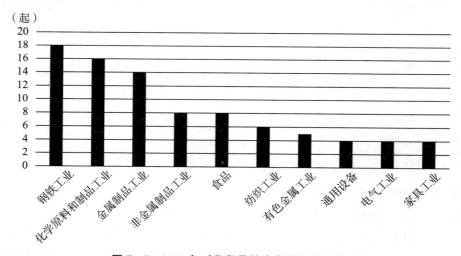

图 7-7 2019 年对华贸易救济案件行业分布

数据来源：中国贸易救济信息网。

一、推动产业升级，优化贸易结构

正如前文所述，劳动密集型、资源密集型行业是主要遭遇贸易摩擦的行业，在总体贸易中也占据着重要地位。而推动产业升级则能有效优化贸易结构，降低劳动密集型、资源密集型产品在对贸易中的占比。目前，已有大量研究揭示了产业升级对贸易结构优化的作用。张亚彬（2000）研究指出，一国的生产结构和比较优势决定了该国出口商品的结构；刘秉镰和刘勇（2006）从产品生命周期理论出发，发现通过处于不同生命周期的产品的交换，发达国家和发展中国家能够实现由产业结构推动贸易结构，再由贸易结构带动产业结构的结果。推动产业升级、优化贸易结构，需要从以下两个方面入手。

第一，加快创新引领发展。产业技术创新应将以下几点作为主要发力点：不断提高制造业的技术水平，提高产品出口的复杂度和科技含量，打造产品的国际竞争力；提高高端制造业产品的生产和贸易比重，提高出口产品的附加值；用创新驱动生产方式的改善，促进加工贸易行业的转型升级，延长加工贸易企业的产品价值链条，协调加工贸易和一般贸易的比重；不能过度挤压甚至放弃劳动密集型产品出口，鼓励劳动密集型产业提高附加值或进行对外投资。因此，政府应积极发挥引导作用，继续加大研发投入力度，通过出台税收激励政策、设立创新扶持基金、建立人才激励机制等多项措施促进创新型企业发展；增加人力资本投资，注重高水平科研人才的培养，为产业升级构建人才优势。除此之外，企业应不断推进高新技术研究，加强科研团队建设，深化与高校、科研院所等在研发方面的合作，强化原始创新积累，积极促进创新成果在生产生活中的应用转化，努力提升产品的质量和技术含量。

第二，提高服务业发展水平，大力发展服务贸易。与货物贸易相比，服务贸易具有附加值高、清洁环保、吸纳更多就业等优势。首先，进一步完善服务业发展的政策体系，在财税、融资、贸易出口等层面出台针对服务业的优惠政策，重点支持技术密集型、知识密集型服务业发展，重点支持服务业关键领域、薄弱环节发展。其次，推动服务业市场化改革，进一步放宽服务业的市场准入标准，促进公平竞争，充分激发市场主体的活力，发挥市场主体的作用。再次，推动服务贸易向高端方向发展，目前我国服务贸易仍以传统服务贸易为主，现代服务贸易出口占比较小，在全球服务贸易价值链中处于中下游地位，应加大服务贸易研发力度，通过资金投入和政策引导，培养服务产业新业态。最后，加强对服务业和服务贸易高端人才的培养，加大对相关领域教育的投资，完善企业与高校之间的产学研合作机制，建立高质量的服务贸易人才培训机构；建立和完善人才的薪酬机制、奖励机制；建立服务贸易智库，加强对服务贸易理论与实践的研究。

二、采取市场多元化战略，建立和完善贸易摩擦预警机制

近年来，中国对外贸易存在贸易伙伴过于集中的问题。出口贸易的市场集中化问题尤为明显，如表7-3所示，2018年中国在亚洲地区的出口贸易占比最大，已达30%左右，其次依序为北美洲、欧洲。值得注意的是，美国和中国香港的出口占比合计已接近1/3，其中美国的出口额占比已接近1/5。进口贸易方面，如表7-4所示，2018年中国在亚洲地区的出口贸易占比最大，超过了30%，其次依序为北美洲、欧洲。总体来看，中国的贸易伙伴多集中在美日等部分发达国家、亚洲地区国家，且其中多国曾频繁与我国发生贸易摩擦，贸易抗风险能力差。

表 7－3   2018 年前十大中国出口目的地

目的地	出口额（亿美元）	出口占比
美国	4 784.0	19.2％
中国香港	3 020.2	12.1％
日本	1 470.5	5.9％
韩国	1 087.6	4.4％
越南	838.8	3.4％
德国	774.9	3.1％
印度	766.8	3.0％
荷兰	728.3	2.9％
英国	565.4	2.3％
新加坡	490.4	2.0％

数据来源：国家统计局。

表 7－4   2018 年前十大中国进口国或地区

进口国或地区	进口额（亿美元）	进口占比
韩国	2 046.4	9.6％
日本	1 806.6	8.5％
中国台湾	1 776.0	8.3％
美国	1 551.2	7.3％
德国	1 063.2	5.0％
澳大利亚	1 058.1	5.0％
巴西	775.7	3.6％
越南	639.6	3.0％
马来西亚	632.1	3.0％
俄罗斯	591.4	2.8％

数据来源：国家统计局。

因此，采取市场多元化战略已成为我国外贸发展的重点之一。应不断发掘目前合作程度低的市场，积极进行交流和合作。特别是对于易遭受贸易摩擦行业的出口替代国，政府应通过税收优惠、信贷支持等政策积极引导企业拓展对这些国家的出口，不断发掘贸易潜力大的新兴市场，努力削弱及消除贸易阻碍因素，扩大双边贸易规模。扩大中国与东盟国家、"一带一路"沿线国家的贸易规模，加快沿线的基础设施建设，促进自贸协定的签订，打造新的贸易增长点。

对于贸易摩擦频发的国家，我国应继续完善相应的预警机制。优化国际贸易摩擦预警机制，需要充分发挥政府、行业协会、专业机构和企业四大主体的作用，同时做好各领域、各关键环节的衔接。对内，政府要实施有效的外贸管理，扩大预警信息检测范围，完善对外贸易摩擦数据信息建设；对外，要继续推进常态交涉机制的构建，加强与其他国家或地区的交涉、磋商和法律抗辩力度，积极与世界贸易组织沟通，提升中国在世界贸易组织等国际组织中的地位和发言权。作为政府和企业沟通的中介，首先应通过政策和立法明确行业协会的地位和职能，推进贸易摩擦预警服务常态化、专业化，根据本行业的特点做好贸易摩擦预警服务。应发挥专业机构的咨询服务功能，成立贸易摩擦相关的技术和经济信息咨询机构、法律服务机构，运用专业知识和以往经验提供优质服务。企业应减少"搭便车"的心理，加强与行业协会的联系，积极主动地配合政府部门、行业协会的预警工作，有经济和人才实力的大型外贸企业可以建立专门的贸易摩擦预警部门，提升自身预警能力。

三、积极缔结自贸协定，加强自贸区建设

自由贸易协定（Free Trade Agreement，FTA）是两国或多国签署的为消除贸易壁垒等壁垒以促进经济一体化的有法律约束力的契约。短期来看，FTA 的签订打破了区域内的贸易壁垒，生产活动由国内配置转向 FTA 区域内配置，具有综合成本优势的企业将进行最终生产，成员国间的贸易量将上升，形成了贸易创造（trade creation）效应。而协定内的低关税使伙伴国产品价格具有优势，消费者将由从第三国进口改为从伙伴国进口，产生了区域内贸易对区域外贸易的替代，形成了贸易转移（trade diversion）效应。在实证层面，李荣林等（2012）通过分析中国当时参与的 9 个 FTA，发现中国参与 FTA 产生的贸易创造效应明显，而贸易转移效应较少，明显推动了中国出口；FTA 伙伴国经济越发达，贸易创造效应越明显；FTA 伙伴国地理距离越近，贸易效应越明显。有学者通过中国-新西兰自贸区的实证分析发现，自贸区的建立带来了正向的贸易创造效应，增加了两国间的年平均贸易额，也促进了两国对区域外非成员国的出口和进口。长期来看，FTA 也能为成员国带来规模经济效应、竞争刺激效应、风险降低效应、技术刺激效应和区域内经济结构调整效应。因此，中国应积极缔结自贸协定，继续推进自贸区建设，通过贸易创造效应抵消贸易摩擦带来的负面影响。

如表 7-5 所示，截至 2019 年底，我国已签署的自由贸易区共 17 个，涉及 25 个国家和地区；升级谈判 2 个，升级研究 1 个。若不考虑中国自贸协定的重复合作国家，在我国签订自贸协定的主要合作国家中，发展中经济体占 80%，发达经济体占 16%，转型经济体占 4%；亚洲占 68%，大洋洲占 8%，欧洲占 8%，南美洲占 8%，北美洲占 4%，非洲占 4%。总体来看，尽管我国在积极与他国签订自贸协定，但主要合作国家为亚洲的发展中国家。

表 7-5　　　　　　　　　　中国自贸协定签订及进展情况

	涉及国家或地区	第一次签署时间	第一次生效时间	所属地区	经济发展水平
已签订	毛里求斯	2019.10	—	非洲	发展中
	马尔代夫	2017.12	2018.8	南亚	发展中
	格鲁吉亚	2017.5	2017—2018	西亚	转型
	澳大利亚	2015.6	2015.12	大洋洲	发达
	韩国	2015.6	2015.12	东亚	发展中
	瑞士	2013.7	2014.7	中欧	发达
	冰岛	2013.5	2014.7	北欧	发达
	哥斯达黎加	2010.4	2011.8	北美洲	发展中

续前表

	涉及国家或地区	第一次签署时间	第一次生效时间	所属地区	经济发展水平
已签订	秘鲁	2009.4	2010.3	南美洲	发展中
	新加坡	2008.10	2009.1	东南亚	发展中
	新西兰	2008.4	2008.10	大洋洲	发达
	巴基斯坦	2006.11	2007.7	南亚	发展中
	智利	2005.11	2006.10	南美洲	发展中
	港澳地区（2）	2003.6/10	2004.1	东亚（2）	发展中（2）
	东盟（10）	2002.11	2004.1	东南亚（10）	发展中（10）
正在谈判	海合会（6）	—	—	西亚（6）	发展中（6）
	挪威	—	—	北欧	发达
	斯里兰卡	—	—	南亚	发展中
	马尔代夫	—	—	南亚	发展中
	以色列	—	—	西亚	发达
	日韩	—	—	东亚（2）	发达、发展中
	柬埔寨	—	—	南亚	发展中
	秘鲁	—	—	南美洲	发展中
	巴勒斯坦	—	—	西亚	发展中
	韩国	—	—	东亚	发展中
	巴拿马	—	—	南美洲	发展中
	摩尔多瓦	—	—	东欧	发展中
	区域全面经济伙伴关系（15）	—	—	亚洲（13），大洋洲（2）	发达（3），发展中（12）
正在研究	哥伦比亚	—	—	南美洲	发展中
	斐济	—	—	大洋洲	发展中
	尼泊尔	—	—	南亚	发展中
	巴新	—	—	大洋洲	发展中
	加拿大	—	—	北美洲	发达
	孟加拉国	—	—	南亚	发展中
	瑞士	—	—	中欧	发达
	蒙古国	—	—	东亚	发展中

数据来源：中国自由贸易区服务网。

面对贸易保护主义和单边主义的盛行，中国应更积极主动地与其他国家开展 FTA 谈判与合作。谈判前，应就目标国的市场潜力、资源禀赋、产业结构、与我国经济的互补性等进行调查。同时，我国应在保证与现有伙伴国友好合作关系的基础上，建立更广泛的区域经济合作，调整合作伙伴结构，积极开展与发达国家的经贸合作，同时不断向非洲等地区拓展。在努力扩大自贸区网络的同时，抓住时机推进既有 FTA 的升级谈判，逐步将技术性贸易壁垒、服务贸易、电子商务等高标准议题纳入谈判系统，提升区域合作水平。

在拓展 FTA 合作范围的同时，也要注重自贸区建设。首先，对自贸区进行统筹协调，促进物流建设，突破自身"圈地为牢、封关作业"的"围城"局限，变单边自贸方式为双边或多边自贸方式。其次，推动自贸区贸易便利化和投资便利化发展，加快货物—服务—投资的互联体建设，创新进口商品管理模式，减免高附加值中间商品的进口关税，根据地区制造业发展实际适当放开进口管制，降低中间品价格；进一步放开服务贸易准入门槛，促进服务业发展；充分发挥"负面清单"制度的作用，吸引高质量外资企业。最后，提高国内企业对自贸区的理解和利用效率。由于国际贸易规则变化快、要求高，企业应对和利用政策的效果往往受限于对规则的理解。因此，鼓励设立各类政策咨询机构，为自贸试验区的境内外企业提供政策咨询、培训和法律咨询服务，使企业能够充分地利用自贸试验区相关优惠竞争策略，并有效利用争端解决机制来维护自身权益，降低交易成本。

四、增强知识产权保护意识，加强知识产权保护

在国际竞争趋于紧张的背景下，知识产权已不仅是创新行为的保护工具，更成为国际市场竞争的重要工具。发达国家为了保护研发成果和维护新技术的市场垄断，对知识产权的保护程度强于发展中国家。而中国在知识产权保护问题上起步晚，相关法律体系不完善，知识产权保护意识差。随着对外贸易的快速发展，知识产权保护成为中国遭遇的贸易摩擦的主要形式之一。

知识产权保护争端在中美经贸关系的发展中多次爆发。20 世纪 80 年代末，中国由于在专利制度和著作权制度方面的知识产权保护缺乏而受到美国的指责，中美爆发第一次知识产权保护摩擦。自此，美国习惯性地利用"301 条款"对中国的知识产品进行调查，并屡次将中国列入"观察国家"或"重点观察国家"名单。随着中国加入世界贸易组织后对知识产权保护相关法律法规的完善，美国开始转用"337 条款"对中国的出口产品进行调查。如图 7-8 所示，自 2001 年起，中国已连续 10 多年遭遇美国的"337 调查"，近年来成为遭到该调查最严重的国家之一。在中国遭遇调查的所有案件中，专利侵权被起诉的案件最多。截至 2013 年，在对中国一共发起的 119 起"337 调查"中，以专利侵权为由的调

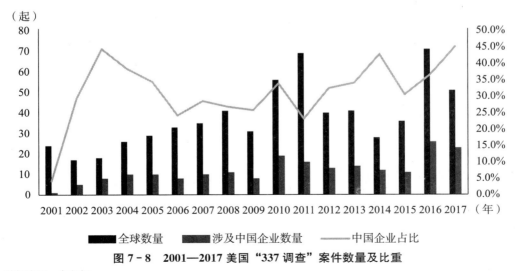

图 7-8　2001—2017 美国"337 调查"案件数量及比重

数据来源：商务部。

查案件占比为 87.5％。而本次中美贸易摩擦中，知识产权保护更是成为焦点问题之一。美国认为，中国快速的技术进步主要来源于技术"窃取"，并详细列举了中国 5 类（27 种）相关行为、政策或做法：（1）盗窃或通过网络窃取技术与知识产权；（2）通过强迫或侵入性监管手段，强制转让或披露技术和知识产权；（3）施加经济压力胁迫技术与知识产权转移；（4）信息收集；（5）国家资助以获取技术为目的的对外直接投资。由此可见，知识产权保护问题将成为未来贸易摩擦的重要原因之一，中国应继续推进知识产权保护领域的发展。

从国家层面来看：第一，完善知识产权制度，加大执法力度。参考知识产权保护制度完善国家的经验，适时加快知识产权保护法律法规的制定和修改，建立与国际接轨、符合中国国情的知识产权保护体系。同时，加强执法队伍建设，加大执法力度，提高违法成本。第二，加强国际贸易、知识产权保护相关人才培养，加强对国外知识产权保护制度及相关贸易摩擦的研究。深入研究各国知识产权保护制度，总结以往相关贸易摩擦案例，及时向中国出口企业公开调查和研究结果，确保企业尽量规避调查，或在遭遇调查时能够快速应对，避免更大的损失。第三，鼓励自主创新。解决知识产权保护贸易摩擦的根本方法是拥有对知识的自主权，这就需要我国进一步加大研发投入，培养高层次科研人才，通过融资、奖励等政策鼓励企业创新，努力发展高端制造业，提高知识产权转化率。

从企业层面来看：第一，自觉增强知识产权保护意识。企业自身应增强知识产权保护意识，深入了解并遵守相关法律法规，既要避免技术创新成果被窃取，积极在国内外相关机构申请专利保护，也要注重保护对方知识产权保护。第二，积极应诉，完善应诉策略。由于经验缺乏和观念问题，在面对侵权案件时，国内企业不积极应诉，导致自动败诉。我国企业在被诉时应积极应诉，聘请相关专业律师、翻译，与其他被诉企业分工合作，努力完善应诉策略。大型外贸企业也可以建立知识产权保护相关部门，培养国际贸易、知识产权保护等领域的人才，形成稳定、完善的贸易摩擦应对机制。第三，加快技术创新，提升自主研发能力。我国企业应逐步摆脱对国外技术的依赖，提前进行技术研发布局，加大科研经费投入，深化与高校、科研院所的合作，提升研发能力，形成自主知识产权。第四，积极拓展高新技术产品新领域，避免出口产品种类过于集中。我国出口产品集中在机电产品等领域，而我国遭遇"377调查"最多的产品也是机电产品。2006 年到 2013 年上半年的 110 起"337调查"案件中，机电产品占比达到了 78.2％，其中 2010 年占比最高，达 88.9％。因此，我国企业应努力拓展高新技术产品领域，增加出口种类，规避贸易摩擦风险。

五、积极维护多边体制，参与新贸易规则的制定

以世界贸易组织（WTO）为核心的多边贸易体制为全球经济合作做出了重要贡献，加入 WTO 也成为中国深入融入世界经济的一个转折点。但在世界经济发展放缓、经济增速出现分化的背景下，WTO 等多边体制面临诸多困境，主要包括贸易保护主义抬头、多哈回合谈判艰难推进、区域一体化迅速发展等。面对目前 WTO 的困境，中国应继续积极维护多边体制。积极熟悉掌握 WTO 规则，利用 WTO 规则解决贸易争端。继续完善国内相关贸易法律法规建设，修正与 WTO 规则相抵触的法律法规。推进多哈回合谈判进展，参与破解 WTO 困境。

在积极维护多边体制的同时，中国也应注意到目前多哈回合谈判进展缓慢，全球贸易治理制度已逐渐从多变为主阶段转向区域为主阶段，发达国家试图掌握制定国际贸易新规则的主导权。以美国为代表的西方国家先后提出 TTP、TTIP 等高标准的贸易规则，显示出部分发达国家想要牵制中国的意图。对此，中国应增强在国际上的话语权，积极参与新贸易规则的制定。首先，与其他发展中国家展开对话，提高联合程度，增强与发达国家谈判中的博弈力量，共同寻找并制定符合发展中国家利益的贸易规则，削弱发达国家对发展中国家的限制。在制定更宽容的贸易规则的同时，也应根据各国的发展水平，逐步提高贸易的自由化水平，提高政策透明度，减少信息不对称情况，提高贸易便利化和投资便利化水平。其次，深化"一带一路"合作，完善沿线基础设施建设，推动"互联互通"，为贸易规则的制定和贸易自由化的发展奠定基础。推进与"一带一路"沿线国家地区的 FTA 建设，提升各国规则制定的参与度。在尊重各国主权的基础上，促进各国自愿开放，建立具有宽松灵活性、广泛适应性、包容性和非排他性的贸易规则，照顾大多数国家的贸易利益，并且能够发挥各国的经济互补性和比较优势，促进各国共同发展的公正性。最后，继续推动 RCEP 等东亚经济合作，不仅有利于中国争夺亚太地区贸易规则的主导权和话语权，还可以促进区域内的贸易自由化，也对缓解中美贸易摩擦有积极影响。李春顶（2018）等的研究显示，建设 RCEP 协定能够有效应对中美贸易摩擦、显著提升中国的社会福利、增加就业、促进经济增长，而 RCEP 带来的贸易转移会增加对美国经济的损害，有利于推动中美谈判和合作，从而推进贸易全球化。此外，中国应抢占新技术、新模式、新业态的国际规则高地，实现国际规则引领。在数字技术快速发展的背景下，人工智能、物联网、区块链和虚拟现实等新型技术催生出各种新业态、新模式，这种影响也延伸到了国际贸易领域。而为了保证中国新技术的创新和应用，抢占未来技术高地，中国应该加强对数字技术和数字贸易相关管理规则的探索，加强数字和技术的跨境流动、关税措施和数字监管等方面的探索，通过双边谈判、区域合作和多边磋商等途径推动符合自身利益的成熟管理规制国际化发展，占领国际规则制高点。

第三节　优化中国对外贸易环境的策略体系

作为中国经济发展的重要驱动因素之一，对外贸易的健康发展关系到我国经济的整体增长。虽然对外贸易未来向好的发展势头不会改变，但近几年的全球贸易增长疲软、保护主义盛行也警示中国贸易发展仍有多重阻碍。制定优化中国对外贸易环境的策略体系，对中国经济的长期发展尤为重要。

一、保证经济平稳发展

国内经济的发展是优化中国对外贸易环境的基础。当前，中国承受着经济下行压力，高速增长的时代已经一去不复返。实体经济杠杆率再度升高，居民部门和民营企业杠杆率上升较快。2019 年第三季度，实体经济杠杆率为 251.2%，较 2018 年末上升 7.5%，居民部门杠杆率过快上升将显著压制居民消费意愿，民营企业杠杆率上升则预示着民营企业将面临较大的债务风险。就业形势总体稳定，但 25 岁以下的青年人和大学生就业相对低迷，凸显当前岗位供求的结构性矛盾严重。此外，贸易顺差扩张的背后是进口与出口的双双下降，净出口对经济增长的拉动作用或将显著减弱。因此，稳增长、调结构依然是中国各领域发展的基础，优化对外贸易环境必须先保证经济平稳发展。

（1）继续完善社会主义市场经济体制。由于被部分国家认为是"非市场经济国家"，中国面临更大的市场开放压力。坚持市场的决定性地位和作用，不断改善市场竞争环境，明确国有企业产权，打破国有企业的垄断地位，给予更多企业平等的市场机会。同时，要团结不同类型的企业，不断提高自身的竞争实力，提高对外贸易能力。此外，继续优化经济结构，完善长效机制，解决发展不平衡、不充分问题；加大改革力度，改变原有的、落后的产业格局，开拓出新的、适应市场需要的发展格局，抓住发展新机遇，为对外贸易注入发展新动力，形成有活力的经济体系。

（2）引导国内消费结构升级，扩大国内有效需求。适度扩大国内总需求将有利于促进中国对外经贸活动。首先，继续提高居民收入，完善收入分配制度改革，在初次分配和再分配环节都要增加低收入阶层的收入和减少税收负担，缩小收入差距以提高整体居民消费水平。同时要完善福利制度和社会保障制度，降低居民预防性储蓄偏好，减少中等收入群体在住房、医疗和教育方面的负担，释放中产阶级的消费潜力，最大限度地增强居民消费能力和消费意愿，把国内潜在消费需求转为现实消费能力。其次，引导消费结构升级，积极培育中高端和新兴领域消费。伴随着居民收入水平的不断提高和对生活品质要求的提升，品牌类、时尚类、智能绿色类消费品受到消费者的热捧，培养、发展中高端和新兴领域的消费已成为引领居民消费结构升级的重要方向。需要积极推进中高端品牌商品的高质量供应，挖掘老字号品牌的内涵和特色，加强本土品牌的市场营销，优化本土自主品牌的服务供给，满足更多中高端领域的居民消费需求，并且要加快发展服务型消费，鼓励文化、体育、娱乐和教育新业态的发展，推动上述服务型消费市场进一步扩容，利用网络消费平台的迅速发展，创造新兴领域的消费热点。

二、降低生产成本

由前文分析可知，生产成本的上升已成为制约中国对外贸易发展的因素之一。为有效应对这一问题，本文提出如下策略：

（1）着力降低要素成本。第一，降低企业的用工成本，一方面，通过技术创新提高生产效率；另一方面，降低企业社保缴费比例，将中小企业的基本养老保险缴费率由目前的20％降至14％，并由财政承担下调部分的缴费责任。第二，降低企业的融资成本。针对效益较好的传统行业企业，发挥金融支持实体经济发展的作用，推进银企对接试点，缩短相关业务办理成本。针对高新技术行业和战略性新兴行业企业，支持企业在资本市场进行股权融资，拓宽企业境内外上市渠道，大力发展天使投资、风险投资产业发展引导基金。针对小微企业，一方面要探索设立国家融资担保基金，推广信贷风险分担模式；另一方面要探索供应链金融的业务模式，通过整合供应链上的资金流、信息流、物流、商流，快速响应企业资金需求，帮助企业获得传统银行不能批准的贸易融资和流动资金贷款。此外，鼓励发展针对制造业转型升级的金融产品和服务创新，大力发展绿色信贷和并购贷款，支持产业技术升级、节能环保和并购重组。第三，降低企业的能源成本。在已有电价和天然气价格下调的基础上，鼓励各地根据产业结构特点和企业实际经营状况，在一定幅度范围内实时进行电价与天然气价的下调。加大技术创新力度，建议大力建设智能电网与泛在电力物联网，实现用能状态全面感知、应用智能互动，通过技术创新推动节能管理实现突破。大力发展综合能源服务产业，建设综合能源系统，实现由设备级节能向系统级、平台级节能转变，提高系统整体运行效率，切实降低用户综合用能成本。各企业也应努力进行技术创新，推进节能技术的使用，持续淘汰落后产能。第四，降低企业的用地成本。灵活确定土地出让方式和使用年限，采取工业用地弹性年期出让、长期租赁、租让结合、先租后让等方式进行土地出让，也可以探索以产业链为纽带、上下游关联企业联合竞买土地的方式。采取差别化地价政策，对于符合产业导向的、节约集约的项目，出让价格可适当下浮。

（2）着力降低交易成本。第一，加强物流系统建设，降低物流成本。继续发展仓储中心、配送中心和货运代理中心业务，通过规划建设更多规模适当和功能完善的道路交通网络及相关基础设施，优化商品的流通网络格局。引导并支持基础设施项目发挥应有功能，使之能够对贸易流通起到支撑作用。第二，建立区域性、统一化的外贸市场，打破地域间分割，促进区域间合作，在国内也要形成统一的"大市场"观念。

（3）着力降低制度性成本。第一，深入推进政府简政放权、放管结合。简化行政审批事项，明确政府与市场、社会间的职责界限，破除行政性垄断。通过多种方式简化办事流程，缩短企业办事时间。以广西为例，国际贸易"单一窗口"同时实现了多点多方申报、一次共享数据录入、审批结果反馈与放行无纸化，大大促进了通关便利化；货物申报环节，数据录入操作时间由 3～5 小时，缩短为 0.5～1 小时；船舶申报与放行环节由 7 小时缩短至 2 小时以内；而工作量减少和无纸化作业使得人工成本、交通成本有效节约了 30%～50%。第二，整顿行政审批中介。尽管行政审批中介曾起到了促进政府部门依法履职、为申请人提供专业服务的积极作用，但由于服务事项环节多、耗时长、收费乱、垄断性强，部分中介机构与政府部门存在利益关联，使行政审批制度改革的成效大打折扣，加重了企业和群众的负担，扰乱了市场秩序。对于竞争规范的行政审批中介服务，由市场发挥作用进行价格调节；对少数垄断性强、短期内无法形成充分竞争的行政审批中介服务，由政府制定收费标准，实行收费目录清单管理，坚决取消无法定依据的收费项目。

三、培育产业新优势

在全球经济深度调整、全球价值链持续深化以及我国供给侧结构性改革初见成效的大背景下，出口贸易不能简单地唯"大"、唯"多"，而是要转向做"强"、做"优"。中国要从外贸大国变为外贸强国，既要优化产品结构，更要有融入全球价值链分工的表现，换言之，就是不但要提高产品的质量，形成品牌，使出口贸易"量质"齐增，又要提升我国企业融入全球价值链分工的层次和位置，提升我国商品的出口竞争力。基于此，应该构建和培育我国出口贸易的新优势和新机制，以实现我国出口贸易的可持续发展。

（1）加快技术进步，培养一批新业态、新模式。不断提高制造业的技术水平，提高产品出口的复杂度和科技含量，打造产品的国际竞争力。提高高端制造业产品的生产和贸易比重，提高出口产品的附加值，拓宽出口产品领域和范围。着力发展互联网等战略性新兴产业，不断提高市场份额与市场竞争力，在数字经济的时代占领先机。

（2）加强外贸品牌建设，提高国际市场竞争力。首先，构建外贸品牌保护机制，充分发挥商务、质检、海关等多部门的作用，将对外贸易企业的自我保护与国家行政保护相结合，形成较完整的外贸品牌保护体系，加强知识产权保护。加大对外贸经营违法行为的处罚力度，对侵犯知识产权、专利权等不法行为给予严厉处罚。其次，充分发挥对外贸易行业协会等非政府机构的积极作用，制定外贸品牌培育规划，为对外贸易企业提供更多品牌宣传的渠道与机会，提供国内外商标注册等服务。再次，通过给予奖励或优惠政策的方式鼓励外贸企业注册国际商标、申请国际专利，更好地应对并解决外贸知识产权保护纠纷。最后，充分利用国际知名贸易展会加大外贸品牌宣传，为外贸企业提供更多更好的展示平台。不定期开展外贸品牌建设交流培训会，提高外贸企业品牌建设意识，为外贸企业品牌建设过程中的难题答疑解惑，提升企业品牌管理水平。拓展外贸企业海外营销渠道，把供应链直接延伸到终端消费者。鼓励在国际市场具有品牌知名度的对外贸易企业在其主要出口国建立海外营销中心，开设实体专卖店，通过海外营销渠道提升企业出口总量。

（3）拓展营销渠道，发展集约化的外贸网络电商平台。在互联网技术快速发展的背景下，应建立与产业结构升级匹配的对外贸易跨境电子商务集成系统，通过大数据、云计算等先进算法，根据全球贸易市场实时多元的需求来实现高效的全球化供应，并依托跨境电商平台与专业贸易服务商一起，形成一个网状的全球生产和贸易服务协同的大生态，应用于外贸行业的网络电子商务整合服务平台。实现全球外贸的信息服务共享、买家卖家的实时互动、外贸全流程的自动化服务、行业的动向监管、个人及企业信用体系约束。完善我国对外贸易的生态体系建设，通过外贸集成平台效应培育以技术、品牌、质量、服务、标准为核心的线上线下外贸企业竞争新优势。

四、完善相关政策体系，推动外贸体制深入改革

（1）提高政府公共服务能力，推动政府从管理者向服务者转变。首先，建立重点企业联系机制。对企业实施定时和非定时摸底调查，以企业实际运营状况作为监测政策效果的标准。梳理政策在落地和执行过程中存在的限制性问题，增强不同政策领域的协调性。其次，建立过往政策废除机制，缩减各部门权力清单。当过去出台的管理政策无法适应产业发展趋势时，应及时梳理并停止不适用的管理政策或者法律条款。以产业和市场主体实际情况作为出发点，探索各部门对市场所需的切实管制范围，削减不必要的审批流程，缩减政府权力清单。同时，探索建立新型管理制度和办法，出台新的法律或者管理规则以适应新模式、新业态。再次，充分下放管制权，扩大改革前沿地区政策自由度。对改革开放的最前线，中央应该给予政策倾斜，充分放权，激发地方政府管理体制创新积极性，扩大政策试验自由度。

（2）完善法律制度建设，积极对接国际规则。首先，根据当前开放进度，修改法律和相关政策，增强法律与政策间的协调性，减少"部门打架""政策冲突"，形成法律体系健全、管理制度简单的管理模式。其次，根据国际管理制度和规则，对现有法律不足之处进行填补，让市场和企业的行为受到法律规范，让市场主体和个人利益受到法律保护。最后，构建政府、企业和个人平等地位的法律制度，以真正保护社会各级主体的核心利益。

（3）降低要素流动壁垒，推动资源市场化配置。利用现代数字技术，加强资源对接，减少信息不对称带来的成本。搭建网络化公共服务平台，推动本地资源和信息共享，借助网络平台进行宣传推广。探索提升货物、服务和人员的通关便利化制度。利用数字技术搭建信息管理的操作平台，加强对人员往来流动探索；制定重点货物、服务、技术进口目录，对目录中内容实行零关税、低关税，为鼓励进口的技术制定专项基金，以企业为主体积极引进。

（4）深化外贸体制改革，加强贸易政策与产业政策的协调。使对外贸易机制进一步市场化，在对外贸易领域最大限度地发挥市场的作用；提高对外贸易运行的自由化程度，推动贸易和投资的便利化、自由化，完善符合社会主义市场经济体制发展方向和融入经济全球化的对外贸易自主经营制度和自由竞争制度；推进对外贸易管理的法制化进展，强化外贸立法，建立健全规范市场运行及其市场活动的各种规则，形成依靠法律推动对外贸易发展的运行机制。加强产业政策和贸易政策的相互融合，有效配合，在新常态下实现外贸产业可持续协调发展。

五、继续深化开放，寻找扩大开放领域的新方向

作为从经济全球化和贸易自由化中受益的国家，中国必然会继续扩大对外开放。而在经济全球化蓬勃发展的阶段，中国实现的商品和要素流动型开放为本国和世界带来了巨大的发展红利。而当前，经济全球化发展出现了一些新形势、新特点，之前隐藏的发展失衡、公平赤字、治理赤字等问题在全球经济下行的环境下放大，单边主义和贸易保护主义抬头，以往的商品和要素流动型开放暴露出一定的局限性，难以适应新一轮高水平开放的基本要求，从制度型开放转变成为扩大开放的重点。总的来看，应继续推动商品和要素流动型开放，同时加快实现制度性开放。

（1）加快推进服务业开放。我国新一轮的开放型经济构建，是要从制造业融入全球价值链分工转变为制造业与服务业双双融入全球价值链分工。然而，服务业开放与制造业开放完全不同，服务业的扩大开放必然要涉及经济制度和经济规则。基于此，必须寻找扩大中国开放领域的新方向，将服务业开放作为融入全球价值链分工的重要内容，提升贸易自由化、投资便利化、外资引导化、外贸创新化、制度健全化、流动跨境化、标准接轨化等。

（2）加快推进金融市场开放。金融市场的改革会进一步吸引外资金融机构在华投资，增强外资信心，及时给予外资"国民待遇"也有利于丰富市场主体，激发市场活力，全面提升金融业经营管理水平和竞争力，进一步增加金融产品的有效供给，满足不断提高的金融服务需求。为此，第一，加快推进金融服务业领域的开放，降低金融行业准入门槛，逐渐放开业务范围限制，形成多元化的金融体系，提高我国金融企业的竞争力。第二，深化汇率市场化改革，在汇率的形成过程中应尽量减少政府干预，继续加强人民币汇率的弹性，做好市场的预期管理工作，同时丰富外汇市场交易产品和主体以拓展外汇市场的深度和广度，加快推动人民币国际化的进程。第三，深化人民币资本项目开放，按步骤加快资本项目开放进程：首先拓展投融资渠道，增大并逐步取消资金流动的限制额度；其次鼓励长期直接投资，拓宽外资投资的领域和范围；最后逐步放开境外投资者参与国内资本市场

的限制，鼓励外资在国内证券市场上发行多样化的产品。第四，监控跨境流动资本，可引入价格型的跨境资本管理工具，如征收托宾税和限制跨境资本在境内的最短停留时间等；从跨境交易的信息采集、资本流动的趋势分析以及市场异常波动的监测管理三方面入手，建立监控资本流动的长效预警机制；对跨境资本流动进行逆周期管理。第五，完善相关规则和制度建设，和国际有效衔接，加强合约履行和产权保护力度，增强外资主体投资长期项目的信心和保障；提高信息透明度，降低交易过程中的逆向选择和道德风险问题；完善信用评级机制，给予外资机构相应的信用评级支持；在会计和审计制度方面，适当允许境外机构在发债时直接或同时使用国际财务报告准则。第六，转变监管方式，维护金融市场的有效性和稳定性。

（3）深化国有企业改革。面对国际贸易新规则对国有企业的约束，中国应该改变保护国有企业的思路，进一步深化国企改革。首先，允许私人资本注入国有企业，加快混合所有制改革步伐，明晰产权和产权履行机制。其次，完善公司治理结构，建设现代企业治理体系。完善董事会制度，构建合理的国有股东及其代表的所有权行使机制，在政府与企业之间构建一道"屏障"，保持合理的距离，防止政府过分干预；完善企业信息披露机制，按照竞争中性的要求，建立政府项目公开制度，实施国有企业透明度审查机制，推动信息清晰透明。再次，加快国有资本管理体制改革，恰当界定政府的作用。切实推动向管资本模式转变，把资本长期回报率作为核心指标。改变政府对企业的监管模式，对企业生产经营充分放权，建立重大投资、重大资本经营活动备案制度。完善国有资本授权经营制度，探索国有资本投资、经营公司商业化运作模式。最后，强化监管中性，夯实竞争政策的基础性地位。切实推动实施公平竞争审查机制，清理各地、各部门违反公平、开放、透明市场规则的政策文件和做法，规范地方政府招商引资行为，消除贸易和投资的行政性壁垒。推动反垄断、反不正当竞争执法，重点关注能源、交通、电信、金融等领域，以及互联网等新兴产业。明确产业政策的适用领域、实施过程，压缩斟酌决定权空间，提高政策实施透明度。

（4）努力实现制度型开放。戴翔（2019）的研究显示，本质上看，制度型开放就是从以往"边境开放"向"境内开放"的拓展、延伸和深化，在促进规则变革和优化制度设计中，形成与国际经贸活动中通行规则相衔接的基本规则和制度体系。因此，中国要在继续维护和倡导贸易和投资自由化的基础上，通过促进规则变革和优化制度供给安排，满足国际分工进一步深度演进趋势下，跨国公司对统筹全球价值链的"无缝对接"需求，迎合创新生产要素跨国流动对制度环境的新型需求，对接国际经贸规则高标准化的发展趋势。具体而言，中国应加快建立与国际经贸规则相符合的国内改革机制，加快并以更大力度实施"负面清单"制度，进一步优化国内营商环境，积极参与国际经贸规则调整和制定。

六、推进区域一体化进程

面对世界经济发展的不确定性、多哈回合谈判的停滞、单边主义和贸易保护主义的抬头，中国应加强对外经济联盟。继续维护多边贸易体制，同时保持与主要发达国家高水平的双边协商，推进双边及区域协商，将是中国接下来一段时期的工作抓手。

（1）积极推进"一带一路"合作。"一带一路"倡议能够使中国更好地统筹国内、国外两个市场，激发释放周边国家的经济潜力，促进各国优势互补，提升区域内贸易和投资便利化水平，从而促进中国与沿线国家共同发展，促进国际经济新秩序的形成。加强与沿线国家的互联互通和产能合作，推动与沿线国家间的通关便利化，促进国际道路运输领域的合作，提升贸易和投资合作水平。发挥与"一带一路"沿线国家在市场整合基础上的分工深化效应，扩大中国商品、资金、服务等要素在相关区域的流通范围，实现互利共赢。创新对外贸易方式，培育贸易的新业务与新模式，打造高水平的区域经济一体化组织来促进贸易发展。

（2）充分发挥 RCEP 作用。2020 年 11 月，中国同东盟十国、日本、韩国、澳大利亚和新西兰正式签署了 RCEP，建立起世界上人口最多、经贸规模最大、最具发展潜力的自由贸易区。RCEP 将于 2022 年 1 月 1 日生效，侧重于货物、服务贸易和投资领域，其目标是消除内部贸易壁垒、扩大服务贸易、创造完善自由的投资环境，也涉及竞争政策、知识产权等其他领域。RCEP 将有益于提高亚太地区的经济一体化程度，促进区域共同发展，也有利于创建适合亚太经济的自由贸易规则；借助 RCEP，中国可以保持和发挥在亚太地区的作用，优化贸易合作方式，进一步整合区域价值链，扩大区域经济贸易影响力。

（3）深化与东盟的"10＋1"FTA 合作。东盟是东亚区域经济一体化的核心和主导，自 2010 年中国-东盟自贸区建成以来，中国与东盟因资源构成、产业结构和工农业产品方面的互补性优势，双方之间的经贸合作取得了跳跃式增长，促使中国实现了扩大出口规模、升级优化产业结构、"走出去"规避贸易壁垒等目标。此外，中国与东盟"10＋1"FTA 中包含了政治安全的因素，提升了中国在亚太地区甚至世界范围内的政治话语权。因此，中国必须深化与东盟的"10＋1"FTA 合作，在合作领域和层次方面加以提升，维持东盟"10＋1"FTA 的良好发展态势。

（4）加快推进中日韩自由贸易协定。中日韩三国经济紧密联系，互相吸引，经济一体化是必然趋势。中国分别是韩国、日本的第一和第二大贸易伙伴，日本在韩国的贸易伙伴中排名第二。中国庞大的消费市场和廉价劳动力资源对日韩企业具有极大的吸引力，日韩的高新科技和企业管理对中国而言也十分宝贵。但中日韩谈判由于三方的政治问题、历史问题等停滞不前，因此可以先推动双边贸易协定的签订，以此来推动三方谈判的进行。我国可以先加快与韩国之间的谈判，然后以此为切入口推进与日本的贸易谈判，最终促进中日韩自由贸易协定的完成。

（5）积极探索"金砖五国"达成 FTA 的可能性。"金砖五国"覆盖亚、欧、非、拉美四大洲，成员国国土面积占世界领土总面积的 26％，人口占世界总人口的 42％。"金砖五国"作为全球五大新兴经济体，潜力巨大。中、印作为世界上人口最多的国家，市场规模和消费能力蕴含无限商机。巴西的 GDP 高居拉丁美洲之首，在原材料资源方面占据天然优势，坐拥世界上最高的铁、铜、镍、锰、铝土矿蕴藏量。俄罗斯作为中国的近邻，在能源和高端科技领域的优势无可比拟，双方在国际安全事务方面的协调对话也日益密切。南非共和国作为"金砖国家"合作机制中唯一的非洲成员代表以及南部非洲发展共同体的成员，是"金砖国家"贸易和投资进入南部非洲的门户。借助南非企业在南部非洲的销售和生产网络，"金砖国家"的产品和服务可以及时、便利地进入南部非洲发展共同体 15 个国家和地区。因此，中国应加强同其他"金砖国家"的深入合作，不仅在地域上扩展和延伸了中国的经济发展空间，而且在 FTA 战略构建上有助于中国走出亚太、建立国际经济网络。

参考文献

［1］张宇燕，李东燕，邹治波. 2020 年全球政治与安全报告［M］. 社会科学文献出版社，2020.

［2］张亚彬. 所有制结构与产业结构的耦合研究［M］. 湖南人民出版社，2000.

［3］陈宏，程健. "一带一路"建设与中国自贸区战略协同对接的思考［J］. 当代经济管理，2019，41 (1)：62 - 66.

［4］戴翔. 制度型开放：中国新一轮高水平开放的理论逻辑与实现路径［J］. 国际贸易，2019，(3)：4 - 12.

［5］冯伟业，卫平. 中美贸易知识产权摩擦研究——以 "337 调查" 为例［J］. 中国经济问题，2017 (2)：118 - 124.

［6］黄晓亮. 全球价值链、经济深度调整与我国外贸增速变化的应对［J］. 商业经济研究，2018，(18)：144 - 146.

［7］姬鹏程，李红娟. 知识产权促进经济增长存在的问题及建议［J］. 宏观经济管理，2018 (7)：16 - 22.

［8］胡焙，李可. 物流成本偏高的原因及对策［J］. 宏观经济管理，2019 (5)：57 - 62.

［9］李春顶，何传添，林创伟. 中美贸易摩擦应对政策的效果评估［J］. 中国工业经济，2018 (10)：137 - 155.

［10］李春红. 我国服务贸易发展滞后的制约因素及对策研究［J］. 价格月刊，2016 (10)：54 - 57.

［11］李娟. 我国对外贸易摩擦预警机制优化研究［J］. 管理世界，2014 (3)：170 - 171.

［12］梁明. 准确看待当前我国对外贸易发展的若干问题［J］. 国际贸易，2017 (1)：4 - 10.

［13］倪红福，冀承. 中国居民消费结构变迁及其趋势：基于中美投入产出表的分析［J］. 消费经济，2020，36 (1)：3 - 12.

［14］盛朝迅，黄汉权. 中美制造业成本比较及对策建议［J］. 宏观经济管理，2016 (9)：85 - 88.

［15］谭小芬，梁雅慧. 中国金融开放新阶段的潜在风险及其防范［J］. 新视野，2019 (1)：63 - 69.

［16］王拓. 新中国 70 年外贸体制机制改革经验研究［J］. 财经问题研究，2019 (9)：3 - 11.

［17］王孝松，何欣悦. TPP 达成对中国贸易发展的影响探究［J］. 经济理论与经济管理，2016 (3)：86 - 100.

[18] 王孝松，卢长庚. 中国自由贸易试验区的竞争策略探索：基于上海、广东自贸区的比较分析 [J]. 教学与研究，2017 (2)：42-50.

[19] 银温泉. 竞争中性视角下的国企改革 [J]. 宏观经济管理，2019 (10)：8-12.

[20] 曾婧. 中国对外贸易成本解构与未来发展问题研究 [J]. 河南社会科学，2019，第 27 卷 (1)：26-32.

[21] 裴长洪，刘斌. 中国对外贸易的动能转换与国际竞争新优势的形成 [J]. 经济研究，2019，54 (05)：4-15.

[22] 郝洁. 欧债危机下的中欧贸易摩擦新动向、趋势及应对 [J]. 国际贸易，2012 (11)：27-31.

[23] 张亚珍. 基于欧盟板块经济特征的中欧贸易摩擦分析 [J]. 国际贸易问题，2009 (4)：45-52.

[24] 段玉婉和蒋雪梅. 中欧贸易对双方经济和就业的影响分析 [J]. 国际贸易问题，2012 (8)：29-39.

[25] 盛斌. 金融危机后的全球贸易保护主义与 WTO 规则的完善 [J]. 国际经贸探索，2010 (10)：22-27.

[26] 李馥伊. 美墨加协定（USMCA）内容及特点分析 [J]. 中国经贸导刊，2018 (12)：26-28.

[27] 刘瑶，张明. 特朗普政府经济政策：政策梳理、效果评估与前景展望 [J]. 财经智库，2018，3 (03)：25-41.

[28] 刘秉镰，刘勇. 我国区域产业结构升级能力研究 [J]. 开放导报，2006 (06)：82-85.

[29] 李荣林，赵滨元. 中国当前 FTA 贸易效应分析与比较 [J]. 亚太经济，2012 (03)：110-114.

[30] 王孝松，刘晓光，武皖. 以深化改革开放应对外部环境的不确定性：中美贸易战的属性、影响与对策 [R]，2018.

[31] European Union. "2018 Annual Activity Report of European Commission"，2019. 03.

[32] European Union. "Quality Report on European Statistics on International Trade in Goods (2013-2016 DATA) 2019 edition"，2019. 02.

[33] European Commission. "Report from the Commission to the Parliament and the Council on Trade and Investment Barriers (1 January 2018-31 December 2018)"，2019. 06.

[34] Chad Bown and Eva (Yiwen) Zhang. "Measuring Trump's 2018 Trade Protection: Five Takeaways"，PIIE，15 February，2019.

[35] Mary Amiti, Stephen Redding and David Weinstein. "The Impact of the 2018 Trade War on U. S. Prices and Welfare"，CEPR Discussion Paper 13564，March 2019. 9.

[36] World Trade Organization. World Tariff Profiles，2019.

[37] U. S. Bureau of Economic Analysis. 2019 Annual Update of the National Income and Product Accounts Summary of Results for 2014 through 2018. July 26，2019.

图书在版编目（CIP）数据

中国对外贸易环境与贸易摩擦研究报告. 2020/王
孝松，谢申祥著. —北京：中国人民大学出版社，
2021.12

中国人民大学研究报告系列

ISBN 978-7-300-29854-2

Ⅰ. ①中… Ⅱ. ①王… ②谢… Ⅲ. ①对外贸易-研
究报告-中国 Ⅳ. ①F752

中国版本图书馆 CIP 数据核字（2021）第 182067 号

中国人民大学研究报告系列

中国对外贸易环境与贸易摩擦研究报告（2020）

王孝松 谢申祥 著

Zhongguo Duiwai Maoyi Huanjing yu Maoyi Moca Yanjiu Baogao (2020)

出版发行	中国人民大学出版社	
社　　址	北京中关村大街 31 号	**邮政编码**　100080
电　　话	010 - 62511242（总编室）	010 - 62511770（质管部）
	010 - 82501766（邮购部）	010 - 62514148（门市部）
	010 - 62515195（发行公司）	010 - 62515275（盗版举报）
网　　址	http://www.crup.com.cn	
经　　销	新华书店	
印　　刷	唐山玺诚印务有限公司	
规　　格	185 mm×260 mm　16 开本	**版　次**　2021 年 12 月第 1 版
印　　张	18.25 插页 1	**印　次**　2021 年 12 月第 1 次印刷
字　　数	437 000	**定　价**　78.00 元